21世纪高职高专金融类系列教材

投资银行概论

主　编　董雪梅
副主编　那　娜　杨树林

中国金融出版社

责任编辑：罗邦敏　葛莲芳
责任校对：张志文
责任印制：张　莉

图书在版编目（CIP）数据

投资银行概论（Touzi Yinhang Gailun）/董雪梅主编．—北京：中国金融出版社，2010.6
　（21世纪高职高专金融类系列教材）
　ISBN 978-7-5049-5503-6

　Ⅰ．①投…　Ⅱ．①董…　Ⅲ．①投资银行—概论—高等学校：技术学校—教材　Ⅳ．①F830.33

中国版本图书馆 CIP 数据核字（2010）第 090375 号

出版
发行　**中国金融出版社**
社址　北京市丰台区益泽路 2 号
市场开发部　（010）63272190，66070804（传真）
网 上 书 店　http：//www.chinafph.com
　　　　　　　（010）63286832，63365686（传真）
读者服务部　（010）66070833，62568380
邮编　100071
经销　新华书店
印刷　北京松源印刷有限公司
装订　平阳装订厂
尺寸　170 毫米×228 毫米
印张　21.25
字数　378 千
版次　2010 年 6 月第 1 版
印次　2010 年 6 月第 1 次印刷
定价　34.00 元
ISBN 978-7-5049-5503-6/F.5063
如出现印装错误本社负责调换　联系电话（010）63263947

21 世纪高职高专金融类教材委员会

编写说明

　　投资银行和商业银行都是现代金融体系中的重要组成部分，商业银行主要提供间接融资，而投资银行则是直接的金融媒介，是直接经营资本的金融企业。投资银行在现代市场经济和金融体系中发挥着不可替代的作用，它在资金使用者和资金提供者之间建立了便捷的通道，简化了交易环节，节省了交易成本，实现了资本的高效配置。投资银行的主要资产是金融智慧，主要产品是金融建议和金融职能。在经济全球化的浪潮中，投资银行在国际经济运行中发挥着越来越重要的作用，日益成为推动全球经济融合的重要力量。投资银行起源于欧洲，于19世纪传入美国，在西方发达国家已经经历了几百年的发展，并在美国达到了空前的繁荣。投资银行业不断出现新领域、新产品、新机构，特别是20世纪90年代，世界范围内投资银行业务和商业银行业务出现了融合发展的新趋势，使投资银行成为现代资本市场上最具活力的因素。

　　随着我国资本市场的不断发展和完善，投资银行的作用日益凸显，作为资本市场的重要主体，为优化资源配置，促进产业整合，搭建投融资渠道作出了卓越贡献。虽然投资银行在我国起步较晚，但发展速度较快，投资银行各项业务逐步在资本市场实施和运作。"投资银行概论"是适应我国资本市场发展而设置的一门基本理论和实务并重的应用课程，是高等院校金融学及相关专业必修的主干课程之一。本教材编写的指导思想是理论难易适度、语言通俗易懂、内容简明扼要、实务案例辅助理论讲解。

　　本教材系统介绍了投资银行的业务性质和特点，使学生掌握该学科的基础知识和基本实务流程，为今后从事相关业务打下良好的基础。本教材适用于金融学及相关专业的本专科学生，同时对从事投资银行业务的相关人员也具有参考价值。

　　本教材共分十二章，具体编写分工如下：第八、第九、第十一章由浙江金融职业学院杨树林编写，第二、第四章由哈尔滨金融学院董雪梅编写，第六、第七、第十章由哈尔滨理工大学那娜编写，第三、第五章由黑龙江东方学院张德春编写，第一、第十二章由哈尔滨金融学院吴作斌编写。哈尔滨金融学院于淞楠参与后期校对工作。董雪梅作为主编负责拟定全书框架和确定编写体例。本教材由董雪梅最后总纂。在本教材编写过程中，中国金融出版社的彭元勋老师给予很大帮助，在此一并致谢。

　　由于编写时间仓促，加之水平有限，书中难免存在不足甚至错误，恳请使用者提出修改意见和建议，以便不断完善。

编者

二〇一〇年四月

目 录

第一章

投资银行概述

【学习目标】 通过本章的学习，首先了解投资银行的基本概念、性质、特征以及投资银行的基本功能；了解投资银行的起源和发展；掌握投资银行的基本业务类型。

第一节 投资银行的定义

一、投资银行的含义

投资银行和商业银行都是现代金融体系中的重要组成部分，商业银行主要提供间接融资，而投资银行则是直接的金融媒介，是直接经营资本的金融企业。投资银行在现代市场经济和金融体系中发挥着不可替代的作用，它在资金使用者和资金提供者之间建立了便捷的通道，简化了交易环节，节省了交易成本，实现了资本的高效配置。投资银行的主要资产是金融智慧，主要产品是金融建议和金融职能。在经济全球化的浪潮中，投资银行在国际经济运行中发挥着越来越重要的作用，日益成为推动全球经济融合的重要力量。投资银行起源于欧洲，于19世纪传入美国，在西方发达国家已经经历了几百年的发展，并在美国达到了空前的繁荣。投资银行业不断出现新领域、新产品、新机构，特别是20世纪90年代，世界范围内投资银行业务和商业银行业务出现了融合发展的新趋势，使投资银行成为现代资本市场上最具活力的因素。投资银行在各个国家有不同的称呼，在美国被称为投资银行，在以英国为主的英联邦国家被称为商人银行，在日本则被称为证券公司。虽然名称千差万别，但这些金融机构的实质是一样的，都是资本市场的媒介，是为资金需求者进行直接融资的现代金融机构，所以都是现代投资银行。

因为投资银行业是一个日新月异的行业，对于投资银行的界定显得十分困难。美国著名投资专家罗伯特·库恩针对投资银行的发展状况和趋势，曾经对投资银行下过四个权威性定义，因此，对投资银行定义的把握，应从最狭义的、较狭义的、较广义的以及最广义的投资银行四个层次进行理解。

定义之一：最狭义的投资银行。这是最传统意义上的投资银行，即在一级市场上承销证券筹集资本和在二级市场上交易证券的金融机构。这种定义排除了投资银行从事的其他重要的并具有创新性质的业务，是十分狭窄的，不能概括现代的投资银行。

定义之二：较狭义的投资银行。这是指经营资本市场某些业务的金融机构。其主要的业务包括证券承销与收购兼并，但不包括基金管理、风险资本运作、风险管理和风险控制工具的创新等。投资银行是指经营一部分或者全部资本市场业务的金融机构。

定义之三：较广义的投资银行。这里的资本市场主要指为资金需求者提供中长期（1年或1年以上）资金的市场，包括证券发行与承销、公司理财、收购兼并、商人银行业务、基金管理、风险资本运作、私募发行、咨询服务以及风险管理和风险工具的创新等，但是不包括向客户零售证券、不动产经纪、抵押、保险以及其他类似的业务。

定义之四：最广义的投资银行。任何经营华尔街金融业务的银行都被称为投资银行，它既包括从事证券业务的金融机构，也包括保险公司和不动产经营公司，从事与华尔街金融活动有关的所有内容，如国际银团承销、企业证券发行和房地产及保险等。

罗伯特·库恩认为上述第三种定义最符合美国投资银行的现实情况，因此是投资银行的最佳定义。值得指出的是，他根据"以为公司服务为准则"的原则指出，那些业务范围仅限于帮助客户在二级市场上出售或买进证券的金融机构不能被称为投资银行，只能叫做"证券公司"或"证券经纪公司"。在我国，能够被称做"投资银行"的是那些具备证券承销资格的综合类证券经营机构。

结合罗伯特·库恩的观点，我们认为，投资银行是在资本市场上从事证券发行、承销、交易及相关的金融创新和开发等活动，为长期资金盈余者和短缺者双方提供资金融通服务的中介性金融机构。由于投资银行是金融市场（特别是资本市场）中最重要的金融机构之一，投资银行业是一个变化和发展较快且勇于创新的行业，对投资银行的定义和内涵的解释也充分体现了这一特点。投资银行之所以被称为投资银行，一方面是因为其本身就是金融体系中的重要组成部分，另一方面也在于其历史上从商业银行中分离出来的渊源关系，尽管如此，投资银行只是理论上的称呼，不同国家和地区有不同的称谓，也与这些国家投资银行产生的背景和发展的法律环境等因素密切相关。在现代资本市场中，投资银行有以下几种不同的称谓：（1）商人银行：投资银行在大多数欧洲国家被称为商人银行；（2）证券公司：投资银行在日本、韩国等国及我国被称为证券公司；（3）华尔街金融公司：投资银行在美国被称为华尔街金融公司。

我国《证券法》第六章"证券公司"第一百二十三条规定："本法所称证券公司是指依照《中华人民共和国公司法》和本法规定设立的经营证券业务的有限责任公司或者股份有限公司。"

二、投资银行的本质

（一）性质和特点

投资银行属于非银行金融机构，是资本市场上的主要金融中介。投资银行是证券和股份公司制度发展到一定阶段的产物，是发达证券市场和成熟金融体系的重要主体之一，它区别于其他相关行业的性质和特点是：

1. 投资银行属于金融服务业，这是区别一般性咨询、中介服务业的重要标志。

2. 投资银行主要服务于资本市场，这是区别于商业银行的重要标志。

3. 投资银行业是一个智力密集型行业。投资银行家的智力因素带来的无形资产是投资银行最重要的资产，是创造超额利润的第一要素。能否拥有一流或超一流的投资银行家，是衡量其是否是一流或超一流投资银行的最重要标志之一，投资银行常常不惜重金聘请超一流人才。

4. 投资银行业是一个资本密集型行业。现代投资银行涉足大资本的运作，在资本市场上呼风唤雨，其业务范围已远远超出了传统投资银行的概念。资本实力的强弱，直接影响着投资银行的运作能力，同时也体现其抵御市场风险的能力。

5. 投资银行是一个富有创新性的行业。投资银行的生命力就在于创新，因为投资银行的收益最终来自技术创新、市场创新、金融创新所带来的超额利润，投资银行的创新价值是任何机构都不可替代的。

在1929年大危机之前，投资银行和商业银行是混业经营的，它们之间的业务存在交叉和渗透，投资银行可以从事存贷款业务，而商业银行可以从事证券投资、股票承销和经纪业务等，投资银行和商业银行的业务界限十分模糊，导致彼此之间的竞争十分激烈。大危机之后，为了控制风险和金融危机对社会造成的冲击，西方国家开始加强对金融体系的监管，开始实行投资银行和商业银行严格的分业经营制度。1933 年，美国颁布了《格拉斯—斯蒂格尔法》，开始了投资银行和商业银行的分业。投资银行不能办理商业银行的传统业务，如吸收活期存款、结算业务等，不参与形成一个国际支付体系。投资银行最本源的业务主要是证券承销以及在此基础上的证券经纪业务（库恩对投资银行的第四种定义），其他任何投资银行业务都是在此基础上的延伸和发展。

虽然投资银行和商业银行之间的直接竞争减弱了，但是在争夺资金来源上仍然存在竞争，因此，为了充分了解投资银行的本源和实质，我们有必要将投资银行和商业银行进行对比。

（二）投资银行与商业银行的不同

1. 本源业务不同。商业银行是从事间接融资服务的金融机构，其业务主要包括负债业务、资产业务和派生出来的表外业务。负债业务是商业银行吸收外来资金的业务，包括存款业务和借款业务（金融债券），其中最主要的是存款业务。资产业务是运用其所支配资产的业务，主要包括贷款和投资两部分，核心是贷款业务，一般占商业银行总资产业务量的一半以上。资产业务和负债业务能够在资产负债表上反映出来，合称为表内业务。表外业务是在表内业务的基础上，利用自身的资金、信息、人才、技术等优势发展起来的金融服务项目。可见，资金存贷业务是商业银行业务的本源和实质，其他业务则是在此基础上的延伸和扩展，商业银行在本质上是存贷款银行。对于投资银行来说，虽然其业务范围十分广泛，一般包括证券一级市场、二级市场、项目融资、资产管理、咨询服务等，但是证券承销则是投资银行的一项最核心的业务，没有证券承销业务，证券的发行与交易就不能实现。投资银行是证券市场的主角和关键环节，而证券承销是投资银行业务的轴心，从本质上讲，投资银行就是证券承销商。

2. 融资功能存在明显差异。商业银行和投资银行都是沟通资金提供者和资金需求者的媒介，但在运作方式上存在根本的区别。商业银行是间接融资的媒介，它对于资金供给者来说是资金需求者，从事负债业务，而对于资金短缺者来说又是资金供给者，从事资产业务。资金盈余者和资金短缺者彼此之间并不承担任何权利和义务，他们只与商业银行发生关系，彼此没有契约的直接约束，而只是间接信用。债权、债务和风险大小均由商业银行和筹资者承担。投资银行则是直接融资的媒介，所谓直接融资即由资金盈余者以最后债权人的身份购入资金筹集者所发行的债权凭证，以这种方式而进行的融资。投资银行既可以向投资者推介发行股票或债券的筹资者，也可以为投资者寻找适合的投资工具。直接融资可以将证券回报与企业经营状况直接联系起来，经营状况不佳时可以推迟或减少债息或股息支付，这是商业银行贷款所不能办到的。这些都决定了商业银行主要活动于货币市场，而投资银行则侧重于资本市场。这种分工经历了一个漫长的演变过程，但随着金融混业经营的出现，这一界限又开始变得模糊起来。

除了中介服务方式的差异，投资银行和商业银行融资服务的重点也不同。商业银行本身必须保持资产具有一定的流动性，对贷款的质量和期限具有严格的要求，一般情况下只向客户提供短期的信贷。根据《巴塞尔资本协议》的精神，商业银行的资本充足率应达到8%，其中核心资本充足率应达到4%。因为商业银行的资金来源主要是客户的存款，银行需保证随时提取和兑付，所以保证资产和负债的流动性成为商业银行的一个主要经营目标。而投资银行则侧重于为长期资金需求者寻找长期资金供给者，最初的投资银行业务是在商业银行无法提供中长期贷款，而市场对中长期资金有巨大需求的情况下发展起来的。股票或债券融资获取的资金具有很强的长期性和稳定性，发行时间、证券种类、期限等都可以创新，这些都是商业银行无法满足的。所以，商业银行侧重于短期资金市场的活动，而投资银行则侧重于长期资金市场的活动。

3. 利润来源和构成不同。商业银行的利润来源包括三个方面：存贷款利差、资金运营收入和表外业务收入。投资银行的利润来源也包括三个方面：一是佣金，佣金是投资银行主要的利润源，包括一级市场上承销证券获取的佣金和二级市场上作为证券交易经纪收取的佣金，以及金融工具创新中收取的佣金；二是资本运营收入，是指投资银行参与债券、股票、外汇以及金融衍生工具投资和资金对外融通而获取的收入，包括投资收益和其他收入；三是利息收入，包括信用交易中的利息收入和客户存入保证金的利息收入。

从收入结构来看，商业银行的核心收入是存贷款利差，排在商业银行收入的第一位。表外业务的佣金收入则列在次要位置，尽管表外业务的利润有逐渐增长的趋势。而投资银行的核心收入是佣金，它是投资银行最主要的收入来源，主要是证券承销和证券经纪方面的佣金。就资金运营收入而言，商业银行资金运营收入主要来自贷款业务和证券投资，其中证券投资的对象通常是风险较小、收益稳定的国债和基金。投资银行除了参与证券投资以外，许多资金通常被用来参与企业上市、并购等。而这种投资一般不是实质性的股权投资，而是契约式的股权投资。从利息收入来看，商业银行的利差收入具有多样性，因为其存款业务可分为活期、储蓄、定期三种类型，贷款也分为短期、中期和长期等多种方式。投资银行的利息收入主要来源于保证金存款，类型单一，不能随意支配。

4. 经营管理风格的差异。由于商业银行的资产来源和运用的特殊性，商业银行首先必须保证资金的安全性和流动性，坚持稳健的管理风格，力求避免挤兑现象。而投资银行则突出稳健和创新并重的策略。一方面，一级市场的承销或者在兼并中的投资，都属于高风险业务，而二级市场的经纪业务，要随时防范证券市场的价格波动以及由此导致的大量提取、挤兑现金的风险。另一方面，投资银行的主要利润来自佣金，必须要有创新精神，对人才具有综合的要求，以便向客户提供优质而专业的服务。

可见，从商业银行与投资银行的业务本源、融资功能、利润来源以及管理风格上看，两者的性质是不同的。

三、投资银行的行业特征

投资银行作为一个十分具有生命力和挑战性的行业，具有与其他行业不同的特点，主要表现在创造性、专业性和职业道德方面。

（一）创造性

随着竞争的激烈化、金融机构的融合、金融全球化、企业并购的加剧等因素的影响，投资银行越来越有必要为客户提供具有创新性的方案，以满足客户多样化的需要。创造性是投资银行生存的决定因素，未来投资银行的生存取决于能否不断根据经济环境和客户需求的变化，开发出新的金融产品和服务内容，以便在竞争中独占鳌头。

投资银行的创造性包括"创造"和"革新"两个方面，创造是指有价值的新事物产生的过程，革新是指将有价值的新事物转变为商业上可行的产品或服务的过程。创造的实质是从"无"到"有"，而革新的实质是把已经存在的事物进行商业化。投资银行的创造和革新包括开发更好的金融产品、提供更为高效的服务以及更节约成本的服务方式等。

（二）专业性

投资银行是一个知识密集型的行业，需要专业的知识和专门的技能，特别是在资本市场飞速发展的年代，要做好投资银行业务，对专业性的要求更高。投资银行专业性的特征主要体现在以下几个方面：

1. 投资理论。投资银行的业务主要与资本市场紧密相连，其从业人员必须十分精通投资理论和金融工程方面的知识，熟悉投资理论的最新进展，并掌握金融工程的基本技术，如资产组合理论、金融衍生工具、套期保值技术以及公司的财务分析、成本分析、收益曲线分析技术等都能够灵活地运用。许多国际大型的投资银行对投资理论和投资技术都有很高的要求，并且配有专家委员会对业务开展提供支持。虽然投资理论的重要性并不能造就成功的投资银行家，但是缺乏必要的投资理论，也不可能成为一流的投资银行家。

2. 融资经验和渠道。因为投资银行是直接资本市场上融资的媒介，投资银行的专业性还体现在其拥有丰富的融资经验和专门的融资渠道，能够高效地沟通资金供给者和资金需求者。通过长期从事证券承销和企业并购业务，可以培养专业的融资经验，建立良好的融资渠道，这是投资银行开展业务的结果，也是取得竞争力的重要保障。在投资银行开展业务的过程中，丰富的融资经验和专门的融资渠道可以减少不必要的环节，节省成本，提高效率。当然，丰富的融资经验和专业化的渠道对造就杰出的投资银行家来说也不是充分的条件，它只是投资银行专业知识体系中的一个重要组成部分。

3. 行业专长和业务能力。投资银行的核心竞争力应体现在精通的业务能力和行业专长上，因为投资银行的资源和人力也是有限的，不可能把精力平均分散到所有的投资银行业务中，最佳的选择是根据一般的业务原则和行业的特殊性，集中资源于某一种或几种业务，重点发展某一行业或几个行业的业务，创造业内最佳和最有竞争力的品牌。因此，对投资银行的从业人员来说，精通的业务能力和行业专长也是十分关键的，有利于投资银行的专业化和分工。

4. 市场洞察力。投资银行处于千变万化的市场环境中，虽然技术方面的理性分析非常重要，但对市场的洞察力和感悟力同样不可缺少，有时甚至发挥着非常重要的作用。它不仅影响着投资银行具体业务的开展，而且对投资银行自身的发展起着非常重要的作用，许多国际大型投资银行的成功经验都充分证明了市场洞察力的关键性。优秀的投资银行家善于把握证券承销的最佳时机和制定最合适的发行价格，发现那些极具成长性的行业，察觉那些不利或危险的因素。市场洞察力已经成为投资银行家的一种职业本能，他们凭着职业直觉来对未来的市场前景作出判断。

5. 公关技能。投资银行是一种特殊的金融服务业，在开展业务的过程中需要和利益相关的多个利益集团或个人打交道，向不同的人或集团推介自己的方案，因此具有一定的公关技能是非常重要的。例如在证券承销过程中，投资银行要和筹资方交流，推荐自己的方案，使筹资方成为自己的客户，并积极进行筹资路演，向资金供给方推介筹资方案，吸引资金供给者投资，在这个过程中，投资银行还必须与政府的有关部门、中介机构（会计师事务所、审计师事务所、律师事务所）、法律机构等发生联系，所以公关技能显得十分重要。

（三）职业道德

职业道德是投资银行业的一个重要的行业特征，其职业道德不仅是投资银行重要的无形资产，而且是提高声誉、扩大业务范围和增加投资银行家个人价值的稳妥方式。职业道德构成了投资银行业的内在基础，是客户产生信心的源泉，否则投资银行将无法生存。证券市场发展越成熟，客户对投资银行家的行为标准就越敏感，并且力求寻找具有高标准和良好道德准则的投资银行作为其代理。职业道德越来越成为投资银行业竞争的新武器。投资银行业对职业道德的要求具体表现在以下几个方面：

1. 保守秘密。泄露客户的机密是投资银行的一个很典型的职业道德问题，可能会给证券市场和客户带来巨大的不利影响。在复杂的投资银行业中，完成一项交易需要有关各方密切配合和信息共享，因此给保守秘密带来一定的困难。所以，在投资银行开展业务的过程中，绝不谈论任何有关客户的、无须透露的情况是一个最基本的规则。许多投资银行还硬性规定一个严格的名单，其中列出了一些与投资银行有业务关系的公司，这些公司及其有关情况都属于保密范围，任何经纪人员、销售人员、并购合伙人以及任何其他雇员都不得为客户或自己买卖这一名单上的公司的证券。只要公司仍然属于被限制名单之列，投资银行和投资银行家便不能通过买卖该公司的证券来获益。

2. 信息隔离。投资银行在开展业务中要采取信息隔离措施，要求有关各部门的人员对其所知晓的信息应保持缄默，不对本部门以外的人员传播这一信息。在美国，无论证券监管机构，还是投资银行本身，均规定投资银行内部的有关部门要执行隔离政策。美国证券交易委员会规定，同一投资银行的所有其他部门都应与企业并购部隔离，以限制机密信息在内部流通。投资银行也规定，严禁高危险区（如企业融资部、企业并购部、证券交易部等）的职员互通信息。这种泾渭分明的隔离政策在华尔街被称做"中国墙"（Chinese wall）。

3. 遵守法律。投资银行在开展业务的过程中，应始终尊重和服从法律，而且绝不能支持客户从事违法或不道德的活动。一旦投资银行帮助客户违法或作出不道德的事情，将使投资银行家及其合作伙伴乃至整个投资银行陷入犯罪和破产的深渊，并受到法律的制裁和道德的惩罚。20 世纪 80 年代末和 90 年代初，美国两大知名高成长投资银行——德崇公司和基德·皮博迪公司就因为从事非法活动导致破产和清算出售。因此，遵守和尊重法律应是投资银行职业道德要求的第一要义。

4. 诚信原则。投资银行业是以诚信为基础的中介服务业，致力于长期发展的投资银行必然要立足于诚信，为客户提供最优服务。如果投资银行失去诚信，那么它将失去客户资源，并最终丧失在资本市场上竞争的能力。投资银行在向客户提出建议时，应尽力说明自己对这一建议的信任程度；如果投资银行自己没有把握，也要向客户诚实相告，以免误导客户。客户一般都欣赏投资银行的诚信态度，同时诚信也是确立客户与投资银行之间长期关系的基础。

5. 公开原则。为了维护证券市场的公平性，要求投资银行在开展业务中必须进行合乎规范的信息披露。投资银行在履行公开原则时要做到两个方面：第一，保证对客户作出合适的信息披露。投资银行应尽最大努力使证券发行人将与发行有关的所有重要信息进行完整和正确的公布，避免遗漏重要资料和进行错误的表述。第二，主动将真实情况公布于众。例如，如果投资银行代表交易中所有的各方，应向所有各方表明这一情况；如果公开上市公司和管理层之间存在集体交易，投资银行应当加以披露。

第二节　投资银行的基本功能

在当今世界中，证券市场是金融市场的重要组成部分，任何一个现代国家都无一例外地拥有一个较为发达的证券市场体系。证券市场主要由证券筹资者、证券投资者、证券监管机构和投资银行四个部分组成，投资银行肩负着联系不同主体和创造证券市场的重要责任。除了充当直接金融中介之外，投资银行还有以下四个方面的功能。

一、引导证券市场发展

在证券一级市场上，投资银行是证券发行人和证券投资者的中介人，一方面为资金供给者选择合适的投资机会，另一方面也为资金需求者找到资本来源，促进了全社会资本的形成，加快了资本运动，提高了资金运作效率。在证券二级市场上，投资银行既是主要中介人，也是主要参与者。投资银行在提高二级市场资金流动性和活跃二级市场交易等方面，发挥了不可替代的作用。投资银行在推动企业收购兼并和资产重组方面，更是运筹帷幄，得心应手，为企业提供多种金融中介服务，促进了存量资源的再配置，不仅提高了资本运营效率，而且对规范上市公司行为和加强竞争起到了积极作用。在资产管理方面，投资银行通过发起设立和管理投资基金，为投资者提供专业化的理财服务，既分散了投资风险，也起到了维护证券市场理性发展的作用。因此从一定意义上讲，投资银行充当着证券市场的灵魂和引导者的角色，没有投资银行就不可能有高效率、低成本和规范化的证券市场。

第一，投资银行承担一级市场证券发行工作。证券发行是一项非常复杂的工作，必须准备各种资料，进行大量宣传，提供各种技术，办理复杂手续。证券发行人仅仅依靠自身力量直接向投资者发售证券，不仅成本很高，效果往往也很差，因此证券发行工作必须依靠投资银行才能顺利完成。具体说来，投资银行在创造证券一级市场方面发挥了以下作用：（1）咨询。投资银行凭借其专业知识和经验，向证券发行人建议发行何种证券、按何种价格、在何时发售等，为其提供有关行业、企业和市场分析资料，同时还向投资者提出投资建议。（2）承销。证券发行人在确定发行证券金额、种类、时间等基本因素后，接着是聘请投资银行进行证券承销，一般采取包销方式。包销对投资银行有一定风险，一旦证券不能完全售出，投资银行将有义务买入剩余证券，这样可以降低发行人的风险和成本。（3）分销。投资银行利用自身分支机构和销售网络，组织一定规模的证券分销集团，向投资者出售其承销的证券。（4）代销。有时投资银行认为某些证券具有很高风险，不愿对其提供包销保证，只是尽力推销，不承诺买入未发售的剩余证券。（5）私募。在私募过程中，投资银行利用其关系资源优势，使发行工作得以顺利进行。

第二，投资银行可以经纪商和自营商身份参与二级市场证券交易。证券承销完毕后，投资银行在一定时期内作为做市商，维持市场价格稳定，确保各方利益不受损失。在二级市场中，如果证券交易由证券持有者和购买者之间直接进行，必然造成交易活动混乱、效率低下和缺乏安全性，因此需要投资银行以经纪商身份接受客户委托，进行证券买卖，提高交易效率，维持市场秩序。另外，投资银行以自营商身份活跃于二级市场，通过收集市场信息，吞吐大量证券，发挥价格发现职能，在报价驱动市场上，投资银行充当做市商，方便客户证券买卖，活跃了市场交易，保障了证券价格的连续性和稳定性。

第三，投资银行进行金融工具创新，开拓新的金融服务领域通过远期、期货、期权、互换等金融衍生工具，不仅控制了自身风险，保障了自身收益稳定，客观上还使证券市场得以在衍生工具辅助下更加活跃。投资银行在企业并购和柜台交易市场中十分活跃，促进了企业产权的合理流动，提高了市场效率。

第四，投资银行不仅是一个证券中介组织，而且还是重要的信息机构，通过收集资料、调查研究、提供咨询、介入交易，投资银行促进了信息在证券市场中传播，使信息更迅捷、客观地反映在交易活动之中，保障了证券市场信息的公开、公平和公正。

第五，投资银行开展各种中介服务，通过代理发放债息股息红利、代理偿还本金等业务便利了投资者获取投资收益，在一定程度上成为投资者与证券发行人的沟通渠道，降低了成本。

二、提高公司经营业绩

第一，投资银行帮助企业改制上市，完善公司治理结构，实现了投资主体多元化。国有企业改制上市，不仅使产权明晰，同时引入了其他法人和社会公众投资者参加，从而真正落实上市公司法人独立财产权，为企业自主经营创造了条件。

第二，国有企业通过上市，建立了现代公司治理结构，有助于转变经营机制。

第三，上市公司信息披露制度和股票价格变动有利于加强对企业经营管理者的监督，有利于保护公众投资者利益，也促使上市公司努力改进经营管理。

第四，投资银行还通过帮助企业设计较为完善的内部激励制度，如股票期权等，充分调动管理层的积极性，从而促进企业业绩提高。

第五，投资银行还为股权转让出谋划策，推动公司控制权转移，有利于企业管理层改进经营管理，提高企业竞争力。另外，投资银行在帮助企业改善经营管理、调整产品结构、进行技术改造和市场开拓以及资本运营等方面提供顾问建议，由于提高了企业内在价值，使该企业股票在二级市场上有一个好的表现，最终保护了投资者利益。

三、推动产业结构升级

投资银行为企业提供各种金融中介服务，促进了生产的社会化、产业结构的优化与升级。在资本市场上，通过收购兼并提高集中程度，促进了工商企业和金融企业相互持股，使金融资本与产业资本相互渗透。以美国为例，19 世纪末以来先后出现过五次企业并购浪潮：第一次并购浪潮出现在 1898—1902 年间，其特征以横向合并为主，出现了一批包括美国钢铁公司、美孚石油公司等在内的垄断企业；第二次并购浪潮出现在 1920—1933 年间，以纵向合并为特点，美国汽车制造业、石油业、冶金工业以及食品加工业完成了产业集中过程；1948—1964 年间，美国发生了第三次并购浪潮，这次并购以混合并购为主，出现了一批竞争力强、兼营多种业务的企业集团；第四次并购浪潮发生在 1974—1985 年间，并购规模之大令人吃惊；近年来美国掀起了第五次并购浪潮，1995 年 5 月金融业巨头特拉辛达公司对美国三大汽车公司之一的克莱斯勒公司，同年 8 月迪斯尼公司对美国广播公司、西屋电器公司投资 54 亿美元对哥伦比亚广播公司的兼并活动给华尔街带来了巨大震动，表明美国产业集中已向更深、更广的领域发展。在企业并购过程中，投资银行发挥了重要作用。企业并购是一项技术性强的工作，包括选择合适对象、时间、价格以及合理的财务安排等，都需要投资银行提供专业知识和技术。第二次世界大战以来，大量企业并购通过二级市场进行，手续更加繁琐，要求更加严格，操作更为困难，如果没有投资银行作为顾问和代理人，企业并购几乎不可能进行。另外，大多尚处于种子阶段，经营风险很大的新兴产业难以从商业银行取得贷款，往往只能借助风险资本来筹集发展资金。由此可见，由于投资银行的卓越工作，才极大地促进了资本集中和产业结构的调整与升级。

四、促进国民经济增长

投资银行作为现代证券市场中的重要金融中介机构，在优化资源配置和促进国民经济增长方面起着非常重要的作用。一是投资银行通过资金媒介作用，使能获取较高收益的企业通过发行股票和债券等方式来获得资金，引导社会资金向效益好的部门流动，使国家整体经济效益和福利得到提高，促进了资源合理配置。二是投资银行便利了政府债券发行，使政府可以获得足够资金用于提供公共产品，加强了基础设施建设，为经济长远发展奠定了基础。同时，政府还可以通过买卖政府债券等方式，调节货币供应量和进行宏观调控，借以保障宏观经济稳定运行。三是投资银行帮助企业发行股票和债券，不仅使企业获得发展和壮大所需的资金，而且将企业经营管理活动置于广大股东和债权人的监督之下，有利于建立科学的激励机制和约束机制以及现代企业制度，促进了企业效益提高。四是投资银行并购业务促进了经营管理不善的企业被兼并或收购，经营状况良好的企业得以迅速发展壮大，实现规模经济效益。五是投资银行为各类投资者创造了财富增长机会，促进了全社会的收入增加，反过来又推动了全社会的消费和投资，从而推动国民经济快速增长。

第三节　投资银行的起源与发展

追溯投资银行的历史，必须首先将投资银行定位为"从事证券经销和投资业务"的机构，不然我们将会遇到和寻找投资银行正式命名时同样的迷茫。因为在19世纪的欧美，"银行"是一个笼统的概念，凡是吸收公众存款，然后投资于企业贷款和经销证券业务的，统称为"银行"，根本不分商业银行和投资银行。只是到了近代（20世纪四五十年代），金融界为了将"发放贷款"的"银行"与"投资证券"的"银行"区分开来，才给后者冠以"投资银行"的称谓，而且，这仅仅是美国金融界的叫法。在英国，投资证券的金融机构被称为"商人银行"，而日本干脆直呼其"证券公司"；在其他国家，将投资证券的金融机构直接称为"投资银行"的，至今甚至难找到几个。因此，仅从名称上追寻投资银行的起源，是难以做到的；相反，如果我们认定"从事与证券相关业务的机构就是投资银行"，则投资银行最早起源于17世纪的欧洲大陆。

一、早期的投资银行

　　早期的投资银行是随着欧洲大陆海外贸易的发展而发展起来的。16 世纪末到 17 世纪初，随着航海事业的逐步发达，欧洲资本主义工业发展较快的英国、法国、德国、意大利等国家与东南亚、非洲及美洲大陆的区域贸易和国际贸易迅速发展起来，随之而来的是一大批因贸易发家的富商大贾，他们手中积聚了巨额的金银财富，而且也积累了丰富的有关商品和国内外市场的专业知识。这些大商号信誉卓著，不但自己从事贸易，而且为其他商人保管货币，提供资金融通，逐步发展成为商业汇票承兑的经纪人和早期的银行家。由于从事金融业务既轻松，又盈利丰厚，商人们宁愿放弃从事贸易的行当，而专门从事承兑汇票和融资贷款的业务，商人银行就这样形成了。

　　整个 17 世纪是商人银行发展的最兴旺时期，这和当时欧洲贸易的兴旺发达密切相关。意大利商人银行在 17 世纪初发展成为欧洲大陆银行业的"领头羊"，意大利的威尼斯和佛罗伦萨也因此成为当时欧洲大陆的金融中心；其次是荷兰，其商人银行和商业银行家在国际贸易活动中大量从事融通资金、承兑汇票以及为外国政府提供贷款的业务，曾一度取代意大利在银行业的霸主地位，一跃成为 17 世纪中叶欧洲乃至国际金融中心；17 世纪末到 18 世纪初，德意志经济的迅猛扩张，使其短期内成为欧洲商人银行的主力军。

　　17 世纪末英国资产阶级革命的成功，为英国资本主义经济发展和殖民地扩张开辟了道路；18 世纪前半叶的几十年中，英国率先完成了资本主义的"工业革命"，生产力水平有了极大程度的提高。伴随着大规模的殖民地扩张，到 18 世纪后半期，英国成为世界经济强国，伦敦逐渐取代阿姆斯特丹成为世界贸易和金融中心，其金融核心地位为英国商人银行的发展创造了条件。大批商号涌入英国，在伦敦建立营业场所，伦敦金融市场短期内成了商人银行争相开展投资银行业务的乐园。商人银行利用其手中的巨额资金，不但大量承兑票据，为贸易提供融资，而且大量进行英国政府债券的投机买卖，从中牟取巨额利润，成为巨富商号。到了 19 世纪初，伦敦金融市场上颇具盛名的巨富商号有霸菱、施罗德、汉布罗和罗斯柴尔德等。

　　美国的投资银行业起源于 18 世纪末。理论界公认的美国投资银行的创始人是撒尼尔·普赖姆，他是 18 世纪 90 年代纽约华尔街上最著名的股票经纪人，由他成立的普赖姆·华德金公司是华尔街上主营证券交易和外汇买卖的最大投资银行。不过，美国投资银行业的较大规模发展是从 19 世纪后半叶开始的，特别是在美国南北战争期间，政府为战争筹资发行债券，以及战争结束后，美国大兴基础设施建设（大规模修建铁路）也引发了大规模筹资的需求，从而刺激了美国投资银行业的大发展。投资银行通过承销政府的战争债券和铁路债券而迅速扩展业务，不但为自己积累了资本，更重要的是为其后期的发展积累了经验。可以说，美国内战后经济的复苏一直到 1929 年大危机前的经济繁荣，这一时期是美国投资银行业发展的鼎盛时期。这一时期及以前美国投资银行业发展的最大特点是，在美国的经济金融界并不存在真正的投资银行，所谓的投资银行是指美国一些大的商业银行内部的证券投资附属机构，投资银行的发展是和商业银行紧密融合在一起的。

二、近代投资银行的发展

美国投资银行是近代投资银行业发展的典型代表，逐步形成了投资银行业发展的主流。19 世纪末到 20 世纪初，美国经济在经过急速短暂的衰退之后，继而走向真正的经济繁荣。市场上日益充裕的资金供给和日趋高涨的经济建设资金需求，引致了债券的大量发行，这些债券既包括国内政府和企业的本币筹资债券，也包括了来自欧洲和拉丁美洲一些国家在美国债券市场上发行的美元扬基债券。美国的投资银行在承销和安排国内外债券交易活动中赚取了丰厚的费用收入，这为当时整个银行业的发展壮大奠定了充实的资本。同时，美国新政府对银行业支持国内经济发展，以及在国际收支平衡方面作出的卓著贡献倍加赞赏，并不在乎银行将公众存款是借给了政府还是企业，是用于国内债券投资还是用于国外融资安排。银行业赢得了新政府和民众的广泛拥戴，这自然成为 20 世纪初二三十年内美国银行业（包括商业银行与经销证券的投资银行）鼎盛发展的一股政治力量。在 1929 年股市大跌来临之前的数十年间，依靠债券承销而大发其财的最成功者当数由查尔斯·米切尔领导的纽约国民城市银行，其证券业务主要依靠它的证券附属机构——国民城市公司来运营的。这一时代也同时造就了包括摩根·塞利格曼·斯培叶、摩顿·罗斯、梅里尔·林奇及雷曼兄弟等一大批著名的投资银行家。

美国投资银行业在不断壮大自身的同时，为了赚取更多的证券承销收入，有实力的各大银行都纷纷在海外设立证券投资机构，抢占海外证券市场。在 19 世纪末期，美国投资银行借助美国政府债券在欧洲市场行销的大好机会，将自己的证券承销业务迅速扩展到欧洲，开始在法兰克福市场，后来又推进到伦敦市场。美国投资银行依靠自身强大的资金实力，以及在本土证券业务经营中积累的经验和技巧，与欧洲的商人银行展开了激烈的竞争。取胜者当然是美国投资银行，欧洲商人银行的发展受到了很大挫伤，许多小银行在竞争中倒闭，或转做传统的票据承兑、贴现及贷款业务，不再经营证券业务。美国投资银行逐渐成为欧洲证券市场上的主流，大有异军突起之势。也正是通过扩展海外业务，美国投资银行逐步演变成为真正的国际投资银行。

美国投资银行在 19 世纪末 20 世纪初的崛起，有其天然的历史条件和政策机遇，包括受益于美国证券市场的迅猛发展，以及美国政府债券在欧洲市场上的大量交易，更受益于美国证券业与银行业的混合生长。尤其是美国新政府早已让证券业发展刺激起来的经济繁荣冲昏了头脑，对银行业利用充裕的公众存款大搞证券投机的事实更是熟视无睹。当时各国政府对证券市场都没有设立专门的机构进行监管，对证券市场的风险更没有引起足够的重视，投资银行在证券市场价格大幅涨跌中饱赚了利润，同时也埋下了自我毁灭的种子。直到 1929 年 10 月 28 日，美国股市大崩馈引起的其后长达三年的经济大萧条，美国政府才意识到这样的政策需要改革，投资银行因此也被冠上了引起股市大跌的罪魁祸首的恶名。然而，不论投资银行遭到了多大的非议，投资银行业的发展终究因证券市场的萧条而遭到了极大的挫伤，无数投资银行因巨额损失而破产倒闭，自灾难发生后短短的三年里，美国的投资银行减少了一大半（1930—1933 年美国共有 7 763 家银行关闭），残存的投资银行也因缺乏证券业务而陷入经营危机之中。

美国 1929 年证券市场大崩馈与其后三年的经济大萧条，既敲响了美国旧式投资银行的丧钟，又催化了新式投资银行的诞生。美国国会在 1933 年通过了《1933 年银行法》，即《格拉斯—斯蒂格尔法》，该法案将商业银行业务和投资银行业务彻底分开，从此确立了投资银行的概念，划定了投资银行的业务范围，使投资银行真正取得了独立的地位（其实在《1933 年银行法》中并未提出投资银行的概念，而是由于证券业务从商业银行业务中分离出来，专门从事证券投资业务的机构均由原来的银行家组建和领导，这些银行家被称为投资银行家，由他们创办的证券投资公司后来被公认为投资银行）。确切一点讲，真正名副其实的近代投资银行——以法律明确其业务范围、有独立的法人地位、严格区别于商业银行的投资银行是在 1933 年以后的美国发展起来的。用《金融体系中的投资银行》的作者 C. R. 吉斯特的话来讲："《1933 年银行法》使商业银行与它们一度盈利丰厚的附属公司挥泪而别……由此产生了一个独立自主的新产业。美国投资银行业就这样由政府缔造出来了。"

新诞生的投资银行生不逢时，备受摧残的美国证券业在大萧条后仍然经历了较长时期的缓慢复苏阶段，新证券的发行几乎停顿，投资银行只能在市场短暂的振作期间做一些零星的证券交易业务，以及为以前发行的债券续期和换新，加之新诞生的投资银行业为了生存而加剧竞争，本来在经济萧条期就非常之低的债券利率因投资银行的竞相承揽债券发行和换新业务而变得更低，新证券发行变得几乎无人问津，佣金和手续费也因此少得可怜，投资银行业的发展走到了历史的低谷。然而，似新非新的投资银行毕竟对证券业务经营是轻车熟路，以前的老主顾和客户群对他们熟悉的银行家仍然依依不舍，加之改革初始，政府只要求投资银行业务与商业银行业务分开，刚分离出来的投资银行仍然可以继续分享其原有商业银行的设施，必要的时候凭借老关系还可以从原商业银行手中低成本融入短期紧缺资金。正是这样得天独厚的条件维持了投资银行在艰苦环境下的生存和发展，这种境况一直延续到第二次世界大战期间。在战争年代里，债券市场又因战争而逐渐活跃起来，政府机构债券和市政债券加上少量的公司债券的增加发行和换手交易，为投资银行业务增添了一线生机；特别是依靠战争发财的制造业开始大量发行新股票融通资本，这给投资银行业务扩展创造了更大的空间；政府提出的一切经济活动包括金融都要为战争服务的基调，促成了投资银行的发展走上了逐步兴旺之路。在新股票发行承销业务中，投资银行借助它们的主子——商业银行的委托资金而大行其道，整个证券市场几乎被一些和原来商业银行有着亲密关系的投资银行所垄断，证券经销利润再度上升，如同经济大危机之前一样，新的投资银行又成为让人羡慕的行业。

投资银行短期内创造的赫赫功绩一方面赢得了其客户即发行公司的支持，另一方面也招致了在竞争中处于劣势的一些商业银行和投资公司的反对。1947 年，美国司法部起诉一批华尔街的主要投资银行以及它们的交易协会——投资银行家协会，指控它们领导的一些大公司合谋排挤其他公司，相互勾结垄断证券市场，违反了《谢尔曼反托拉斯法》。然而，诉讼案经过好几年的调查取证，最终以罪名不成立而不了了之。经过这一风波之后，投资银行经受了法律的考验，站稳了脚跟，理直气壮地发展它们的业务。投资银行的概念从此被美国社会各界所接受，一个崭新的行业以它特有的风貌跻身于美国金融界，借助美国朝鲜战争以后经济的逐步繁荣而大踏步地发展起来了。

20 世纪后半叶是世界投资银行业大发展的年代。以美国的投资银行为典范，第二次世界大战后经济迅速崛起和新兴发展的国家相继都出现了投资银行。美国投资银行在 60—90 年代长达 30 多年的迅猛发展中，走过了突飞猛进的发展历程。进入 60 年代以后，美国经济开始迅速走向牛市，不但工业公司大量发行股票，公用事业同时也挤入股票和债券的发行行列，投资银行因此而大有作为，特别是互助基金在战后的兴旺发达，为投资银行推销公司和公用事业股票增添了一个雄厚的市场。美国 60 年代证券市场发展中的一个创新性变化同时给投资银行的发展增添了活力，这就是资产证券化。互助基金通过组合投资降低了单一证券投资的风险，其稳定丰厚的收益吸引了民众对其产生了青睐，投资银行不必将各类公司新发行的股票分销给个体投资者，而是批发给基金公司，大大地节约了承销成本，提高了中介费收入；工业公司同样热衷于资产多样化，它们通过相互联合甚至收购兼并其他公司而形成集团公司，大的集团公司不但拥有国内控股的子公司，而且拥有国外控股的子公司，它们的股票同样作为一种资产多样化的途径介绍给了投资银行，因为投资它们的股票如同投资了一篮子货币资产而尽享资产多样化的好处，投资者对这类股票的偏好自然大大地便利了投资银行的承销业务。继承60年代这种变化而发展起来的是横贯70年代和80年代的金融创新运动，投资银行在这一富有挑战性的金融创新大潮中大展宏图，不但担任了推动金融创新走向更高层次发展的主力军，同时也将自身造就成了称雄金融领域的佼佼者。在20世纪90年代世界顶级投资银行排行榜中，前七名除日本的野村证券居第五名外，其余六名均为美国投资银行，它们分别为美林、摩根士丹利、第一波士顿、所罗门兄弟、高盛和雷曼兄弟。

美国投资银行在近代的发展令世界瞩目，其他国家投资银行在第二次世界大战后也如雨后春笋般地发展起来。首先是战后经济迅速振兴的日本。从1949年开始，日本恢复和成立了东京、名古屋、京都、神户、大阪等证券交易所，其证券市场短期内有了较快的发展，投资银行业也随证券业的振兴而逐步发展壮大起来。20世纪70年代以后。日本投资银行业经历了从质量逐步升级到规模不断扩大的发展阶段。到80年代末，日本的野村、大和、山一和日兴四大投资银行先后跃入世界顶级投资银行的行列，成为仅次于美国的投资银行业发展大国。其次是从20世纪70年代初开始，经济迅速振兴的一些发展中国家和地区也纷纷引入投资银行，这些国家和地区包括亚洲的新加坡、泰国、韩国、马来西亚；中国的香港、台湾地区；南美洲的墨西哥、巴西；中东的约旦和非洲的尼日利亚等。其中，韩国的大宇证券在90年代中期已被列入世界大型投资银行的行列。

三、投资银行的发展趋势

20世纪90年代以来，经济全球化进程加快，国际金融市场发生了大的动荡，世界各主要工业国家纷纷变革本国的金融制度以应对日益复杂的国际金融形势。在这种变化的进程中，投资银行的发展受到了前所未有的竞争和挑战。为了适应竞争环境，各国投资银行都努力调整自己的经营模式，利用当今高度发达的电信技术和日益成熟的金融创新手段扩展自己的业务领域和提高自身的竞争能力，呈现出新的发展趋势。

（一）国际化趋势

如前所述，20 世纪六七十年代以后，美国投资银行借助美国政府债券在欧洲市场上的交易机会，逐步占领欧洲金融市场，其国际业务有了很大的发展。同时期，经济发展快的各工业化国家的投资银行也都纷纷开发海外业务，寻求自己的海外市场。然而，当时各国投资银行在海外的发展毕竟只是通过在海外设立分支机构，经营较为单一的证券承销业务，加之海外的客户基础薄弱，业务发展缓慢，成本较高。因此，投资银行的海外业务占主营业务的比重都不高。进入 20 世纪 80 年代以后情况有了大的变化，各国投资银行的国际业务得益于电子通信技术的普及与提高而取得了惊人的进展。投资银行的国际业务品种不断增多，融资规模迅速扩大。特别是进入 90 年代，投资银行经营的国际证券业务融资份额大有超过国际信贷业融资份额的趋势。据统计，在 1993 年至 1998 年的五年间，国际银行信贷融资净额从 2 000 亿美元猛降到 1 150 亿美元，而同一时期的国际证券融资净额却从 1 949 亿美元猛增至 6 703 亿美元。进入 21 世纪以后，这种反差势头还在不断扩大。从另一角度讲，投资银行发展的国际化趋势不仅表现为其业务的国际化，而且表现为其机构的国际化。进入 90 年代中后期，投资银行机构的国际并购与跨国控股现象成为投资银行国际化发展的一大特点，同时也促成了投资银行机构的集团化发展趋势。

（二）集团化趋势

面对日益加剧的竞争，投资银行不但要通过扩展其国际业务和市场份额来扩充自己的势力地盘，而且要通过增大资本规模来提高自身的竞争实力。这两种需求的共同增长引致投资银行依靠最快捷、有效的跨国并购途径来实现。进入 20 世纪 90 年代中后期，国际金融领域大并购浪潮一浪高过一浪。并购浪潮推动了金融机构的集团化发展趋势，金融资本的急骤集中造就了许多世界历史上从未有过的金融巨头。以美国为例，1998 年 4 月 6 日，美国花旗银行和旅行者集团宣布合并，成为仅次于大通曼哈顿银行的全美第二大金融集团；随后在 4 月 13 日，美国第三大银行——国民银行与第四大银行——美洲银行宣布合并，合并金额达 648 亿美元，其资产总额超过 5 700 亿美元，成为美国最大的银行；同日，美国第一银行与第一芝加哥银行也宣布实行联合，合并金额达 298 亿美元，总资产达 2 300 亿美元，一跃成为美国第五大银行。相形之下，美国投资银行业的并购浪潮虽然没有商业银行那么大，但其跨国并购活动却使商业银行相形见绌。1996—1997 年，美林证券——世界投资银行巨头通过对 Hoctchkis and WHey 和英国的 Mercury Asset Management 两家资产管理公司的收购，使其资产总额（含代管资产）在 1997 年达到了 4 460 亿美元，而摩根士丹利公司通过对添惠公司的收购，使其资产总额（含代管资产）达到了 3 380 亿美元，继续保持世界投资银行第二巨头的宝座。反过来，欧洲的一些大的经纪公司通过购买美国的经纪公司而壮大自己的实力，形成国际性经纪集团公司。如 1995 年间，英国的 E. D. & F. Man 花费 6 400 万美元买下美国 Ldermann Inc. 公司的股份，使自己一举成为欧洲资本实力最强的经纪集团公司。

（三）全能化趋势

国际投资银行业全能化趋势早在 20 世纪七八十年代就开始显现，到世纪之交，这种趋势已经以锐不可当的力量冲击着各国金融制度的束缚，迫使各国政府实行金融体制改革，为投资银行既定事实的全能化发展提供制度和政策支持。投资银行全能化发展不但表现为其业务不断向商业银行和其他金融机构的业务领域渗透，而且表现为其业务自身不断向纵深发展：一方面表现为业务多样化发展趋势，另一方面表现为业务创新化趋势。面对多样化和要求不断提高的市场需求，投资银行都积极争取为客户提供全方位、多功能的一体化服务。产生这种趋势的主要原因有：一是金融业的竞争加剧。投资银行为了能在激烈的竞争中立足，不断寻求新的业务和争取更多的客户，通过为客户提供全方位的优质服务来扩大自己的市场份额。二是 20 世纪 70 年代以后金融创新日新月异，不但包括金融机构的创新，而且包括金融业务、金融产品、金融服务项目和方式的创新。金融创新一方面使不同金融业务的界限日益模糊和趋同化，另一方面也使不同金融机构之间的联系日趋紧密，使金融业之间的纵向和横向并购更容易。20 世纪 90 年代中后期金融机构大并购浪潮使投资银行机构集团化和业务全能化已成为不争的事实。三是金融自由化趋势和各国金融当局放松金融管制，默许金融机构混业经营的变革趋势，使得投资银行向全能化方向发展的趋势进一步增强，"金融百货公司"式的投资银行将会越来越多。

（四）专业化趋势

大的投资银行通过业务的多样化为客户提供全方位、多功能的金融服务，从而抢占市场，扩大其经营领域；但小的投资银行为了使自己不至于在竞争中被吞食，往往通过业务的专业化来巩固现有市场份额，发展具有各自特色的投资银行业务，特别是在大的投资银行触角延伸不到的业务领域和地域建立专业化的市场。这种变化在经济新兴发展的国家和投资银行业务发展较晚、金融管制较严的国家或地区表现得特别明显。在这些国家或地区主要经营证券业务的投资银行要兼营其他业务较为困难，而经营证券之外其他业务的小型专业化投资银行发展就较容易。如在亚洲地区的众多发展中国家（包括中国），虽然专营证券业务的投资银行在主要城市发展很快，但在这些城市和一些中小城市专营其他业务的融资公司、财务公司、信托投资公司、基金公司、租赁公司和咨询公司等发展得也很快，这些小型投资银行各有各的专业领域，各有各的客户群体，各以自己特有的优势扩展自己的市场，朝着专业化方向发展。

另外，从某种意义上讲，专业化分工和协作是社会化大生产的必然要求，在整个金融体系多样化发展的过程中，投资银行业务的专业化发展也成为一种必然的趋势。由于市场的需求是多样化的，大的投资银行在以多样化的金融服务和金融产品满足市场需求，展开与其他同类机构竞争的同时，也要致力发展自己特有的优势和"拳头产品"，使具有自我优势的业务更加专业化。投资银行业务专业化发展趋势既表现为具有专业特色和专营一种或几种主要业务的投资银行越来越多，而且表现为多样化经营的大型投资银行也越来越注重发展自己的专业特长，突出自己特定的发展优势。如美林公司以项目融资和产权交易业务著名，而所罗门兄弟公司则以包销商业票据和政府债券交易称霸；第一波士顿公司以擅长公司并购而享有盛名，但摩根士丹利公司则在包销大公司的证券方面拥有更多客户。从长远看，大的投资银行或集团公司出于降低管理成本，便于内部控制的需要，常常将自己的专业公司独立或分化出来或让专业子公司独立核算、自主经营，形成专业性的小投资银行。这种专业化发展趋势将随着各国证券业与其他金融各业的分化组合发展表现得越来越明显。

（五）高监管趋势

由美国次贷危机导致的金融危机已经在全球范围内的各行各业引发了强大的连锁反应，投资银行首当其冲。继2008年3月，先是美国第五大投资银行贝尔斯登因濒临破产而被摩根大通收购。之后，美国第三大投资银行美林证券被美国银行以近440亿美元收购，美国第四大投资银行雷曼兄弟控股公司因为收购谈判"流产"而申请破产保护。前后仅半年时间，世界十大同时是华尔街排名前五位的投资银行竟然垮掉了三家。

次贷危机中，前十大投资银行按照损失程度的不同，可分为轻伤、重伤和危重三个级别。属于危重级别的，除贝尔斯登、美林、雷曼之外，还有花旗和瑞银，这两家投资银行均由于巨额减计资产陷入了季报甚至年报亏损的困境。受次贷打击最大的是花旗集团，其减计和损失分别高达551亿美元，其次是美林减计518亿美元，第三就是瑞银，减计也达到442亿美元。而此间全球各地有超过10万名的金融服务业从业人员被公司裁退。在此次次贷危机中，世界各大投资银行都伤痕累累。

百年一遇的金融海啸，令以往在美国华尔街呼风唤雨的投资银行于瞬间消失，即使是逃过被收购及破产的命运，仅存的两大投资银行高盛及摩根士丹利亦被迫转为银行控股公司，全球投资银行年代终于画上了句号。高盛和摩根士丹利回到商业银行的怀抱，不仅如此，从美林最为体面的并购到最后成为"待宰羔羊"的雷曼，都以投入商业银行的怀抱而告终。这也意味着，银行经营历史再度循环，由分业经营模式再次转变为混业经营模式。

美国金融危机终结了华尔街五大投资银行的神话，华尔街投资银行模式似乎走向终结，美国正重回混业经营时代。但是，美国投行并非简单地重回混业经营时代。重回混业模式后将有四个新变化：一是监管将更加严格，包括将接受传统上监管商业银行的美联储的监管；二是杠杆比例将大大降低，去杠杆化是首要任务；三是衍生产品交易将大大减少，相互间对手交易也将大幅缩水；四是此前的高薪待遇体制也将发生重大变化。

诚然，混业经营不可能是银行业的避风港。银行业不可能因为混业经营而从此免除金融风浪的击撞。同时，我们也应该明确，混业经营和分业经营都没有绝对的优势。但是，混业经营本身具有一些分业经营模式所缺乏的优点：第一，混业经营增强了银行业对金融市场变化的适应性。从业务开发来看，全能银行的多元化经营为银行的金融产品创建了巨大的发展空间，从而极大地增强了商业银行对金融市场变化的适应性。第二，混业经营通过银行内部之间的业务交叉，提高了服务效率，特别是针对中小客户时，成本降低更为明显，有利于增强竞争力。第三，混业经营可使银行的资源得到充分利用，降低社会成本，促进金融机构的竞争，有助于社会资源的有效配置，提高经济效率。第四，从政府的角度看，混业经营精简了金融机构，便于当局进行监管。金融机构与监管当局的协调配合加强，有利于提高政府的宏观调控能力。但是，我们也应该看到，混业经营也带来了巨大的风险。若银行业经营的证券业务遭遇失败，其风险将由存款人乃至整个社会负担，这就可能使银行铤而走险，放松对风险的控制，不利于社会稳定。可见，混业经营对金融监管和金融风险控制能力提出了很高的要求。

（六）网络化趋势

进入20世纪90年代，"网络风暴"几乎席卷了全球的每一个角落，它在给全球经济、金融的发展带来革命性影响的同时，使投资银行也发生了质的转变。短短的十多年时间里，随着互联网技术的飞速发展和普及，传统的投资银行纷纷开展网上交易，并改变了原有的证券发行模式、交易模式和清算模式。

第四节　投资银行的业务

现代投资银行源于18世纪中叶英国的承兑所以及后来的商人银行，它伴随着商业信用到银行信用、再到证券信用，由低级向高级的社会信用形态的发展进程，在漫长的业务发展和组织演化过程中以自身特有的业务形式和内容发展成为发达市场经济体系中不可或缺的一类金融机构。投资银行本身就是一个非常广泛的定义。国际著名投资银行学家罗伯特·库恩从投资银行业务范围方面对其有四种定义，其中第二种定义与目前世界投资银行的现状最为相符，即投资银行是指经营全部资本市场业务的金融机构，业务包括证券承销、证券经纪、证券自营、企业并购、资产证券化、金融服务、资产管理、创业投资等，但不包括不动产经纪、保险与抵押业务。

一、投资银行的基本业务类型

（一）证券承销

证券承销是指投资银行为企业或政府公开发售债券或股权证券，也称初级市场业务。证券承销是投资银行最早期、最基本的业务，现在仍然是投资银行的主要利润来源，证券承销能力也是衡量投资银行整体实力的重要指标。根据发行对象，证券发行可分公募和私募两种形式。公募是指由投资银行组织承销团将证券分销给广泛的、不特定投资者的方式。在公募中，投资银行接受证券发行方的委托，在法律规定或双方约定的时限内，利用自己在资本市场上巨大的影响力和广泛的营销网络，帮助证券发行人顺利将债券或股票出售给投资者，完成预定的筹资计划。公募发行中，投资银行认购证券的方式有：

1. 包销。由投资银行与证券发行人签订协议，以议定的价格承诺购买发行公司新发行的证券的全部或部分，然后再销售给大众。这种发行方式将证券的发行风险完全转移到投资银行一方，即不管发售成功与否，投资银行都要按协议规定的时间和价格向发行公司支付承销价款。在包销方式下，为分散可能出现的由于承销失败造成的风险，往往由一家投资银行牵头组成辛迪加承销团来开展承销业务，牵头者被称为主承销商，其余的为承销商，在承销辛迪加内也有"承销团协议"。根据协议共同承销、共同承担风险、分享利润。同时也要相应承担认购份额的责任与风险，即卖不出去的部分要自行购买。

2. 代销。投资银行在没有把握完全销售证券时，往往只允诺尽力而为代售证券，不承担销售失败的责任和风险，发行失败的风险完全由发行公司自己承担。包销和代销对发行公司和投资银行两者的风险是不一样的，在包销形式下由于投资银行承担了几乎全部发行风险，因此承销收费较高；而在代销形式下发行风险则主要由发行公司自身承担，因此承销收费较低。

私募是指融资者直接向少数特定的机构投资者或个人投资者发售证券的方

式。私募不需向证券交易管理者注册登记，但由于投资银行在寻找投资者方面具有优势，所以私募一般由投资银行代理进行。在证券的私募发行中，投资银行帮助企业将证券售给数量有限的机构投资者。

（二）证券经纪

证券经纪业务是指投资银行在证券市场上充当经纪人的角色，按照客户（投资者）的委托指令在证券交易场所买入或卖出证券并收取佣金的业务，属于二级市场业务，是我国目前投资银行最大的收入来源。在开展经纪业务时，投资银行不需承担任何风险，按交易金额收取手续费。除了代理客户买卖证券外，投资银行还可为客户提供投资咨询、证券组合设计等业务。提供咨询服务的目的在于推动代理业务量的增长，但关键是要能够给客户提供高水平的、让客户赚钱的投资咨询，否则无法获得更多的客户。投资银行在开展经纪业务时，还需扮演做市商的角色。为了保持证券市场交易的连续性，投资银行需要在证券市场上不断买进或卖出证券，即对该证券"创造市场"，维持股票价格稳定和合理的流动性。投资银行充当做市商角色对其证券承销业务具有重要意义，实际上，一家投资银行往往同时兼任发行公司的承销商和做市商，对于初次对外公开出售的股票，投资银行有义务在发行完成后的一段时间内维持股票的行市，做市业务的能力高低对投资银行的承销业务影响甚大，关系到投资银行在业内的声誉和地位。

（三）证券自营

证券自营是投资银行以自主支配的资金直接参与证券交易，承担交易风险，并获得资本利得和股利收入的业务，也属于二级市场业务。

（四）风险投资

风险投资是指投入到新兴的、迅速发展的、具有巨大潜力的企业中的一种权益资本。风险资本作为一种投资方式，主要是指投资者对创业期企业尤其是高科技企业或高增长型企业提供资本，并通过资产经营服务对所投资企业进行辅导和培育，在企业发育成长到相对成熟后即退出投资，以实现自身资本增值的一种特定形态的投资方式。风险投资具有高风险、高回报的特点。成功的关键因素是投资专家的能力和眼光，要有好的创意、完善的管理和丰富的经验。

投资银行参与风险投资有两种方式：一种方式是仅作为新兴公司的融资顾问，帮助其通过私募筹集创业所需的启动资金，并在公司获得一定发展后帮助其公募上市，投资银行收取相应的顾问费用和发行代理佣金；另一种方式是自己直接投资于新兴公司，成为其股东，当新兴公司经过发展成功上市之后，再将自己持有的公司股份出售，获得溢价收入。投资银行往往会设立专门的风险投资基金参与风险投资，利用自己的声誉为基金筹集资金，投资于具有良好发展前景的企业。

（五）企业并购

企业并购是指一个公司通过产权交易取得其他公司一定程度的控制权，包括资产所有权、经营管理权等，以实现一定经济目标的经济行为。企业并购是一项十分复杂且专业性很强的工作，由于投资银行具有在并购信息、操作经验、财务管理与分析能力和融资能力等方面的优势，并购双方往往都会选择投资银行充当自身的顾问和代理人。

投资银行从事并购活动在20世纪80年代达到高峰，现在并购业务已经成为投资银行事实上的核心业务。特别是高风险、高收益的杠杆收购，完全是投资银行的创造，极大地改变了企业并购的理念与方式。

投资银行在并购业务中为客户提供的服务包括：（1）对整个并购活动进行整体策划，确定并购方案，帮助并购方实施并购；（2）合理确定目标企业的价值，在收购价格，并购方式、时间、条件、策略上以及融资计划、收购计划安排、资本结构重组等方面向收购公司提供建议；（3）帮助并购方筹集并购所需的资金；（4）帮助目标企业采取行动，抵制敌意并购企图。

（六）顾问咨询

顾问咨询作为金融市场的核心，投资银行掌握着资金需求与供给两方面的巨量信息，聚集着大批拥有丰富资本市场运作知识和经验的专家，拥有广泛的业务网络。高素质人才和高质量信息的有机结合无疑使投资银行拥有一般企业和个人不具有的巨大优势，使投资银行通过向客户提供资产管理、负债管理、风险管理、流动性管理、投资组合设计、估价等多方面专业顾问咨询服务进而使赚取利润成为可能。投资银行的顾问咨询服务包括为客户理财、做证券市场分析、做金融规划、设计最佳金融结构、制定股息政策、大项目的可行性分析与顾问咨询业务。这些服务为投资银行尤其是那些声誉卓著的投资银行提供了极为丰厚的咨询费收入，在国外投资银行总收入中顾问咨询业务收入占有相当的比重。

（七）资产管理

资产管理是指投资银行受客户委托，利用自己在资本市场上的信息、技术、人才优势，帮助客户进行资产的运作和管理，实现客户资产的保值与增值。一些投资银行设立了货币管理部门代客户运用资金投资于不同形式的金融资产项目上，并同时提供一般性的投资顾问及咨询服务，投资银行从中收取管理费用。可以说，资产管理业务是在投资银行证券经纪业务和顾问咨询业务的基础上发展起来的。

（八）基金管理

投资银行业同基金管理业有着密切的关系。首先，投资银行可以充当基金的发起人，发起和建立基金；其次，投资银行可以充当基金份额的承销人，帮助基金发起人向投资者发售基金份额募集资金；最后，投资银行还可以受基金发起人的委托成为基金管理人，这是投资银行资产管理业务的一种体现。自 20 世纪 90 年代初以来，基金市场上资本额迅速扩张，许多投资银行不断渗入传统上由投资公司控制的基金管理业。

（九）项目融资

项目融资是指以项目本身信用为基础的融资。通过项目融资方式融资时，贷款方只能依靠项目资产或项目的收入回收贷款本金和利息，本质上是一种无追索权（无担保或有限担保）的融资贷款。项目融资具有涉及面广、参与者众多、融资结构复杂、组织运作专业性强等特点，仅仅依靠项目投资者自己很难独立全程操作，必须依靠具有丰富项目融资专业经验的融资顾问的指导和帮助。在某种程度上可以说融资顾问是决定项目融资能否成功的关键，而投资银行是担任这一角色的最合适人选。

具体来说，投资银行作为融资顾问，其工作主要涉及以下几个方面：一是认真完成项目的可行性研究和风险分析工作；二是确保项目融资法律结构严谨无误；三是选择适当的融资方式和资金来源结构；四是保证项目管理结构和运营程序合理；五是充分利用各参与方对项目利益的追求和热情，并善于调节好各参与方的利益。

二、投资银行业务的性质

按照投资银行在从事业务时是否承受资金损失风险，其业务有三种基本属性。

1. 投资银行直接投入资金，承担完全风险。投资银行的证券自营业务和风险投资业务中直接投入资金的情况属于这一类型。在从事此类业务时，投资银行完全利用自有资金进行证券买卖或投资于具体的企业和项目，一旦对形势判断失误导致投资失败，则投资银行将以自有资金承担损失和风险。此类业务类似于商业银行的贷款业务。在存贷业务中，商业银行通过吸收存款发放贷款赚取利差收入，当贷款无法收回时，则承担坏账损失。类似地，在此类业务中，投资银行通过买卖证券或直接投资企业赚取资本利得或红利收入，当投资失败时则以所投入的自有资金为限承担损失。

2. 投资银行不投入任何资金，不承担任何资金损失风险。投资银行的证券经纪、资产管理、顾问咨询和基金管理业务属于这一类型。在从事此类业务时，投资银行或者只是扮演居间人的角色，将资本市场各参与方加以撮合；或者以资本市场专家的身份出现向客户出售自己的智力产品。总之，投资银行在从事此类业务时无须动用自有资金，只是通过向客户提供金融服务赚取佣金收入。这些业务在性质上类似于商业银行的中间业务，即使投资银行实施的管理或提供的建议是错误的并导致亏损，投资银行也无须以自有资金承担任何损失。当然，其形象和声誉会受到损害，中长期会造成投资银行的收入下降。

3. 投资银行有可能需要投入资金，业务的开展有可能会给投资银行带来资金损失风险。属于这一类型的业务有证券承销、企业并购和项目融资业务。

在证券承销业务中，如果投资银行采用的是代销方式，则投资银行无须承担任何风险；相反，如果投资银行采用包销方式，则当证券没能顺利销售时，投资银行必须以约定价格认购所有未售完的证券，这有可能给投资银行带来巨额自有资金损失。

在企业并购业务中，投资银行的一个重要任务就是帮助并购方筹集并购所需的资金。根据具体情况的不同，一方面投资银行有时需要直接借给并购方过桥贷款，另一方面投资银行也可能包销并购方的融资工具。无论属于哪一种情况，一旦并购过程遭遇不确定性风险，投资银行都有可能遭受自有资金损失。

一项成功的项目融资离不开强有力的担保，如果投资银行充当项目融资的商业担保人，那么当项目所产生的现金流无力偿还债务时，投资银行作为担保人就负有连带责任，承担还本付息的义务。

总之，此类业务会根据投资银行在业务中承担的角色不同以及业务操作中的不同情况给投资银行造成可能的资金损失，类似于商业银行在金融创新过程中产生的某些表外业务。

三、投资银行在从事各项业务时所扮演的角色

通过以上对投资银行业务的介绍和分析，不难看出投资银行的各项业务具有明显的综合性与交叉性。以企业并购业务为例，在其开展中综合了投资银行的顾问咨询、证券承销、金融工程等各项业务，可以说，企业并购业务在很大程度上已经同这几项业务交叉在一起，离开这几项业务的支持，企业并购业务无法获得成功。

为了更深刻地理解投资银行业务，让我们超越各项业务的具体差别，将关注点集中到投资银行在这些业务中所扮演的角色上，从而更加深刻地认识投资银行在各项业务中的作用。具体而言，投资银行在开展各项业务时主要扮演了以下三种角色。

（一）中介或居间人

这是指投资银行同时充当交易或合作双方的代理人，将大量信息集合在一起，根据实际情况和客户需求加以撮合，促使交易或合作的达成。金融机构存在的经济意义就在于其节省了金融领域的交易费用，尤其是信息成本。投资银行掌握了资本市场上交易双方、主管部门和市场行情的广泛信息，拥有灵活的操作技巧、娴熟的专业知识和丰富的运作经验，因此由投资银行充当资本市场上信息中介或居间人这一角色将极大地节省交易费用，保证资本市场高速运转，加速资金和产权向高效率方向流动。

投资银行的这一角色在证券承销、证券经纪、企业并购、项目融资、风险投资等业务中都得到了充分体现。以证券承销业务为例，投资银行已成为证券成功发行不可或缺的要素。证券发行人与证券投资者通过投资银行这座桥梁，将彼此的目标有机地结合在一起。通过投资银行，发行人实现了融资的目的，筹集到所需资金；投资者实现了寻找投资机会的目的，使自己手中的闲散资金得到保值、增值；整个国民经济也因为资源的合理配置实现了帕累托改进。如果没有投资银行的参与，资金的供求双方互相寻找、互相了解、互相建立信任的过程将会大大增加募集资金的交易费用，而交易费用的增加会阻碍很多融资交易机会的发生，进而使整个社会的资金资源无法达到最优配置。可以说，通过充当中介或居间人的角色，投资银行极大地节省了金融领域中的交易费用，促进了资源的合理流动。投资银行无愧于金融市场上"看不见的手"的最有力实现者。

（二）金融专家和顾问

这是指投资银行运用自身在技术、经验、人才、信息等方面的显著优势，利用自身丰富的金融市场运作经验和高超的科研开发能力，推动金融工具和业务的开拓创新，帮助客户处理其在金融活动中自身难以解决的专业性问题。

1. 帮助企业策划、组织金融市场活动。企业并购、证券发行、项目融资等金融活动都具有整体结构复杂、运作过程中不确定性风险大、涉及主体多、工作专业性强等特点。一般企业由于缺乏资本市场运作经验，如果独自开展上述活动，往往难以获得成功，因此聘请投资银行作为顾问成为大多数企业的必然选择。投资银行的作用体现在：首先，根据国家政策、金融市场行情和企业实际状况制订出科学、合理的整体运作计划，确定总体目标、开支预算、支付手段、涉及主体、行动策略，最终形成具体的执行方案；其次，逐一落实方案中的各个阶段性目标，协调业务开展中涉及的政府部门、专业机构等各方主体关系，应对可能出现的各种突发情况，保证运作计划的最终实现。

2. 定价评级。在企业并购中，确定目标企业价值是一项重要的核心工作，一般企业由于缺乏相关信息和经验，难以准确科学地估计出目标企业的价值。因此在企业并购时，并购方一般会委托投资银行确定目标企业价值。为方便普通投资者挑选购买有价证券，有些投资银行会根据自身对证券市场的研究成果对有价证券进行评级，著名的有标准普尔、穆迪等。

3. 创新。创新是指投资银行根据一般企业资产保值和增值的需要，结合市场特点，以控制风险和创造价值为目的，利用自身强大的研发能力，推动金融产品和金融工具的不断创新。20 世纪 80 年代金融工程的出现为金融创新翻开了新的一页，越来越多的新的金融工具被创造出来，尤以票据发行、互换、浮动利率票据、金融期权、金融期货、远期利率协议、垃圾债券为代表。这些金融产品的出现极大地改变了世界金融市场的面貌，拓展了投资银行的业务空间，帮助一般企业规避了金融市场的各种风险。

4. 理财。与一般企业和居民相比，投资银行更加贴近金融市场，并且具有专业的知识和经验。此外，投资银行将分散在不同主体手中的闲散资金集中起来，可以更方便地进行分散投资和组合管理，获得规模效益。总之，投资银行的专业理财能够使投资者获得比自己直接投资更高的回报。这一角色在投资银行的资产管理和基金管理业务中得到了充分体现。

5. 辅导。在企业上市之前，一般都会聘请投资银行对其进行上市辅导，以帮助企业的管理者和一般员工熟悉证券市场的各种规定，适应从非上市公司向上市公司的巨大转变。从而能够在上市后满足证券市场公开、透明的要求。

（三）投资者

在证券自营业务和风险投资业务中直接投入资金的情况下，投资银行还扮演了普通投资者的角色。通过购买有价证券或直接投资于具体企业和项目，获得资本利得或红利收入。

【相关资料】

我国投资银行业的发展历程

我国投资银行业是伴随着资本市场的发展而产生的。改革开放以前，中国没有资本市场，当然更谈不上投资银行。20 世纪 80 年代末，随着我国资本市场的产生和证券流通市场的开放，产生了一批以证券公司为主要形式的投资银行，商业银行以及保险公司也可经营证券业务。1997 年以后，随着我国《商业银行法》的实施，我国金融业的分业经营及管理的体制逐步形成，银行、保险、信托业务与证券业务脱钩，因此诞生一批金融集团附属的证券公司，如中信证券、光大证券等。

　　改革开放以来，我国国民经济持续快速增长，经济总量已位于世界前列，但由于种种原因，人们并没有有效地实现财富的保值、增值，尚有巨大的潜力可挖掘。尽管受到分业经营体制的约束，国内各商业银行并没有放弃参与投资银行业务的努力。中国建设银行 1994 年与美国投资银行摩根士丹利等机构合资创办了中国境内首家中外合资投资银行机构——中国国际金融公司。中国银行于 1998 年在香港成立了全资附属区域性投资银行——中银国际控股有限公司。中国工商银行、招商银行也在积极推进投资银行业务。目前，金融监管当局也制定了一些相关政策，鼓励商业银行开展投资银行业务。

　　现在，我国的投资银行业正逐步从新兴行业向成熟行业过渡，即处于行业成熟化的过渡期。这一时期的显著特点是：第一，行业间的竞争规则开始形成，各种关于资本市场和货币市场的法规正逐步建立。第二，行业间竞争加剧，平均利润开始下降。第三，制定合理的业务发展策略对券商的业界地位有重大影响。针对行业的发展趋势，我国投资银行业务发展策略包括总体策略、收购兼并策略和基金管理策略。

　　1. 总体策略。服务功能的全面化和深层化要求投资银行提高整体业务能力，包括：（1）良好的产业分析能力。（2）强大的金融产品配销能力。（3）敏锐的经济、社会与政治动向的研究、判断能力。（4）丰富的金融知识与应变能力。（5）正确地设计及把握投资机会的能力。（6）专业的会计、税务与法律方面的知识能力。

　　2. 收购兼并策略。收购兼并是企业资产经营中最为重要的内容，它是一项极其复杂的系统工程，需要经过资产、财务、税务、法律等一系列的结构设计。对企业来说，会遇到许多新问题，如并购价格的确定、方案的设计、条件谈判、会议执行以及相关的融资安排、重组规划等问题。特别是在不同行业、不同地区之间的企业并购，更加复杂和困难。企业并购的活动不可能有既定的模式和流程，因此券商的专长、特长决定了其在此方面大有作为。企业类型不同，兼并策划工作的方式也不同。

　　3. 基金管理策略。投资基金作为一种国际化的金融工具和大众化的投资手段，因具有流动性中介职能、分散风险职能、投资咨询职能而深受个人投资者的喜爱。我国日前已有不少的基金上市，各券商正积极投入基金管理业务。在运作基金时，应当注意几点：投资组合管理、证券研究管理、服务宣传管理。

【本章小结】

投资银行是在资本市场上从事证券发行、承销、交易及相关的金融创新和开发等活动，为长期资金盈余者和短缺者双方提供资金融通服务的中介性金融机构。

投资银行区别于其他相关行业的性质和特点是：投资银行属于金融服务业；投资银行主要服务于资本市场；投资银行业是一个智力密集型行业；投资银行业是一个资本密集型行业；投资银行业是一个富有创新性的行业。

投资银行的功能是：引导证券市场发展，提高公司经营业绩，推动产业结构升级，促进国民经济增长。

投资银行的未来发展呈现国际化、集团化、全能化、专业化、网络化的趋势。

投资银行业务包括证券承销、证券经纪、证券自营、企业并购、资产证券化、金融服务、资产管理、创业投资等业务。

【主要名词】

投资银行 investment bank

【本章自测题】

1. 如何解释投资银行的概念？
2. 如何理解投资银行的性质和特点？
3. 简述投资银行的产生和发展过程。
4. 分析投资银行的未来发展趋势。
5. 简述投资银行的各种业务类型。

第二章

投资银行的组织结构

【学习目标】通过本章的学习，首先了解投资银行的组织形态；掌握投资银行的机构设置；了解投资银行的业务模式。

第一节　投资银行的组织形态

现代意义的投资银行业起始于十八九世纪的欧洲，于 19 世纪传入美国，并在美国得以迅速发展。国际投资银行的组织机构的模式大致可分为三种类型，第一类是美国分业管理模式，投资银行与商业银行业务界限很明确。第二类是欧洲模式，有欧洲大陆模式与美国商人银行模式之别。第三类是日本模式，主要由金融证券公司从事投资银行业务，野村等几家大的证券公司几乎垄断了整个日本资本市场。投资银行的组织形式主要是从整体上考察投资银行的组织结构和特点。主要的影响因素，包括投资银行的产权结构、治理模式以及其内部的制约制衡关系。从投资银行的资本构成来划分，现代投资银行的组织形式有合伙制、混合公司制与现代公司制三种形式。

一、合伙制投资银行

合伙制指两个或两个以上的自然人或法人为共同经营的事业而实行的组织，他们共同拥有并分享公司的利润，合伙人即为公司的股东。因为所有权和管理权合二为一，能充分调动管理者的积极性，同时保证投资银行的稳定性和连续性，因而一度被认为是最理想的经营方式。

合伙制主要存在于投资银行的发展初期，其优点在于：（1）私人银行家比股份银行的管理能更迅速地作出经营反应和决策；（2）私人银行家往往拥有通常是兼职的股份银行董事们在某种程度上所没有的技巧和专业训练；（3）合伙制银行因承担无限责任，因而只要合伙人的经济状况良好，客户便有安全保证。

合伙制投资银行的缺陷在于：（1）在合伙制组织形式下，投资银行资本实力受到很大限制；（2）家庭式的合伙制组织形式使投资银行难以面向社会招纳人才，从而妨碍银行经营、管理水平的提高；（3）合伙制下企业承担无限责任对各投资银行也是一种潜在威胁。

二、混合公司制投资银行

混合公司制是指各种不同部门在职能上没有什么联系的资本或企业合并而成立规模很大的企业，其在本质上是现代公司，不仅具备自己的特点，规模庞大，同时涉足多个没有直接联系的业务领域，比较普遍的混合公司是投资银行被收购或联合兼并而形成的。

投资银行是一个动态竞争和适应性较强的行业，同时也是一个循环周期性很强的行业，在经济周性的不同阶段，投资银行的数量、规模及兼并情况不同：在经济增长与繁荣阶段，客户对投资银行产品和服务需求增加，行业发展，投资银行的数量增多，规模扩大；在经济衰退与萧条阶段，客户的需求量下降，行业萎缩，合并、兼并浪潮便兴起，大公司为实现其多元化经营，便收购兼并投资银行，进而成为混合公司。兼并与收购主要是在其内部进行，许多投资银行是被其他投资银行或金融机构收购或出售。投资银行也有被非金融机构收购或兼并的，但其结果大多不尽如人意，经营业务较差。

三、现代公司制

投资银行从过去的合伙制转化为现在的上市公司制是投资银行组织形式的必然选择。上市公司制实现了所有权与管理权的分离，西方投资银行的组织架构与形式伴随着公司业务的扩张而不断地完善。自1969年至1970年证券公司面临经营危机以后，证券业者由合伙制变为公司组织，特别是改组为持股公司组织的方向，正符合证券从业者多角经营的方向。美林公司在1950年以前只是弗吉尼亚州卫奇蒙镇的一个小经纪商，而今它是华尔街最大的证券经纪商。1971年美林证券率先揭开团队合作的经营体制。由"自由方式经营"（free form management）向命令系统体制业务状态转变，这一切符合企业组织结构的基本演化形态。目前世界十大投资银行均是上市公司，公开发行上市不仅使券商获得稳定的长期资金来源，扩充资本实力，而且有助于增强股权的流动性和完善公司治理结构。公司制投资银行包括股份公司和有限责任公司两种。与合伙制尤其是家庭式合伙制相比，其优点在于：

1. 公司的法人功能和优点。公司法人制度赋予公司以独立法人地位，其地位的确立是以企业法人财产权为核心和重要标志的。法人财产权是指企业法人对包括投资和投资增值在内的全部企业财产所享有的权利。法人财产权的客观存在，显示了法人团体的权利不再表现为个人的权利。公司法人对包括动产、不动产在内的全部企业视为一个不可分割的整体来行使权利。它不仅拥有对这些财产的占有权、使用权、收益权，而且还拥有处置权。公司行使法人财产权是通过其组织机构和代表来进行的，这就可以用法人财产权来对抗财产权利行使具有的永续性。法人财产权的转化还与公司有限责任制相联系。

2. 公司管理现代化的优点。管理现代化包括管理劳动的专业化和利益制衡的规范化。管理劳动专业化导致管理职业化、知识化以及经理人员地位的独立化。公司内部各利益主体的相互制约和内部激励机制的建立与规范化都促进了公司营运效率的提高。

3. 公司的集资功能。现代公司包括股份有限公司和有限责任公司两种股份公司制度。股份公司在集资过程中明确使用了权利义务对称和有限责任的法律原理，促进了资本的集中，有利于公司规模的扩大，当股份公司与股票市场联系在一起时，其筹资潜力得到了充分发挥，使那些需要巨额资本才能建立和发展的部门有了可靠的资金保障，使其迅速发展有了现实的可能性。股份公司内部有一套完整的激励机制，包括提留利润作为公积金、公积金转增股本、股利发放政策、职工内部控股安排、债权转股权等。这套机制以内部章程或外部法律条文的形式固定下来。此外，股份公司的收购兼并，战略联合为资本积聚和资本积累提供了另一条重要途径。

4. 建立有效的激励机制，防止道德风险的发生。一般来说投资银行的激励机制是以高级管理人员为重点，激励方式与激励层次多样化，实行内激励与外激励相结合的方法。

第二节 投资银行的机构设置

股份制现代投资银行组织的效率与一般独资投资银行组织相比有着明显优势。

首先，从决策方面看，股份制投资银行组织的产权组织机构确立了分权与民主化的决策机制，也就是说决策本身往往体现着分权与民主化的决策制度，即一方面决策本身往往体现着多数人（股东）的利益，另一方面决策者由于受各方面利益的制约必须对决策内容进行较为恰当的成本收益比较，这均有利于提高决策的科学化程度，从而降低成本、分散风险和提高效率。

其次，从信息方面看，股份制投资银行组织同一般独资投资银行组织一样都属科层组织，进而都存在着信息失灵或不对称以及信息收集、传递和处理问题的成本问题，但两者存在着差别。

一般来说，科层组织作为一个金字塔体系，其体系越大，层次越多，越会出现信息传递失真，并且信息成本上升。股份制投资银行组织一般是区域性或跨国性投资银行组织，其系统层次相对较少，不按行政区域设置分支机构，因而具有较少的信息空间和较短的传递渠道，从而降低了人们在收集、处理有关信息方面的成本，提高了决策的时效性和准确性。

最后，从竞争方面看，股份制投资银行组织由其产权结构和行为目标所决定，必然是有旺盛的竞争意识和创新精神，竞争有助于降低成本和提高效率，而创新过程本身则直接包含着降低成本和提高效率的含义。

投资银行机构的典型设置如图 2 - 1 所示。

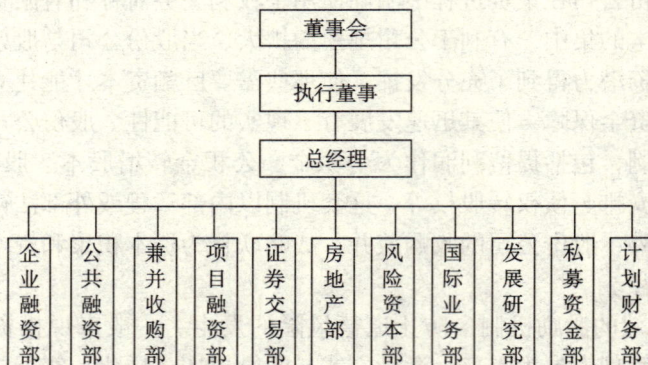

图 2 - 1   投资银行机构设置图

一、投资银行决策管理层

1. 董事会。董事会的董事主要由股东的代表所组成，也有些董事可能来自股东或管理人员之外的社会阶层。董事会一般每月或每季度开会讨论和决定公司的一般战略、经营方针和策略，检查由公司管理部门提交的财务报告。董事会任命总经理，并在雇用主要工作人员的问题上发挥着重要作用。董事会的首要任务之一是通过政策声明和内部方针，并定期对它们进行修改。

2. 执行董事。在投资银行成立初期，往往组成一个由董事会主要董事、总经理以及几位主要工作人员组成的执行委员会。待到投资银行运行成熟之时，执行委员会往往被由总经理及高层管理人员组成的班子所取代，这时在董事会中保留选出的原若干执行委员会的董事，起联结管理部门和董事会的桥梁作用，他们即为执行董事。

3. 总经理。总经理在日常工作方面和对一般性政策及新业务提出建议方面对董事会负责。其任务包括：（1）雇用和鼓励工作人员，解雇那些不符合要求的人员；（2）执行董事会决定的决策；（3）定期向董事会提出关于公司财务状况和盈利能力的报告；（4）对提出年度预算和长期战略作准备；（5）就重要的交易、承销等活动向管理委员会提出建议；（6）进行日常管理和控制，特别对那些具有较高风险性和徇私舞弊可能性的业务领域进行管理和控制；（7）与监管机构打交道，并负责按时提交符合要求的报告；（8）处理公共关系，创造和保持企业形象；（9）对公司内的各部门和那些直接对总经理负责的人员进行指导。

二、投资银行业务部门

投资银行根据业务活动的性质一般设立以下一些部门：

1. 企业融资部。该部的任务主要在于承销企业所公开发行的股票、债券和票据。有些大投资银行在承销业务量很大的情况下，按企业种类在企业融资部下又设立不同的组，例如基础工业组、高科技工业组、服务性行业组、轻工业组等，也有的按地区划分。该部门的专业人员负责进行企业金融分析、证券上市定价、起草发行说明书、文件等。

2. 公共融资部。该部主要为财政部、地方政府、公共事业组织、大学等发行单位承销债券，业务量往往很大。

3. 兼并收购部。该部门为具有并购意向的企业就并购条件、价格、策略提供咨询意见，或分析评估收购方提出的收购建议，或对收购对象进行估价，或寻找并购对象，有时还提供过桥贷款以促进并购完成。它既为猎手公司服务，又为猎物公司服务。

4. 项目融资部。该部是为某些专门项目设计和安排融资的部门，其根据预测的收入、现金、各投资者的需要项目、风险（如产品价格的波动与否、成本超支的可能、项目能不能及时竣工、会不会发生意外事故等）因素，设计出一套适用于该项目的金融方案。

5. 证券交易部。该部既为银行自己买卖证券，也为银行的客户买卖证券。由于债券、股票、期货、外汇性质各不相同，该部门还可以分为股票组、债券组、期货期权组、外汇组等。

6. 房地产部。该部是在资产证券化的条件下发展起来的部门，它将由政府担保的房屋抵押贷款从商业银行那里接管过来，然后按偿还期限的长短，组编成为期限不同的债券卖给投资者。购屋人所缴的利息则转化为债券利息。投资者不直接借钱给购房人。房屋贷款本来很分散，种类不一，偿还期不一，单位数量不大，通过投资银行的中介，集中起来证券化后就方便了投资者。

7. 风险资本部。该部是专门从事风险资本业务的部门。该部门不仅接受新兴公司的融资委托，还主动寻找新兴公司，从风险、技术性、业务规划、市场营销、今后资金的需要、管理人员的能力等各方面，估计其未来发展潜力，进行决策。

8. 国际业务部。该部专门负责协调和管理本投资银行的所有国际业务，并为国外跨国公司在本国的子公司和本国跨国公司的海外子公司服务。其业务范围有证券包销买卖、私募项目融资、跨国企业并购、出口信贷融资等。随着资本的日益国际化，这是一个有相当发展前景的部门。

9. 发展研究部。该部是专门收集、提供、分析信息的部门，同时为投资银行及各部门业务的发展提供思路。该部门配有经济学家、技术分析家以及按工业部门分工的专业分析人员，他们定期提供各种分析报告。

10. 私募资金部。该部是专门从事证券私募发行的部门。

11. 计划财务部。该部负责投资银行整体的计划工作和财务工作。

第三节　投资银行的业务模式

当企业的战略为了适应环境的变化而进行调整时，企业的组织结构也要相应进行调整，甚至重新设计，投资银行亦不例外。能否适时设计出符合未来环境变化要求的投资银行组织模式直接关系到投资银行业务能否顺利开展，甚至关系到券商竞争能力的战略性定位和能否持续提高。

一、总部集中模式

1. 特点。投资银行人员较少，主要集中在总部，人员之间并不存在地区、行业、职能方面的分工。

2. 优点。便于总部领导集中调度人员，便于控制业务风险。

3. 缺点。分工不明；不利于收集地区信息，不利于与总部所在地以外的地方政府搞好关系；需要对所有行业客户提供各种服务，一般的投资银行人员难以胜任；环境适应能力较差。此模式因缺点相当明显，主要适用于小型券商或处在发展起步阶段的券商，目前只有少数券商在采用。

二、地域分工模式

1. 特点。在不同的地区设立投资银行业务部，各地的投资银行业务部在行政上隶属于投资银行总部或地区业务总部，在业务上接受投资银行总部的规划和指导，但各自在所分工的"辖区"内开展业务。这是目前国内券商最普遍采用的分工模式。

2. 优点。便于与当地政府搞好关系；便于收集各地业务信息（这是该模式在现阶段的最大优点）；与目前的监管体制相适应；地域集中，差旅费用相对较低；人员集中，易于管理；区域内决策速度快。

3. 缺点。由于业务人员要为"辖区"内的所有行业的客户提供所有类型的投资银行业务，对人员素质的要求相当高，难免会出现不同地区的服务品质参差不齐的现象；各地配备的人员数量与各地的业务总量未必完全匹配，"僧多粥少"与"僧少粥多"的情况可能会同时出现，增加了协调难度；不利于总部控制业务风险。

三、行业分工模式

1. 特点。按不同的行业设置投资银行的二级部门或项目组，每个行业部（组）向所服务的行业内客户提供所有服务。

2. 优点。能更好地满足各行业客户对专业技术含量较高的服务的要求，利于与客户建立长期稳定的合作关系；便于收集行业信息，了解企业的行业地位，发掘优质资源；容易在特定行业中形成竞争优势，进而创造品牌价值；有利于培养行业投资银行专家。

3. 缺点。因国民经济的行业种类较多，一般要配备较多的人员；要求投资银行人员精通所有的投资银行业务，对人员素质的要求相当高，培训费用较高；区域重叠，差旅费用较高；不利于与各地方政府形成良好的关系。

四、业务分工模式

1. 特点。按投资银行业务种类的不同，设置不同的业务部门。比如，有的部门专司新股发行，有的部门专司配股或增发，有的部门专司并购重组，有的部门专司财务顾问，有的部门专司金融创新品种的设计开发。

2. 优点。形成专业化分工，能够在各自的业务领域提供高水平的服务，有利于培养业务型投资银行专家。

3. 缺点。区域重叠，差旅费用较高；当企业对不同的服务产生需求时，券商协调难度较大；不利于与企业形成长期的合作关系；不利于与地方政府形成良好的合作关系。

五、职能分工模式

一个完整的证券发行上市过程要经过争取客户、设计发行方案、制作各种材料、向投资者销售等工作环节，如果按这些工作环节进行分工，则可形成职能型分工模式。

1. 特点。按投资银行业务环节进行设置部门。比如，设立客户部，负责业务承揽，争取各种项目；设立业务运作部，专门负责筹资方案设计、金融工具设计及各种文件制作；设立销售部（市场部）专门负责金融工具的销售。

2. 优点。有利于券商保持项目的稳定；有助于发挥不同特长的投资银行人员的优势。

3. 缺点。区域重叠，人工费用较大；按各业务环节进行分割，极易形成分工脱节的现象，各部门之间协调难度大；如果利益分配不合理，极易导致各部门相互扯皮、推诿责任的现象。

六、复合模式

以上各种模式也不是对立的，可以以一种模式为主，在局部采用其他模式为补充，扬长避短，从而派生出多种复合模式。总之没有最佳模式，只有最适应环境的模式。任何一种模式都有其优点和缺点，以及特定的适用阶段与环境。券商投资银行的组织模式也不是一成不变的，而应随着环境的变化而作出相应的调整。

【案例】

美林证券是世界十大投资银行之一，随着美国金融混业经营的合法地位的确立，美林证券不断兼并其他金融企业，逐渐形成成熟的金融控股集团。

美林集团是典型的金融控股公司的投资银行经营模式，它的组织结构（见图2－2）与其他大型集团公司一样，首先，要依据市场细分的基础，以客户为导向来设计组织结构，组织结构应适应市场的规模与客户的特性。其次，由于任何一个企业都会有自身的专业化特点，因此，美林集团还要根据集团的专业化程度进行组织结构的定位，尽可能地提高组织的效率。最后，美林集团是一个世界性的跨国金融集团公司，各区域组织或子公司的全部活动都基于地理位置而集中在一起。组织结构的设计一方面要符合当地经营的需要，另一方面要与集团组织的战略目标相一致。美林集团的母公司是美林公司，它采用控股公司的经营模式，是在全球范围占领先地位的投资银行，它的子公司还有众多的子公司。管理如此庞大的金融集团，需要一个合理的组织结构与管理机制，美林集团的组织结构有四个部分：最高决策层、内部管理层、业务管理层和区域管理层。

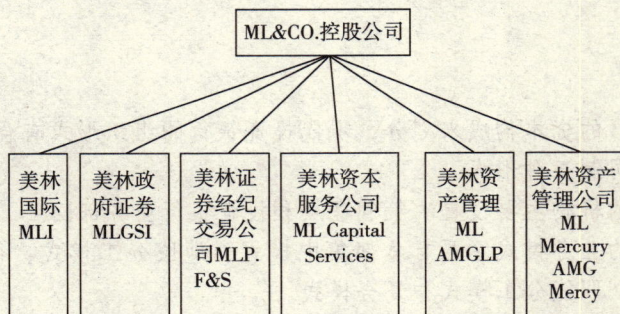

图 2 - 2　美林集团组织结构图

1. 最高决策层。董事会与各执行委员会是最高决策管理层。董事会下设董事会办公室、审计委员会和薪酬委员会等，主要负责公司的发展规划、战略方向和重大投资决策，同时对公司的内部管理进行审计监督等。执行委员会负责公司具体政策、管理程序的制定、公司决策的执行、总体业务的策划、协调等。

2. 内部管理层。内部管理是按照职能划分的，重点是对内部管理进行有效监督和对员工进行激励。监督主要是通过法律部门、风险控制部门、财务稽核部门来实现；员工的有效激励主要由人力资源部来实施。

3. 业务管理层。业务管理是在对市场细分的基础上，按照客户群的种类和需求特征将公司的全部业务分为三大部门：私人客户部、资产管理部、公司与机构客户部。这些部门的主要职责是开拓市场、开发客户，增加公司的市场份额，它们是公司的利润中心。

4. 区域管理层。区域管理的模式是实行地区营运总监负责制。

美林公司的这种复合型组织结构属"多维立体型网络架构"，目前在西方的投资银行比较流行。它不仅克服传统的职能结构的缺陷，又兼有矩阵式组织结构的优点，是投资银行组织结构设计的理想模式。这种模式体现两大优点，一是组织效率高，减少内部的交易成本；二是以客户的分类和满意度为组织架构的核心，辅以合理的内部控制与监督。从效率的方面来看，委员会的管理模式重视决策与执行的高度统一，能使整个集团的效率大大提高。高层的决策一旦确定，各个业务部门、内部管理部门、区域管理部门将会齐心协力，共同行动，充分发挥团队精神和专业分工的优势，保证相关决策高质高效的实施与完成。从客户的角度来看，这种组织结构反映了以客户为核心的现代营销理念，有利于提高公司的整体服务质量，满足客户的需求，创造更多的利润，增加公司的市场份额。因此这种组织结构也称为"客户驱动型"组织结构。

【本章小结】

从投资银行的资本构成来划分，现代投资银行的组织形式有合伙制、混合公司制与现代公司制三种形式。

投资银行的机构主要设置决策管理层和投资银行业务部门。

投资银行的业务模式主要有总部集中模式、地域分工模式、行业分工模式、业务分工模式、职能分工模式和复合模式。

【本章自测题】

1. 投资银行的组织形态有哪些？
2. 简述投资银行的业务部门。
3. 分析投资银行各种业务模式的优缺点。

第三章

证券发行与承销

【学习目标】通过本章的学习，首先应该了解证券及有价证券的含义、分类；其次应该掌握证券发行中的发行原则（公开、公平、公正）、管理制度（注册制、核准制）和发行方式；再次要掌握证券承销中的承销类型、承销程序、承销风险、承销收益、承销监管，其中重点掌握承销类型中的辛迪加承销和竞价承销以及承销的程序；最后要掌握股票发行与承销的一般程序和债券发行与承销的一般程序以及债券的信用评级内容。

第一节　证券发行概述

一、证券及有价证券概述

证券是指各类记载并代表一定权利的法律凭证。它用以证明持有人有权依其所持凭证记载的内容而取得应有的权益。从一般意义上来说，证券是指用以证明或设定权利所做成的书面凭证，它表明证券持有人或第三者有权取得该证券拥有的特定权益，或证明其曾经发生过的行为。证券按其性质不同，可分为凭证证券和有价证券。凭证证券又称为无价证券，是指本身不能使持有人或第三者取得一定收入的证券。

有价证券是指标有票面金额，证明持有人有权按期取得一定收入并可以自由转让和买卖的所有权或债权的凭证。这类证券本身没有价值，但由于它代表一定量的财产权利，持有人可凭该证券直接取得一定量的商品、货币或是取得利息、股息等收入，因而可以在证券市场上买卖和流通，从而在客观上具有交易价格。

有价证券有广义与狭义两种，广义的有价证券包括商品证券、货币证券和资本证券。

商品证券是证明持券人拥有商品所有权或使用权的凭证，取得这种证券就等于取得了这种商品的所有权，持有人对这种证券所代表的商品所有权受法律保护。属于商品证券的有提货单、运货单、仓库栈单等。

货币证券是指本身能使持有人或第三者取得货币索取权的有价证券。货币证券主要包括两大类：一类是商业证券，主要包括商业汇票和商业本票；另一类是银行证券，主要包括银行汇票、银行本票和支票。

资本证券是指由金融投资或与金融投资有直接联系的活动而产生的证券。该证券的持有人有一定的收入请求权。它包括股票、债券、基金证券以及衍生品种如金融期权、可转换证券等。

资本证券是有价证券的主要形式，狭义的有价证券即指资本证券。人们通常把狭义的有价证券——资本证券直接称为有价证券甚至证券。

有价证券的种类多种多样，可以从不同的角度按不同的标准进行分类：

1. 按证券发行主体的不同，有价证券可分为政府证券、金融证券、公司证券。政府证券通常是指政府债券。金融证券是指银行及非银行金融机构为筹措资金而发行的股票、金融债券等，尤以金融债券为主。公司证券是公司为筹措资金而发行的有价证券。公司证券包括的范围比较广泛，主要有股票、公司债券及商业票据等。

2. 按是否在证券交易所挂牌交易，有价证券可分为上市证券与非上市证券。上市证券又称挂牌证券，是指经证券主管机关核准，并在证券交易所注册登记，获得在交易所内公开买卖资格的证券。非上市证券也称非挂牌证券，指未申请上市或不符合证券交易所挂牌交易条件的证券。非上市证券不允许在证券交易所内交易，但可以在其他证券交易市场交易。凭证式国债和开放式基金交易凭证属于非上市证券。

3. 按募集方式分类，有价证券可以分为公募证券和私募证券。公募证券是指发行人通过中介机构向不特定的社会公众投资者公开发行的证券，其审核较严格并采取公示制度。私募证券是指向少数特定的投资者发行的证券，其审查条件相对宽松，投资者也较少，不采取公示制度。私募证券的投资者多为与发行人有特定关系的机构投资者，也有发行公司的职工。

二、证券发行的概念及特点

（一）证券发行

证券发行就是指商业组织或政府组织为筹集资金，依据法律规定的条件和程序，向社会投资者出售代表一定权利的有价证券的行为。

它不同于一般的商品交易，具有如下特点。

1. 发行主体受严格的法律、法规限制。为保护投资者利益，规范发行行为，各国政府都对发行主体应具备的条件及发行程序作了法律、法规上的严格规定，具备资格的发行主体在发行证券时必须依照法律规定的程序从事发行工作。

2. 证券发行是向社会投资者筹集资金的形式，是实现社会资本配置的有效方式。传统的社会资金分配大多通过银行来进行，即通过银行吸收居民储蓄，集中社会闲散资金，再投放到企业中去。这种社会资金的配置是间接的，受人为的主观意识影响较大。而证券发行则通过证券市场把投资者和企业直接联系到一起，通过市场的功能来优化社会资金的配置，实现社会资金的有效使用，促进社会经济的发展。同时，证券发行之要约实质上表现为发行人向不特定多数人的要约，发行对象的广泛性和分散化可以大大降低投资者的非系统性风险。

3. 证券发行实质上是投资者出让资金使用权而获取以收益权为核心的相关权利的过程。如股票的投资者——股东在出让资金使用权的同时，则获取对证券发行公司选举董事及重大事项的表决权、受益权及剩余财产的处置权；债券投资者则获得债务清偿请求权；基金证券的投资者则享有委托受益人的相关权利。这些行为同一般的商品交易行为相区别。

（二）证券发行的原则

为保障投资者利益和证券市场的健康发展，各国在规范证券发行的工作中，制定了一系列法律、法规。由于各国的具体情况不同，这些法律、法规不仅内容不同，形式上也各有千秋，然而，各国和地区证券立法的基本原则却有共同性。总括起来，均将公平原则、公开原则和公正原则（简称"三公"原则）作为证券立法的基本原则。

1. 公平原则。在证券市场上，各有关当事人的法律地位是平等的。坚持公平原则，就是要确保这种法律地位的平等性。公平原则要求证券发行与交易必须在平等、自愿、等价有偿、诚实信用的基础上进行。无论是中小投资者，还是机构投资者，他们在证券的发行和交易市场上均享有平等的法律地位，不允许因资金、信息、机构与人个差异等因素而使当事人在证券发行和交易活动中出现一方优势或压制另一方现象的存在。在我国证券法律、法规不能对各种各样证券的发行与交易行动进行充分概括的条件下，发行实践中坚持公平原则显得更为重要。

2. 公开原则。公开原则，也称信息公开制度。证券不同一般的实物商品，它是一种虚拟资本，即一种具有增值能力的价值。投资者在不了解发行人财务状况和经营状况的情况下，是无法判断其价值的。信息公开制度，实际上是对发行人的外部法律约束制度，旨在避免发行过程中不正当行为（如投机、欺诈行为等）的发生，使得广大投资者对于其购买的权利财产具有充分、真实、准确、完整并且不受误导的了解，公开原则通常包括两个方面的内容，即证券信息的首次披露和持续披露。

（1）信息的首次披露。所谓信息的首次披露，是指证券发行人在首次发行证券时应完全披露公司与发行证券有关的所有信息与情况，这是证券发行人的基本法律义务。

（2）信息的持续披露。所谓信息的持续披露是指在证券发行后，发行人应定期对公众就公司的财务状况和经营情况提出报告。同时，还规定对任何一种使发行公司证券价格产生重大影响的信息，如公司业务的未来前景、股权变更、重大投资项目、重要人员变更，以及有关公司内部人员拥有或代表公司控制的公司证券所有权的重大变化情况等，进行及时、全面、真实的披露，否则，相关当事人应承担相应的法律责任。

3. 公正原则。公正原则是针对证券管理层的管理行为而言的。它要求政府的证券管理监督机构及其工作人员行为必须公正，禁止欺诈、操纵以及内幕交易等一切不正当的证券违法行为。证券作为虚拟资本，风险和收益的敏感性极强，这是它区别于实业投资的一大特征。证券这种虚构资本和生产领域的实业资本，按照不同的供求关系运动形成的价格机制不同。证券价格受人为因素的影响较大。为维护投资者利益，必须确立公正原则。公正原则强调遵守证券市场的内在经济规律，保护正当的市场运作，禁止非法内幕交易，从中渔利。

（三）证券发行的管理制度

证券发行涉及投资者利益的保护，若对证券发行疏于监管，必然会导致证券市场的无序化发展，进而损害投资者利益，各国对证券发行实施监管的基本理念并无不同，但应采用何种方式对证券发行进行监管，各国证券立法存在较大分歧，就管理制度本身而言，证券发行管理制度大体分为注册制与核准制两种。

1. 注册制。证券发行注册制即实行公开管理原则，实质上是一种发行公司的财务公布制度。它要求发行人提供关于证券发行本身以及同证券发行有关的一切信息。发行人不仅要完全公开有关信息，不得有重大遗漏，并且要对所提供信息的真实性、完整性和可靠性承担法律责任。发行人只要充分披露了有关信息，在注册申报后的规定时间内未被证券监管机构拒绝注册，即可进行证券发行，无须再经过批准。实行证券发行注册制可以向投资者提供证券发行的有关资料，但并不保证发行的证券资质优良，价格适当。

2. 核准制。证券发行核准制实行实质管理原则，即证券发行人不仅要以真实状况的充分公开为条件，而且必须符合证券监管机构制定的若干适合于发行的实质条件。只有符合条件的发行公司经证券监管机构的批准方可在证券市场上发行证券。实行核准制的目的在于，证券监管部门能尽法律赋予的职能保证发行的证券符合公众利益和证券市场稳定发展的需要。我国的股票发行实行核准制并配之以发行审核制度和保荐人制度。

3. 对两种证券发行管理制度的评价。注册制实行公开管理原则，即发行人在准备发行证券时，必须将依法公开的各种资料完全、准确地向证券主管机关呈报并申请注册，证券主管机关的权力仅在于要求发行人提供的资料中不包含任何不真实的陈述和事项，如果发行人未违反上述原则，证券主管机关应准予注册。注册制的理论依据是"太阳是最好的防腐剂"，因此它并不禁止质量差、风险高的证券上市。

注册制的法律理念是：证券投资者与其他市场经济主体一样，都是经济人，都具备谋求自身利益最大化的理性，在法律框架内，都会自觉地趋利避害。因此，在充分的市场机制条件下，只需市场信息及时公开、完整和真实，投资者自己会对证券的价值作出判断和选择，政府的职责只能限于健全法律制度，保证信息公开、完整、准确，而不能采取行政手段干预市场。

注册制的优越性表现在：政府对于证券市场干预少，从申报到具体发行的时间少于从申请核准到发行的时间，上市成本较低，有较高的市场效率，但注册制的实施必须具备两个条件：一是投资者具有较高水平，真正是理性人并能作出正确判断；二是证券发行人、承销商及其他中介机构严格遵守法律，恪守职业道德。从实践上看，能够满足这两个条件的往往只是发展成熟的证券市场；而对于那些刚刚起步，甚至已有一定程度发展的国家和地区的证券市场来说，上述两个条件还很难得到满足，若在条件不具备的情况下对证券发行实行注册制，证券主管机关只作形式审查而不作实质审查，就可能出现适得其反的结果，不仅不能达到保护广大投资者的目的，而且可能影响证券市场的顺利发展，这也被认为是注册制的不足之处。

核准制要求发行人在发行证券时，不仅要以真实状况的充分公开为条件，而且必须符合有关法律和证券管理机关规定的必备条件，证券主管机关有权否决不符合规定条件的证券发行申请。核准制遵循的是实质管理原则，它是在信息公开条件下，把一些不符合要求的低质量发行人拒之于证券市场之外。

核准制是基于如下法律理念：证券市场是高风险的市场，并非每一个投资者均有足够的水平和能力根据发行人披露的信息作出充分准确的判断和选择，政府的责任是通过制度上的硬约束，尽可能排除缺乏较好投资价值的证券进入市场，从而减少市场风险，以弥补公众投资者在认识能力和理解能力上的缺陷。

核准制的优越性在于通过主管部门的实质审查，能大量排除无投资价值或投资价值甚少的证券的发行，减少投资者受损失机会，降低受损失程度。但缺点也是显而易见的：一是发行人从申请到核准再到发行，时间周期较长，导致市场效率降低；二是易导致投资者误解，以为凡经主管部门审查通过的证券必然具有投资价值，一旦投资受损，就埋怨责怪政府；三是不易培养、提高投资者对证券市场的分析水平和理解能力；四是扩大了证券主管部门的寻租空间，容易滋生证券发行申请与核准中的权钱交易。

（四）证券的发行方式

证券发行方式是指证券发行人采用什么方法，通过何种渠道或途径将证券投入市场，为广大投资者所接受。证券发行方式对于能否及时筹集和筹足资金有着极其重要的意义，因此发行人应根据自身、市场及投资者等诸方面的实际情况正确地选择适当的证券发行方式，下面我们介绍几种主要的证券发行方式。

1. 公募发行和私募发行。公募发行也称公开发行，是指面向市场上广泛的不特定的投资公众发售证券的方式。在证券公开募集发行情况下，社会所有合法的投资者均可以认购证券。采用公募发行的有利之处在于：首先，以公众投资者为发行对象，证券发行的数量多、筹集资金的潜力大；其次，投资者范围大，可避免发行的证券过于集中或被少数人操纵；最后，只有公开发行的证券可申请在证券交易所上市，公开发行可增强证券的流动性，有利于提高发行人的社会信誉。公募发行的不足之处在于：发行程序比较复杂，登记核准的时间较长，发行费用较高。为了保障投资者的利益，一般对公募发行的要求比较严格，只有具有较高信用、经营状况良好并经证券主管部门核准，发行人才能进行公募发行。

私募发行也称不公开发行或私下发行、内部发行，是指面向少数特定的投资者发行证券的方式。私募发行的对象可分为两类：一是个人投资者，如发行公司（股份公司）现有股东或发行人内部职工；二是机构投资者，多为商业银行、保险公司、养老基金、投资基金等金融机构或与发行人有密切业务往来关系的企业。私募发行因为有确定的投资者，所以发行手续简单，可以节省发行时间和发行费用。其不足之处在于投资者数量有限，证券流通性较差，而且不利于提高发行人的社会信誉。

公募发行和私募发行各有优势。公募发行是证券发行中最常见、最基本的发行方式，适合于证券发行数量多、筹资额大、准备申请上市的发行人。然而在西方成熟的证券市场中，随着投资基金、养老基金、保险公司等机构投资者的增加，私募发行也呈逐年增长的趋势。

2. 直接发行和间接发行。直接发行又叫直接招股，是指股份公司自己承担股票发行的一切事务和发行风险，直接向认购者推销出售股票的方式。采用直接发行方式时，要求发行人熟悉招股手续，精通招股技术并具备一定的条件。如果当认购额达不到计划招股额时，新建股份公司的发起人或现有股份公司的董事会必须自己认购出售的股票。因此，只适用于有既定发行对象或发行风险少、手续简单的股票。在一般情况下，不公开发行的股票或因公开发行有困难（如信誉低所致的市场竞争力差、承担不了大额的发行费用等）的股票；或是实力雄厚，有把握实现巨额私募以节省发行费用的大股份公司股票，才采用直接发行的方式。因此，直接发行方式通常多运用于证券私募。

间接发行又称间接招股，是指发行人委托证券发行中介机构即承销商向投资者发售证券，由承销商承办证券发行的具体事务。根据承销商与发行人达成的承销协议所规定的承销方式的不同，间接发行又可具体分为全额包销、代销和余额包销三种方式。大多数的公开发行证券都采用间接发行的方式。

根据我国《公司法》的规定，股份有限公司向社会公开发行新股，应当由依法设定的证券经营机构承销，签订承销协议并约定承销方式。

第二节　证券承销概述

证券承销是投资银行的最本源、最核心的业务，是投资银行的一面旗帜，也是投资银行区别于商业银行的最本质特征之一。考察美国投资银行的发展历程，我们可以看出它最初的业务是政府债券承销，而后是公司股票和债券的承销，再逐渐发展为如今的各种证券经纪、自营、兼并收购、资产管理、风险投资、项目融资、金融工程等业务。顾名思义，证券承销包含"承接"和"销售"两个过程，投资银行首先从发行人手中以一定的价格买进证券，然后再通过自己的销售网络把它销售给广大投资者。投资银行在证券承销中起着桥梁的作用，把发行人和投资者的目标很好地结合起来。通过投资银行，发行人实现了融资的目的，投资者也实现了获得投资机会的目的，同时，投资银行也通过在承销过程中收取佣金和获取利差来实现自己的经营目标。通过投资银行的承销，社会资金得到了很好的调剂。

一、证券承销的类型

各种承销方式都有它的特点，对发行人来说，不同的承销方式关系到其筹资速度和筹资计划的实现，也关系到筹资费用的高低等。相应地，对承销商而言，则关系到其收益和风险的大小。因此，发行人和承销商都需要对承销方式作出恰当的选择。

证券承销一般可以分为以下几种类型：

1. 按承销证券的类别。可以分为中央政府和地方政府发行的债券承销，企业发行的债券和股票承销，外国政府发行的债券承销，国际金融机构发行的证券承销等。

2. 根据投资银行在承销过程中承担的责任和风险的不同。承销可分为包销、尽力推销及余额包销三种形式。

（1）包销。即投资银行按议定价格直接从发行人手中购进将要发行的全部证券，然后再出售给投资者。投资银行必须在指定的期限内，将包销证券所筹集的资金全部交付给发行人。采用这种销售方式，承销商要承担销售和价格的全部风险，如果证券没有全部销售出去，承销商只能自己"吃进"。这样，发行失败的风险就从发行人转移给了承销商。但是，承销商承担风险是要获得补偿的，这种补偿通常就是通过扩大包销差价来实现。对于发行人而言，它无须承担证券销售不出去的风险，而且可以迅速筹集资金，因而特别适合于那些资金需求量大、社会知名度低而且缺乏证券发行经验的发行人。

（2）尽力推销。即承销商只作为发行公司的证券销售代理人，按照规定的发行条件尽力推销证券，发行结束后未售出的证券退还给发行人，承销商不承担发行风险。因此，尽力推销也称代销。采用这种方式时，投资银行与发行人之间纯粹是代理关系，投资银行为推销证券而收取代理手续费。尽力推销一般在以下情况下采用：①在投资银行对发行公司信心不足时提出采用；②信用度很高、知名度很大的发行公司为减少发行费用而主动向投资银行提出采用；③在包销谈判失败后提出采用。

（3）余额包销。通常发生在股东行使其优先认股权时，即需要再融资的上市公司在增发新股之前，向现有股东按其目前所持有股份的比例提供优先认股权，在股东按优先认股权认购股份后若还有余额，承销商有义务全部买进这部分剩余股票，然后再转售给投资公众。

比较而言，包销是成熟证券市场中最普通的方式。在一些国家，余额包销方式多被用于发行公司通过优先认购权对其现有股东增发普通股股票的场合。在这种情况下，投资银行买下未被认购的股份，再向市场出售。尽力推销则是较少采用的方式。对于投资银行来说，如果发行人具有持续的良好经营业绩和发展潜力，在产品市场或行业领域占有优势地位，而投资银行本身又拥有较强的承销能力，那么选择包销方式既能增加它的收益又不至于担当太大的风险。再如，当发行人所要求的发行价格高于合理的价格水平，在通过协商谈判等方式仍不能解决时，投资银行可选择代销方式，将发行价格变动的风险留给发行人承担等。事实上，对承销方式的选择往往需要发行人与投资银行共同协商决定。

3. 辛迪加承销。单个投资银行以包销方式承销证券将面临很大的发行风险，特别是对一宗发行量很大的证券，单个投资银行往往缺乏投入巨额资金的能力，其所拥有的投资者客户基础和分支网络亦相当有限。当这家投资银行不能按发行价格将全部证券尽快出售给公众时，可能会因证券市场价格下跌而遭受严重的资本损失。因此，单个投资银行往往无力承担或者不愿意独自承担全部发行风险，而是联合其他承销机构组成承销辛迪加，由承销团的成员共同包销证券，并以各自承销的部分为限分摊相应的风险。

承销团的规模和结构取决于证券发行的规模、类型和发行地区。承销团一般由实力雄厚的投资银行发起组织，由它作为牵头经理人或主承销商。主承销商的主要职责是：（1）代表承销团与发行人就承销条件进行谈判，确定证券发行量、发行价格和承销差价等，签订承销合同和有关文件，并代表承销团向发行人最终付款；（2）组织承销团的成员签订分销协议，落实各成员的承购份额，明确各自的权利和应承担的职责，并根据各承销商的承购份额向其分配承销费用（报酬）；（3）负责稳定发行市场的证券价格。在有些情况下，同一笔交易特别是大额证券发行有若干个牵头经理人，他们被分为主承销商、副主承销商，共同联合管理该笔交易。

以辛迪加承销方式包销证券，不仅能够突破单个承销商承销能力的限制，扩大证券销售网络，满足大额证券发行的需要，还能尽快地完成证券的发售，从而分散和降低承销商的发行风险。这种优越性能否得以充分发挥将取决于承销团的组成结构。为此，牵头经理人（主承销商）选择的承销团成员应是资信优良的，拥有广泛的投资者客户基础和销售网络，并有很强的售后市场研究力量和为日后上市交易创造市场的能力。承销团的成员应有互补性，即他们各有一定的市场优势，以确保证券承销的顺利完成。

为了迅速完成证券的发行，投资银行往往组织销售集团，通过向不属于承销团的零售商批发证券，再由零售商出售给社会投资者。这些零售商多为不从事证券承销业务的金融机构，它们只按销售比例收取销售佣金，不承担风险。

辛迪加承销方式是国际上流行的证券包销方式。我国《证券法》第三十二条规定，"向不特定对象发行的证券票面总值超过人民币五千万元的，应当由承销团承销。承销团应当由主承销和参与承销的证券公司组成"。

4. 竞价（投标）承销。竞价（投标）承销方式通常被称为招标方式或拍卖法，主要包括收益率招标（用于附息债券的发行）方式和价格招标（用于贴现债券的发行）。

（1）收益率招标。使用这种方式时，发行人要公布发行条件和中标规则，邀请承销商投标。由各投标人报出对发行的证券的收益率和希望购买的数额，再按照投标人所报的收益率由低到高的顺序配售证券，即报出最低收益率（对发行人而言则为成本最低）的投标人将获得中标权利，直到预定发行额全部售完为止。

由于中标规则有两种形式，因此需要确定各个中标人对所承购的证券支付何种价格（收益率）。当采取荷兰式拍卖时，所有中标人都按中标收益率中的最高收益率来认购其中标的证券数额，这种形式也称为单一价格拍卖。如果采取的是美国式拍卖，即按多重价格拍卖时，则每个中标的投标人各按其报出的收益率来认购中标的债券数额。

（2）价格招标。价格招标的原理与收益率招标类似，其中标规则也分为荷兰式和美国式两种。在价格招标方式下，按各投标人所报出的买价由高到低的顺序中标，直到满足预定发行额为止。当中标规则采取荷兰式时，所有中标人都按中标价格中的最低价格（相同的价格）认购其中标的证券数额，即最低中标价格为最后中标价格。若采取美国式拍卖，则各个中标人按各自的出价认购证券。

竞价承销方式体现了市场竞争机制的要求，推动了证券发行的市场化特别是国债利率的市场化进程，有利于降低发行成本和提高发行比率。在美国，国库券、某些公用事业的证券和许多市政债券必须使用竞价承销（拍卖）方式，这是因为这些债券是用纳税人的钱去支付投资银行的费用和偿还债务，发行人有义务在投资银行的竞价承销中寻求最佳报价即成本最低的报价。在我国，1995年以来国债发行也采用竞价承销方式，其中中长期附息国债和零息国债较多采用美国式的收益率招标方式，短期贴现国债主要采用荷兰式的价格招标方式。

事实上，在包销方式上，发行人与承销商对证券发行价格的确定往往各有自己的看法，即发行人希望抬高证券发行价格以便筹措更多的资金；而承销商则希望压低发行价格以确保证券尽快售出（使证券容易为市场所接受），降低发行风险。通过竞价承销方式，有助于解决他们之间在发行价格上的争议。

二、承销程序

（一）发行准备阶段

发行人根据自身的经营情况，提出融资需要后，投资银行利用其经验、人才及信息上的优势，在对发行人的基本情况（包括公司发展历史、财务状况、组织结构状况、募集资金的投向、拟发行证券在市场上的受欢迎程度、领导成员等）进行详细调查、研究、分析的基础上，就证券发行的种类（债券还是股票）、时间、条件等向发行人提出建议。如果双方能就此次承销达成初步意向，投资银行还要向发行人提供其所需的资料，包括宏观经济分析、行业分析、同行业公司股票状况等，以供参考。

（二）签订协议阶段

当发行人确定证券的种类和发行条件，并且报经证券管理部门（如美国的证券交易委员会，SEC；中国的证券监督管理委员会，SRC）批准后，与投资银行签订协议，由投资银行帮助其销售证券。承销协议的签订是发行人与投资银行共同协商的结果，双方都应本着坦诚、信任的原则。比如发行价格的确定就要兼顾发行人和投资银行双方的利益，过高的价格对发行人有利，可以使发行人获得更大的融资款，为公司未来的发展打下良好的基础，但投资银行可能要冒很大的发行失败的风险；过低的价格则相反，投资银行乐于接受，而发行人的筹资计划可能会流于失败。因此，投资银行与发行人之间应综合考虑股票的内在价值、市场供求状况及发行人所处的行业发展状况等因素，定出一个合理的、双方都能接受，并能使承销获得成功的价格。

如果发行人的证券数量金额较大（如我国规定当发行的证券票面总值超过5 000万元人民币时，应当由承销团承销）时，一家投资银行可能难以承受，则牵头经理人（最早的那家投资银行）可以组成辛迪加或承销团，由多家投资银行一起承销。如果牵头经理人不止一家，那整个集团就被称为联合牵头经理人。除了牵头经理人，集团里还有经理人、主承销商、副主承销商和次承销商，各家投资银行在集团中的地位是由其在集团中所占的股份决定的。

（三）证券销售阶段

投资银行与证券发行人签订协议后，便着手证券的销售，把发行的证券销售给广大投资者。当然，在私募发行方式中，投资银行只把证券销售给机构投资者，因此，投资银行在此环节的作用得到弱化。投资银行组织一个庞大的销售集团，此集团中不仅包括经理人和承销商，还包括非辛迪加的成员，强大的销售网络使证券的顺利销售得到实现。

三、承销风险

投资银行在承销证券过程中获得高额承销报酬的同时，也承担着承销风险，即实际收入与标准收入之差所产生的损失。当投资银行实行代销方式时，它本身不参与投资，则其作为投资者的风险是不存在的，而只是承担作为中介机构的承销风险。但是投资银行在包销过程中则具有双重身份，一方面作为中介机构，另一方面作为投资者，所以风险也表现出双重性。

影响承销风险的因素一般有：（1）市场状况，交易市场处于不景气状况下，证券推销的任务就较难完成，投资银行被迫持有部分股票；（2）证券潜质，尤其对股票来说，如果潜质优良，则投资银行能有效地规避风险，即使推销不出去，当持有的股票在二级市场上得到升值时，也能顺利抛售并获得利差收入；（3）发行方式设计，如公募还是私募、定价发行还是竞价发行、网上发行还是网下发行也影响着承销风险；（4）承销团，组建一个大型的承销团通常可以抵消一些风险因素；（5）其他风险，如承销人为了承揽业务而支出的费用，向发行人提供融资而承担的财务风险等。

如何有效地规避风险是投资银行在承销业务中面临的一个重要课题，通过优选发行项目，合理制定发行价格，采取合适的承销方式和发行方式，投资银行通常可以达到规避风险的目的。

四、承销收益

投资银行可以在承销业务中得到两种方式的报酬：一种是差价（毛利差额），即投资银行支付给证券发行人的价格和投资银行向社会公众出售证券的价格之间的差价；另一种是佣金，通常按发行金额的一定百分比计算。

决定证券承销收益的因素主要有承销规模、证券种类、发行方式（公募方式一般高于私募方式），表 3-1 很好地说明了不同的承销规模和证券种类对承销收益的影响。

表 3-1   承销费用比较

承销金额（万美元）	500	1 000	1 500	2 000	3 000	5 000	10 000	15 000	20 000
IPO（%）	8~10	7.5~9	7~8	6.5~7	5.5~7	5~7			
再次发行普通股（%）		6~8	5~7.5	5~7	3.5~5	2~5	2~4.5	2~4	2~4
A级10年期公司债券（%）				1.3	1.2	1	0.7	0.7	0.7

资料来源：据乐后圣《投资银行整合资本市场》（中国物资出版社，1998）整理。

通过表 3 – 1 可以看出发行规模越大，毛利差额的百分比就相对小些，这是因为规模小的发行公司往往不稳定，风险较大，同时还因为承销中的一些固定成本不因承销金额的下降而下降；对于相同发行规模的不同证券，其承销的收费标准也是不同的，首次公开发行（Initial Public Offerings，IPO）的承销费用高于再次发行普通股的费用是因为 IPO 的风险高于再次发行普通股的风险。表 3 – 1 中列出的是 A 级 10 年期的公司债券，在美国，几乎所有在公开市场发行的债券都要经过标准普尔公司和穆迪投资者公司的资信评估，信用等级越高，其毛利差额越小。获得公开发行的债券一般是投资级别的一种，即债券评级在 BBB 级（S&P）以上的债券。

五、承销监管

（一）对发行人的监管

世界各国都对发行证券的条件、标准、程序等采取一套严格的管理规则，证券发行必须在法律、法规许可的条件下进行，从国际通行的做法来看，证券发行采取注册制和核准制两种制度。如德国民法规定，财政部在核准发行债券时应衡量发行人的还本能力；比利时、法国、卢森堡等国法律规定，政府可以劝告有疑问的证券停止发行；日本的证券募集或销售，需向大藏省大臣申报，报告书备置于大藏省内，供大众阅览。我国规定公开发行的证券必须符合法律、法规的条件，并依法报经国务院证券监督管理机构或国务院授权的部门核准或审批，未经核准或审批，任何单位和个人不得向社会公开发行证券；同时规定发起人必须符合法定人数（5 人以上，国有企业改制为股份有限公司的可以少于 5 人，但应采取募集的方式向社会公众发售股票）；发起人认缴和社会募集的股本最低为 1 000 万元；以工业产权、非专利技术作价出资的金额不得超过全部股份的 20% 等。从中可以看出，我国采取的是核准制并配之以发行审核制度和保荐人制度。

（二）对投资银行的监管

投资银行不得以不正当竞争的手段招揽证券承销业务，这是各国对投资银行承销业务的普遍约束，不正当竞争影响证券承销机构的健康发展，许多投资银行不是提高服务质量，而是靠公关取胜，影响投资银行业的形象，甚至造成巨大损失。因此，在承销业务中应加强自律，强化内部管理，努力提高服务质量，以取得客户的信赖。

投资银行在承销业务时应同发行人签订承销协议，详细规定承销活动中的各项条件，例如我国规定协议中应载明下列各项：（1）当事人的名称、住所及法定代表人姓名；（2）代销、包销证券的种类、数量、金额及发行价格；（3）代销、包销的期限及起止日期；（4）代销、包销的付款方式及日期；（5）代销、包销的费用及结算方法；（6）违约责任；（7）国务院证券监督管理机构规定的其他事项。

对发行人提供的募集文件的准确性、完整性进行检查，也是各国证券监督管理机构对投资银行的要求，投资银行如发现含有虚假记载、误导性陈述或重大遗漏的，不得进行销售活动；已经销售的，必须立即停止销售活动，并应采取纠正措施，如投资银行发现发行募集文件有严重不实情况还继续该证券的承销，就构成对投资者的欺诈，各国对此行为都规定了相应的法律责任。例如，1997 年下半年，在成都红光实业股份有限公司一系列违规事件中，主承销商中兴信托投资有限责任公司被证监会没收违法所得 800 万元，并处以罚款 200 万元。

【相关资料】

承销团协议

本协议由下列各方在（签订地点）签署

甲方：主承销商（　　　　　　）

住所：

法定代表人：

乙方：副主承销商（　　　　　　）

住所：

法定代表人：

丙方：分销商（　　　　　）

住所：

法定代表人：

鉴于：

一、甲方（即主承销商）已于_____年____月____日与_____股份有限公司（以下简称发行人）签署关于为发行人发行面值人民币_____元的_____种股票的承销协议。

二、甲、乙、丙各方同意组成承销团，负责本次股票发行的有关事宜：

甲、乙、丙……各方经过友好协商，根据我国有关法律、法规的规定，在平等协商、公平合理的基础上，为确定各方当事人的权利、义务，达成本承销团协议，以资共同遵守：

1. 承销股票的种类、数量、金额及发行价格。

1.1 承销股票的种类。

1.2 承销股票的数量。

1.3 承销股票的金额。

1.4 承销股票的发行价格。

2. 承销的方式。

3. 承销份额。

4. 承销期及起止日期。

5. 承销付款的日期及方式。

6. 承销缴款的程序和日期。

7. 承销费用的计算、支付方式和日期。

8. 各方的权利、义务。

9. 违约责任。

10. 争议的解决。

11. 附则。

甲方：   乙方：
　　（盖章）   　　（盖章）
法定代表人：   法定代表人：
（或授权代表）   （或授权代表）
丙方：
　　（盖章）
法定代表人：
（或授权代表）

年　月　日

第三节　股票的发行与承销

只有股份有限公司才有资格公开发行股票。股份有限公司发行的股票，每股的发行条件和价格应当相同，任何机构和个人认购股份，每股应当支付相同价格。

　　股票的发行是指发行人通过中介机构向不特定的社会公众广泛地发售股票。在公开发行的情况下，所有合法的社会投资者都可以参加认购股票。股票的公开发行包括首次公开发行（IPO）和二次发行。一般来说，IPO 和二次发行的基本过程是相似的，因此我们通过投资银行股票承销业务的一般操作流程来简单介绍股票的发行与承销。

一、选择发行人及主承销商

　　发行人的素质如何将关系到投资银行承销所承担的风险大小，并可能直接决定证券承销的成败。因此，投资银行承销业务的第一步就是在众多的公司当中选择那些适合公开发行的公司。投资银行在选择发行人时应该从是否符合股票发行条件、是否受到市场欢迎、是否具备优秀的管理层及是否具备增长潜力等角度去考虑。

　　在选定合适的发行人之后，投资银行就开始了其艰难的推介和公关活动，并努力使自己成为拟公开发行股票公司的主承销商。

二、组建 IPO 小组

　　投资银行凭借其自身的声誉和能力、承销经验、证券分销能力、市场的影响力及合理的承销费用取得发行公司的股票主承销商资格后，第一项工作就是组建 IPO 小组。IPO 小组除主承销商自身以外，还包括公司的管理人员、律师、会计师、行业专家和印刷商。

三、尽职调查与资料准备

　　尽职调查是指中介机构（包括投资银行、律师事务所和会计师事务所等）在股票承销时，以本行业公认的业务标准和道德规范，对股票发行人及市场的有关情况及有关文件的真实性、准确性、完整性进行的核查、验证等专业调查。

　　该阶段主要从事以下工作：对拟发行公司进行尽职调查，收集尽可能详尽的信息，整理、准备财务报表与特定资产估价，准备财务分析模型等；收集、整理与拟发行公司有关的信息，包括行业、竞争对手、主要客户、产品市场前景等方面的信息资料；判断宏观经济信息资料等。

四、研究阶段

　　该阶段主要开展以下工作：根据前一阶段所收集、整理的资料，研究、确定拟发行公司的卖点；根据对公司的尽职调查以及对未来市场的预测，制定财务分析模型的假设前提，包括营运与财务等方面的假设；承销团进行对话，就公司卖点、财务分析模型以及假设前提等达成一致。

在上述工作中，财务分析模型的选择、财务与营销假设的设定均基于公司的基本情况，各发行公司差异较大；承销团对话并达成一致，属于程序性工作；而公司卖点的确定往往是承销团与主承销商富于创意的工作，直接关系到拟发行公司的吸引力所在，对于最终定价十分关键。

公司卖点一般由三个要素构成：卓越的概念、围绕卓越概念确立清晰可信的商业模式以及确保商业模式持续的价值驱动因素与竞争优势。

五、拟订发行方案与编制招股说明书

股票公开发行是一个相当复杂的过程，需要许多中介机构及相关机构的参与，需要准备大量的材料。主承销商必须协调好各有关机构的工作，以保证所有材料在规定时间内完成。因此，制订发行方案也就成为证券承销中的一个重要步骤。

招股说明书是股份有限公司发行股票时就发行中的有关事项向公众作出披露，并向特定或非特定投资者提出购买或销售其股票的要约或要约邀请的法律文件。招股说明书是公开发行股票必备的一份法律文件。一方面，根据《中华人民共和国证券法》、《中华人民共和国公司法》等法律、法规的要求，公司申请公开发行的股票，必须将招股说明书等申报文件资料呈报国务院证券监督管理机构（中国证监会），以接受发行资格与条件的审查；另一方面，编制并按规定公布招股说明书能广泛而迅速地向潜在的投资者披露与股票发行相关的重要信息，表明发行公司所具有的投资机会和风险，便于投资者作出恰当的决策。此外，招股说明书也是承销商推销股票的重要文件。中国证监会发布的《公开发行证券的公司信息披露内容与格式准则第 1 号——招股说明书》（2003 年）对招股说明书作了详细的规定。

六、巡回推介

巡回推介也称路演（road show），是指主承销商（或承销团）与拟发行公司高级管理层一起在潜在投资者聚集的主要城市进行巡回演讲、回答问题，向投资者介绍公司背景、现状和未来前景，进而实现营销策略、达到推销股票的目的。

巡回推介对首次公开发行股票具有重要的作用。一方面，承销商和发行人通过这一活动，可以比较客观地对股票发行价格、发行规模及发行时机等作出恰当的决定；另一方面，通过巡回推介、宣传，刺激投资者对新股票的需求，力图使

市场需求超过股票发行目标规模，以便在股票发行时迅速售出。巡回推介的质量直接影响发行人的形象、股票发行计划的实现和股票承销的效率，因此承销商和发行人必须保证巡回推介获得成功。

随着互联网技术的发展，借助强大的网络功能优势，网上路演这一全新的推介模式得以采用。1999 年 8 月 24 日，全景网络第一次在国内推出清华紫光新股发行网上路演。技术进步支持和促进了推介方式的创新和发展。

七、确定发行价格

发行定价是 IPO 中最复杂的一件事，要想成功地对首次公开发行的股票进行定价，就要求作为主承销商的投资银行具有丰富的定价经验，对发行人及其所属行业有相当的了解，对一级市场和二级市场上的各类投资者都有深刻的观察。

确定发行价格的方法主要有两种：固定价格法和公开定价法。

1. 固定价格法。这种定价方法为欧洲和中国香港的证券市场所采用，我国内地亦采用这种方法。在固定价格法下，发行价格早在股票发售前就已由主承销商和发行人协商确定下来，由于主承销商和发行人都难以判断在此固定价格水平上投资者对该股票的需求量究竟有多少，所以为了保证 IPO 的成功，他们通常会将发行价格定得比较低。我国香港和内地 IPO 市场上经常出现的巨大的超额认购倍率正是因为这个原因。

2. 公开定价法。这种方法能够根据市场情况的变动和新股需求量的变化来调整发行价格。公开定价法主要为美国证券市场所采用，下面我们将以美国为例来对这种定价法进行介绍。

一般来说，主承销商通常要进行三次定价。第一次定价是在发行公司选择主承销商时。发行人会要求几家竞争承销发行业务的投资银行给出它们各自预期的实际发行价格估计值，在其他条件相同的情况下，发行人倾向于选择估价较高的投资银行作为它的主承销商。第二次定价是在编制初步的招股说明书的时候。在递交给 SEC 的初步招股说明书上，主承销商要列上发行价格区域。第三次定价是在 SEC 批准 IPO 的申请之后。在正式公开发售的前一天，主承销商将最后决定第二天的发行价格。

八、发行时机的选择

证券市场的稳定与交易活跃是决定各种证券的发行获得成功的关键因素。事实上，证券市场状况不仅影响证券发行价格的确定及其日后上市交易的价格表现，也影响证券公开发行上市的时间。

一般来说，如果在市场不景气、股市处于"熊市"时公开发行股票，会由于投资者对股市缺乏信心而导致股票价格下跌或难以发售股票，这将给股票发行带来很大的风险，既不利于发行公司筹集到所需资金，也可能使承销商遭受资本损失，并对售后市场产生不利影响。因此，选择恰当的发行时机对于发售成功尤为重要。承销商在设计股票发行方案时，必须对股票市场状况和条件作充分的分析和估计，以选择有利的发行时机。通常情况下，公开发行股票尤其是首次公开发行股票是在二级市场交易活跃时进行的，此时市场投资气氛高涨，入市者众多，投资者需求旺盛，发行股票能为市场迅速吸纳，并在售后市场有良好的表现。

九、组建承销团与确定承销费用

(一) 组建承销团

一般来说，主承销商会组成一个由承销辛迪加和销售集团组成的承销团来进行证券的出售。承销辛迪加中的每一个成员都有权承销一部分的 IPO 证券，而销售集团的成员则不承担任何承销风险。

组成承销团的做法对主承销商来说既有好处也有不利之处。好处之一是承销辛迪加中的每一个承销商都承担了承销风险的一部分；好处之二是承销团的成员有义务保证发行后市场的流动性，承销团的成员越多，对该股票进行做市和提供研究咨询服务的投资银行也就越多；好处之三是单个投资银行的客户基础和推销力量毕竟是有限的，且可能不精于二级市场操作和分析研究，而承销团则可以很好地处理这个问题。当然，主承销商在获得好处的同时也是要付出代价的：第一，主承销商在与别人分享承销费时放弃了一些经济利益；第二，投资银行间的竞争是相当激烈的，某个承销团成员出色的表现可能会胜于主承销商，给发行人留下深刻印象，从而在发行人未来的发行中占据优势。

主承销商选择承销团成员时，主要参考以下标准：其一，应有不错的客户基础和销售渠道；其二，愿意且有能力担任做市商；其三，分销商愿意在股票上市交易后对它进行分析、研究。

(二) 确定承销费用

承销费用的支付形式因承销方式的不同而不同：在尽力推销中，投资银行只是收取代理费用，这种费用一般在选定主承销商的时候就已经确定。而在包销中，承销费用则是承销差价，所谓承销差价就是招股说明书上的发行价格与投资银行支付给发行人的价格之间的差额。在美国，承销差价是在第三次定价的时候，通过主承销商与发行人协商决定。一般来说，承销差价的决定比发行价格的决定要来得简单，这是因为承销差价可以参考相似的 IPO 中投资银行所收取的承销差价。

　　承销差价一般被分配成三部分费用：第一部分是管理费，是支付给负责发行准备工作的承销商，其中主承销商将得到较大的份额；第二部分是承销费，旨在支付与承销有关的各类费用，如广告费、承销商律师费、印刷费等，在支付上述费用后，其剩余部分根据承销商在承销中所承担的风险程度进行分配；第三部分是销售费，根据所有承销商与分销商之间证券分销的数量来进行分配。因此，负责发行准备工作的承销商（主要是主承销商）将得到三份收入：管理费、承销费和销售费，其他承销商将得到承销费和销售费，而销售集团成员则将得到销售费。

第四节　债券的发行与承销

　　投资银行的债券发行与承销业务的服务范围是政府债券、公司债券、金融债券以及其他类型的债券。

一、确定债券发行条件

　　当企业决定发行债券筹措资金时，投资银行便与发行人一起共同商讨、设计债券发行方案。投资银行要根据企业经营管理状况、财务状况、未来发展规划、筹资目的和要求等相关因素，对发行人的经营效益与风险、偿债能力和资信水平进行分析评估，据此对债券发行方案提出建议，与发行人协商确定债券发行条件。

　　债券发行条件是发行人发行债券时所必须申明的有关条件或规定。它具体包括债券发行额、债券面值、期限、偿还方式、票面利率、利息支付方式、发行价格、担保情况、有无选择权等内容。确定适宜的发行条件是一项十分重要的工作，它直接关系到发行人能否实现筹资计划，关系到投资银行能否顺利出售其承购的债券，也影响到投资者的投资收益水平的高低。下面介绍债券发行条件的主要内容及应考虑的因素。

　　（一）发行额

　　债券发行额是指发行人发行债券计划筹资的总额。在不超过国家有关法律规定对企业债券发行总额的限制的前提下，通常应根据发行人的资信状况、资金需求量、市场资金供给情况和债券的种类等因素综合分析确定合理的发行额。如果发行额过大，可能难以出售全部债券从而影响发行人的声誉，也使包销债券的投资银行增大发行风险；相反，发行额太小，不能满足发行人的筹资需求。债券发行总额的设定应以适度为原则。

（二）债券期限

债券期限是指从债券计息日起至偿还本息日止的时间。在确定债券的期限时，需要考虑如下主要因素：

1. 发行人资金需求的时间长度。债券期限应与筹资者的资金需求的时间长度相适应。如果发行人是为投资兴建某一项目而发行债券筹资，则需要根据该项目资金使用进度和发行人偿债资金来源确定债券期限结构。

2. 未来市场利率变动趋势。当预期利率将趋于上升时，通常应发行期限比较长的债券，以避免将来资金不足再次发行债券因市场利率上升而增加筹资成本；当预期利率趋于下降时，应缩短债券期限，即选择发行短期债券，这样发行人可在资金不足时通过发行新的债券而降低筹资成本。

3. 债券流通市场的发达程度。如果债券流通市场发达，投资者可随时将持有的债券转让变现，这样即使发行中长期债券，也会被投资者所接受；相反，债券流通市场不发达，投资者难以将债券转让，发行短期债券才能得到投资者的青睐。

此外，投资者的心理偏好、债券市场上其他债券的期限构成等因素也将影响债券期限的确定。

（三）票面利率

债券的票面利率可分为固定利率和浮动利率两种形式。票面利率的高低直接影响债券发行人的筹资成本和投资者的投资收益。票面利率水平的决定和利率形式的选择需要考虑如下主要因素：

1. 债券的信用级别。信用级别高的债券，其利率应低于信用级别低的债券利率。

2. 债券期限的长短。债券期限长，通常面临的市场风险较大，票面利率相应较高，而短期债券的利率较低。

3. 利息支付方式。不同的利息支付方式即单利、复利对投资者的实际收益率和发行人的筹资成本有不同的影响。一般来说，按单利计息的债券票面利率应高于按复利计息的债券票面利率。

除上述因素外，还要考虑市场利率变化趋势、国家对债券票面利率的管理规定等。

（四）发行价格

证券发行价格有溢价发行、平价发行和折价发行三种。为债券确定恰当的发行价格，对于发行人能否成功地筹措资金和降低筹资成本至关重要。同时，也关系到包销债券的投资银行所承担的发行风险的大小，因此对发行人和投资银行自身的声誉都有直接的影响。

在实际操作中，通常是先决定债券的期限和票面利率，再根据市场利率水平或市场上同类债券的到期收益率来确定债券发行价格。例如竞价承销债券，承销商通常会采用二级市场上可比债券收益率为新发行的债券定价。

（五）偿还方式

债券的偿还方式有期满偿还、期中偿还、延期偿还；定时偿还、随时偿还；抽签偿还、买入偿还等不同的方式。各种偿还方式对筹资者和投资者均有不同的影响，因此需要根据发行人的实际情况和投资者的需求作出适当的选择。

上述发行条件的主要内容是侧重于普通债券而言的。对可转换债券来说，投资银行要与发行公司一起对可转换债券的票面利率、转换价格（转股价格）、转换比率（转股数量）、转换期限（即投资者可以将债券转换成股票的期限）以及所附有的赎回权、回售权等发行条件作出合理设计，因为这些发行条件直接影响可转换债券最终能否顺利转换成股份。其中，可转换债券的票面利率和转换价格（转股价格）的确定，对保障发行公司和投资者的利益尤为重要。一般来说，可转换债券的利率越高，转股价格也就越高，因为利率高的债券使投资者获得了较高的利息收入，为此投资者也必须付出更高的价格来获得转股权。

二、协助债券发行申请

长期以来，我国公司债券和企业债券的发行实行规模管理。在这种规模管理体制下，公司（企业）发行债券必须经过配额审核和资格审核两个环节。当公司（企业）在得到债券发行的配额之后，应向有权审核发行申请的有关管理部门报送相关的申请文件。我国《证券法》规定，发行公司债券必须依照《公司法》规定的条件，报经国务院授权的部门审批。发行人必须向国务院授权的部门提交《公司法》规定的申请文件和国务院授权的部门规定的有关文件。按照现行的规定，公司债券（包括可转换债券）的发行由国务院证券监督管理机构审批，发行人应提交发行债券申请书、公司登记证明、公司章程、公司债券募集办法、资产评估报告和验资报告等文件。企业申请发行企业债券，应当向审批机关报送发行企业债券申请书、营业执照、发行章程、经会计师事务所审计的企业近三年的财务报告和审批机关要求提供的其他材料。

公司债券（企业债券）的承销商将主要协助公司（企业）拟定发行债券申请书和公司债券募集办法或企业债券发行章程，并连同有关申报文件向审批机构报送。债券募集办法或债券发行章程是记载发行人主要事项及发行债券有关情况的文件，通常载明以下主要内容：（1）发行人名称、住所、经营范围、法定代表人；（2）发行人近三年的生产经营状况和有关业务发展的基本情况；（3）财务报告；（4）发行人自有资产净值；（5）筹集资金的用途及效益预测；（6）债券名称、期限及利率；（7）债券票面金额、发行价格及发行总额；（8）债券发行对象、发行起止日期和发行方式；（9）债券计息起止日、还本付息的期限和方式；（10）审批机关要求载明的其他事项等。

三、协助和监督债券发行人信息披露

信息披露又称信息公开，是指证券发行人按照法定要求将自身财务、经营状况和所募集资金的使用情况等向证券管理部门报告，并向社会公众投资者公布的活动。信息披露对于证券发行和交易价格的形成，保护投资者利益，促进发行公司（企业）改善经营管理和国家对证券市场的监管具有十分重要的作用。

我国《证券法》等法律、法规对信息披露的内容、格式、披露方式等作出了规定，要求信息公开必须真实、准确、完整，禁止虚假记载、误导性陈述或重大遗漏。对存在虚假记载、误导性陈述或者有重大遗漏，致使投资者在证券交易中遭受损失的，法律规定发行人、承销商应当承担赔偿责任，发行人、承销商的负有责任的董事、监事、经理应当承担连带赔偿责任。因此，承销商必须对发行人的经营活动、财务状况和资信情况作出缜密调查，对债券发行章程、发行公告和其他有关文件的真实性、准确性、完整性进行核查。

当公司债券或企业债券的发行申请经有关机关批准后，承销商应协助发行人编写债券发行公告。发行公告所载明的内容必须符合有关法律、法规的要求，应充分揭示债券的有关信息和风险。承销商必须按照规定在债券发行前的一定时间内，将债券发行公告刊登在证券管理部门规定的报刊或者专项出版的公报上，同时将其置备于发行人住所、证券交易所，以供社会公众查阅。

四、承销债券

当发行人选定承销商或承销商通过竞争投标获取债券承销权后，承销商便与发行人签订承销协议，明确承销方式、承销债券的名称（种类）和金额、承销期限及起止日期、债券担保事项、违约责任等其他有关事项。当依法定要求组织承销团时，主承销商应与承销团的其他成员签订分销协议。在债券发行申请得到批准后，承销商应开展宣传推介活动，利用其所拥有的销售网络将债券出售给投资者。债券能否在承销期内顺利销售，既与债券的发行条件有关，也与承销商的

声誉、承销团的组织结构和实力有关，而对发行时机的选择以及承销的宣传推介活动也是不可忽视的重要因素。

按照我国《证券法》关于证券承销情况报告制度的规定，承销商应当在承销期满后的 15 日内，将包销情况或与发行人共同将证券代销情况报国务院证券监管机构备案。

五、债券的信用评级

（一）债券信用评级的目的

债券信用评级是信用评级机构对拟发行债券的偿付能力及预期风险程度的综合评定。评级结果反映了投资者按约索回本金和获得利息支付的可靠性。评级为比较不同的债券投资的信用风险差异提供了依据。

债券信用评级的最重要目的，是为投资者提供公开融资产品的信息以方便投资者进行债券投资决策，从而保护投资者的利益。投资者购买债券是要承担一定风险的，如果发行人到期不能偿还本息，投资者就会蒙受损失。由于受专业知识和信息的限制，并非所有的投资者都能对众多债券进行准确分析和选择，由此需要专业机构对准备发行的债券的还本付息可靠程度进行客观、公正和权威的评定，也就是进行信用评级，以方便投资者决策。

（二）债券信用评级的依据

债券评级机构在评级过程中主要依据下列标准对债券进行评级：（1）债券发行人的偿债能力，即债务人根据负债条件按期还本付息的能力。这主要考察发行人的预期盈利、负债比例等财务指标和按期还本付息的能力；（2）公司的资信状况，包括发行人在金融市场上的信誉、历史偿债情况等；（3）投资者承担的风险水平，主要评价发行人破产可能性的程度，以及发行人破产后债权人受到保护的程度和能得到的投资补偿程度。

（三）债券信用评级的程序

债券信用评级程序是债券信用评级业务所遵循的步骤。一般包括：（1）拟发行债券公司向信用评级机构提出信用评级申请，并根据评级机构的要求提供详细的相关资料（包括非公开的"核心资料"）；（2）信用评级机构对申请公司进行分析。分析的内容主要有：公司的行业风险及其在行业中的地位、公司财务状况、发行人财务限制和债权人保护条款的规定、国家风险；（3）信用评级机构对其进行级别评定；（4）信用评级公司公布评级结果。

【相关资料】

2006 年 9 月 17 日，中国证监会发布了《证券发行与承销管理办法》，对首次公开发行股票的询价、定价以及股票配售等环节进行了规范，整合了《关于首次公开发行股票试行询价制度若干问题的通知》和《对首次公开发行股票询价对象条件和行为的监管要求》的主要内容，并在原有询价制度实践的基础上进行了完善。

根据询价制度的规定，询价分为初步询价和累计投标询价两个阶段。初步询价是指发行人及其保荐机构向询价对象进行询价，并根据询价对象的报价结果确定发行价格区间及相应的市盈率区间。在深交所中小企业板上市的公司，可以通过初步询价直接定价，在主板市场上市的公司必须经过初步询价和累计投标询价两个阶段定价。

询价对象是指符合中国证监会规定条件的证券投资基金管理公司、证券公司、信托投资公司、财务公司、保险机构投资者、合格境外机构投资者以及其他经中国证监会认可的机构投资者。

询价对象可以自主决定是否参与初步询价，询价对象申请参与初步询价的，主承销商无正当理由不得拒绝。未参与初步询价或者参与初步询价但未有效报价的询价对象，不得参与累计投标询价和网下配售。初步询价结束后，公开发行股票数量在 4 亿股以下，提供有效报价的询价对象不足 20 家的，或者公开发行股票数量在 4 亿股以上，提供有效报价的询价对象不足 50 家的，发行人及其主承销商不得确定发行价格，并应当中止发行。

在初步询价阶段，保荐机构应向询价对象提供投资价值研究报告。投资价值研究报告应对影响发行价格的因素进行全面、客观的分析，至少应包括：发行人所处的行业分析、盈利模式、经营状况、募集资金投资项目、同行业上市公司股票二级市场表现及市场整体走势等因素对发行人股票定价的影响。从投资价值研究报告的具体内容来看，保荐机构首先要对股票的内在价值进行评估，其次在此基础上确定股票价格的大致范围。股票估值方法主要有两大类，第一类是绝对估值法，即根据发行人未来盈利来估值，如现金流折现法和股利折现法；第二类是相对估值法，即参考类似公司的股价乘数来定价，如市盈率法、净资产倍数法、EBITDA 倍数法、收入倍数法等。

在网下配售股份阶段，如果发行价格以上的申购总量大于拟向询价对象配售的股份数量，应对发行价格以上的全部有效申购进行同比例配售，询价对象应承诺将参与网下配售获配的股票锁定 3 个月以上，锁定期自发行人公开发行的股票上市之日起计算。

初步询价和累计投标询价的区别主要体现在以下三个方面：

第一，目的不同。初步询价的目的是确定发行价格区间，而累计投标询价的目的是确定发行价格，对于直接通过初步询价确定发行价格的发行人来说，不需要经过两步询价来确定发行价格。

第二，询价对象参与询价的方式不同。在初步询价阶段，询价对象只能以一家机构投资者的身份参与；在累计投标询价阶段，询价对象所有在监管部门报备的证券账户都可以参与询价和配售，比如询价对象不仅可以用自己自营账户参与配售，而且可以使用所管理的投资产品账户参与配售。

第三，是否缴纳申购款及参与股票配售。参与初步询价的询价对象无须缴纳申购款项，如果其不参与其后的累计投标询价，也不会获配股票；参与累计投标询价的询价对象必须全额缴纳申购款项，在发行价格以上的申购可获配股票。

【本章小结】

证券是指各类记载并代表一定权利的法律凭证。它用以证明持有人有权依其所持凭证记载的内容而取得应有的权益。从一般意义上来说，证券是指用以证明或设定权利所做成的书面凭证，它表明证券持有人或第三者有权取得该证券拥有的特定权益，或证明其曾经发生过的行为。

证券发行就是指商业组织或政府组织为筹集资金，依据法律规定的条件和程序，向社会投资者出售代表一定权利的有价证券的行为。它遵循公平原则、公开原则和公正原则（简称"三公"原则）的证券立法基本原则。证券发行涉及投资者利益的保护，所以对证券的发行应进行监管，其管理制度大体分为注册制与核准制两种。证券发行方式主要可区分为公开发行和私募发行、直接发行和间接发行等方式。

证券承销是投资银行的最本源、最核心的业务，也是投资银行区别于商业银行的最本质特征之一。承销可分为包销、尽力推销及余额包销三种形式。再加之辛迪加承销、竞价承销等一起构成了投资银行领域的承销方式。证券承销一般经过发行准备、签订协议、证券销售三个阶段。当然这期间我们还要对承销风险、承销收益、承销监管进行全面分析。

股票的发行是指发行人通过中介机构向不特定的社会公众广泛地发售股票。

其经历的主要过程是：选择发行人及主承销商、组建 IPO 小组、尽职调查与资料准备、研究阶段、拟订发行方案与编制招股说明书、巡回推介、确定发行价格、发行时机的选择、组建承销团与确定承销费用。

投资银行的债券发行与承销业务的服务范围是政府债券、公司债券、金融债券以及其他类型的债券。设计债券发行方案，确定债券发行条件，是投资银行的公司债券发行与承销业务的最主要内容。债券信用评级为投资者的投资决策提供了依据，其根本目的是保护投资者的利益。

【主要名词】

公募发行 public offering　　　　　私募发行 private placement
包销 firm commitment　　　　　　尽力推销 best efforts
余额包销 standby commitment　　　辛迪加承销 underwriting syndicate
首次公开发行 Initial Public Offering，IPO　尽职调查 due diligence
路演 road show

【本章自测题】

1. _____是指标有票面金额，证明持有人有权按期取得一定收入并可以自由转让和买卖的所有权或债权凭证。

2. 证券的承销方式有（　　　）。
A. 全额包销　　　　　　　　　B. 余额包销
C. 尽力推销　　　　　　　　　D. 自销

3. 投资银行组建 IPO 小组的成员有（　　　）。
A. 会计师　　　　　　　　　　B. 印刷商
C. 投资者　　　　　　　　　　D. 律师

4. 为什么要进行债券信用评级？债券信用评级的依据是什么？

5. 比较注册制和核准制两种证券发行管理制度的区别。讨论这两种管理制度各自适应的市场条件？

6. 假设某证券发行数量为 1 000 亿元，有下列 6 家承销银行进行报价，见下表。

承销人	报价（元）	数量（亿元）
1	99.00	200
2	98.00	300
3	97.00	300
4	97.00	500
5	96.00	100
6	95.00	100

注：竞价承销内容，单位证券面值100元。

问：哪几个承销人会获得承销资格？如果是单一价格拍卖法，中标价格是多少？如果是多重价格拍卖法呢？

第四章

证券经纪业务与自营业务

【学习目标】通过本章的学习，了解投资银行的经纪业务和自营业务。了解投资银行经纪业务的含义；掌握经纪业务的运作程序和交易原则；掌握投资银行开展自营业务的特点和原则；重点掌握投资银行做市商业务的含义、特点和类型。

投资银行除在一级市场开展承销业务以外，还在二级市场开展交易活动。投资银行的交易活动根据投资银行在交易中的地位，可分为经纪业务和自营业务。经纪业务是指投资银行作为有价证券买卖双方的经纪人，按照客户的委托指令买入或卖出证券的业务。经纪业务最大的特点是投资银行不承担投资风险，只按照客户的指令进行交易，并按一定方式收取佣金。通过开展经纪业务，投资银行可以与众多客户建立联系，为其他业务的开展奠定基础。自营业务是指投资银行用自有或融入的资金直接参与证券市场交易，获取股息、利息或价差收入，同时承担证券交易风险的业务。在自营业务中，投资银行成为证券交易的买方或卖方，而不是交易的中间人。

第一节　经纪业务

投资银行除在一级市场承销证券外，还大量参与二级市场业务。证券经纪商业务（简称经纪业务）是投资银行二级市场业务中的重要组成部分。它是指投资银行作为证券买卖双方的经纪人，按照客户的委托指令在证券交易场所买入或卖出证券的业务。其最大特点是投资银行无须动用自有资金且不承担任何投资风险，只需按投资者的指令进行交易，并按交易金额收取一定量的手续费。通过开展经纪业务，除可获取一定的收益外，投资银行还可以与众多的客户投资者建立起广泛的联系，从而为其他业务的开展提供条件。

一、经纪业务的含义

（一）证券经纪

经纪业务就是投资银行作为证券买卖双方的经纪人，按照客户投资者的委托指令在证券交易场所代理客户进行证券交易、收取经纪人佣金的业务。投资银行作为经纪商，它代表买方或卖方，按照客户提出的价格代理进行交易，经纪业务是大多数投资银行的最重要的基础性业务之一，是投资银行日常收入的一项重要来源。

目前我国从事证券经纪业务的主要有券商、证券交易所、证券登记中心、资金清算中心、证券投资咨询公司等法人，这些法人的雇员均以其法人的名义从事证券经纪业务。

因为证券托管和资金清算的技术原因，券商在代理投资者买卖证券时是以券商的名义进行买卖，证券交易所只对券商席位进行证券托管和资金清算（这一方式在深圳证券交易所更为典型），但投资者在券商处仍有独立的证券账户与资金账户，是买卖证券的主体，是证券投资盈利或亏损的实际承担者。因此，目前券商从事的经纪业务仍然属于代理行为。

（二）经纪公司与经纪人

以美国为例，投资银行在二级市场中代理客户买卖证券收取佣金时，称为经纪公司。经纪公司一般也兼做做市商和交易商业务，近年来还开展了一些商业银行的业务。如美林公司开展现金管理账户业务，集信用卡、贷款、支票账户及自动投资于货币市场共同基金等功能于一身。这样，1933 年的《格拉斯—斯蒂格尔法》关于银行分业的限制逐渐放松了。

经纪公司有下面四种类型。

1. 电信所（wire houses）。经纪公司通过电信系统网络连接全国各地，如以经纪公司命名的美林公司等。

2. 地区性公司。业务仅限于某一地区，如费城地区的纽勃兹父子有限公司（Niu Bozi and Sons Co.）。

3. 投资银行公司。兼做一级市场业务的经纪公司，通常在世界主要金融中心设立分公司或代表处，包括高盛公司（Goldman Sachs）、所罗门兄弟公司（Salomon Brothers）和摩根士丹利公司（Morgan Stanley）等。

4. 专业经纪公司。业务通常集中于某一类型的证券，可能只交易美国联邦证券、地方政府证券或指数期权。它的吸引力在于其熟悉某种证券，并有丰富的交易经验。

经纪公司的业务代表叫做证券经纪人，也称为业务经理（account executive）、金融顾问（financial consultants）、投资顾问（investment advisors）等。根据提供服务的不同，经纪人分为两类：（1）只为客户在二级市场中交易证券的经纪人叫做平价经纪人（discount broker）；（2）除代理交易外还提供更广泛服务的叫做完全服务经纪人（full service）。前者的佣金相对低一些，而后者除代理交易外，还提供证券投资咨询、资产管理、金融计划避税等服务，如为客户发放贷款、设计个人退休账户或养老计划等，所以会收取较高的佣金。

有些客户投资者会直接指令经纪人为他购入或出售证券，也有的客户因缺乏时间和专业经验而授权经纪人决定证券的交易。经纪人通常也会努力为客户赚取利润，因为拥有良好的信誉和交易记录，意味着更多的客户和更多的佣金。

（三）从事经纪业务的条件

由于经纪公司和经纪人是联系广大投资者和证券市场的桥梁，因此，各国对于其资格的获得及其行为规范都有严格的规定。

一般投资银行经营经纪业务须具备的条件有：

1. 投资银行的业务人员必须具备有关证券和商品交易的知识和经验，并通过严格的经纪人资格考试。

2. 投资银行必须向证券管理部门和证券交易所提出申请并经审查同意。

3. 必须拥有一定的资本额，并按规定缴纳管理保证金和资格会费等。

投资银行只有在取得从事证券经纪业务资格后才能合法地开展业务，同时其经营活动必须在有关法律、法规和制度的规定范围内进行。

二、经纪业务的程序

投资银行大部分的经纪业务是在证券交易所内进行的，客户委托其代理证券交易的程序一般包括开户、委托、成交、清算、交割、过户和结账。

（一）开户

投资者可以自主选择某家投资银行作为自己的经纪商。首先，要到经纪商处登记并开设账户。登记要写明日期、姓名、性别、身份证号码、家庭住址、职业、电话等内容，还要留存印鉴并提供相关证明。开设账户要同时开设资金账户和证券账户。

资金账户分为三类：一是现金账户，用于交易时的资金划转；二是投资计划账户，客户承诺在若干年中每月或每季投入一定金额，购买某种股票；三是保证金账户，即在信用交易时，交易金额与保证金之间的差额由投资银行代垫，信用金按市场利率计息，并以所购证券作为抵押。资金账户通常按银行活期利率计息。证券账户，即投资者把所持证券交给经纪商托管，经纪商提供给客户的记录是托管证券品种和数量的证明。客户在委托证券交易后，经纪商自动将其买入或卖出的证券从证券账户中划入或划出。

（二）委托

客户投资者在开设账户之后，就可办理委托交易了。委托按形式可分为书面委托、电话委托、电报委托、传真委托和信函委托；按价格可分为市价委托和限价委托；按有效期分为当日有效和五日内有效；按委托数量分为整数委托和零数委托。

客户在委托书上要写明证券名称和交易种类、买入或卖出及相应的数量、出价方式和价格幅度以及有效期等内容。在委托有效期内，如果交易尚未达成，客户有权变更和撤销委托。

（三）成交

投资银行在接受客户委托后，立即通知在交易所中的场内经纪人。场内经纪人马上按照投资者指令买入或卖出股票。待买卖成交后，场内经纪人又立即将交易情况告知投资银行，再由其转达给客户。交易时，场内经纪人必须公开申报竞价，一般有口头竞价、书面竞价和电脑竞价三种方式。证券交易所则按照时间优先、价格优先的原则，为买卖双方撮合成交。

如果是场外交易，经纪商则代表其客户与其他交易商或投资者进行讨价还价。在综合考察所有交易对手的报价后，为客户选择最优价格成交。

（四）清算

清算是指投资银行在证券交易所内成交后，对应收和应付价款与证券进行结算，并最后结出应收应付的余额，然后通过证券交易所进行交割证券与价款的全过程。投资银行在证券市场中每天都要进行许多笔交易，不可能每笔交易即时清算。一般证券交易所都有专门的清算中心，以每一交易日为一个清算期，集中办理清算业务，目的在于减少证券和现金的实际交割，节约人力和物力。

（五）交割

证券清算后，交易双方可以办理交割手续，即在事先约定的时间内对清算余额办理交接和转账。买方交付价款，收到股票；卖方交出股票，收回现金。清算交割是证券交易全过程的结束。

按照成交后至交割时间的长短划分，可分为以下几种交割方式：当日交割、次日交割、第 3 日交割和例行交割（即 T + 5）。

（六）过户

证券交易结束后，证券所有人会发生改变。对于记名证券来说，必须要办理过户手续。记名证券是指票面上记载有持有人名称，并在公司名册上进行登记，必须经法定程序方可转让。因此，转让时要通过登记公司过户，并把受让人的名称记载在票面上，同时在发行证券的公司变更持有人，否则转让无效。不记名证券可以自由转让，无须办理过户。一般股票都是不记名的，而只有部分债券是记名的。

（七）结账

整个交易结束后，投资银行应将账单及时送交客户，客户按经纪业务协议支付足额佣金。投资银行应按时向证券交易委员会交送报表，报告当月股票交易的名称、数量、价格等情况。

三、经纪业务的原则

投资银行总是希望吸引更多的客户投资者，以赚取更多的佣金收入，所以投资银行必须努力提高业务水平，提高自身信誉，遵守职业道德，培养专业人才。这些都要求投资银行在从事经纪业务的过程中遵循一定的原则。

（一）在接受客户委托，代理证券交易的过程中，应遵循的原则

1. 价格自主原则。委托交易时的价格由客户决定，投资银行可以提供一定的建议和咨询，但必须在客户委托价格幅度以内进行交易，无权超越委托权限办理交易。

2. 价格优先原则。即客户委托买入证券价格高的优先于价格低的，委托卖出证券价格低的优先于价格高的，投资银行应按此原则为客户达成交易。

3. 时间优先原则。如果客户委托价格相同，则以委托时间先后确定成交对象，委托时间在前者优先。

4. 公开、公平交易原则。公开原则是指在经纪业务中，应将交易规则、交易制度、交易行为和交易对象的内容及有关资料公开，以利于客户根据自己的投资目的作出正确的委托。公平原则是经纪业务中的交易各方均应根据交易原则和操作程序进行公平交易，防止发生欺诈和操纵市场的行为。

5. 充分披露原则。投资银行要向投资者和主管部门以及证券交易所诚实、完全地报告自己的经营情况，不得有隐瞒和提供虚假信息的行为。

6. 依法收入原则。投资银行在代理交易时，其手续费和佣金收入必须严格按规定和协议收取。

（二）投资银行在对经纪业务进行管理时，也必须遵循一定的原则

1. 谨慎接受客户委托，并为委托事项保密。除接受主管部门和证券交易所查询，否则不得随意泄露。

2. 适当向客户提供投资咨询。这对提高自身信誉、吸引客户十分重要，但在咨询时不得有欺诈行为，更不得对客户许愿、诱导或强迫。

3. 严格遵循托管制度和相关法规，不得越权非法挪用客户的证券与存款。

4. 禁止违法交易行为。包括禁止联手或单独操纵市场，制造证券的虚假交易和价格；禁止内幕交易；禁止制造或散布欺诈性信息；禁止以操纵市场为目的连续拉抬或打压某种证券价格；禁止各种直接或间接操纵市场或扰乱市场秩序的交易行为。

5. 禁止为相关人员代理证券交易。相关人员包括证券主管机关中证券事务的主管人员、证券交易所管理人员、证券经营机构中的证券从业人员、上市公司和其主管部门中的有关人员以及其他法律、法规规定不得进行证券交易的相关人员。

四、信用经纪业务

信用经纪业务是指投资银行作为经纪商，在代理客户证券交易时，以客户提供部分现金及有价证券担保为前提，为其代垫所需的资金或有价证券的差额，从而帮助客户完成证券交易的行为。信用经纪业务是投资银行的融资功能与经纪业务相结合而产生的。它是经纪业务的一种形式，因为：（1）信用经纪业务的对象必须是委托投资银行代理证券交易的客户；（2）投资银行对所提供的信用资金不承担交易风险，以客户的资金和证券担保，并收取一定的利息；（3）提供信用的目的主要是吸引客户，以获取更多的佣金和手续费收入。

信用经纪业务主要有两种类型，即融资与融券。融资是指客户委托买入证券时，投资银行以自有或外部融入的资金，为客户垫付部分资金以完成交易，以后由客户归还并支付相应的利息。融券是指客户卖出证券时，投资银行以自有、客户抵押或借入的证券，为客户代垫部分或全部证券以完成交易，以后由客户归还。

（一）信用经纪业务的影响

投资银行开展信用经纪业务的影响主要体现在以下五个方面。

1. 对证券市场而言，有利于增加市场资金供给和提高市场流动性。信用经纪业务的融资功能会减少投资银行资金的闲置，增加投入市场的资金量，扩大证券市场的供需，起到活跃市场的作用。信用交易可增加证券交易的连续性，提高

证券的换手率，从而提高市场流动性。另外，在市场价格偏离证券内在价值过大时，有调节市场价格和稳定市场的作用。但是，信用经纪业务也可能产生助长市场短线投机过度的副作用。

2. 对证券监管部门而言，这项业务提供了一个操作性很强的调控手段。各国都结合自身的特点，制定了相应的法规和制度，可以利用对信用经纪业务具体规定的改变有效地调节市场，如增减信用交易的证券品种，改变保证金比例，改变保证金账户的开户标准，调整融资和融券的利率上下限和公布信用交易余额等。有时为了抑制市场过度投机，市场监管部门还有可能在一段时间内全部或部分暂停信用交易。

3. 对金融和产业经济而言，如果信用经纪业务发展到一定阶段，证券市场价值和交易规模达到一定程度，还可能影响货币供应量、利率等货币政策目标，并通过资金在一级市场与二级市场之间的分配以及资金在证券市场与产业部门之间的分配，影响产业经济的发展。

4. 对投资者而言，通过投资银行的信用经纪业务，投资者可以及时把握投资时机，如判断市场将要下跌时，向券商融券卖空而不必被动等待。投资者还可以通过财务杠杆的作用扩大收益。另外，投资者可利用此项业务规避风险和避税。当然，投资者必须慎重对待信用交易带来的风险，以免遭受重大损失。

5. 对投资银行而言，开展信用经纪业务可以增加客户的资金量和交易量，从而增加佣金收入。同时，融资可以增加利息收入。投资银行还可以运用客户抵押担保的资金和证券以获得利差收入。而且在严格的风险管理下，投资银行可以通过提供优惠的信用交易条件参与竞争，吸引客户。

（二）信用经纪业务的管理体制

投资银行信用经纪业务的管理体制大致可分为两类。

1. 美国式管理体制。在美国式管理体制下，对各投资银行开展信用经纪业务无明确的资格限制，各家投资银行都可在美国证券交易委员会（SEC）和美国联邦储备委员会（FRB）以及自律性组织的规定下，调动内部及外部资源为客户提供信用支持。

美国《1934 年证券交易法》、纽约证券交易所（NYSE）、全美证券交易商协会（NASD）以及投资银行自身都对信用经纪业务及相关内容作出了规定，包括信用经纪业务中融资和融券的证券种类、初始保证金和维持保证金的金额、融资交易中的资金筹措和融券交易的证券筹措方式等。

2. 日本式管理体制。日本设立有专门从事信用经纪业务的证券金融公司，其职能是为证券经纪商提供转融资、转融券服务，以及代替证券经纪商在证券交易所为客户办理实际的交割。其中转融资和转融券由经纪商向证券金融公司申请，比例不得超过经纪商对客户的融资或融券比例，并提供相应的证券和资金担保。

　　总之，信用经纪业务是投资银行传统经纪业务的延伸。在这项业务中，投资银行不仅是传统的中介机构，而且还扮演着债权人和抵押权人的角色。信用经纪业务是投资银行经纪业务的一项重要内容。

第二节　自营业务概述

　　自营业务是投资银行二级市场业务中的又一项重要内容。自营业务是指专营自营业务或兼营自营和经纪业务的投资银行以自主支配的资金或证券直接参与证券交易活动，并承担证券交易风险的一项业务，包括做市商业务和自营交易业务两种类型。证券自营业务既可以给投资银行带来价差和股利收入，也可以带动投资银行其他业务的发展。开展自营业务的投资银行一方面向证券卖出者买入证券，另一方面向证券买入者卖出证券。自营业务利润的多少在于证券买入与卖出之间的差价。

一、开展自营业务的条件

　　投资银行参与二级市场交易，开展自营业务，一般应具备以下条件：拥有证券业法人资格；遵守证券业法规，无不良从业记录；有一定的经营规模，注册资本必须达到法律规定的标准；证券从业人员和管理人员达到规定的人数；有固定的经营场所和必要的设施。

　　达到上述标准的投资银行，可以申请开展自营业务。申请时须向证券主管部门提交一系列的申请文件和材料，主要包括可行性研究报告、营业执照、章程、验资报告、人员简历和资格证明、股东及持股情况、内部管理制度以及其他要求提供的相关材料。证券主管部门在严格审查投资银行的上述申请材料之后，作出是否批准其开展自营业务的决定。

　　投资银行一旦获得批准，便可在证券二级市场进行自营交易。在交易中，投资银行必须遵守证券法规和交易所的交易制度，不得有操纵市场、内幕交易和证券欺诈等违法行为，否则可能会被取消自营资格。

二、自营业务的两种形式

　　证券的自营买卖分为两种情况：一是在交易所内进行自营买卖；二是在场外

市场（OTC）中进行自营买卖。

（一）集中交易市场中的自营业务

集中交易市场主要是指证券交易所。在集中交易市场内进行交易的自营商一般不与投资者接触，只在交易所内自行活动，以自己的名义和账户买卖股票。

自营商由于是自己直接在证券交易所参与证券的自营买卖活动，因而手续十分简便，只要根据证券的挂牌价格，指定买入或卖出证券及其数量，填写证券买卖申请书，委托本公司交易员参与竞价，成交后交付资金或交付股票即可。

投资银行从事自营业务有如下特点：第一，必须有一定量的资本金，以满足资金周转需要；第二，自营商买卖股票是为了获取股息或红利，而不是获取买卖差价；第三，自营买卖不用交付手续费；第四，自营业务所产生的风险由投资银行自己承担。

由此可见，集中交易市场的自营商实际上是一个特殊的机构投资者，特殊性在于一方面该公司可以通过本公司交易员直接参加证券交易；另一方面自营商还承担着维持证券交易稳定与连续的职责，因而比一般的机构投资者受到更多的监管。

（二）场外市场的自营业务

场外市场又称柜台市场、店头市场，其证券交易价格不像集中交易市场那样通过拍卖竞价的方式产生，而是通过协议产生，交易对象都是未上市的证券。场外市场的自营商可以与投资者直接接触，其证券价格分为买入价与卖出价，二者之间的差价就是自营商的业务收入。一般不再向客户收取手续费。

在场外市场中，自营业务的方式可分为以下几种：

1. 自营商与客户的交易。在这种方式下，客户可以当面或通过电话、书信、电报等方式直接向自营商询价、进行议价买卖（见图 4 - 1）。

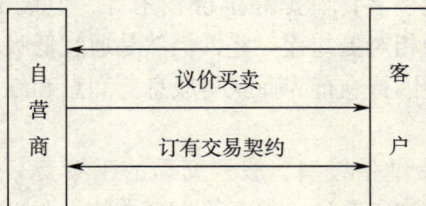

图 4 - 1　自营商与客户的交易

2. 自营商与其他经纪商的客户的交易。客户如因为各种原因，无法到自营商处开户交易，可以委托经纪商在市场上向自营商询价，经纪商有义务按最优价格为客户成交，经纪商向客户收取佣金（见图4-2）。

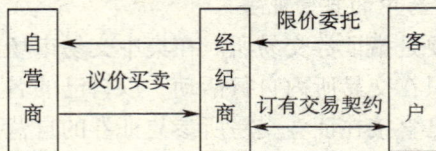

图4-2　自营商与其他经纪商的客户的交易

3. 自营商间的交易。当自营商接受客户委托而自己持有股票不足时，即与其他自营商直接议价买卖（见图4-3）。

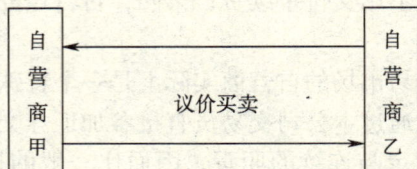

图4-3　自营商间的交易

三、自营业务的特点

1. 投资银行必须投入一定量的资金，以满足资金周转需要。无论是做市还是自营交易，投资银行都要持有一定的资金头寸，头寸的大小取决于自营业务的规模。资金的来源可以是自有资金，也可以是客户的抵押金、保证金、拆借资金或银行贷款，但必须符合法律对资金用途的规定。

2. 投资银行买卖证券的主要目的是获取买卖价差收益。做市具有多重目的，包括承揽承销业务、吸引客户、提高定价技术等，但最主要的还是赚取买卖价差；而自营交易的目的相对更纯粹一些，仍然是通过低吸高抛来获利。有时在自营业务中，投资银行会因持仓行为而获得股息、利息和红利收益，但这不是主要的业务目标。

3. 自营业务不用缴纳手续费。股票交易的手续费一般包括交易所手续费、交易税、经纪商手续费和印花税。由于绝大多数的投资银行既是经纪商又是交易商，所以经纪商手续费无须缴纳。有些国家为了鼓励机构投资者，对税金和交易费用都有相应的减免规定。

4. 投资银行自行承担交易风险。自营业务中的风险包括系统性风险和非系统性风险，因此风险管理对投资银行来说相当重要。系统性风险可以根据股票的

β 系数结合金融衍生工具，如股指期货和期权抵冲；非系统性风险主要通过组合投资来分散。另外，还可以采用一些投资方法来降低自营风险。

四、自营业务的原则

投资银行在开展自营业务时，应遵循以下原则。

1. 经纪业务优先原则。投资银行在同时担任经纪商和交易商时，应把经纪业务放在首位，当客户和自营部门同时作出相同的委托时，客户的委托指令应优先于自营交易的指令。不得损害客户的利益来为自己谋取利益。

2. 公平交易原则。投资银行不得利用特权和客户进行不公平竞争，如操纵市场、营私舞弊、证券欺诈行为等，必须遵守证券市场规则，参与市场公平竞争。

3. 公开交易原则。在开展自营业务过程中，投资银行应明确标明自营业务的内容，坚持价格公开、数量公开、交易程序公开，以便于市场监管部门和公众进行监督管理，严禁内幕交易行为。

4. 维护市场秩序原则。投资银行作为机构投资者，应维护市场秩序，引导市场理性投资，承担创造市场、维护市场连续性和稳定性的义务。不允许发生扰乱市场正常交易秩序的行为。

5. 严格内部管理原则。由于自营业务中的风险完全由投资银行承担，因此必须实行严格的内部管理，包括自营交易操作程序和人员的管理，建立、健全内部监督机制，建立风险预警系统和风险防范系统等。

第三节　做市商业务

一、做市商业务的含义

（一）做市商制度

国际上存在两种交易制度：一是报价驱动制度，二是指令驱动制度。

报价驱动制度也称做市商制度，其特征是：做市商就其负责的证券，向投资者报价买入与卖出，投资者直接或通过经纪人与做市商进行交易，按做市商报出的买价与卖价成交，直至做市商改变报价。相对竞价交易制度来说，做市商市场投资者无论买入还是卖出证券，都只是与做市商交易，而不是买卖双方直接交易。做市商必须同时对其做市的股票报出买价（做市商愿意买入一定量股票的价格）和卖价（做市商愿意卖出一定量股票的价格），并且必须按照其报价从投资者手中买入或卖出一定量所做市的股票。投资银行有义务为自己承销的证券创造一个流动性较强的二级市场，维持市场价格。

纯粹的做市商制度有两个重要特点：第一，所有客户订单都必须由做市商用自己的账户买入卖出，客户订单之间不直接进行交易。第二，做市商必须在看到订单前报出买卖价格，而投资者在看到报价后才下订单。

做市商制度起源于 20 世纪 60 年代美国证券柜台交易市场。随着 70 年代初电子化做市商即时报价系统的引进，传统的柜台交易制度演变为规范的做市商制度。目前，做市商制度不仅是海外一些最主要证券交易所的主导交易制度，而且在各国近年来先后设立的创业板市场中也得到普遍采用。最有代表性的市场是纳斯达克市场、伦敦市场、法兰克福市场以及巴黎新市场。

目前，做市商制度在纳斯达克市场和伦敦市场是主导交易制度，在法兰克福市场和巴黎新市场则是辅助交易制度。1997 年后，纳斯达克市场和伦敦市场的做市商制度使用方式和使用范围作了调整，做市商制度的主导地位有所削弱。在巴黎新市场和法兰克福市场，做市商制度是先后于 1996 年和 1998 年引入的，主要使用于竞价交易制度撮合效率较低的交易当中。使用做市商报价驱动制度的市场，主要是美国的纳斯达克市场和英国国内股票市场（1997 年 10 月之前）与国际股票市场。

指令驱动制度或称竞价制度，其特征是：开市价格由集合竞价形成，随后交易系统对不断进入的投资者交易指令，按价格与时间优先原则排序，将买卖指令配对竞价成交。中国深、沪两个交易所以及中国香港、新加坡、日本等市场均实行指令驱动制度。

（二）报价驱动制度与指令驱动制度的区别

1. 价格形成方式不同。采用做市商制度，证券的开盘价格和随后的交易价格是由做市商报出的，而指令驱动制度的开盘价与随后的交易价格是竞价形成的。前者从交易系统外部输入价格，后者成交价格是在交易系统内部生成的。

2. 信息传递的范围与速度不同。采用做市商制度，投资者买卖指令首先报给做市商，做市商是唯一全面及时知晓买卖信息的交易商，而成交量与成交价随后才会传递给整个市场。在指令驱动制度中，买卖指令、成交量与成交价几乎是同步传递给整个市场的。

3. 交易量与价格维护机制不同。在报价驱动制度中，做市商有义务维护交易量与交易价格。而指令驱动制度则不存在交易量与交易价格的维护机制。

4. 处理大额买卖指令的能力不同。做市商报价驱动制度能够有效处理大额买卖指令。而在指令驱动制度中，大额买卖指令要等待交易对手的买卖盘，完成交易常常要等待较长时间。

上述两种交易驱动制度各有所长，也各有不足之处。

（三）做市商的利润来源

与自营商相同，做市商的盈利来自于股票的买卖价差。投资者获得做市商提供的流动性保障。因此做市商制度与竞价交易制度的比较，主要取决于流动性风险给投资者带来的成本和做市商报价价差的大小。

二、做市商制度的优缺点

（一）做市商报价驱动制度的优点

1. 成交及时性。投资者可按做市商报价立即进行交易，而不用等待交易对手的买卖指令。尤其是做市商制度在处理大额买卖指令方面的及时性，是指令驱动制度所不可比的。

2. 价格稳定性。在指令驱动制度中，证券价格随投资者买卖指令而波动，而买卖指令常有不均衡现象，过大的买盘会过度推高价格，过大的卖盘会过度推低价格，因而价格波动较大。而做市商则具有缓和这种价格波动的作用，这是因为：（1）做市商报价受交易所规则约束；（2）及时处理大额指令，减缓它对价格变化的影响；（3）在买卖盘不均衡时，做市商插手其间，可平抑价格波动。

3. 矫正买卖指令不均衡现象。在指令驱动市场上，常常发生买卖指令不均衡的现象。出现这种情况时，做市商可以插手其间，承接买单或卖单，缓和买卖指令的不均衡，并抑制相应的价格波动。

4. 抑制股价操纵。做市商对某种股票持仓做市，使得操纵者有所顾忌。操纵者不愿意"抬轿"，也担心做市商抛压，抑制股价。这对中国市场尤其有意义。

（二）做市商报价驱动制度的缺点

1. 缺乏透明度。在报价驱动制度下，买卖盘信息集中在做市商手中，交易信息发布到整个市场的时间相对滞后。为抵消大额交易对价格的可能影响，做市商可要求推迟发布或豁免发布大额交易信息。

2. 增加投资者负担。做市商聘用专门人员，冒险投入资金，承担做市义务，是有风险的。做市商会对其提供的服务和所承担的风险要求补偿，如交易费用及税收宽减等，这将会增大运行成本，也会增加投资者负担。

3. 可能增加监管成本。采取做市商制度，要制定详细的监管制度与做市商运作规则，并动用资源监管做市商活动。这些成本最终也会由投资者承担。

4. 可能滥用特权。做市商经纪角色与做市功能可能存在冲突，做市商之间也可能合谋串通。这都需要有强有力的监管。

（三）适用条件

做市商制度的功能优势适用于交易相对比较清淡的证券、不为人所知的中小型上市公司证券和辅助大宗交易。但是，在交投活跃的股票日常交易中，做市商制度暴露出成本过高的弊端。由于这类交易是证券市场最主要的交易类型，因此做市商制度在大多数情况下只能居于辅助交易制度的地位。

三、做市商制度的类型及职责

（一）做市商制度的类型

在全球市场上，做市商制度有两种存在形式：一种是多元做市商制；另一种是纽约证券交易所的特许交易商制。

1. 多元做市商制。伦敦股票交易所和美国的纳斯达克市场是典型的多元做市商制，每一种股票同时由很多个做市商来负责。在纳斯达克市场，活跃的股票通常有30多个做市商，最活跃的股票有时会有60个做市商。做市商通常也是代理商，他可以为自己、自己的客户或其他代理商进行交易。做市商之间通过价格竞争吸引客户订单。

2. 特许交易商制（specialist system）。在纽约证券交易所里，交易所指定一个券商来负责某一股票的交易，券商被称为特许交易商（specialist）。交易所有将近400个特许交易商，而一个特许交易商一般负责几只或十几只股票。

与纳斯达克市场相比，纽约股市有三个特点：第一，一只股票只能由一个特许交易商做市，可以被看做是垄断做市商制。第二，客户订单可以不通过特许交易商而在代理商之间直接进行交易。特许交易商必须和代理商进行价格竞争，所以纽约交易所是做市商制和竞价制的混合。第三，特许交易商有责任保持"市场公平、有序"。

（二）做市商的职责

1. NASDAQ市场。该市场的职责是：（1）做市商必须随时准备用自己的账户买卖他所负责的股票，并有义务持续报出他对该股票的买卖价格。（2）做市商必须恪守自己的报价，必须在他的报价下执行1 000股以上的买卖订单。（3）做市商的报价必须和市场价格一致，买卖价差必须保持在规定的最大限额之内。

2. 纽约证券交易所。纽约股市的特许经纪人除了以上提到的做市商的职责，还有责任保持市场公平有序。他们的职责主要有以下几方面：（1）保持价格连续性。当股票价格变化太快时，经常会使投资者作出错误决策。作为特许交易商，有责任避免价格大幅度跳跃。比如说，下一个成交价比前一个价格有很大下跌时，作为特许交易商有义务在中间下一个买单，以稳定价格。（2）保持市场活跃。当一个市价订单下到交易所时，如果在一定时间内找不到和它匹配的买单或卖单，特许交易商有义务接下这个买单或卖单。（3）保持价格稳定。如果买单暂时多于卖单，特许交易商有义务用自己的账户卖出；如果卖单暂时多于买单，特许交易商就有义务用自己的账户买入（当价格出现持续下跌时，特许交易商有义务以等于或高于前笔交易的价格卖出；当价格出现持续上涨时，特许交易商有义务以低于或等于前笔交易的价格买入）。（4）其他职责，包括大额交易、散股交易、卖空交易及订单保价等。

（三）NASDAQ 市场的做市商制度

从市场交易制度角度考察，美国 NASDAQ 市场之所以能够在近期得到较大的发展，并且在道琼斯指数大幅度回落时保持稳定，和其完善的做市商交易制度是很有关系的。在一定意义上我们可以说，做市商制度（market maker rule）是 NASDAQ 市场的核心，也是 NASDAQ 不同于其他交易所的主要区别所在。NAS-DAQ 实行做市商制度包括了高盛、美林和 Smith Bar-ney 等一批最著名的投资银行和券商，组成了 NASDAQ 著名的多元化的做市商制度。它们为流通于 NAS-DAQ 市场的股票提供报价。在二级市场上，这些做市商为了争取投资者下单相互竞标，降低自己的卖价（ask）和抬高自己的买价（bid），投资者成为最大的受益者。NASDAQ 的这种竞价制度透明度很高。具体地说，NASDAQ 是通过保证投资者下单可以获得最合理的股价来实现的。

根据美国法律和证券交易委员会（SEC）及全国证券做市商协会（NASD）的有关规定，做市商必须做到：（1）坚持达到特定的记录保存和财务责任的标准。（2）不间断地主持买、卖两方面的市场，并在最佳价格时按限额规定执行指令；不能在不经允许的情况下退出（如果退出将被禁止交易该种证券 20 天）。（3）发布有效的买、卖两种报价，必须以最佳的价位交割每一个订单。（4）在交易完成后的 90 秒内报告有关交易情况，以便向公众公布。（5）必须先建立一个股票选择委员会，其中包括研究、交易和销售三方面的代表。（6）必须是全美证券商协会的会员。（7）必须满足一定的资本量水平（这取决于它所交易的证券种类和数量）。

纳斯达克市场要求每只股票至少有 2 家做市商，但对做市商数量没有上限要求。纳斯达克的一些大的上市公司股票有 60 多家做市商。按照规定，凡在 NAS-DAQ 市场上市的公司股票，最少要有 2 家以上的做市商为其股票报价；一些规模较大、交易较为活跃的股票的做市商往往达到 40～45 家；平均而言，NAS-

DAQ 市场每一种证券有 12 家做市商。多家做市商必然带来市场的竞争，做市商制度有利于推动市场资金的流动性。在一笔交易成交后 90 秒内，每家做市商通过计算机终端网络向全国证券做市商协会当局报出某一股票有效的买入价、卖出价和已完成交易的成交情况，买卖数量和价格的交易信息随即转发到世界各地的计算机屏幕，通过相互竞争的方式来吸引投资者。NSADAQ 证券市场的证券价格正是通过众多竞争者在市场上进行这种高透明度的激烈竞争来确定的。正是众多的做市商相互之间的激烈竞争方式，才使 NASDAQ 市场的交易不同于传统的证券交易所的单一庄家制度。各做市商之间公开的，并且在计算机网络屏幕上显示出来的报价竞争，是纳斯达克股票市场的一大特色。

NASDAQ 独特的做市商制度使得在该市场上市的股票具有极强的流动性：做市商通过为其做市的股票进行即时和连续交易提供巨额资金支持来增强市场流动性，而不像其他股票市场通过吸引更多买入单和卖出单来提高市场流动性。NASDAQ 市场上各种不同规模的上市公司股票的流动性都要比 NYSE 高，在NASDAQ 市场挂牌交易的大公司，其股票流动性是 NYSE 大公司的 2.5 倍。做市商的参与保证了上市公司股价的稳定，在 NASDAQ 市场，导致股价波动 1% 所需资金要比 NYSE 大得多，前者大约需要动用 4 000 万美元，而后者仅需动用 2 500万美元左右就能造成股价波动 1%。

在 NASDAQ 做市商制度下，买卖双方无须等待对方的出现，只要有做市商出面承担另一方的责任，交易便算完成。这对于市值较低、交易次数较少的证券尤为重要。以前，NSADAQ 是一个由"报价导向"的股票市场。1997 年，NAS-DAQ 执行 SEC 交易指令执行规则，允许客户限制被做市商和电子交易网（EC-Ns）发布的交易指令，使 NASDAQ 具有"报价导向"市场和"交易指令导向"市场的混合特征。为确保每只股票在任何时候都有活跃交投，每个做市商都承担所需资金，以随时应付任何买卖。许多做市商向投资者提供全方位的服务，包括所交易股票的研究报告、通过零售网寻找交易方和机构投资者，并且向投资者提供建议。

从市场运作的基本流程看，NASDAQ 市场上的做市商先从经纪人手中买下委托，然后采用电子报价的方式将各只股票的买入卖出通过设在美国各地的 2 万多个终端输送给做市商，最后达成交易。这种交易制度给予了经纪人和做市商极大的动力。如果一个券商研究某只股票，然后说服客户去交易这只股票，则券商取得经纪费。但如果这是一只 NASDAQ 股票，经纪人可以将交易单送给与之有关的做市商来实施交易，从中有可能取得买卖价差。有时，这种价差收益要比经纪费高出许多。因此，经纪人交易 NASDAQ 股票会取得比交易其他市场的股票高出很多的收益。高收益刺激了经纪人和做市商去为 NASDAQ 股票争取交易量。他们的研究和促销活动让大量投资者认识并交易 NASDAQ 股票，从而增加了股票的流动性。

由于实行做市商制度，NASDAQ 市场与纽约市场相比，交易成本相对较高，但是，中小企业的股票和高科技股的流动性较差的特点，决定了这种制度是适应其发展要求的。NASDAQ 市场的成功是包括做市商在内的多种制度综合作用的结果，它培育了大批高科技企业，这些企业反过来又促进了市场的繁荣和发展。

四、投资银行在二级市场开展做市业务的目的

（一）通过买卖价差获取利润

做市商对其所做市的股票一般报出一个买入价和一个卖出价，卖出价总是要高出买入价。如果报价定位准确，做市商不断买入和卖出手中股票，在保持流动性的同时，手中的头寸也保持相对稳定，从而赚取价差收入。价差的高低取决于其所做市的股票的股性和竞争性。如果该种股票交易活跃，成交量大，就会有多家做市商参与竞争。为使自己的报价更具竞争力，做市商只能减少买卖价差，尽量低报卖出价，高报买入价，这使大部分热门股的买卖价差极小。而一些冷门股的买卖价差通常只有一两个做市商参与，竞争性差，价差有时可达股价的几成。

（二）帮助投资银行开展一级市场业务

一家投资银行通常同时兼任发行公司的承销商和做市商。因为大部分的发行公司都希望自己的股票在二级市场上市后具有较好的流通性和走势，所以希望与愿意托市的金融机构合作。投资银行为了拓展一级市场的承销业务，吸引客户，维系与发行公司的良好关系，往往愿意为其所承销的股票做市。做市商至少要在股票上市初期保持股价的稳定，直到一段时间后有新的做市商介入才会退出。因此，投资银行的做市业务与承销业务是相辅相成的关系，做市业务能力高超与否关系到投资银行在行业中的地位。另外，投资银行希望在做市业务中积累定价经验，锻炼定价技巧。无论是一级市场的承销发行，还是二级市场的托市（买卖流通），要求投资银行具有娴熟的定价技巧，而长期涉足二级市场有助于提高这方面的业务能力，所以美国各大投资银行都对做市业务相当重视，并通过它来推动一级市场业务的拓展。

第四节 自营交易业务

一、自营交易业务的概念

自营交易业务是指在证券二级市场中，投资银行通过自己的账户，用自有或自筹资金进行证券交易，并期望从价格水平变动中获利的业务。自营交易中的投资银行称做交易商（trader），它不同于经纪商（broker）和做市商（dealer）。因为交易商是通过持有某种股票的头寸的持仓行为来获取利润，而后者是通过为客户提供交易服务而获取买卖价差和佣金收入。

二、自营投资原则

证券投资是一项很复杂的工作，为了有效地进行投资，就应遵循如下几条原则：

1. 效益和风险最佳组合原则。在证券投资活动中，收益和风险犹如影随其形，是一对相伴而生的矛盾。这就要求证券投资者，如果是在风险已定的条件下，应尽可能地使投资收益最优化；或者是在收益已定的条件下，尽量使风险减少到最低限度。这两种选择是证券投资的基本原则。这一原则要求投资者根据自己的资金实力和要达到的收益目标，正确估计自己承担风险的能力，即使效益和风险组合最佳化，也要求投资者在买卖证券过程中，尽力保护本金，增加收益，减少损失。

2. 分散投资原则。分散投资是将投资资金适时地按不同比例投资于若干种类不同风险程度的证券，建立合理的资产组合，将投资风险降低到最小限度。证券投资分散化，虽不能消除风险，但却能使风险减小到最低水平。

坚持分散投资原则，一般包括两个方面的内容：一是对各种证券进行投资。如果仅投资于一种证券，其收益可能是高或低，甚至于还要亏本，这样风险是很大的。二是在对各种证券进行投资时，应认真把握投资方向，将投资分为进攻性部分和防御性部分。前者主要指股票，后者主要指债券。

3. 理智投资原则。理智投资就是建立在对证券的客观认识上，经过认真分析比较后再采取行动。它具有客观性、周密性和可控制性等特点。坚持理智投资的原则，就是指投资者在进行证券投资时应该冷静而慎重，并善于控制自己的情绪，不要轻信有关传言和不可靠消息，对各种证券要加以细心的比较，最后才作出投资决策。否则，在情绪冲动下进行投资，是最容易导致失败的。

三、自营交易策略

为了避免损失，投资银行必须制定自营交易策略。投资银行可以采取多种策略，从一种或多种证券的持仓中获取收益。这些策略有无风险套利、风险套利和投机。

（一）无风险套利

无风险套利是指交易商在两个或两个以上不同的市场中，以不同的价格进行同一种或同一组证券的交易，利用市场价格的差异获利。不同的市场包括国内不同的交易市场或国际上不同的交易市场，如美国有些公司的普通股在国内多个证券市场上进行交易，一些跨国公司的普通股在一个或多个国家的证券交易所挂牌交易。这些在不同的市场上交易的证券如果有价格差异，就可能在扣除交易成本的基础上通过同时在不同交易市场上的贱买贵卖来锁定收益。这种形式的套利活动是完全无风险的，因此，无风险套利活动的不断进行必然使不同市场上的同一证券价格趋于一致，因此，这种无风险套利的机会是非常短暂、稍纵即逝的。交易者只有具备敏锐的市场感觉，十分熟悉并随时掌握市场变化，才能抓住这种市场机会。然而，有时还会出现另一种情况，即一组证券组合起来与另一种证券的支付情况相同，但价格不同，对这种情形的发现和机会的把握也可实现无风险套利。举例说明如下。

假如存在三种证券 A、B、C，其当前价格及一年后可能且只可能出现的两种情况（情况 1 和情况 2）分别为表 4-1 所列。

表 4-1　　　　　　　　　　证券价格可能变动情况　　　　　　　单位：元

证券	当前价格	情况 1	情况 2
A	70	50	100
B	60	30	120
C	80	38	112

为实现无风险套利，我们构造一个包含 A、B 两种证券的组合，使得不论情况 1 或情况 2 发生，组合的价值均与 C 证券相同。假设组合中 A、B 的权重分别为 W_A 和 W_B，则

情况 1：$50W_A + 30W_B = 38$

情况 2：$100W_A + 120W_B = 112$

将上述两式联立并解方程组得 $W_A = 0.4$，$W_B = 0.6$，也就是说，A、B 证券各占 40% 和 60% 的投资组合与 C 证券价值相同，而就当前价格而言，此组合的价格为 $0.4 \times 70 + 0.6 \times 60 = 64$（元），C 证券的价格为 80 元。因此，可通过买入此组合，卖空证券 C 锁定 16 元的利润。

（二）风险套利

风险套利与证券市场上的并购与重组活动有关。它有两种类型，一种是对处于破产程序期间的公司证券套利，另一种是并购事件公告后的套利。

1. 对债务重整公司的风险套利。处于破产程序期间的公司通常要进行债务重整，以避免最终破产。假如某公司由于债务重整而在市场上出售短期债券，价格为 100 美元，而投资银行认为债务重整的结果会是公司以价值 150 美元的债券来换取现有债券，因此买入该债券。如果兑换行为发生，投资银行可获取 50 美元的利差收益。此种风险套利的风险在于兑换行为并未如期发生和换取的债券价值不及投资银行所预期的价值。

2. 对并购公司的风险套利。某些公司的兼并收购通常涉及现金交换、证券交换或二者的组合。首先考察现金交换的情形。早期的收购兼并一般是通过现金交易的方式来进行的，即收购公司用现金来购买被收购公司的股权。假如 A 公司宣布计划以每股 100 美元的价格收购 B 公司的股权，此时 B 公司的股价为 60 美元，消息公布后其价格可能飞涨至 90 美元，其中的差额 10 美元是市场对收购计划不被实施的可能性的预估。如果投资银行确信此项收购计划会如期实施，那么就可以以 90 美元的价格买入 B 公司普通股，从而锁定 10 美元的利差。但其风险在于，如果收购计划未被实施，那么 B 公司股票的价格可能大幅下挫。

典型的案例是 20 世纪 80 年代末美国航空公司的并购。1989 年 9 月，一个由飞行员和管理人员组成的集团提出以每股 300 美元的价格收购美国航空公司的股票，美航董事会批准了这一要求，期间美航股价飙升至 296 美元，但买方却拿不出足够的现金来完成交易，因此，当 10 月中旬消息确证后，股价数天内下跌 50%。1990 年美航工会又提出以每股 201 美元的价格收购美航股票，但又一次因资金无法到位而导致收购流产，从而再次引发股价大幅下跌。据估计，这些失败的收购使风险套利蒙受了 10 亿美元以上的损失。

美国 20 世纪 60 年代以来的并购大多是通过股票交换的方式（即以股换股的方式）来进行的。股票的交换通常按一定比例进行，这种交换条件常常不会迅速反映到股票价格上。假如 A 公司计划收购 B 公司，并宣布用一股本公司的股票换取 B 公司股票两股，当时 A 公司股价为 100 美元，B 公司股价为 43 美元。

如果并购计划实现，以 43 美元购入 B 公司股票的投资银行可以获得每股 7 美元的利益。这一利差包含以下风险；第一，收购计划因各种原因可能无法如期实施，但又不得不出售 B 公司的股票，因此可能产生损失。第二，从购买 B 公司的股票到收购计划实施的过程所产生的购买股票资金的融资成本。第三，因交换而可能导致 A 公司股票价格下跌。

防范第三项风险的措施是在买入 B 公司股票的同时卖空 A 公司的股票，卖空数量依交换条件而定，如在上例中，可在每购买 2 股 B 公司股票的同时卖空 1 股 A 公司的股票。这样可把收益锁定在每股 7 美元（按 B 公司股票计）。

但是第一项风险即交易不能完成的风险依然存在。回避这一风险的关键是要研究收购和兼并成功的可能性。通过非法手段获取并购的非公开信息当然可以提高风险套利的胜算，但为各国的法律所不容，也与证券市场公开、公平、公正的原则相违背，因而不宜提倡。因此，美国的投资银行一般是在收购意向公开之后才开始进行风险套利活动，以避免指责和嫌疑，尽管其在充当收购和反收购顾问的过程中常会有各种内幕消息，会影响公司的股价。

总的来看，风险套利与无风险套利相比，套利的基础是股价因消息而引起的变动，其风险主要在于消息的最终可兑现性。

（三）投机

投机交易是指交易商利用特定的价格变动预期而获得价差收益的活动。如果预期股价将上升，一般就会买入该股票，待股价上涨后抛出；如果预期股价将下跌，就要卖出甚至卖空股票，待价格回落后再在低位回补，以获得价差收益。在杠杆比率较高的情况下，如果预期正确，收益将十分可观。

任何证券市场都不排斥适度的投机活动，相反，适度的投机活动是证券市场的润滑剂。首先，投机对证券市场发挥价格发现的作用。事实上，由于预期过度的存在，证券市场对一些证券的定价经常与它的价值不符。投资银行对这些证券的投机操作，不仅有助于这些证券的定价向其价值回归，而且在这一过程中获取相应的利益。其次，投机具有活跃市场、引导市场资源有效配置的功能。

投资银行的投机活动不能基于碰巧，也不能基于赌博。投资银行在采取投机策略之前，要进行周密的技术分析和基本分析，以尽可能降低风险。投资银行也不是去操纵市场。操纵市场是凭借资金和信息等方面的优势去控制股价的变化，以损害他人利益来获取利润。投资银行必须依靠正确的判断和预测进行其投机活动并获利。

【案例】

美林公司

美林公司成立于1914年，它的宗旨是让所有的人都能够进入金融市场，所以它被人们称为将"华尔街"（Wall Street）带入主街（Main Street）的证券公司。美林公司主要有两大业务部分，即财富管理集团和公司机构客户集团。财富管理集团的业务主要有两大类：经纪与借贷业务（包括代理客户进行证券交易、抵押借款等）以及资产管理和组合服务。公司机构客户集团的业务主要包括交易、承销与战略服务。美林公司财富管理中心拥有几百万个人投资者和中小规模企业。

通过遍及全美国大约75个办事处的14 000多名金融顾问，美林公司提供品种最齐全的金融产品与服务、有效的投资建议和执行能力。美林公司致力于将自己打造成一个提供"一站式"金融服务的经纪公司，客户可以根据他们的愿望选择满意的产品与服务。美林公司的产品与服务是根据客户的要求来设计的，包括从客户完全自助到经纪公司完全代理的一系列选择。客户可以根据自己的需要与喜好选择一种或几种投资账户。以下是用图形表示的美林公司的产品与服务。

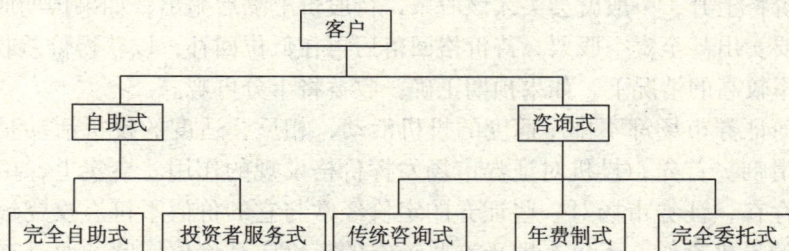

图4-4 美林公司的产品与服务

完全自助式产品适合于希望完全自主决定投资组合的投资者。他们不需要投资顾问的帮助，自己在网上完成交易。这种产品的手续费为每笔交易29.95美元。客户可以获得美林享誉世界的投资分析报告和其他的信息，还可以享受美林公司提供的其他服务，如现金管理账户、网上商城、票据支付等。

在自助式产品中的另一种产品是投资者服务式产品。通过免费电话，投资者可以在任何时间向美林公司的一位业务代表进行咨询。美林公司的业务代表是经过注册的、受过专业训练的业务人员，他们领取工资，而不收取佣金。这些业务代表也会定期主动与客户联系，为客户的需要提供服务。虽然投资者服务式产品在 1997 年推出时是面向账户资产在 10 万美元以下的客户的，但实践表明许多拥有更多资产的客户也选择了这种产品。投资者服务式产品客户可以选择按资产额的一定比率缴费或按业务笔数缴费。

当客户选择由美林公司提供咨询时，可以有几种不同的选择。传统的咨询方式是客户根据一定的收费标准在每次咨询时付费，另外再缴纳每年 100 美元的年费。客户还可以享受其他的服务，包括现金管理账户、支票服务、信用卡服务等。美林公司大概一半的客户都选择了这种产品。

年费制式产品的客户由一个投资顾问提供服务，可以通过电话、面对面或在网上进行不限次数的交易，以及其他一些服务，包括现金管理账户、支票服务、信用卡服务等。客户可以在投资顾问处咨询后进行交易，也可以自行通过电话或在网上进行交易。客户需要按账户资产的一定比率支付年费，年费最少为 1 500 美元。

如果客户不想介入投资过程，他可以选择完全委托式产品，将投资完全委托给美林公司的某个资金经理或指定的金融顾问。美林公司有几百个专业资金经理为客户提供资产管理服务。客户可以得到按自身情况定制的投资规划。

为了避免限制客户的选择，美林公司的客户可以选择一个以上的投资账户。客户可以将一部分资金放在自助账户，把另一部分资金放在咨询式账户。他们还可以选择投资顾问是否可以查询他们的自助账户。

美林在 20 世纪 90 年代的大部分战略是建立在公司 80 年代的一份远景规划白皮书的基础上。在这份白皮书中阐述了"全面服务于重点客户"的重要性问题："我们所有的研究都指向了一个这样的战略，细分我们的客户，确定我们的目标客户，然后与关键客户发展更加广阔与坚实的联系。很明显，对于美林公司来说具有最大回报的发展模式并不是随机地发展我们的客户基础。实际上，最具有发展潜力的模式在于我们要确定并满足现在与将来都有实力的个人客户及小企业的金融需求。这样，我们的目标就要变成'全面服务于重点客户'。将这些客户吸引到美林的关键在于为他们的金融问题提供综合的、有创造性的解决方案。我们必须将像现金管理账户这样的产品打包，提供给客户以提供每日的、便捷的、真正有价值的金融计划与咨询。客户与金融咨询师的关系是最核心问题，也是我们努力的重点。"

金融工程师与客户一起管理他们的资产。美林公司 1977 年创造性地面向个人客户推出的现金管理账户（Cash Management Account，CMA）以及面向企业客户推出的流动资金管理账户是为客户提供各种服务的重要工具，包括在全世界范围内的金融市场交易股票、债券和其他证券。拥有现金管理账户的客户可以存入现金，开出支票，并获得高于银行存款利率的货币市场基金利率。客户同时还可以获得美林公司的投资研究报告以及各种各样的投资建议。

美林公司的金融咨询师被认为是行业中最好的。一个金融咨询师最初两年的工作主要是接受培训以及为客户的投资进行初步规划。在这一阶段，公司支付给他们工资。两年以后，金融咨询师的收入就要使用一个复杂的计算方法来确定，包括传统的交易活动、客户资产和现金余额。金融工程师的收入大约有65%来自经纪佣金，25%来自资产管理与资产增长，剩下的来自对目标市场计划的执行情况。当客户选择美林公司帮助其进行资产管理时，金融工程师会指导客户填写一份详细的调查问卷，然后将调查问卷传递到美林公司集中办公的金融计划资源中心。之后，一份详细的研究报告会被交到金融工程师的手上。金融工程师这时就可以当面向客户解释研究报告的内容，指导客户的储蓄、投资、保险、房地产投资以及其他的金融事务。美林公司的金融工程师被认为是非常有开拓精神的，他们通过邮寄、讲座、客户推荐、电话等方式开展业务。投资银行经纪人的年薪一般为100 000～175 000美元，但美林公司的经纪人的平均收入要高许多，大约每年有300 000美元，一些人的年收入会超过100万美元。美林公司充分认识到金融咨询师与客户之间关系的价值，给予资深咨询师一定的产品定价权。例如，金融咨询师可以给予客户交易佣金一半的折扣。

美林公司积极通过对高新技术的使用来加强对客户的服务。全球咨询师系统为金融咨询师提供了一个信息平台，使他们可以查询到客户的资产和网上交易情况，以便更好地为客户提供投资咨询。

美林公司还为客户的负债管理需求提供服务。通过美林信贷公司（Merrill Lynch Credit Corporation，MLCC），金融咨询师为客户提供一系列信贷服务，包括住宅抵押贷款、证券抵押贷款、商业房产融资等。

【本章小结】

证券经纪商业务（简称经纪业务）是投资银行二级市场业务中的重要组成部分。它是指投资银行作为证券买卖双方的经纪人，按照客户的委托指令在证券交易场所买入或卖出证券的业务。其最大特点是投资银行无须动用自有资金且不承担任何投资风险，只需按投资者的指令进行交易，并按交易金额收取一定量的手续费。通过开展经纪业务，除可获取一定的收益外，投资银行还可以与众多的客户投资者建立起广泛的联系，从而为其他业务的开展提供条件。

自营业务是指专营自营业务或兼营自营和经纪业务的投资银行以自主支配的资金或证券直接参与证券交易活动，并承担证券交易风险的一项业务，包括做市商业务和自营交易业务两种类型。

【主要名词】

证券经纪人 account executive　　金融顾问 financial consultants

投资顾问 investment advisors　　交易商 trader

经纪商 broker　　做市商 dealer

【本章自测题】

1. 简述投资银行经纪业务的操作原则。
2. 简述投资银行经纪业务的操作程序。
3. 简述投资银行自营业务的操作特点和操作原则。
4. 解释做市商的概念，比较报价驱动制度与竞价驱动制度异同。
5. 理解自营交易的原则。
6. 分析自营交易的策略。

第五章

基金管理业务

【学习目标】通过本章的学习，首先应该理解投资基金的定义和投资基金的特征；其次应了解投资基金的不同种类，其中重点掌握封闭式基金和开放式基金、公司型基金和契约型基金的概念及其相互间的区别；再次应理解投资基金的当事人及其在基金运作中的职责，当事人之间的关系；最后应掌握投资基金的发起与设立，发行与交易，投资管理的目标、政策、绩效评价等内容。

基金管理是资本市场业务中的一个重要组成部分，它扩大了投资银行可以向客户提供的服务和产品的名单，并越来越成为投资银行业务中不可分割的一部分。由于投资银行拥有高水平的金融专业人才、迅捷的信息渠道、先进的技术、丰富的经验和广泛的金融业务网络，从而具有在开展基金业务方面的能力和优势。它既可以兼任基金的发起人和管理人，也可以接受基金发起人的委托进行基金管理，有时还可担任基金发行的承销商。

第一节　投资基金概述

一、投资基金的概念

投资基金是专门为众多的中小投资者设计的一种间接投资工具，是指根据预定投资方向，通过发售基金份额（基金单位）募集资金形成独立财产，由基金管理人管理、基金托管人托管、基金持有人按其份额享受收益和承担风险的集合投资方式。根据基金投资对象不同的流动性，投资基金又可分为证券投资基金和产业投资基金。证券投资基金是指以各类证券为主要投资对象的投资基金，而产业投资基金则是指以非上市股权为主要投资对象的投资基金。

有时候，证券投资基金也被简称为投资基金甚至基金，本章所说的基金就是专指证券投资基金。那么，本章给证券投资基金下的定义就是：证券投资基金是指通过发售基金单位集中投资者的资金形成独立财产，由基金管理人管理、基金托管人托管、基金持有人按其所持份额享受收益和承担风险的集合投资方式。总的来说，它是一种利益共享、风险共担的集合投资制度。

二、投资基金的特征

1. 共同投资。即为了共同的投资目标和利益要求，不确定的多数的投资者按照一定的基金组织形式，将各自的小额资金汇集起来，形成具有规模经济优势的投资体——投资基金。

2. 专业理财。投资基金募集成功后，必须委托给具有丰富投资知识和经验的专业投资机构管理和运用，投资者本身并不直接负责管理。专业投资机构凭借其专业知识、投资技能和信息收集与分析的优势，可以确保投资者获得较高的投资回报。

3. 分散化投资。基金的投资具有一定的风险，基金的经营管理者可以运用组合投资原理对基金作分散化投资，形成多样化的资产组合，有效降低非系统性风险。这一特点也是投资基金的一大优点。它克服了中小投资者受有限资金的制约难以实现投资组合多样化的不足，使投资者在承担较低投资风险的同时获得较稳定的收益。

4. 共享收益，共担风险。由基金投资者按出资比例享有基金资产组合的投资收益，并按照出资比例承担投资风险。基金管理人不承担经营风险，它的责任在于保证基金资产的安全运营和价值增值；也不参与收益的分配，只收取必要的管理费用和适当比例的超额经营利润奖励。

上述投资基金的特征，也反映了投资基金的主要优点。这使得投资基金成为对中小投资者富有吸引力的一种投资捷径。事实上，在发达国家（如美国），机构投资者也把投资基金作为投资选择的一个重要渠道，在投资基金的资产总额中，来自机构投资者所占的份额正日益增加。

三、投资基金的产生与发展

基金的出现与世界经济的发展有着密切的关系。基金起源于英国，它是在英国社会经济发展的全盛时期产生的。1868 年在英国成立的"海外及殖民地政府信托"被认为是世界上首家公众投资信托基金，它以投资于国外殖民地的公司债为主，其类型属于封闭式基金。投资基金虽然发源于英国，却在美国蓬勃发展起来。1921 年 4 月，美国组建了国内第一个共同基金组织——"美国国际证券信托基金"，在稍后的 1924 年 "马萨诸塞投资信托基金" 的成立被认为是真正具有现代面貌的投资基金，同时它也是世界上第一个公司型开放式投资基金。

第二次世界大战之后，各发达国家的政府更加明确地认识到投资基金业的重要性以及它对稳定金融及证券市场所起的作用，从而大大提高了对投资基金业的重视程度。20 世纪 80 年代初之后，基金的投资者结构也在发生深刻的变化。随着银行、其他信托机构、养老基金、保险公司等机构投资者资金的介入，过去以中小投资者为主的投资者结构开始出现机构化的趋向。目前，世界基金市场主要集中在美国、欧盟和以日本为代表的亚太地区。美国的基金市场是全球最大的基金市场。从投资基金的规模来看，经济越发达的国家和地区，投资基金的绝对规模越大。

我国基金业务起源于 20 世纪 80 年代中后期。而 1997 年 11 月 14 日，《证券投资基金管理暂行办法》的出台标志着中国基金业迎来了一个规范发展的新时期。2000 年《开放式证券投资基金试点办法》出台，之后开放式基金日益成为我国证券投资基金市场的主流。随着 2004 年 6 月 1 日《证券投资基金法》的正式实施，我国基金业又将进入一个全新的发展阶段。

第二节　投资基金的分类

一、契约型基金和公司型基金

按照投资基金的组织形态不同，可以把投资基金分为契约型基金和公司型基金。这是投资基金最基本的分类，也是投资基金最主要的特征。

（一）契约型基金

契约型基金，又称信托型基金，是依据一定的信托契约而组织起来的代理投资行为。它是由委托人、受托人和受益人三方订立信托投资契约，由基金管理公司（委托人）负责发起组织基金并按照契约运用信托财产进行投资；由基金保管机构（受托人）如信托公司或银行等按照契约负责保管信托财产和相关的会计核算等事宜；由受益凭证持有人也就是一般投资者（受益人）按照契约享有投资收益。契约型基金筹集资金的方式一般是发行基金受益券或者基金单位，这是一种有价证券，表明投资者对基金资产的所有权，凭其所有权参与投资权益分配。它是历史最为悠久的一种基金，亚洲国家和地区如日本和我国的香港、台湾多是契约型基金。

（二）公司型基金

公司型基金是具有共同投资目标的投资者依据公司法组成以盈利为目的、投资于特定对象的股份制投资公司。这种基金通过发行股份的方式筹集资金，是具有法人资格的经济实体。基金持有人既是基金投资者又是公司股东，按照公司章程的规定，享受权利、履行义务。公司型基金成立后，通常委托特定的基金管理公司运用基金资产进行投资并管理基金资产，基金资产的保管则委托另一个金融机构，该机构的主要职责是保管基金资产并执行资金管理人指令，二者权责分明。基金资产独立于基金管理人和托管人的资产之外，即使受托的金融保管机构破产，受托保管的基金资产也不在清算之列。美国的基金多为公司型基金。

公司型基金的特点是：基金公司的设立程序类似于一般股份公司，基金公司本身依法注册为法人，但不同于一般股份公司的是，它是委托专业的财务顾问或管理公司来经营与管理；基金公司的组织结构也与一般股份公司类似，设有董事会和持有人大会，基金资产由公司所有，投资者则是这家公司的股东，承担风险并通过股东大会行使权利。

（三）契约型基金与公司型基金的区别

1. 资金的性质不同。契约型基金的资金是通过发行受益凭证筹集起来的信托财产；公司型基金的资金是通过发行普通股股票筹集起来的，为公司法人的资本。

2. 投资者的地位不同。契约型基金的投资者购买受益凭证后成为基金契约的当事人之一，即受益人，无表决权；公司型基金的投资者购买基金的股票后成为该公司的股东，享有表决权。因此，契约型基金的投资者没有管理基金资产的权利，而公司型基金的股东通过股东大会享有管理基金公司的权利。

3. 基金的营运依据不同。契约型基金依据基金契约营运基金；公司型基金依据基金公司章程营运基金。

由此可见，契约型基金和公司型基金在法律依据、组织形态以及有关当事人扮演角色上是不同的。但对投资者来说，投资于公司型基金和契约型基金并无多大区别，它们的投资方式都是把投资者的资金集中起来，按照基金设立时所规定的投资目标和策略，将基金资产分散投资于众多的金融产品上，获取收益后再分配给投资者。

二、封闭式基金和开放式基金

按投资基金是否可赎回或基金规模是否固定，可以将投资基金分为封闭式基金和开放式基金。

（一）封闭式基金

封闭式基金是指事先确定发行总额和存续期限，在存续期内基金单位总数不变，基金上市后投资者可以通过证券市场买卖的一种基金类型。投资者无论是想购买或是想赎回基金，都不能向基金公司提出要求，只能通过证券经纪人或证券公司在证券交易所里进行买卖。

（二）开放式基金

开放式基金是指基金发行总额不固定，基金单位总数随时增减，没有固定的存续期限，投资者可以按基金的报价在规定的营业场所申购或赎回基金单位的一种基金类型。这里所说的"规定的营业场所"是指商业银行、基金管理公司、证券公司等。但随着经济的加速发展，还会有更多的机构来分这个蛋糕，来动这个奶酪。

（三）封闭式基金与开放式基金的区别

1. 期限不同。封闭式基金有固定的存续期限，通常在 5 年以上，一般为 10 年和 15 年，经持有人大会通过并经主管机关同意，可以适当延长期限。而开放式基金则没有固定期限，投资者可随时向基金管理人赎回基金单位。

2. 发行规模限制不同。封闭式基金在招募说明书中列明其基金规模，在存续期限内未经法定程序认可，不能再增加发行。开放式基金则没有规模限制，投资者可随时提出认购或赎回申请，从而基金规模也就随之增加或减少。

3. 基金单位的交易方式不同。封闭式基金的基金单位在存续期限内不能赎回，持有人只能寻求在证券交易场所出售给第三者。开放式基金的投资者则可以在首次发行结束一段时间（一般为 3 个月）后，随时向基金管理人或中介机构提出购买或赎回申请，买卖方式灵活，除极少数开放式基金在交易所作名义上市外，通常不上市交易。

4. 基金单位交易价格的计算标准不同。封闭式基金与开放式基金的基金单位除了首次发行价都是按面值加一定百分比的销售费计算外，以后的交易计价方式就不同了。封闭式基金的买卖价格受市场供求关系的影响，常出现溢价或折价现象，并不必然反映基金的净资产值。开放式基金的交易价格则取决于基金每单位净资产值的大小，其申购价一般是基金单位净资产值加一定的申购费，赎回价是基金单位净资产值减一定的赎回费，均不直接受市场供求的影响。

5. 基金买卖费用的缴纳方式不同。投资者在买卖封闭式基金时与买卖股票一样，也要在价格之外付出一定比例的证券交易税和手续费。而开放式基金的投资者所需缴纳的相关费用（如首次认购费、赎回费）则包含于基金价格之中。

6. 基金的投资策略不同。由于封闭式基金不能随时被赎回，其募集得到的资金可全部用于投资，因此基金管理公司便可制定长期的投资策略，取得长期经营绩效。而开放式基金则必须保留一部分现金，以便投资者随时赎回，而不能全部用于长期投资，它一般投资于变现能力强的资产。

三、股票基金、债券基金、货币市场基金和衍生证券投资基金

按投资对象或投资标的的不同，基金可以分为股票基金、债券基金、货币市场基金和衍生证券投资基金。

（一）股票基金

股票基金是指专门投资于股票或者说基金资金的大部分投资于股票的基金。股票基金在各类基金中历史最为悠久，也是各国广泛采用的一种基金类型。股票基金主要持有各种普通股，有时也持有优先股或可转换债券，其投资目标是追求资本利得和长期资本增值。股票基金的最大特点是具有良好的增值能力。股票基金根据投资对象的差异，又可分为普通股票基金和优先股票基金、一般普通股票基金和专门普通股票基金等。股票基金在基金市场中占有优势地位，主要原因是，在各类金融市场中，股票市场规模最大，流动性较强，不同股票所代表的企业差别也大，这为基金操作或基金产品设计提供了良好的条件。

（二）债券基金

债券基金是基金市场的重要组成部分，其规模仅次于股票基金。它是将资产的全部或大部分投资于收益稳定的各类债券上的基金，是投资银行为稳健型投资者设计的，具有风险小、收益稳定的特点。但是与股票基金相比，它缺乏资本增值的能力，因此更适合于那些追求比较稳定收入的投资者。所以，债券基金多适合于想获得稳定收入的投资者。在国际市场上，债券基金是保险公司、养老基金等重要的投资工具。

（三）货币市场基金

货币市场基金是主要以货币市场（1 年期以内的短期金融产品交易市场）上那些具有较高流动性的有价证券，如国库券、大额可转让定期存单、商业票据、承兑汇票、银行同业拆借以及回购协议等为投资对象的证券投资基金。这类基金的主要特点：一是该类基金以货币市场的流动性较强的短期融资工具为投资对象，具有一定的流动性和安全性。二是该类基金的价格比较稳定，投资成本、投资收益一般高于银行存款。该类基金与银行等金融机构的各种现金投资工具相比，其收益率较高而风险较低。另外，该类基金一般没有固定的存续期限。华安基金管理公司推出的"华安现金富利投资基金"是我国的首只货币市场基金。

（四）衍生证券投资基金

衍生证券投资基金是指一种以各类金融衍生工具为投资对象的基金类型。这种基金的风险非常之大，其原因是金融衍生工具一般是高风险、杠杆作用非常明显的投资品种。这类基金包括期货基金、期权基金及认股权证基金等。

四、成长型基金、收入型基金、平衡型基金

根据投资风格或风险与收益的不同，投资基金可以分为成长型基金、收入型基金、平衡型基金。

（一）成长型基金

成长型基金是指把追求资金的长期成长作为其投资目的的投资基金。

这类基金注重资本的长期增值，投资对象主要集中于成长性较好、有长期增值潜力的企业。成长型基金追求资本的增值，但并不追求资本在短期内的最大增值，而是要使基金资产持续长期增长。具体表现在二级市场，成长型基金经理一般认同这样的理念：基金投资组合中持有的股票在可以预测的较长一段时间内的预期价格上涨幅度应当大于同期股价综合指数上涨幅度，尽管基金为执行成长型证券投资组合需要承担较高的风险，但从长期来看这只不过是跑赢大势所必须付出的代价。

（二）收入型基金

收入型基金是指以能为投资者带来高水平的当期收入为目的的投资基金。

这类基金以获取当期的最大收入为目的，主要投资于可带来稳定现金收入的有价证券，收入型基金并不强调长期资本利得，其投资组合中主要包括利息较高的债券、股息固定的优先股（也可包括股利相对稳定的一些普通股）以及某些货币市场工具，这些品种共同的特征是收益率（利率）稳定，但长期增长的潜力较小，而且当市场利率水平发生波动时，固定收益证券的价格容易大幅震荡，基金净值会因此受到影响，可见，执行收入型证券投资组合同样需要承担风险。

（三）平衡型基金

平衡型基金是指以支付当期收入和追求资金的长期成长为目的的投资基金。

这类基金是以既要获得当期收入，又追求基金资产长期增值为投资目标，把资金分散投资于股票和债券，以保证资金的安全性和盈利性的基金。平衡型基金的投资策略是将资产分别投资于两种不同特性的证券上，在以取得收入为目的的债券及优先股和以资本增值为目的的普通股之间进行平衡（在实际中，这种基金一般将25%～50%的资产投资于债券及优先股，其余的投资于普通股）。平衡型基金的风险比较低，但成长潜力一般不大。

此外，还有一些介于上述基金之间的证券投资基金类型，如积极成长型基金、成长收入型基金、固定收入型基金等。

五、私募基金和公募基金

按募集与流通方式的不同，投资基金分为私募基金和公募基金。

（一）私募基金

私募基金是指通过非公开的方式，面向特定的少数个人和机构投资者募集资金而设立并以证券为投资对象的投资基金。私募基金不得通过公开方式（如通过媒体披露信息）发售基金单位，只能以电话、信函、面谈等私下方式征询特定投资者。一般而言，各国的法律、法规都明确限定了私募基金持有人的最多人数和投资者的资格要求，以防止私募基金风险失控而给证券市场带来巨大的冲击。典型的私募证券投资基金就是对冲基金（hedge funds）。

（二）公募基金

公募基金是指以公开的发行方式，面向不特定的社会公众投资者募集资金并以证券为投资对象的投资基金。公募基金可以通过各种媒体披露发行信息，既不限制投资者资格，也不限制投资者人数。公募证券投资基金在世界各国金融市场有着不同称谓，美国称之为共同基金、互助基金或互惠基金，英国称之为单位信托基金，日本和中国台湾则称之为证券投资信托基金。

六、其他特殊形式的基金

投资基金还有其他分类标准，我们将对以下几种基金作简要介绍。

（一）指数基金

指数基金是指按照某种指数构成的标准，购买该指数包含的证券市场中的全部或者一部分证券的基金，其目的在于达到与该指数同样的收益水平。

例如，上证综合指数基金的目标在于获取与上海证券交易所综合指数一样的收益，上证综合指数基金就按照上证综合指数的构成和权重购买指数里的股票，相应地，上证综合指数基金的表现就会像上证综合指数一样波动。比如我国的第一只标准指数基金——天同180指数基金于2002年11月获准发行，于2003年3月成立，其投资对象就是上证180指数。

指数基金最突出的特点就是费用低廉和延迟纳税，这两方面都会对基金的收益产生很大影响，而且，这种优点将在一个较长的时期里表现得更为突出。此外，简化的投资组合还会使基金管理人不用频繁地接触经纪人，也不用选择股票或者确定市场时机进行买卖。

（二）伞形基金和基金中基金

伞形基金通常是在一个母基金之下再设立若干个子基金，基金的各个子基金独立进行投资决策，其最大特点是在基金内部可以为投资者提供多种投资选择，方便投资者转换基金以吸引投资者。

基金中基金是一种以其他基金证券为投资对象的投资基金，一般认为，这种基金形态通过双重的专业管理，使基金的投资风险进一步降低，因而是一种非常稳健的投资工具。但是，基金中基金的投资者要缴纳双重费用，即投资者在认购基金中基金时需要缴纳手续费，而基金中基金购买其他基金股份时也要缴纳手续费，因而基金的投资收益不会很高。

两类基金的不同之处在于：伞形基金不是基金，基金中基金是一种基金；另外，基金中基金是否转换基金由基金经理决定，而伞形基金则完全由投资者决定。

我国第一只具有伞形特征的证券投资基金——湘财合丰系列行业基金在经过34天的首发后，募集了263 012万元资金，于2003年3月25日宣告成立，总认购数达177 524户，创历史新高。湘财合丰系列基金分为成长类、周期类和稳定类三只行业类别子基金，此次认购额分别为102 163万元、62 714万元、98 135万元。

（三）保本基金

保本基金是一种半封闭式的基金品种，基金在一定的投资期（一般是3～5年，最长也可达10年）内为投资者提供一定比例的本金回报保证，此外，还通过其他一些高收益金融工具（股票、衍生证券等）的投资，为投资者提供额外回报。其本金保证主要通过两方面来实现：一方面是基金的投资本身采取以保本机制为基础的投资策略，以保证基金的资产净值在到期时保持在本金以上；另一方面由商业银行、保险公司等金融机构对基金产品进行担保，以保障投资者持有保本基金到期能够得到本金返还。保本基金的回报也包括两部分：一定比例的本金回报保证与额外的现金分红。一定比例的回报保证是固定回报，体现了保本的特征，同时也在一定程度上反映了保本基金的半封闭性——投资者只有持有基金份额到期才能获取基金所保证的回报。发达资本市场上保本基金的投资者大多采取的是零息债券＋金融衍生工具的策略，通过买入零息债券并持有到期来实现保本的目的，同时利用金融衍生工具的杠杆放大效应，为投资者提供获得除本金以外的超额收益的机会。目前我国南方基金管理公司推出的"南方保本增值基金"就属于保本基金的类型。

（四）LOF 和 ETF

1. LOF。LOF，英文全称是"Listed Open-Ended Fund"，汉语称为"上市型开放式基金"。也就是上市型开放式基金发行结束后，投资者既可以在指定网点申购与赎回基金份额，也可以在交易所买卖该基金。不过投资者如果是在指定网点申购的基金份额，想要上网抛出，须办理一定的转托管手续；同样，如果是在交易所网上买进的基金份额，想要在指定网点赎回，也要办理一定的转托管手续。

LOF 是对开放式基金交易方式的创新，与目前的开放式基金不同之处在于它增加了场内交易带来的交易灵活性，其存在的现实意义在于：一方面，LOF 为"封转开"提供技术手段。对于封闭转开放，LOF 是个继承了封闭式基金特点、能够增加投资者退出方式的良好解决方案，对于封闭式基金采取 LOF 完成封闭转开放，不仅是基金交易方式的合理转型，也可以实现开放式基金对封闭式基金的合理继承；另一方面，LOF 的场内交易减少了赎回压力。此外，LOF 还可以为基金公司增加销售渠道，缓解销售瓶颈带来的压力。

2. ETF。ETF 即"交易型开放式指数证券投资基金"（Exchange Traded Fund，ETF），简称"交易型开放式指数基金"，又称"交易所交易基金"。

ETF 是一种跟踪"标的指数"变化且既可以在交易所上市交易，又可以通过一级市场用一篮子证券进行创设和置换的基金品种。从理论上讲，尽管这种以一篮子股票交换为基础的纯被动式基金，因每只基金单位市值太大，在一级市场上只适合于实力雄厚的机构投资者参与，但对普通投资者而言，ETF 也可以像普通股股票一样，在被拆分成更小交易单位后，通过券商在交易所二级市场进行买卖，使其获得与标的指数基本相同的报酬率。

ETF 通常由基金管理公司管理，基金资产为一篮子股票组合，组合中的股票种类与某一特定指数（如上证 50 指数）包含的成分股票相同，股票数量比例与该指数的成分股构成比例一致。例如，上证 50 指数包含中国联通、浦发银行等 50 只股票，上证 50 指数 ETF 的投资组合也应该包含中国联通、浦发银行等 50 只股票，且投资比例同指数样本中各只股票的权重对应一致。换句话说，指数不变，ETF 的股票组合不变；指数调整，ETF 投资组合要作相应调整。

3. ETF 与 LOF 的比较。ETF 与 LOF 的相似之处在于两者都允许两种交易渠道：一是通过交易所买卖基金份额，二是通过基金管理人进行申购赎回，但在具体的产品特征和交易方式上还有很多不同。

表 5 – 1 ETF 与 LOF 的比较

	ETF	LOF
投资方法	指数化投资	不限
管理费用	较低	较高
投资组合透明度	较高，每日公告投资组合	较低，每季度公告持股前 10 名
申购赎回	采用一篮子股票换取基金份额的方式	采用现金方式
申购赎回费用	较低，不高于封闭式基金佣金水平	较高，如国内现有股票基金一般申购费为 1.5%，赎回费为 0.5%
两个交易渠道之间的连通	套利交易当日即可完成	转托管需要 2 个工作日

（五）套利基金

套利基金又称套汇基金，是指将募集的资金主要投资于国际金融市场，利用套汇技巧低买高卖进行套利以获取收益的证券投资基金。

（六）对冲基金

对冲基金起源于 20 世纪 50 年代初的美国，其操作的宗旨在于利用期货、期权等金融衍生产品以及对相关联的不同股票进行实买空卖、风险对冲的操作技巧，在一定程度上可规避和化解证券投资风险。

在一个最基本的对冲操作中，基金管理者在购入一种股票后，同时购入这种股票的一定价位和时效的看跌期权。看跌期权的效用在于当股票价位跌破期权限定的价格时，卖方期权的持有者可将手中持有的股票以期权限定的价格卖出，从而使基金现货持有的股票的跌价风险得到对冲。在另一类对冲操作中，基金管理人首先选定某类行情看涨的行业，买入该行业中看好的几只优质股，同时以一定比率卖出该行业中较差的几只劣质股。如此组合的结果是，如该行业预期表现良好，优质股涨幅必超过其他同行业的股票，买入优质股的收益将大于卖空劣质股而产生的损失；如果预期错误，此行业股票不涨反跌，那么较差公司的股票跌幅必大于优质股，则卖空盘口所获利润必高于买入优质股下跌造成的损失。正因为如此的操作手段，早期的对冲基金可以说是一种基于避险保值的保守投资策略的基金管理形式，但后来对冲基金已经发展成为一种风险很高的投机性金融工具。

（七）风险投资基金

风险投资基金也称创业基金，它是当今世界上流行的一种为高新技术产业和有发展潜力的企业提供融资，特别是以那些不具备上市资格的新兴企业甚至是还处于构建之中的企业作为投资对象，并提供多种服务的一种特定产业基金。

第三节　投资基金当事人及其关系

在证券投资基金运行过程中主要有四个方面的当事人：基金持有人、基金管理人、基金托管人和基金服务机构。

一、基金持有人

基金持有人是指持有基金份额或基金单位的自然人和法人，也就是基金的投资者。他们是基金的实际所有者。无论哪一种基金，只要投资者买入某种基金单位，就成为该基金的持有人。

一般来说，基金持有人权利包括分享基金收益、参与基金剩余财产的分配、赎回或者转让其持有的基金份额、出席基金持有人大会并对审议事项行使表决、查询或者获取公开的基金业务和财务状况资料、基金合同或者基金章程规定的其他权利。基金持有人在享有上述权利的同时，还有履行基金合同或者基金章程规定的义务。基金持有人权益通过基金持有人大会的表决权来行使。基金持有人大会是基金最高权力机构，需要决定下列事项之一的，应当及时召开基金持有人大会：提前终止基金；封闭式基金扩募、续期或者转为开放式基金；提高基金管理人或者基金托管人的费用标准；修改基金合同或者基金章程；基金合同或者章程规定的其他事项。

二、基金管理人

基金管理人是负责发起设立基金并对基金资产进行运作的机构。基金管理人应当具有专业的投资知识与经验，根据法律、法规及基金章程或基金契约的规定，经营管理基金资产，谋求基金资产的不断增值，以使基金持有人收益最大化的机构。契约型基金都必须聘请专门的基金管理公司担任管理人，但一些私募公司型基金就可以不另外聘请管理人，因为它的基金公司本身就是管理型的，本身已经具备了管理基金资产的资格和能力。

在不同的基金市场上基金管理人的名称有所不同，如美国的"投资公司"、"投资顾问公司"或"资产管理公司"，日本的"证券投资信托委托公司"、"投资信托公司"和中国台湾的"证券投资信托公司"等，我国则习惯将其称做"基金管理公司"。

我国《证券投资基金法》规定基金管理人应当履行的基本职责有：依法募

集基金，办理或者委托经国务院证券监督管理机构认定的其他机构代为办理基金份额的发售、申购、赎回和登记事宜；办理基金备案手续；对所管理的不同基金财产分别管理、分别记账，进行证券投资；按照基金合同的约定确定基金收益分配方案，及时向基金份额持有人分配收益；进行基金会计核算并编制基金财务会计报告；计算并公告基金资产净值，确定基金份额申购、赎回价格；召集基金份额持有人大会；保存基金财产管理业务活动的记录、账册、报表和其他相关资料；以基金管理人名义，代表基金份额持有人利益行使诉讼权利或者实施其他法律行为；国务院证券监督管理机构规定的其他职责。

三、基金托管人

为了基金资产的安全，防止基金资产被挪用或从事与基金合同不符的投资活动，各国的法规都要求证券投资基金在设立的时候，必须委任一个独立的机构来保管基金资产，这个独立的机构就是基金托管人。

基金托管人是指依据基金运行中管理与保管分开的原则对基金管理人进行监督和保管基金资产的机构，是基金持有人权益的代表，通常由有实力的商业银行或信托投资公司担任。在公司型基金运作模式中，托管人是基金公司董事会所雇用的专业服务机构，在契约型基金运作模式中，托管人通常还是基金的名义持有人。

基金托管人应为基金开设独立的基金资产账户，负责款项收付、资金划拨、证券清算、分红派息等，所有这些，基金托管人都是按照基金管理人的指令行事，而基金管理人的指令也必须通过基金托管人来执行。

一般来说，基金托管人、基金管理人应当在行政上、财务上相互独立，其高级管理人员不能在对方兼任任何职务。

我国《证券投资基金法》规定基金托管人应当履行的基本职责有：安全保管基金财产；按照规定开设基金财产的资金账户和证券账户；对所托管的不同基金财产分别设置账户，确保基金财产的完整与独立；保存基金托管业务活动的记录、账册、报表和其他相关资料；按照基金合同的约定，根据基金管理人的投资指令，及时办理清算、交割事宜；办理与基金托管业务活动有关的信息披露事项；对基金财务会计报告、中期和年度基金报告出具意见；复核、审查基金管理人计算的基金资产净值和基金份额申购、赎回价格；按照规定召集基金份额持有人大会；按照规定监督基金管理人的投资运作；国务院证券监督管理机构规定的其他职责。

四、基金服务机构

（一）基金代销机构

随着基金市场规模的不断扩大，基金行业内部的专业化分工不断深化。除基金管理人直接销售外，基金的销售可由证券公司、商业银行及其他中介机构代理完成，有些大的投资基金还设有自己的基金销售公司，这些独立的销售机构专门为基金管理人提供销售服务，并收取一定的销售佣金和服务费，我们称之为"基金代销机构"。基金代销机构是基金管理人的代理人，代表基金管理人与基金投资者进行基金单位的买卖活动。代销机构应当有便利的、有效的客户联系网络，并具备办理基金单位申购、赎回业务的条件。

（二）基金注册登记机构

办理注册登记的机构负责投资者账户的管理和服务，负责基金单位的注册登记以及红利发放等具体投资者服务内容。注册登记机构通常由基金管理人或其委托的商业银行或其他机构担任。

（三）其他基金服务机构

其他基金服务机构还可以包括：

1. 基金投资顾问公司，为基金投资提供咨询服务；

2. 为基金出具会计、审计和验资报告的会计师事务所、审计师事务所和基金验资机构；

3. 为基金出具法律意见的律师事务所等。

五、基金当事人各方关系

在基金的运作中，各当事人之间的关系是一种既相互合作，又相互制衡、相互监督的关系，其中最重要的两个机构是基金管理人和基金托管人。为了保证基金资产的安全，基金应按照资产管理和保管分开的原则进行运作，并由专门的基金管理人管理基金资产，由专门的基金托管人保管基金资产。基金持有人是基金的实际所有者，而基金管理人则是凭借专门的知识与经验，运用所管理基金的资产，所以，基金持有人与基金管理人的关系实质上是所有者与经营者之间的关系。前者是基金资产的所有者，后者是基金资产的经营者。前者是一般的社会投资者，既可以是自然人，也可以是法人或其他社会团体；后者则是由职业投资专家组成的专门经营者，是依法成立的法人。而基金管理人与基金托管人的关系是经营与监管的关系，两者在财务上、人事上、法律地位上完全独立。持有人与托管人的关系是委托与受托的关系，也就是说，基金持有人把基金资产委托给基金托管人管理。对持有人而言，把基金资产委托给专门的机构管理，可以确保基金资产的安全；对基金托管人而言，必须对基金持有人负责，监管基金管理人的行为，使其经营行为符合法律法规的要求，为基金持有人勤勉尽职，保证资产的安全，提高资产的报酬。

第四节　投资基金的发起与设立

一、基金发起设立的条件

基金的设立是基金运作的第一步。世界上各个国家和地区对基金的发起设立都有一定的资格要求和限制，只有符合一定资格条件的法人才能作为发起人，向监管当局申请设立基金。不同的国家和地区对发起人的要求程度也不一样，在英国，由于基金发展历史较长，法规完善，行业自律组织比较发达，对发起人的要求也相对宽松，只要求发起人是基金行业协会的会员；而在我国，对基金的发起设立就比较严格，基金的设立必须经中国证监会审查批准。

在我国，根据《证券投资基金法》的规定，设立基金管理公司，应当具备下列条件，并经中国证监会批准：（1）有符合《证券投资基金法》和《公司法》规定的章程。（2）注册资本不低于1亿元人民币，且必须为实缴货币资本。（3）主要股东具有从事证券经营、证券投资咨询、信托资产管理或者其他金融资产管理的较好的经营业绩和良好的社会信誉，最近3年没有违法记录，注册资本不低于3亿元人民币。（4）取得基金从业资格的人员达到法定人数。（5）有符合要求的营业场所、安全防范设施和与基金管理业务有关的其他设施。（6）有完善的内部稽核监控制度和风险控制制度。（7）法律、行政法规规定的和经国务院批准的中国证监会规定的其他条件。

二、设立基金的程序

（一）设计基金方案

要成功发起设立一个投资基金，首先必须做好基金的必要性和可行性分析，设计好基金方案。基金的主要发起人必须首先看好某一投资市场的潜力，认为有必要为此设立一个基金才着手筹备。接下来便是对可行性进行分析，主要是分析哪些投资者会对拟投资的市场感兴趣，这些投资者的年龄结构、收入状况、地区分布如何，拟设立的基金对这些潜在的投资者有什么好处等。在进行了以上两步工作后就可以设计出一个具体的基金方案，采取哪种基金类型有利于吸引投资者和基金的运作，确定什么时候推出、在何地推出、发起规模、存续时间等。一般来说，采取契约型基金还是公司型基金与一国的投资基金的传统有关，如英国大多采取契约型基金，而美国大多采用公司型基金。但如果主要投资对象是项目投资或风险实业投资的话，则宜采取公司型基金，因为这些投资需要与外界进行频繁的接触。为便于业务的开展，公司型基金的主要监管任务在于董事会，而契约型基金的监管职责属于托管人，事事要请示托管人则会给实业投资带来很大麻烦，甚至会使实业投资变得举步维艰。采取封闭式基金还是开放式基金，主要看投资对象的流动性和成熟度以及经理人的经验。通常投资对象流动性高、市场成熟，则可以采用开放式基金，因其能够随时应付投资者的赎回要求，而封闭式基金则有利于管理人的运营，因为资产规模是相对固定的，不会出现赎回的波动而影响管理人的投资计划，特别是投资对象是房地产、实业、股权等流动性较小的品种时，通常应采取封闭式基金。

（二）聘请基金管理人和基金托管人以及投资顾问、注册会计师、律师、财务顾问等，并签订有关合约

（三）制定各项申报文件，向主管机关报批

设立基金涉及范围较广，影响较大，因此需要以法律来规范基金设立行为。依照我国《证券投资基金法》的规定，募集基金应当向国务院证券监管机构提交相关文件，并经其核准。应提交的申请文件包括：申请报告；基金合同草案和托管协议草案；招募说明书草案；基金管理人和基金托管人的资格证明文件；经会计师事务所审计的基金管理人和基金托管人最近三年或者成立以来的财务会计报告；律师事务所出具的法律意见书；国务院证券监管机构规定提交的其他文件。

（四）公布基金招募说明书，发售基金

基金发起人在收到证券监管机构核准文件后，应于基金发行的三日前公布基金招募说明书、基金合同以及其他相关文件，公告基金发行方案。

基金招募说明书旨在使投资者了解基金的性质、运作内容、投资政策等详细情况。它既作为推销基金份额的有力工具，又是保护投资者利益的主要依据。

第五节　投资基金的运作与管理

一、投资基金的发行与认购

（一）投资基金的发行

投资基金的发行也叫基金的募集，它是指基金发起人在其设立或扩募基金的

申请获得国家主管部门批准后，向投资者推销基金单位、募集资金的行为。它是投资基金整个运作过程的基本环节之一。基金份额发行应在证券监管机构核准的募集期间进行，在此期间募集的资金只能存入专门账户，在募集行为结束前，任何人不得动用。

基金的发行并不表明基金正式成立。在发行期限届满，封闭式基金所募集的份额总额达到核准总额的某一法定比例（如80%），开放式基金募集的基金份额总额超过核准的最低募集份额总额，并且基金持有人人数符合证券监管机构规定的，基金发起人应依据法律规定聘请法定验资机构验资，向证券监管机构提交验资报告，办理基金备案手续，并予以公告。基金办理备案手续，意味着基金合同生效，基金正式成立。

（二）投资基金的认购

投资者的投资行为是从认购有价证券开始的，投资于基金也同样如此。投资者通过购买契约型基金的受益凭证或购买公司型基金的股份实现其投资。在一般情况下，投资者购买投资基金的数额都有一个最低限制，即至少要购买若干份额。基金的认购手续比较简单，但在具体操作程序上，不同类型的基金又有不同的认购方式。这里我们仅针对我国现阶段的主要基金类型进行基金认购方式的表述。

1. 开放式基金的认购方式。开放式基金的认购方式主要有：

（1）投资者凭身份证、印章到管理机构或指定的承销机构，填写申请认购表并留下印鉴。

（2）按所认购的份额缴纳价款和手续费，取得缴款单，等候领取基金的通知。

（3）通常在几天后，投资者得到领取基金的通知，再凭通知和缴款单到指定地点领取基金，完成认购过程。

同一开放式基金的认购价格不完全一样。在首次发行期内认购，按发行面额计价（另外加计认购费用）。发行结束后申购（投资者在基金首次发行期内的购买，称为"认购"，在基金成立以后的日常购买，称为"申购"），按前一营业日的单位净资产价值计价。投资者在认购时无法确切知道其所认购的受益权单位数，须等到管理人对销售日受益权单位净资产价值进行核算后才能知道。

2. 封闭式基金的认购方式。封闭式基金的认购方式比开放式基金认购方式简单，投资者只能在基金发行期内认购，认购手续和方式与开放式基金一样，认购价格也按面额计算（另外加计认购费用）。发行期过后，投资者若要拥有这类基金，则只能通过在证券二级市场上竞价购买，其价格按当日挂牌的交易价计算，购买手续与购买股票一样。

二、基金的交易、申购和赎回及相关费用

就一般意义而言，基金的交易是指基金成立后，在基金存续期间买卖基金份额的行为。但因各种类型的基金性质不同，这里的交易是专门针对封闭式基金而言的，指基金份额的上市买卖活动；对开放式基金而言，则表现为投资者向基金管理人提出申购和赎回基金份额的行为。

（一）封闭式基金的交易

封闭式基金成立之后即进入封闭期。在封闭期内，基金份额总额是固定的，不再售出或赎回基金份额。因此，投资者只能通过交易方式转让基金份额以获得现金，新的投资者要参与基金投资，只能通过二级市场购买基金。基金交易主要在证券交易所竞价交易。一般而言，封闭式基金在发起设立后的 1~3 个月内即可申请挂牌上市，它需要符合法律规定的条件。在证券交易所上市的基金份额，其交易程序、方法与规则同股票类似。

由于封闭式基金的发行单位数固定不变，在进入封闭期后，基金份额的买卖价格以基金单位的资产净值为基础，主要由市场供求关系来决定。一般来说，基金单位资产净值既受基金管理人的管理水平的影响，也受证券市场走势及交易活跃程度等因素的影响。而基金投资者的风险偏好、投资心理以及基金交易成本、基金产品种类和规模等会影响基金市场供求关系。在市场需求变化时，交易的价格将有可能出现相对于基金单位而言的溢价、折价或平价的情况。封闭式基金份额的交易要通过证券经纪商进入证券交易所交易，投资者在买入和卖出基金份额时，需要支付交易手续费。

（二）开放式基金的申购与赎回

开放式基金成立后的一段时间内，由于要将募集资金用于购买证券，因此可以规定一个封闭期，在封闭期内只接受申购申请，不接受赎回申请。

申购是指自基金开放日起投资者在基金存续期间向基金管理人提出申请购买基金份额的行为。赎回则是指投资者在基金存续期间向基金管理人提出申请卖出基金份额的行为。基金管理人应按法律规定在每个工作日（即证券交易所的正常交易日）或依基金合同的约定为投资者办理基金份额的申购或赎回业务。基金合同对基金申购或赎回的最低数额作了约定，基金管理人可根据市场情况，调整申购、赎回份额的数量限制。基金管理人对投资者的赎回申请不能拒绝，对赎回价款的支付也不得迟延，除非因不可抗力导致基金管理人不能支付赎回款项，或证券交易所依法决定临时停市导致基金管理人无法计算当日基金资产净值，或

基金合同约定的其他特殊情形。

由于开放式基金的投资者可以随时向基金管理人赎回或申购基金份额，这类基金通常不挂牌上市。投资者欲申购或赎回基金份额，应该在各基金管理公司专门开设的柜台或在其委托代理销售基金的机构网点办理相关手续。基金份额的申购或赎回价格，是按申购或赎回申请日当天每一单位基金份额资产净值加上申购费或减去赎回费计算的。这里的单位基金份额的资产净值（NAV），是某一时点上该投资基金每一单位实际代表的价值，是基金单位价格的内在价值。用公式表示为

单位基金份额资产净值 =（基金资产总额 − 基金负债总额）÷ 基金份额总数

与封闭式基金的交易价格在买卖行为发生时即已确知不同，开放式基金的投资者在提出申购申请或赎回申请时并不知道当天的交易价格，基金份额的买卖采取的是"未知价"法。这是因为，基金所投资的各项资产（包括上市交易的股票、债券和其他有价证券）的市场价格是不断变化的，只有在每日收市后才能计算基金的资产总额，进而才能确定当天的单位基金份额资产净值。这样，在基金申购或赎回申请行为发生时，当天的单位基金份额资产净值尚未确知，以此净值为基准的买卖价格同样是未知的。由于这一特点，开放式基金的买卖通常实行"金额申购，份额赎回"的原则，即申购以金额申请，赎回以份额申请。相对应的计算公式分别为

基金单位申购价格 = 基金单位资产净值 ×（1 + 申购费率）

申购份额 = 申购金额 ÷ 基金单位申购价格

基金单位赎回价格 = 基金单位资产净值 ×（1 − 赎回费率）

赎回金额 = 赎回份额 × 基金单位赎回价格

（三）投资基金的费用

通过基金间接投资于证券市场可以使基金投资者获得一定的投资收益，但同时投资者也必须付出一定的费用，而这些费用就构成了基金的管理人、托管人以及其他当事人的收入来源。

基金的费用包括基金持有人费用和基金运营费用两大类。基金持有人费用是指投资者进行与基金有关的交易时一次性支付的费用，直接由投资者承担。主要包括封闭式基金的交易费用（如印花税、交易佣金、过户费、经手费等）、开放式基金的申购费、赎回费、红利再投资费、基金转换费和其他非交易费用（如开户费、转换注册费等）。

基金运营费用是指基金在运作过程中一次性或周期性发生的费用，从基金资产中扣除。主要包括基金管理费、基金托管费、基金服务费和其他费用（如审

计费用、律师费用、上市年费、信息披露费、分红手续费、持有人大会费用等）。

主要费用的对应计算公式为

$$基金管理费\ P = NAV \times R \div 365$$

式中：P 为每日计提的管理费；NAV 为前一日的基金资产净值；R 为年管理费提取比例。

$$基金托管费\ P = NAV \times R \div 365$$

式中：P 为每日计提的托管费；NAV 为前一日的基金资产净值；R 为年托管费提取比例。

三、基金的投资管理

（一）基金的投资目标

基金的投资目标是指基金管理人运作基金资产所要达到的目的。从基金的角度来讲，基金管理人运用基金资产进行投资是为了使基金获得长期稳定的增值；从基金投资者的角度来讲，只有基金获得长期稳定的增值，才能给他们以更多的回报；从基金管理人的角度来讲，只有基金获得长期稳定的增值，他们才能获得稳定增长的管理报酬。基金投资者、基金管理人和基金本身的利益是一致的。

当然，不同类型基金的投资目标也是不尽相同的，大致可分为以下三种类型：

1. 高收益和高风险型。这种类型的基金力求通过良好的运作在一定时期内使投资者的资本有较大的增值。这类基金主要投资于属于新兴行业且成长性较好的企业的股票，投资风格十分激进，基金及其投资者在获得较高收益的同时，也不可避免地要担负较大的风险。

2. 长期增长和低风险型。这种类型的基金比较注重长期收益，力求使投资者获得比较稳定的回报，尽可能降低投资风险。这类基金主要投资于各种有较高收益的债券和优先股，在保护投资者本金安全的前提下，给投资者以经常性的收益，以实现本金和收益的长期增长。

3. 收益平衡和风险一般型。这种类型的基金介于前两种基金之间，力求实现收益和风险的平衡，使投资者定期获得合理的收益，同时又不至于担负太大的风险。这类基金通常会在债券和股票之间构建合适的投资组合，收益较稳定且风险适中是这类基金理想的投资结果。

不同的基金有着不同的投资目标。基金投资目标一般都在基金招募说明书中予以阐述，投资目标一旦确定，如果得到投资者同意，就不能轻易改变。

（二）基金的投资政策

投资政策是指为了实现基金投资目标，基金所选择的投资资产类型和所采取的投资策略。每只基金都需要在招募说明书中陈述它的投资政策，以使现有的和潜在的投资者了解基金的投资资产类型和投资策略。

具体来说，投资政策涉及这样一些内容：

1. 投资资产类别和组合。不同的基金由于投资目标的不同，其投资资产类别和组合也不同。这方面的具体内容有：第一，投资组合中应该包括哪些类型的资产；第二，确定每一适宜类型资产的投资比重；第三，确定每一类资产投资的变动范围和幅度；第四，确定投资组合应该购买哪一种特定证券。

2. 投资策略。投资策略是投资政策的重要内容，它是基金实现投资目标的重要手段。基金投资策略主要有两种，即积极投资策略和消极投资策略。积极投资策略试图通过对股票进行挑选，选择一些价值被低估的公司股票，或者有良好增长前景的股票构成投资组合。消极投资策略是指按照证券指数的组成，复制指数证券组成投资组合，或者在证券数量多的情况下，采用抽样方法选择有代表性的证券构成投资组合，模拟证券指数回报率。

3. 投资限制。在投资基金的运作中，投资限制包括两方面内容：一是由法律规定的保护基金投资者的限制；二是由基金经理提供的选择限制。其中一些限制在投资基金的招募说明书中会进行说明。

（三）基金的投资运作组合

根据资产组合理论，为了在降低风险的前提下获取更多的收益，基金管理人必须将基金所募集的资金投资于不同的资产，比如现金、债券、股票甚至实业投资等，确定各种资产的比例，构建自身的投资运作组合。基金规模庞大，根据基金管理部门的规定，基金不可能也不可以集中投资在一两种金融资产上，这样做既不利于基金自身的安全也不利于证券市场的稳定。因此，基金管理人通常会根据某种投资计划，将基金按一定的比例分散投资于各种金融资产或实业项目，以期实现降低投资风险、保证投资收益、保护投资者资金安全的目标，这就是投资运作组合。

投资运作组合的确定包括两方面的内容，一是确定投资于哪几种资产，二是确定各种资产之间的比例。关于基金可选择的资产，通常包括现金、债券和股票等。一般来说，只有产业投资基金主要投资于实业，而其他大部分的投资基金只是在上述各种金融资产之中作出投资选择。关于各种资产之间的比例，不同投资目标的基金会根据自己的投资计划作出不同的选择。进取型的基金会更多地选择股票投资，而保守型的基金则会保持较高的债券投资比例。

1. 投资运作组合的分类。根据基金投资所选择的不同资产及其所占比例，基金的投资运作组合可以分为以下三种类型：

(1) 成长型组合。成长型组合的投资目标在于追求资本的长期成长，因此基金主要投资于资信好、长期有盈余或有发展前景的公司的普通股股票，而极少量投资于各种债券或优先股。在股票选择上，主要考虑那些具有持续增长趋势的企业的股票，所选企业的销售及收益增长势头强劲，一般具有如下特征：所在的行业发展前景良好；销售增长率和收益增长率高；合理的市盈率（考虑到行业特性，有时较高的市盈率也是可以接受的）；具有较强创业能力的管理层。成长型组合的主要特点是：当期得到的股利收入较少，但其资本利得及长期预期收入较多。

(2) 价值型组合。价值型组合主要投资于价值型股票以及优质债券。所谓价值型股票主要是指股价相对利润或现金流量来说较低的公司的股票。也就是说，价值型基金寻找的是内在价值被市场低估的股票。价值型基金一般投资于市盈率较低的传统行业，如银行产业、公共事业及能源类公司，这类行业的上市公司经常受到市场的冷落，市盈率低，因此投资成本较为低廉。这类公司通常具备以下特征：规模较大且业绩优良；市盈率较低；倾向于支付高于平均水平的红利；公司的某项有形资产或专利、专有技术、品牌和特许权等无形资产的实际价值未被市场认识或被市场低估。价值型组合的主要特点是：当期得到的股利收入较多，持有人能获得稳定的基金分红。而当所持股票的内在价值被市场重新发掘时，又可以获得可观的资本利得。

(3) 平衡型组合。平衡型组合是指成长型和价值型的综合，既关心资本利得也关心股利收入，并且还考虑未来股利的增长。平衡型基金同时投资于成长型股票和有良好股利支付的价值型股票，以求获取股利收入、适度资本增值和资本保全，从而使投资者在承受相对较小风险的情况下有可能获得较高的投资收益。平衡型组合适合那些既想得到较高股利收入又希望比成长型组合更稳健的投资者，如主要寻求资金保全的保险基金和养老基金，以及保守型的个人投资者。

成长型组合的优势在于投资者可以获得较高的资本利得和资本增值；价值型组合的主要优势是投资者可以获得经常性的且较稳定的收入；而平衡型组合则是一个折中的选择。在国外，成长型基金一般在前5年不分红，以后只有当市场行情低迷、缺乏投资机会时，才会考虑分红，但一般不超过当年净收益的80%。价值型基金通常每年将净收益的90%用于现金分红。平衡型基金一般每年将50%的净收益用于分红。在国外市场上，成长型基金、价值型基金和平衡型基金三分天下，以适应不同投资偏好和风险承受能力的投资者，投资者可以根据自己的投资风格和实际情况作出相应的选择。

2. 投资运作组合的调整。证券市场瞬息万变，金融资产的价格会因为各种利好利空消息而上下波动，基金为了能取得更大的收益、更有效地降低风险，就必须根据市场的实际情况，及时调整投资运作组合，以保证投资目标的实现。

调整投资运作组合其实就是构建新的投资运作组合，它也涉及两个问题，即对投资资产的调整和对资产比例的调整。一般来说，当市场活跃、行情看涨时，应增加股票在投资运作组合中的比例，以获得丰厚的资本利得；当市场低迷、行情看跌时，应增加现金和债券的比例，以保证资金的安全并获得稳定的收入。当然，不同类型的基金在调整投资运作组合时也有各自不同的方法。总的来看，基金调整投资运作组合可以分为以下三个步骤。

（1）金融资产的选择。根据资产组合理论，基金经理在选择金融资产时应充分考虑以其 β 值的大小来评估投资风险。β 值较大说明该证券的价格波动大于市场的平均水平。有些 β 值较大的证券收益也较好，成长型的基金可以选择这样的证券，但并不是所有 β 值大的证券都有较高的收益。如果是价值型的基金，一般会选择 β 值较小的证券，以达到控制风险的目的。

除了在选择证券时注意 β 值的大小外，基金经理还必须密切关注所持有证券 β 值的变化。如果有某些证券 β 值变大，应及时考虑用 β 值较小的证券来替换。如果要继续持有 β 值较大的证券，应考虑适当增加无风险债券的持有量，以降低组合的整体风险。

（2）投资规模的调整。当各种宏观和微观的政治经济因素导致整个证券市场发生变化时，就应该考虑系统性风险的问题。因为组合投资只能规避非系统性风险，而对系统性风险是无能为力的，所以当系统性风险发生且有增大趋势时，基金经理就应考虑缩小投资规模，收回一部分投资，以免遭受更大的损失。反之，当系统性风险减小，市场前景明朗时，就可以扩大投资规模以获得更多的收益。

（3）投资目标的修正。基金的投资目标一般是在基金募集前就制定了的，是不能随便更改的。但是，当市场环境发生重大变化，基金经理发现按照原来的投资目标会使基金遭受重大损失时，本着保障投资者利益的原则，经基金持有人大会通过，基金经理可以修正基金的投资目标，并依据新目标构建新的投资运作组合。

（四）基金的绩效评价

基金的绩效评价是对基金经理投资能力的评价，其目的在于将具有超凡投资能力的优秀基金经理鉴别出来。基金绩效评价的基础在于假设基金经理比普通投资大众具有信息优势。他们或者可以获取比一般投资者更多的私人信息或者可以利用其独到的分析技术对公开信息加以更好的加工和利用。在这种假设的基础上，人们期望能够通过绩效评价将具有超凡投资能力的优秀基金经理鉴别出来。

由于评价角度的不同、绩效表现的多面性（如既要评价组合表现的风险调整收益，也要评价组合的分散性程度）等问题，都会使绩效评价问题变得复杂化。尽管在对基金绩效的评价上存在着各种技术和方法，但至今仍没有一个为人们所广泛认可的方法。为了对基金绩效作出有效的评价，下列因素是必须要加以考虑的：

1. 基金的投资目标。基金的投资目标不同，其投资范围、操作策略及其所受的投资约束也就不同。例如，债券基金与股票基金由于投资对象不同，在基金绩效评价上就不具有可比性。再例如，一个仅可以进行小型股票投资的基金经理与一个仅投资于大型公司的基金经理也不具有可比性。因此，在绩效比较中必须注意投资目标对基金绩效评价可比性所造成的影响。

2. 基金的风险水平。现代投资理论表明，投资收益是由投资风险驱动的，因此，投资组合的风险水平深深地影响着组合的投资表现，表现较好的基金可能仅仅是由于其所承担的风险较高所致。因此，为了对不同风险水平基金的投资表现作出恰当的考察，必须考察该基金所获得的收益是否足以弥补其所承担的风险水平，即需要在风险调整的基础上对基金的绩效加以评价。

3. 比较基准。从成熟市场看，大多数基金经理人倾向专注于某一特定的投资风格，而不同投资风格的基金可能受市场周期性因素的影响而在不同阶段表现出不同的群体特征。因此，在基金的相对比较上，必须注意比较基准的合理选择。

4. 时期选择。在基金绩效比较中，计算的开始时间和所选择的计算时期不同，评价结果也就不同。一些公司常常会挑选对自己有利的计算时期进行业绩的发布，因此，必须注意时期选择对绩效评价可能造成的偏误。

5. 基金组合的稳定性。基金操作策略的改变、资产配置比例的重新设置、经理的更换等都会影响到基金组合的稳定性。因此，在实际评价中必须对这些问题加以考虑。

【课堂讨论】

截至 2004 年 3 月 31 日，公布 2003 年年度报告的 104 只投资基金累计实现净收益为 9.29 亿元，而在 2002 年投资基金累计净收益为 -36.35 亿元。根据 2003 年年报，50 只开放式基金实现 19.09 亿元的净收益，其中 43 只实现盈利，

7 只亏损；而 54 只封闭式基金整体净亏损额约为 9.8 亿元，其中，有 24 只本期净收益出现负值，亏损面约 45%。继 2002 年基金行业出现两极分化以来，2003年基金业绩分化更为严重。在公布年报的 104 只基金中，有 13 只净收益超过亿元，占基金总数的 12%。但这 12% 的基金却赚取了全部基金 62% 的利润。与此同时，有 8 只基金亏损额超过了亿元。收入最高的基金与亏损最大的基金相差达到 5.5 亿元。即便是同一基金管理公司旗下管理的开放式基金与封闭式基金，其业绩大多也有很大差异。

（1）为什么不同品种的投资基金的收益会存在很大差异？

（2）现实中，同一品种基金（如同为股票基金、债券基金或平衡型基金等）的收益水平有所不同，你认为导致这种差异的主要因素可能是什么？

（3）基金业绩水平的优劣，对基金未来的运作管理会产生什么影响？

【本章小结】

投资基金是一种利益共享、风险共担的集合投资方式或制度。它是一种金融中介机构，也是一种信托投资方式，又是一种投资工具。共同投资、专家理财、分散化投资、共享收益和共担风险是投资基金的显著特征。

投资基金可依不同的标准进行分类。按照组织形式和法律地位的不同，可分为契约型基金和公司型基金；封闭式基金和开放式基金则是依据基金运作方式的不同所作出的分类。按这两种基本分类标准，中国目前的投资基金分为契约型封闭式基金和契约型开放式基金。另外，我们还要掌握 ETF、LOF 等新兴品种。

投资基金具有特殊的组织结构，主要基金当事人包括基金投资者、基金管理人和基金托管人，他们之间依据基金契约而形成委托代理关系。这些基金当事人都享有各自的权利，并承担相应的义务。

基金的设立必须遵循法律规定的程序和要求。投资基金通过发行基金份额募集资金。封闭式基金在证券交易所挂牌上市交易；开放式基金一般在指定的销售网点接受投资者的申购或赎回。在交易和申赎过程中涉及认购费、申购费、赎回费、管理费、托管费等。

基金的投资运作必须有明确的投资目标，并根据投资目标确定投资范围和投资策略。投资计划的制订、执行和调整，是基金运作管理的重要内容，这一过程直接体现基金管理人的专业能力和水平，其客观的依据就是依靠基金的绩效来进行评价。

【主要名词】

证券投资基金 securities investment fund

契约型基金 contract fund

公司型基金 corporate fund　　　封闭式基金 closed-end fund

开放式基金 open-end fund　　　ETF Exchange Traded Funds

LOF Listed Open-Ended Fund

【本章自测题】

1. 开放式基金是通过投资者向（　　）申购和赎回实现流通的。

A. 基金托管人　　B. 基金受托人　　C. 基金管理公司　D. 证券交易市场

2. 假定某基金的总资产为 35 亿元，总负债为 5 亿元，基金份额总数为 30 亿份，那么该基金单位净值为（　　）。

A. 1 元/份　　　　B. 1.167 元/份　　C. 1.33 元/份　　D. 1.2 元/份

3. 我国《证券投资基金法》正式实施的时间是（　　）。

A. 2003 年 10 月 28 日　　　　　　B. 2004 年 6 月 1 日

C. 2004 年 4 月 1 日　　　　　　　D. 2003 年 4 月 1 日

4. 封闭式基金与开放式基金之间有哪些不同？假如你作为基金经理，你更偏好管理哪一种基金？为什么？若作为投资者，你又将作出何种选择？

5. 请比较 ETF 和 LOF 的异同。

6. 为什么投资基金需要引入托管人制度？

7. 基金设立的一般程序和要求是什么？基金产品的设计需要考虑哪些因素？

第六章

企业并购业务

【学习目标】兼并与收购等公司重组活动被认为代表着一种新型的产业力量，这种力量提高了企业劳动生产率、盈利性和竞争力，加速了优秀企业的发展，促使资源得到优化配置，推动了一国生产力的增长。作为并购、重组活动中的灵魂机构，投资银行为企业充当财务顾问，帮助寻求并购的机会，为并购定价，提供融资服务等。通过学习，学员应掌握企业并购的主要动因、投资银行在并购中的地位和作用、企业并购和反并购的主要形式、并购的程序等。

第一节 企业并购的概念、动因

一、资产重组与企业并购

一个公司由于受到主客观环境的不利影响，在经营上出现或停滞、或困难、或危机，于是对公司的资本结构进行重新调整和组合，构造出一个新的公司形态，以适应新的经营环境，这种行为方式称为资产重组或公司重组。理论上，对于资产重组往往区分为广义的资产重组和狭义的资产重组（见图6-1）。

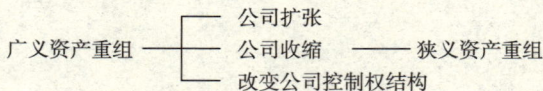

```
                        ┌── 公司扩张
广义资产重组 ──────────┤── 公司收缩 ──── 狭义资产重组
                        └── 改变公司控制权结构
```

图6-1 资产重组概念

广义的资产重组系指公司采取的涉及资产外部规模及内部结构改变的一切经营活动，它包括三个方面：

1. 公司扩张。公司扩张是指使公司资产规模扩大的重组活动。具体地说，它包括公司合并、收购、合资、公开收购股权等一系列活动。

2. 公司收缩。公司收缩是指使公司生产经营规模缩小的重组活动。包括公司撤资、资产出售、资产分割、权益分割、清算等。

3. 改变公司控制权结构。改变公司控制权结构是指在公司规模不变的条件下，资产在公司内部配置发生变动。包括股票回购、股权交换、公司私有化等。

狭义的资产重组仅指公司收缩，习惯上也称其为公司重整。在本书中，我们沿用广义的资产重组概念。

二、资产重组的分类

资产重组大多以企业扩张的方式来实现，但企业扩张的实现却并非只有资产重组。总体上看，企业的成长有内部扩张和外部扩张两种方式。其基本框架如图6-2所示。

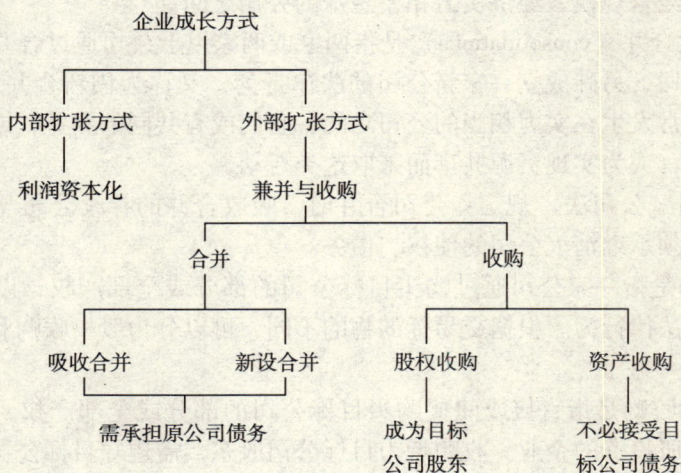

图6-2 资产重组基本框架

（一）内部扩张方式

内部扩张方式是指公司利用资本预算程序决定投资方案，通过利润的资本化使公司呈现稳定渐进的成长方式。这一方式实际上是通过内部新增项目的扩展，以达到扩大生产规模的目的。

（二）外部扩张方式

外部扩张方式是指公司通过兼并与收购等激烈和激进的方式实现公司的成长。这一方式与内部扩张方式不同的是采取资本积聚的方法，通过外部资本内部化，迅速扩大公司的规模，以求在激烈的竞争中得到发展。

在金融通信设备极其发达、资本市场高度发展的现代社会，各行业内部、外部的竞争日益激烈，只依靠利润资本化的内部扩张方式求得生存与发展已不合时宜，因而公司的资产重组大多采用外部扩张方式，即兼并与收购方式。兼并（mergers）与收购（acquisition）（简称 M&A），是指企业通过合并与收购的方式实现自身资本与结构的扩张性重组，以使企业优势得到充分发挥，企业价值得到进一步提升。

1. 兼并又称合并，是指两家或两家以上公司重新组合成一家公司的行为。根据合并后的公司与原公司之间的关系，可以分为吸收合并与新设合并两种类型。

2. 吸收合并是指一家占优势企业吸收了另一家弱势企业，弱势企业解散其法人地位，而优势企业作为存续公司而申请变更登记的一种法律行为。这种方式一般发生在经营规模、经济实力相差悬殊的公司之间。

3. 新设合并（consolidations）是指两家或两家以上公司通过合并而同时消灭了原来的公司，另外成立一家新公司的法律行为，又称为创新合并或设立合并。这一方式通常发生在实力相当的公司之间，它们或有共同的利益，或为对抗共同的竞争对手，或为实现资源共享而采取这类行动。

4. 我国《公司法》规定：公司合并时，吸收合并的存续公司与新设合并的新设公司必须承继消灭公司的债权、债务。

5. 收购是指一家公司通过购买目标公司的部分或全部产权，以实现控制该目标公司的法律行为。根据交易标的物的不同，可以分为股权收购和资产收购两种类型。

6. 股权收购是指直接或间接购买目标公司的部分或全部产权，使目标公司成为收购者所投资的企业。收购者为目标公司股东，需遵守目标公司的一切权利和义务。

7. 资产收购是指购买者按自己的需求购买目标公司的部分或全部资产，属于一般的资产买卖行为。收购者不必接受目标公司的债务。

三、企业并购的动因

在不同时期和不同的市场条件下，企业并购的动因是不同的。理论界从不同角度解释了企业并购的动因，提出了许多理论。应注意的是，各种并购理论研究的视角是彼此各异的，并多有相应的理论基础（如产业组织理论、交易成本理论、委托代理理论、公司财务理论、行为金融学理论等）提供支持，它们也都包含了一定的理论假设，不少理论之间的解释也存在一定程度的交叉重叠。下面将对其中具有代表性的理论观点作简要的介绍。

（一）经营协同效应理论

经营协同效应是指通过企业扩张使企业生产经营活动效率提高所产生的效应，整个经济的效率将由于这样的扩张性活动而得到提高。经营协同效应的产生主要有以下几个原因：

1. 通过企业并购，使企业经营达到规模经济。企业扩张使几个规模小的公司组合成大型公司，从而可以有效地通过大规模生产来降低单位产品的成本。规模经济还体现在通过企业扩张从而扩大规模后其市场控制能力的提高，包括对价格、生产技术、资金筹集、客户行为等各方面的控制能力的提高以及同政府部门关系的改善。追求规模经济在横向兼并中体现得最为充分。

2. 企业并购可以帮助企业实现经营优势互补。通过并购能够把当事公司的优势融合在一起，这些优势既包括原来各公司在技术、市场、专利、产品管理等方面的特长，也包括它们中较为优秀的企业文化。例如，如果 A 公司的管理者比 B 公司的管理者更有效率，则在 A 公司收购了 B 公司之后，B 公司的效率将会被提高到 A 公司的水平，从而效率通过并购得到了提高。而这不仅会给私人带来利益，也会带来生活效益。

3. 可能获得经营效应的另一个领域是纵向一体化。企业间纵向兼并可以降低相关的各种交易费用，获得更有效的经营协同效应。因为通过纵向兼并，可把企业之间在市场上形成的交易关系转置为同一企业内部的交易关系，把并购前那部分由市场进行的组织协调缩小为企业内部的组织协调，减少各种契约费用、谈判费用、联络费用及其他交易费用，降低生产经营的不确定性，提高生产能力。

（二）财务协同效应理论

财务协同效应主要是指并购给企业财务方面带来的种种效益，这种效益的取得不是由于效率的提高而引起的，而是由于税法、会计处理惯例以及证券交易等内在规定的作用而产生的一种纯金钱上的效益。财务协同效应的产生主要有以下几个原因：

1. 通过企业并购实现合理避税的目的。税法对企业财务决策有着重大影响，不同类型的资产所征收的税率是不同的，股息收入和利息收入、营业收入和资本收入的税率有很大区别。正是由于这种区别，使企业能够采取财务处理方法达到合理避税的目的。按照西方现行税法和会计制度，企业通过兼并在税收中可享有的好处主要有：

（1）企业可以利用税法中亏损延递条款来达到合理避税的目的。所谓亏损延递，是指如果某公司在一年中出现了亏损，该企业不但可以免付当年的所得税，它的亏损还可以向后延递，以抵消以后几年的盈余，企业根据抵消后的盈余交纳所得税。因此，如果企业在一年中严重亏损，或该企业连续几年不曾盈利，当该企业拥有相当数量的累计亏损时，这家企业往往会被其他企业作为兼并对象来考虑，或者该企业考虑并购一盈利企业，以充分利用它在税收方面的优势。因为通过亏损企业和盈利企业之间的兼并，盈利企业的利润就可以在两个企业之间分享，这样就可以大量减少纳税义务。

（2）在企业并购中，如果采取以换股（stock for stock）方式，也可以达到免税的目的。当企业 A 并购企业 B 时，如果企业 A 不是用现金购买企业 B 的股票，而是把企业 B 的股票按一定比率换为企业 A 的股票，那么在整个过程中，由于企业 B 的股东既未收到现金，也未实现资本收益，所以这一过程是免税的。通过这种并购方式，在不纳税的情况下，企业实现了资产的流动和转移，资产所有者实现了追加投资和资产多样化的目的。在美国 1963 年至 1968 年的并购浪潮中，大约有 85% 的大型并购活动采用这种方式。

（3）在企业并购中，收购企业不是将目标企业的股票直接转换为新的股票，而是先将它们转换为可转换债券，过一段时间后再将它们转化为普通股股票。这样做在税法上有两点好处：①企业付给这些债券的利息是预先从收入中减去的，税额由扣除利息后的盈余乘以税率决定，可以少交所得税；②企业可以保留这些债券的资本收益，直到这些债券转化为普通股股票为止。由于资本收益的延期偿付，企业可以少付资本收益税。

2. 通过企业并购来达到提高证券价格的目的。在某些情况下，企业兼并后所增加的价值可能会大大超过兼并前各企业价值的总和。在西方市场经济中，公司通常以股东利益最大化为主要目标，而股东收益的大小很大程度上取决于股票价格的高低。虽然企业股票价格受很多因素的影响，但主要取决于对企业未来经营情况的估计和预测，公司发展潜力和盈利能力是公司股票价格的基础。人们往往把市盈率（Price-earnings Ratio，PE）作为对未来企业的估价指标，如果外界环境相对稳定，企业 PE 比率在短期内不会出现较大变动。假设 A 公司是一个管理卓越的著名的上市公司，其 PE 比率为 50 倍，B 公司是一个业绩平平的公司，其 PE 比率为 20 倍，A 公司兼并 B 公司以后，A 公司 PE 比率便被看做兼并后企业的 PE 比率。这样，兼并后企业内在价值就会大大提高，它反映了管理改善和兼并企业较高的信誉。一个业绩平平的公司的股票换成著名公司的股票后，其股票价格会涨到原著名公司的股票价格水平，还可以以较高价格向股东增资配股，从而获得较多资金。

（三）价值低估理论

价值低估理论认为当目标公司股票的市场价格因为某种原因未能反映其真实价值或潜在价值，或者没有反映出公司在其他管理者手中的价值时，兼并活动就会发生。简言之，相信目标公司价值被低估并会实现价值回归是驱动并购交易的因素。

价值低估的主要原因，一是可能由于目标公司现有的管理层未能充分发挥公司经营的潜力，公司没有达到其潜在可达到的效率水平；二是收购公司可能掌握了目标公司的一些内幕信息或特殊信息（其隐含的假设是股票市场在信息传递方面并非很有效）。

根据这一理论，当收购公司相信目标公司的真实价值大于其当前的市场价值，或者说，当目标公司的股票价格低于其资产重置成本时，收购公司通过购买目标公司的股票来获得扩张所需要的资产，要比购买或建造相关的资产更便宜，收购公司的股东将增加财富。并且，被收购企业已有的基础设施和成熟的产品，可使收购公司比其内部开发更快地获得所需要的技术和生产能力。这样，作为一种低成本的替换手段，人们更愿意通过"收购"而非"新建"企业来实现经营规模的扩张。

（四）市场占有理论

市场占有理论认为，企业并购的主要原因是提高企业产品市场占有率，从而提高企业对市场的控制能力，进而可以提高其产品对市场的垄断程度，从而获得更多的超额利润即垄断利润。垄断利润的获得既提高了企业的竞争能力又为企业进一步扩张提供了动力。就并购形式来说，不论横向并购，还是纵向并购，都会增强企业对市场的控制能力，从而获得更多的垄断利润。因为生产同种产品或服务的两个企业之间并购，必然会导致竞争对手减少，从而扩大市场占有率；而生产不同产品或服务企业之间的并购，也可能成为限制竞争、谋求垄断的一种途径。比如纵向兼并，企业主要通过迫使供应商降低价格来同供应商进行竞争，通过迫使买主接受较高的价格来同买主进行竞争，使企业明显提高了同供应商和买主讨价还价的能力。

（五）企业发展理论

企业发展理论认为，在竞争性的市场经济中，企业只有不断发展才能保持和增强它在市场中的相对位置，才能够生存下去。企业发展主要有两种方式：一是通过企业内部积累来进行投资，扩大经营规模和生产能力；二是通过并购获得行业内原有生产能力。实践表明，并购往往是速度快、效率高的方法。主要原因有以下几个方面。

1. 并购可以减少投资风险和成本，缩短投入产出时间。如果一个企业要投资新办一个工厂，从选址、设计到建成、投产通常都需要较长时间。如果是并购另一个企业，便可以通过直接利用被并购企业的厂房、设备、劳动力等社会生产力，大大缩短了投入与产出之间的周期，尽快实现投资收益。而且，投资建厂不仅仅是建设新的生产能力，企业还要花费大量的时间和财力来获得稳定的原料来源，寻找合适的销售渠道，开拓和争夺市场，因此，这种方法涉及更多的不确定性，相应的风险较大，资金市场所需成本较高。如果进行并购，企业就可以利用原有企业的原料来源、销售渠道和已占领的市场，资金市场对原有企业也有一定了解，可以大幅度减少发展过程中的不确定性，降低风险和成本。

2. 并购有效地降低了进入新行业的壁垒。企业进入新行业的壁垒主要有以下几种：（1）企业在进入一个新的领域时，若以大规模方式进入，将面临现有企业的激烈反应，若以小规模方式进入，又将面临成本劣势；（2）产品差异使用户从一种产品转向购买新进入者的产品时，必须支付高额转置成本，使新企业难以占领市场；（3）某些资本密集型行业要求巨额投资，企业进入新领域时，存在较大风险，使企业在筹资方面有一定困难；（4）由于现有企业与销售渠道之间长期密切的关系，企业进入新市场时必须打破现有企业对销售渠道的控制，才能获得有效可靠的销售渠道；（5）新企业还可能面临其他一些不利因素。例如，现有企业拥有专门的生产技术、取得原料的有利途径、有利的地理位置、累积的经验、政府的优惠政策等。

当企业试图进入新的领域时，如果是通过投资建厂的方式，它不仅应考虑到以上提到的进入壁垒，还应认识到由新增生产能力对行业供求平衡的影响。如果新增生产能力很大，行业内部将可能出现过剩的生产能力，从而引发价格战。如果是采取并购方式，进入壁垒可以大幅度降低。由于兼并没有给行业增加新的生产能力，短期内行业内的竞争结构保持不变，引起价格战或报复的可能性较小。

3. 并购充分利用了经验—成本曲线效应。经验—成本曲线效应是指企业的生产单位成本随着生产经验的增多而有不断下降的趋势。单位成本的下降主要是由于工人作业方法和操作熟练程度的提高、专用设备和技术的应用、对市场分布和市场规律的逐步了解、生产过程作业成本和管理费用降低等原因。这种成本随经营经验下降的现象尤其是在那些高新技术和专业化很强的企业表现得特别明显。由于经验是在企业的长期生产过程中形成和积累下来的，企业与经验形成了一种固有联系，企业无法通过复制、聘请其他企业雇员、购置新技术和新设备等手段来取得这种经验。这就使具有经验的企业拥有成本上的竞争优势。如果是采用投资办厂的形式进入某一新的经营领域，新企业由于不具备经验，它要积累出这种经验需要相当的时间和费用，因而，它的成本往往会高于一般同行企业，在竞争中处于不利地位。如果企业通过并购方式发展，不仅获得了原有企业的生产能力，还将获得原有企业的经验。

第二节　企业并购的发展

全球并购浪潮开始于 19 世纪末的美国，至今已一百多年。在此期间，全球企业掀起过五次大规模的并购浪潮，并购对美国经济乃至世界经济的发展作出了巨大的贡献。

一、第一次企业并购浪潮

第一次企业并购浪潮发生在 19 世纪末 20 世纪初，高峰时间是 1889—1903 年。18 世纪以蒸汽机和各种机器发明为基础的工业革命使世界进入大机器生产时代。生产力的发展要求集中化的巨额资本，而个别企业内部的资本积累已远远不能满足社会化生产的要求。因此，在这种背景下，西方主要国家产生了第一次企业并购浪潮。

美国第一次企业的并购以同行业的横向并购为主。在钢铁、烟草、石油、制糖、制鞋和有色金属等十多个行业里，并购运动有效地把原来的过度竞争市场变为一个由少数大企业控制了 50% 以上产量的市场。在这次并购浪潮中，许多世界著名的大公司相继出现。美国美孚石油公司、美国钢铁公司、美国橡胶公司、美国罐头公司等就是这个时期产生和发展起来的，并且成为世界上的大垄断企业。

欧洲的企业并购主要发生在英国和德国。英国的第一次并购浪潮也发生在 19 世纪末 20 世纪初，多发生在纺织行业中，新兴的公司取代了原来效率低的企业。19 世纪后半期，在生产集中的基础上，德国逐渐形成了以卡特尔为特征的垄断组织，进入 20 世纪，德国的大多数卡特尔具有辛迪加的性质。在第一次世界大战前夕，莱茵—维斯特法利亚煤业辛迪加集中了该地区煤产量的 90% 和全国煤产量的一半以上，德国钢业联盟和铁业联盟控制了全国钢铁产量的 98%。

第一次并购浪潮的主要特点是以横向并购为主，导致生产迅速集中。这次并购不仅使大企业的地位和规模日益强大，推动了生产向专业化、系列化和规模生产的发展，而且完成了企业组织由传统结构向现代结构的转变，促进了企业最终所有权和法人所有权的分离，现代公司逐渐进入管理阶层委托代理阶段，职业经理逐渐占据公司的重要地位。

二、第二次企业并购浪潮

第二次企业并购浪潮发生在 20 世纪 20 年代和 30 年代初，其中以 1929 年的经济大危机为最高潮。当时西方国家工业正处在从以轻工业为主的结构向以重工业为主的结构转变过程中，因为重工业发展需要大量资本，使得资本集中和企业并购再度掀起高潮。

这次并购的数量大大超过前一次，美国 1919—1930 年的企业并购近 12 000 家，比第一次并购浪潮高两倍多。这次并购浪潮的主要特点是以纵向并购为主，参与纵向并购的企业占全部并购企业的 75% 以上。企业并购使一些行业，特别是汽车制造业、石油工业、冶金工业、成品加工业完成了集中过程，公用事业、银行业和零售商业中也发生了大量的兼并。

英国的企业兼并发生在军火工业方面和化学工业方面。在军火方面，1929 年维克斯公司通过并购成立了以军火和机器制造为主，在国内拥有大批制造军火、军用材料、金属、船只、飞机和电气设备的企业康采恩。在化学工业方面出现了由战前四大垄断组织联合组成的化学工业康采恩"帝国化学公司"。

德国同样掀起了企业并购的浪潮。德国是第一次世界大战的战败国，工业生产大幅度下降，垄断寡头不断吞并中小企业，出现了一批巨型垄断组织。从 1924 年起，德国经济开始复苏，生产和资本进一步集中，20 世纪 20 年代中期组成了庞大的化学工业托拉斯和钢铁托拉斯，并成为德国当时军事潜力复活的两大支柱。

总体来看，纵向并购是第二次企业并购的主要特征。企业通过并购，把与本企业生产紧密相关的非本企业所有的前后生产工序和环节的企业吞并，形成纵向生产一体化。出现了以产业资本与金融资本互相渗透为特征的并购，金融资本更有力量并购或控制其他企业，使生产集中的程度进一步加强。

三、第三次企业并购浪潮

第三次企业并购浪潮发生在 20 世纪 60 年代，在 60 年代后期达到顶峰。这次并购浪潮迎合了新一轮产业结构调整和企业多元化发展的战略需要。

在美国，企业并购的浪潮朝混合并购的方向发展。1948—1964 年美国发生的 647 起企业并购中，混合并购占了 63%。美国出现了一大批混合企业，如国际电报公司经过并购成为一家大型的混合公司，不仅经营电话业务，而且经营金融业、保险业、食品业和药品等。

在欧洲，英国、德国、法国等国家都掀起了企业并购浪潮。英国许多工业部门中较大的独资或合伙企业，纷纷改组股份公司，并进行联合和并购活动，加速生产集中的过程。在德国，不仅有大垄断公司吞并中小垄断公司的现象，而且出现了大垄断公司互相并购的活动。蒂森集团经过长期努力并购莱茵钢铁就是典型案例。法国企业并购的数量也开始大幅度增多，在1960—1970年，有1 850家企业被并购。

第三次企业并购浪潮的特点是以混合并购为主，即优势企业并购那些与其生产和职能上没有紧密联系的其他产业部门的企业，来谋求生产经营的多样化，以降低经营风险。并且，这次并购浪潮不仅是"大鱼吃小鱼"，而且出现了"大鱼吃大鱼"的现象，其激烈程度大大超过前两次并购浪潮。

四、第四次企业并购浪潮

第四次企业并购浪潮发生在1975—1992年。此次并购持续的时间较长，并且比以往的并购浪潮规模更大，方式更为多样化。

进入20世纪80年代，美国的企业并购浪潮十分巨大。从并购的数量上看，1980—1987年企业并购总数超过2万起；从交易金额上看，并购规模达到空前的程度，1985年超过10亿美元的企业并购达到37起，多发生在石油、化工等行业。

美国杠杆收购开始兴起，并且成为十分重要的策略。1985年，销售额仅3亿美元的经营超级市场和杂货店的潘瑞·普莱德公司通过举债17.6亿美元，吞并了年销售额为24亿美元的经营药品和化妆品的雷夫将公司。据估算，在20世纪80年代企业并购浪潮中，并购资金的90%是借入的。

20世纪80年代以来，欧洲共同体各成员国出于为欧洲统一市场作积极准备的目的而刮起了企业并购之风，其中英国企业并购的数量和金额都列在首位，处于主体地位。在西欧企业并购中出现了私人企业并购国有企业的现象，成为西欧并购史上的一大特色。德国大众汽车公司、汉莎航空公司、德国工业装备公司、联合工业企业股份公司等均被私人企业主并购。

在日本，20世纪80年代随着日元升值造成的压力，并购成为企业的重要策略，以改善企业的经营管理和业务多元化。日本企业通过相互协商达成合并协议，成为具有日本特色的企业并购。日元升值也促使日本企业向海外收购公司，建立海外经营网络和海外生产基地，绕过贸易壁垒。1986年，日本发动了50起国际并购。1989年，日本收购的国外企业上升到340家，1990年又并购了200多家国外公司，其中以美国企业居多。1992年，欧洲统一大市场形成，日本公司通过并购活动把业务迁往欧洲，形成了一股对欧洲企业的并购潮。

第四次企业并购浪潮涉及的行业广泛，从食品到烟草、连锁超级市场、汽车、化学、医药、石油、钢铁等各种行业都有不同程度的并购活动。在并购形式上，横向、纵向和混合三种并购方式互补。投资银行在企业并购中越来越发挥重要的作用，它们不仅提供并购所需的资金，而且还充当并购活动的促办人。

五、第五次企业并购浪潮

第五次企业并购浪潮发生在 1994 年至今，是西方国家历史上最大的一次并购浪潮。这次并购涉及的行业十分广泛，遍及金融业、通信业、娱乐业、零售业和国防工业等。

在金融业的并购中，美国金融业出现了数次的并购案例，涉及数额巨大，影响深远。1995 年 6 月，美国第一联合银行和第一忠诚银行以交换股票方式进行合并，并购总资产达 1 237 亿美元。2000 年 12 月，美国第三大银行大通曼哈顿公司兼并第五大银行摩根公司一案终于尘埃落定。

在通信业的并购中，美国爆发了多起企业并购。1994 年，奈克代尔通讯公司收购其最大的竞争对手戴尔呼叫公司，并购摩托罗拉公司的无线电频道使用执照，使奈克代尔公司成为美国移动电话的"巨人"。美国时代华纳和美国在线合并，成为网络行业和传媒业的经典结合。

在运输业中，波音和麦道两家最大的飞机制造公司进行了合并，波音公司是世界上最大的商用飞机制造公司，而麦道公司是当时世界上最大的军用飞机制造商，合并之后能产生相当大的互补作用。

这次企业并购浪潮通常以投资银行为主。在华尔街的积极推动下，纷纷以杠杆收购的方式吞并其他企业，多以投机为出发点，在完成并购之后就将公司分割出售，在股市上大赚一笔。另外，这次并购已不局限于同业之间，而是逐步向跨行业并购方向发展，涉及金额多达几十亿甚至上百亿美元。

第三节　企业并购的方式

企业并购的方式，可依据不同的标准加以分类。

一、协议收购和要约收购

根据法律对上市公司并购操作的监管要求，上市公司之间的收购可划分为协议收购和要约收购。

（一）协议收购

协议收购是指收购公司与目标公司的董事会或管理层进行磋商、谈判，双方达成协议，并按照协议所规定的收购条件、收购价格、期限以及其他规定事项，收购目标公司股份的收购方式。协议收购的法定形式是协议，收购公司必须事先与目标公司达成股权转让的书面协议。因此，协议收购通常为善意收购。这种收购方式所涉及的股权转让多为场外转让。

（二）要约收购

要约收购是指收购公司以书面形式向目标公司的管理层和股东发出收购该公司股份的要约，并按照依法公告的收购要约中所规定的收购条件、收购价格、收购期限以及其他规定事项，收购目标公司股份的收购方式。要约收购不需要事先征得目标公司管理层的同意。这里的"要约"是指收购公司向目标公司的股东发出购买其持有的该公司股票的意思表示，通常要求采用书面的形式。

按照国际上的通行做法，当进行收购的投资者通过证券交易所的证券交易，持有一个上市公司的股份达到法定数额，必须依法向该公司所有其余股东发出公开购买其持有股票的要约。这一法律规定的意图是，进行整个收购事件和过程的信息披露，使小股东能够在获得公开信息的情况下，以较高的价格售出其持有的股票，从而保护小股东的利益。

二、现金收购、换股收购和混合支付收购

按照并购支付的对价形式或采用的支付工具的不同，并购类型可划分为现金收购、换股收购和混合支付收购。

（一）现金收购

现金收购是指收购公司用现金购买目标公司的股份或资产以获得目标公司控制权的收购方式。

（二）换股收购

换股收购指收购公司将自己的股票以一定的折股比例支付给被收购公司的股东以换取对方的股份，取得被收购公司的控制权的收购方式。

（三）混合支付收购

混合支付收购是指收购公司以现金、股票、债券等多种支付工具组合购买目标公司股份或资产以达到控制权的收购方式。

三、善意收购和敌意收购

根据收购公司向目标公司提出的收购建议的内容、方式和目标公司的董事会

对收购方报价的不同反应，收购方式被分为善意收购和敌意收购两类。

（一）善意收购

善意收购（friendly acquisition 或 friendly takeover）通常表现为，收购公司向目标公司的董事会或管理层提出收购建议，以寻求目标公司的董事会或管理层对并购的支持和配合。当目标公司的董事会或管理层同意交易条件的善意报价时，两家公司协商达成并购的协议。善意收购的一个重要特征是，收购公司为表示友好诚意，一般不会在提出收购建议前一段时期购买目标公司的股票。此外，在收购完成后目标公司的管理人员的职位基本不变或能得到相应的安排。

（二）敌意收购

在敌意收购（hostile takeover）方式下，收购公司致函给目标公司的董事会，向它们表达收购的意愿，并要求目标公司对收购报价迅速作出决定。收购公司也可能在目标公司尚未对收购报价作出反应的情况下，向目标公司发出溢价收购的要约。典型的敌意收购更表现为收购公司事先不向目标公司董事会表达收购意愿，而是直接通过投标收购（tender offer）的方式向目标公司的股东提出要求，收购目标公司的股票。

四、横向兼并、纵向兼并和混合兼并

按照并购双方的业务范围和所处行业进行划分，有以下三种并购类型：

（一）横向兼并

横向兼并（horizontal merger）是指同行业或从事同类业务活动的两个公司的合并。比如，两家汽车公司或石油公司之间的兼并。横向兼并可以形成更大规模的经济实体，一般都能从规模经济中获益。

（二）纵向兼并

纵向兼并（vertical merger）是指从事相关行业或某一项生产活动但处于生产经营不同阶段的企业之间的兼并。比如，石油行业中的生产活动分为勘探开采、炼制、将产品销售给最终消费者等活动。这些处于生产经营不同阶段的企业之间的兼并即为纵向兼并。纵向兼并使得企业的生产经营活动一体化。这被认为有利于降低成本，提高效益。

（三）混合兼并

混合兼并（conglomerate merger）是指从事不相关业务类型经营活动的企业之间的兼并。混合兼并的规模一般比较大，有利于经营多样化和减轻经济危机对企业的影响，有利于扩大企业自身的产业结构，增强控制市场的能力。

第四节 企业并购的程序

一、签订合作协议

在企业并购操作之前，投资银行应该与企业客户就合作事项签订一份协议。协议主要明确投资银行和客户双方的责任、权利，应包括服务内容、费用安排、免责事项和终结条款等。

从服务内容上看，一方面，要从总体上明确投资银行提供哪种服务，是收购服务还是反收购服务。另一方面，对投资银行服务的具体范围进行界定，规定好投资银行具体的服务项目。

从费用安排来看，要明确在何种情况下收取何种费用，费用应该采用什么方法计算等。

从免责事项来看，主要是投资银行为了减少法律纠纷，在服务协议中规定它在并购中得以免除的责任。

从终结条款来看，目的是确立并购终结后有关各方的责任、权利和报酬。其关键内容是在契约终结后，如果客户完成并购交易，在何种情况下、在什么时间内，投资银行有权收取费用。

二、选择目标企业

收购方和投资银行在签订协议之后，必须多方面收集市场信息，来选择目标企业。这是进行收购活动的重要一步，一般要考虑业务、财务、规模等方面的因素。

（一）业务因素

业务因素的考虑主要服从于收购企业的收购动机，目标企业的业务要与收购方的收购动机相协调。如果收购方的用意在于获得经营上的协同效应，则应主要关注目标企业的业务、优势和收购公司的配合程度；如果收购方的目的在于扩大市场份额，那么目标公司的业务必须与其密切相关，并能增加收购方的市场占有率。

（二）财务因素

财务因素在企业并购的过程中往往处于核心地位，企业的并购活动必定伴随着财务上的整合。首先要分析收购方的资金实力、融资能力和渠道、资金成本等因素。同时还要考虑目标企业的资产负债表和财务指标状况，并对拟定的目标企业进行深入的财务分析，包括并购后的现金流量、利润水平、资本结构和盈利潜力等。如果收购方并购的目的之一在于改善其财务结构，那么财务杠杆较高的企业就不是合适的并购对象。

（三）规模因素

尽管垃圾债券的出现和杠杆收购的兴起使并购活动中"小鱼吃大鱼"的现象不断出现，但这种做法的高风险和高难度决定了收购方一般不会贸然选择规模比它大得多的企业作为收购对象。同时，基于规模经济的考虑，收购方在选择和评估目标企业时，需要投入大量的时间和一定的费用，如果选择目标企业的规模过小，收购方所付出的单位成本就较高，所以收购方一般会设定目标企业的下限。

衡量企业规模大小主要考虑以下指标：（1）收购价格；（2）目标企业的主营收入或销售毛利；（3）目标企业资产、负债和资本；（4）目标企业的市场份额；（5）目标企业的盈利能力；（6）目标企业的职工数量、市场的分散化程度和经营的多元化程度。

三、对目标公司进行估价

在对目标公司初步考察以后，就要对目标公司进行估价，得到理论上的合理价格，以便于确定并购的成本问题。对企业价值的评估模式主要有：

（一）贴现模式

贴现模式是指在对目标公司的未来收益或现金流量进行预测的基础上，按照货币的时间价值以特定的贴现率将其转换成现值，作为目标公司的价值。这一模式包括收益贴现法和现金流量贴现法，其优点是将公司的价值与盈利能力结合起来，从动态的角度对公司价值进行评定，但对目标公司的盈利预测缺乏准确性。

贴现模式的基本公式为

$$V = \sum \frac{C}{(1 + i)^t}$$

式中：V 为目标公司价值；C 为现金流量或收益；i 为贴现率。

以现金流量贴现法为例，对某目标公司用现金流量贴现法进行评估。预计该公司在未来5年内其现金流入依次为1 000万元、1 200万元、1 250万元、1 200万元、1 300万元，5年后，目标公司的现金流稳定地保持在1 000万元。假设贴现率为10%，则目标公司的价值为

$$V = \frac{1\ 000}{1 + 10\%} + \frac{1\ 200}{(1 + 10\%)^2} + \frac{1\ 250}{(1 + 10\%)^3} + \frac{1\ 200}{(1 + 10\%)^4}$$

$$+ \frac{1\ 300}{(1 + 10\%)^5} + \sum_{t=6}^{\infty} \frac{1\ 000}{(1 + 10\%)^t}$$
$$= 10\ 111.52(万元)$$

所以，目标公司的价值为 10 111.52 万元。

（二）市盈率模式

市盈率模式是指根据上市公司行业的市盈率并结合公司的实际情况，确定上市公司合理的市盈率，然后由公司近期盈余计算出上市公司的股票价值及公司价值。采用市盈率法评估目标公司的优点是比较简洁，但前提是要有完善的资本市场，信息要完全对称，而且主观性较强。

市盈率模式的计算公式为

$$V = E \times L \times N$$

式中：V 为目标公司价值；E 为市盈率；L 为每股盈余；N 为公司发行在外股份总数。

例如，某公司发行在外的股本总数为 5 000 万股，本期每股盈余为 1.2 元，行业平均市盈率为 18，考虑到该公司经营情况略好于行业平均水平，将其市盈率确定为 20。则目标公司的价值为

$$V = 5\ 000 \times 1.2 \times 20 = 120\ 000(万元)$$

所以，目标公司的价值为 120 000 万元。

（三）资产基准模式

资产基准模式即对目标公司的每项资产进行评估，然后将各类资产的价值加总，得出目标公司的总资产，再减去各类负债总和，就得到目标公司的价值。这一模式一般忽略目标公司的无形资产，主要适用于以购买资产方式进行收购的收购公司。通常包括账面价值法、清算价值法及重置成本法。其计算公式为

$$V = A - L$$

式中：V 为目标公司价值；A 为目标公司资产总值；L 为目标公司负债总值。

例如，经评估，目标公司的资产总值为 2 000 万元，负债总值为 700 万元，则以购买资产进行收购时，目标公司的价值为

$$V = 2\ 000 - 700 = 1\ 300(万元)$$

所以，目标公司的价值为 1 300 万元。

（四）市场模式

市场模式是指对于非上市公司的评估，先找出在营运和财务上与其可比的上市公司作为参照公司，然后再按照作为参照公司的上市公司的主要财务比率以推断非上市公司的价值。具体计算公式为

$$V = E \times R$$

式中：V 为目标公司价值；E 为目标公司的市盈率；R 为目标公司的收益总额。

例如，在 A 公司收购 B 公司的案例中，B 公司为非上市公司，但其与 C 公司处于同一行业，二者的财务指标、经营情况也大致相同，因而取 C 公司的 20 倍市盈率作为 B 公司的市盈率。又知 B 公司的当期收益总额为 200 万元，则 B 公司的价值为

$$V = 200 \times 20 = 4\ 000\ （万元）$$

所以，B 公司的价值为 4 000 万元。

四、选择支付工具

在企业并购活动中，支付工具的选择是十分重要的关键环节，并给并购的双方带来影响。企业并购可以选择的支付工具非常灵活，一般包括现金、普通股、优先股、可转换债券、综合支付方式，同时还可以是多种工具的组合。各种支付工具具有不同的特点。

（一）现金

现金支付方式是指收购方支付给目标企业所有者一定数量现金以进行收购活动的支付方式。对收购方来说，现金的支付速度较快，使目标企业的敌意情绪控制在较短的时间内，目标企业的管理层无法获取充分的时间进行反收购，并且与收购方竞购的对手或潜在对手也可能因为无法筹措大量现金而难以与收购方抗衡。

对目标企业来说，现金不存在变现问题，其价值不会剧烈波动。但是现金使目标企业的所有者无法推迟资本利得的确认，提早了纳税时间，并且使他们不能拥有并购后新公司的权益。因为现金支付的速度快，特别适合敌意收购。

（二）普通股

当收购公司通过增发普通股来替换目标公司的股票以达到收购目的时，普通股就成为支付工具。从收购公司来看，用普通股作为支付工具不需要支付大量的现金，所以不会大量占用营运资金。同时，市盈率高的公司并购市盈率低的目标公司，反而可以提高并购后新公司的每股收益，造成并购景气。

从目标公司来看，股东可以推迟收益实现时间以享受税收优惠，并且由于拥有新公司的股权，目标公司的股东能够分享并购后新公司的增值。

以发行普通股作为收购的支付工具，由于受到法律的限制，一般来说程序比较繁琐，持续的时间较长，使被收购公司的管理层有充足的时间实施反收购行动，也使竞购对手有机会组织强有力的竞争。以普通股作为支付工具会造成股权

稀释，并使并购后的每股净收益出现回落。

（三）优先股

可转换优先股是最常见的优先股支付方式。因为可转换优先股具有普通股的一般特征，同时具有固定收益证券的性质，容易被目标公司的股东接受。

对收购方而言，运用优先股作为支付工具不挤占营运资金，是一种低成本高效率的支付工具。但由于优先股具有普通股和固定收益债券的弱点和劣势，因此现在已经很少在企业收购中使用。

（四）可转换债券

可转换债券对于风险厌恶的股东具有很大的吸引力，他们可能自愿放弃股票升值的机会，转而收取每年的固定利息，而可转换债券正好可以很好地满足这部分人的需求。目标公司的股东持有可转换债券既能获得稳定的收益，又可以分享公司股价升值的好处。

对于收购公司而言，可转换债券作为支付工具可以实现多种利益：首先，可以降低收购成本，可转换债券的利率一般低于普通债券的利率；其次，运用可转换债券可以推迟新股东的加入，保持原股东的收益不被稀释；最后，在税前利润中支付利息，减少所得税。

（五）综合支付方式

综合支付方式是指收购方对目标企业的出价由现金、股票、认股权证、可转换债券等多种支付工具构成的组合体的一种方式。

因为单一的支付方式必然具有局限性和弱点，因此把多种支付工具组合在一起，可以扬长避短。但是使用综合支付方式也有一定的风险，可能由于搭配不当而带来损失。多种支付工具的组合使用也可能因为操作繁琐和分散而错失良机，增加了收购的不确定性和成本。

五、与目标公司接洽

在企业并购活动中，如何接触目标公司的管理层和股东是件艺术性很强的事情。不同的收购方式有不同的接洽方式，妥善的接洽方式能够促进并购的顺利进行和成功。

（一）善意收购的接洽方式

善意收购的接洽方式是指收购公司私下秘密地向目标公司提出诸如资产评估、收购价格、支付方式等内容的收购建议，并通过协商决定双方的并购事项的方式。如果目标公司和收购方达成并购意向，两个公司的管理层将向各自的股东发表同意并购的声明和建议。为了表示公正，当事公司的投资银行要出具公平意见书，分析论证收购价格的公平性。出价被接受后，收购方的投资银行便开始接受目标公司的股东前来出售其股票并作支付，从而达成善意收购。

善意收购的接洽方式具有很多优点：第一，可以获得目标公司的商业秘密；第二，可以留住目标公司的关键人才；第三，可以达成较为有利的并购协议。善意收购的接洽方式通常在收购公司已经清楚了解目标公司营运状况，并且相信目标公司的管理层会同意并购的背景下行使。

（二）敌意收购的接洽方式

敌意收购的接洽方式是指在敌意收购行动中，收购公司根本不考虑目标公司的意愿，采取非协商性的购买手段，向目标公司发动突然袭击，直接在市场上展开标购。诱引目标公司的股东出让股份。一般而言，敌意收购的对抗性很强，目标公司的管理层会采取反收购的各种行动，迫使收购公司放弃收购。

收购公司在采取敌意收购时应会预料到目标公司不愿被收购，所以事先已在暗中积累了大量目标公司的股票。如果目标公司的绝大多数股东，尤其是中小股东不满意目标公司的低迷股价，就会增加收购成功的可能性。

敌意收购的接洽方式有很大的缺陷：第一，收购公司难以获得对方的商业秘密；第二，成本过高；第三，收购发起人的形象受损。

（三）熊抱收购的接洽方式

熊抱收购的接洽方式兼有善意收购和敌意收购接洽方式的某些特征。与善意收购相似的是在接洽目标公司管理层之前，收购方不会收购或在公开市场上购入目标公司的一定量的普通股；与敌意收购相同的是收购方向目标公司提出的收购建议最终是向市场公布的。

熊抱收购的接洽方式按照程度的差异又可分为温和、较强烈和凶悍三种。

温和的接洽方式与完全善意收购接洽方式非常相似，所不同的是前者在收购建议上更明确地列示价格、支付工具、收购条件等款项，从而使这份收购建议符合在较短的一段时间后公开披露的条件。

在较强烈的接洽方式下，收购公司在将收购建议提交给目标公司的同时或之后，就公开宣布其收购意向，声明在近期将按一具体价格发动标购，并希望能与目标公司进行谈判，以达成一个双方都能接受的并购协议。选择这一接洽方式是希望目标公司在面临标购威胁时，同意与其合作，达成友好的收购交易。

凶悍的接洽方式近似于敌意收购。收购公司通知目标公司，并提供两条建议：第一，如果目标公司同意谈判合作，收购公司将支付一个较优惠的收购价格；第二，如果目标公司拒绝合作，收购方将以较恶劣的收购条件发动标购。这种接洽方式给目标公司的管理层更大的压力，目标公司可以衡量出拒绝谈判的具体代价。在目标公司考虑到诸多因素带来的压力后，会同意与收购公司合作，达成善意收购的交易。

六、签署并购协议

收购接洽阶段结束（包括谈妥收购价格）后，就需要拟定并购协议书。这时，除了互相提供经营方面的内部资料外，还要由会计、审计人员进行最终的收购查账，以确定收购金额及方式等条件，还包括制定收购程序表。此外，必要时收购企业还要将对被收购企业的处理方式及经营者、职工的待遇安排等，向政府主管部门提出书面报告。这一阶段拟定的协议书一般称做准协议书，不具备法律效力，因此协议书的内容也可变更。

协议书正式完成以后，还必须经过双方企业董事会对于这项并购事宜的认可和批准。董事会的认可和批准既是一个法律程序，也是对并购过程中可能发生的不公正和违法行为的一种制约。

以上过程全部顺利结束后，就要进行并购协议书的签署。这时，企业的并购协议才具备法律效力。

七、实施并购和并购后的安排

在经过上述步骤之后，收购公司与其投资银行经过长期、周密而细致的工作，已经为最后的行动做好了充分的准备，这时只需要根据计划和协议有条不紊地采取行动。

在这一阶段要做好交易的支付、人事的安排和组织结构的重建等工作。首先，要进行交易的支付。通过付款完成股权或资产的转移，收购方将根据协商的结果选择包括现金、股票等多种方式或组合来完成交易。其次，应稳定目标公司的人事、客户和供应商的关系。重点包括主管人员的派任、稳定人才与激励措施、收购后的沟通等。最后，进行组织结构调整。要对目标公司的组织结构和管理制度进行适当的调整，使之符合公司发展的战略需要。

当然，收购交易完成并不代表收购的完全成功，更艰巨的任务是对收购后新公司的整合，提升公司的效率，否则，收购公司的并购可能将最终失败。

上述并购的阶段是并购重组的一般过程，对于不同的公司（例如上市公司和非上市公司）并购的具体过程还有一些不同的规定和要求，因此，不同公司的具体并购程序并不完全相同。

第五节　企业并购的风险

并购是一种高风险与高收益相伴的业务，投资银行应该帮助客户分析并购风险。并购活动中的风险包括以下几项。

一、融资风险

并购一般需要巨额资金的支持，并购方的自有资金并不能满足并购的需要，因此，必须通过银行贷款、发行债券、发行新股等方式融资，如果融资方式欠佳或融资失败，就会提高融资成本，造成企业并购后沉重的偿债负担，可能使并购方破产，还可能使并购计划无法完成。因此，要注意分析未来的财务状况。

并购公司在并购目标公司后，并购公司在未来的资金开支、流动资金需求以及现金流量都将发生较大的变化，如何保证未来财务平衡是并购中必须考虑的问题。

二、经营风险

经营风险是指并购后无法形成协同效应，并购方未能达到预期目的而产生的风险。其产生的原因可能是因为并购前期的预测有误，还可能是外部条件发生意外变化。

三、反收购风险

并购方在发动敌意收购时，目标公司可能会反对并购并采取一系列反收购行动，由此可能造成收购活动的失败。

四、法律风险

国家法律一般对并购都有严格的限制，如反垄断法，如果收购方被控违反公平竞争进行行业垄断，就有可能受到法律制约，从而使并购失败。如还有一些相关的法律规定，当并购方持有被收购公司的一定比例的股份后，必须举牌并向全体股东发出收购要约，这会使并购成本上升，从而降低收购成功的可能性。

五、信息风险

如果在并购中，投资银行及并购方无法获得目标公司的完全信息，就难以制订科学周密的行动方案，从而造成并购的失败。尤其在敌意收购中，信息风险会很大。

第六节 反收购的方式

一旦敌意收购发生，目标企业通常就要采取措施进行反收购。反收购的措施很多，如果从时间上来划分，可以分为事前与事后两种形式。

一、事前反收购对策

为防止被其他企业所收购，许多企业在收购企业发出收购要约前，就事先设计好了各种反收购的对策，从而使收购企业望而却步。这些对策主要有：

（一）董事轮换制

董事轮换制（staggered board election）是指在公司章程中规定，每年只能更换一部分，如 1/3 的董事，这意味着即使收购者拥有公司绝对多数的股权也难以获得目标公司董事会的控制权。目前，美国标准普尔指数的 500 家公司中的一半以上公司采用这种反收购对策。由于这种反收购方法阻止了收购者在短期内获得公司的控制权，从而使收购者不可能马上改组目标公司，这样就降低了收购者的收购意向，并提高收购者获得财务支持的难度。

（二）绝对多数条款

绝对多数条款（super-majority provision）是指在公司章程中规定，公司的合并需要获得绝对多数的股东投赞成票，这个比例通常为 80%，同时，对这一反收购条款的修改也需要绝对多数的股东同意才能生效。这样，敌意收购者如果要获得具有绝对多数条款公司的控制权，通常需要持有公司很大比例的股权，这在一定程度上增加了收购成本和收购难度。这种反收购对策虽然对股价可能有一定的负面影响，但它仍然被认为是一种温和的反收购对策。

（三）双重资本重组

双重资本重组（dual class recapitalization）是将公司股票按投票权划分为高级和低级两个级别，低级股票每股拥有 1 票的投票权，高级股票每股拥有 10 票的投票权，但高级股票派发的股息较低，市场流动性较差，低级股票的股息较高，市场流动性较好，高级股票可以转换为低级股票。如果经过双重资本重组，公司管理层掌握了足够的高级股票，公司的投票权就会发生转移。即使敌意收购者获得了大量的低级股票，也难以取得公司的控制权。与董事轮换制和绝对多数条款相比，采取双重资本重组这种反收购对策的公司较少。

双重资本重组是一种有效的反收购对策。由于将投票权集中到公司的管理者手中，可以阻止敌意收购者通过收购发行在外的股票而控制公司，有时，即使收购了目标公司所有发行在外的股票，也可能难以获得目标公司的控制权或将其收购。

（四）"毒丸"计划

"毒丸"计划（poison pill plan）是一种优先股购股权计划，这种购股权通常发行给老股东，并且只有在某种触发事件发生时才能行使。"毒丸"计划一般分为"弹出"计划和"弹入"计划。"弹出"计划通常指履行购股权，购买优先股，该优先股有权以优惠的条件转换成普通股，比如，以100元购买的优先股可以转换成目标公司200元的普通股股票。"弹出"计划会稀释收购者所持股份的比重，降低收购者对目标公司的控制力。在"弹入"计划中，目标公司以很高的溢价购回其发行的购股权，通常溢价高达100%。也就是说100元的优先股以200元的价格被购回，而敌意收购者或触发这一事件的大股东则不在回购之列，这样就稀释了收购者在目标公司的权益。"弹入"计划经常被包括在一个有效的"弹出"计划中。

"毒丸"计划在美国是经过1985年德拉瓦斯·切斯利（Delawasi Chesley）法院的判决才被合法化的，由于它不需要股东的直接批准就可以实施，并且对于敌意收购来说是一项有力的反收购对策，故在20世纪80年代后期被广泛采用。

二、事后反收购对策

当收购企业发出收购要约，执意收购目标企业时，目标企业并非只能束手就擒，而是通常采取以下一些对策来进行防御。

（一）特定目标的股票回购

特定目标的股票回购有时也被称为讹诈赎金或"绿色邮包"（green mail），当公司从单个股东或一组股东（收购方）手中购回其持有的相当数量的公司普通股时才会发生。这样的股票回购经常是溢价成交，而且回购不适用于其他股东。特定目标的股票回购可以作为反兼并的一种手段，它可以促使收购者把股票出售给目标公司并赚取一定的利润，放弃进一步收购的计划。

（二）诉诸法律

也许最普通的反收购对策就是与收购者打官司。在美国1962—1980年间的约1/3的收购案中发生了法律诉讼。诉讼可能针对收购者的某些欺骗行为违反《反托拉斯法》或者证券法规等行为而进行。

法律诉讼有两个目的：第一，它可以拖延收购，从而鼓励其他竞争者参与收购。研究表明，在有法律诉讼的情况下，竞争出价产生的可能性有62%，而没有法律诉讼时其可能性只有11%；第二，可以通过法律诉讼迫使收购者提高其收购价格，或迫使收购公司为了避免法律诉讼而放弃收购。

（三）资产收购和资产剥离

改变目标公司的资产结构也可以作为反兼并措施之一，这种对策包括将收购者希望得到的资产［这些资产常被称为"皇冠上的明珠"（crown jewel）］从公司剥离或出售，或者购入收购者不愿意得到的资产，或者购入某些可能会引起《反托拉斯法》或其他法律上的麻烦的资产。这些对策的目的在于减少目标公司在收购者心中的吸引力，并提高收购者为此要付出的代价。这种措施通常会降低目标公司资产的质量和股票的价格。

（四）邀请"白衣骑士"

当遭到敌意收购时，目标公司邀请一个友好公司，即所谓的"白衣骑士"（white knight）作为另一个收购者，以更高的价格来对付敌意收购，从而使自己被"白衣骑士"收购。通常，如果敌意收购者的收购出价不是很高，那么目标公司被"白衣骑士"拯救的可能性就大；如果敌意收购者提出的收购出价很高，那么"白衣骑士"的成本也会相应提高，目标公司获得拯救的可能性就减少。

（五）"帕克门"战略

"帕克门"（Pac-Man）原是 20 世纪 80 年代初流行的一部电子游戏的名称，在该游戏中，任何没有吞下敌手的一方将遭到自我毁灭。这里是指当敌意收购者提出收购时，被收购方针锋相对地对收购者发动进攻，也向收购公司提出收购。反收购实践表明，"帕克门"战略是一场非常残酷的收购战，被收购方取得胜利的条件是：首先，收购公司必须自身有一定的问题而存在被收购的可能；其次，收购公司有大量流通在外的股份或者收购公司是一家公众公司；再次，目标公司需要有大量的资金和较强的融资能力；最后，目标公司要有实力较强的关联公司。

第七节　投资银行在并购业务中的作用及其收费

投资银行是资本市场中主要的中介机构，对整个资本市场的正常运转起到了积极的推动作用，这种推动作用在并购业务中表现得尤为突出。

投资银行的并购业务对参与各方都有积极的影响。对投资银行自己来说，并购业务的效用在于创造利润。对企业并购中的买方来说，投资银行帮助它以最优的方式用最优惠的条件收购最合适的目标企业，从而实现自身的最优发展。对企业并购中的卖方来说，投资银行帮助它以尽可能高的价格将标的企业出售给最合适的买主。对敌意并购中的目标企业及其大股东来说，投资银行的反并购业务则可帮助它们以尽可能低的代价取得反并购行动的成功，从而捍卫企业及其股东的正当权益。

企业并购是一项十分复杂且专业性强的活动。由于投资银行信息灵通，对企业的状况比较熟悉，并具有较为丰富的并购经验，同时投资银行在财务管理和分析方面的能力较强，能进行比较合理的定价，所以企业并购的双方一般都愿意选择投资银行作为其代理人和顾问。投资银行参与企业并购活动，可以为并购的双方提供服务。

一、安排并购

现代投资银行都设有专门机构从事企业兼并工作，这些部门的成员往往千方百计地了解哪些拥有雄厚资金实力的公司想收购其他公司，哪些公司愿被别人收购。投资银行作为收购方的财务顾问，帮助处理并购过程中的复杂的法律和财务问题，如分析被收购公司的股权结构分布及前景状况，研究收购成功的可能性，设计并购策略，确定时间、价格。在整个并购过程中，需要大量资金支持，投资银行要为其融资或承销债券就要编制有关公告，详细阐述收购情况，并函告被收购公司股东，详细说明收购原因、条件、步骤等事宜。这一过程如让收购方依靠自己的力量来处理，很可能会遇到意想不到的困难，导致并购失败，造成重大损失。

二、实施反并购措施

在并购交易中，目标公司为了防范和抵抗敌意收购公司的进攻，往往请求投资银行设计出反兼并与反收购的策略来对付收购方，增加收购的成本和难度。

作为目标公司的代理或财务顾问，投资银行的工作主要有：（1）如果是敌意收购，投资银行则和公司董事会一起制定出一套防范被收购的策略，例如，向公司的股东宣传公司的发展前景，争取大股东继续支持公司的董事和持有公司的股票等；（2）就收购方提出的收购建议，向公司的董事会和股东作出收购建议是否公平合理和应否接纳收购建议的意见；（3）编制有关文件和公告，包括新闻公告，说明董事会对建议的初步反应和它们对股东的意见；（4）协助目标公司董事会准备一份对收购建议的详细分析和董事会的决定，寄给本公司的股东。

三、确定并购条件

如果是善意并购，双方公司必须确定兼并条件，包括兼并的价格、付款方式和兼并后的资产重组，双方各自聘请的投资银行将就兼并条件进行谈判，以便最终确定一个公平合理的、双方都愿意接受的兼并合同。如果是敌意并购，投资银行要对目标公司进行充分、细致的评估，帮助收购方确定收购价格，以保证并购的成功。

四、安排融资

并购活动需要巨额资金，一般不可能靠自有资金来实施，大部分靠各种融资形式来解决。投资银行将作为企业并购的融资顾问，负责资金的筹措。投资银行通常采用杠杆融资，并以并购资产作抵押，完成并购后，出售部分资产，逐步进行偿还。另外，利用增资扩股筹措资金，或者发行无担保的垃圾债券，由于收益率较高，比较容易吸引基金和投资者。此外，还可发行可转换债券等。

五、投资银行在企业并购中的收费

投资银行参与企业并购活动发挥了积极的推动作用，并赚取丰厚的报酬。投资银行的并购业务收入已经在投资银行的收入总额中占有相当大的份额，日益成为其主要收入来源之一。投资银行的收费按计提方式不同可以分为三种：固定比例佣金、累退比例佣金和累进比例佣金。

（一）固定比例佣金

固定比例佣金是指无论并购交易金额为多少，投资银行都按照一个固定比例收取酬金。这一比例的确定一般经过投资银行和客户协商决定，一般来说并购交易金额越大，这一固定比例越低。

（二）累退比例佣金

累退比例佣金是指投资银行收取的佣金随着并购交易金额的上升而按一定的比例下降。雷曼公式（Lehman Formula）是早期企业并购业务佣金提取的普遍方式，这种公式采用的就是累退比例佣金制。雷曼公式是由雷曼兄弟公司最早提出来的，其收费标准如表 6 - 1 所示。

表 6 - 1　　　　　　　　　　雷曼公式佣金计算表

金额	佣金比例（%）
第一个 100 万美元	5
第二个 100 万美元	4
第三个 100 万美元	3
第四个 100 万美元	2
超出 400 万美元的部分	1

在"雷曼公式"的基础上，一些投资银行根据经济形势已经对其作了调整，例如，对第一个 300 万美元的佣金提取比例为 5%，对第二个 300 万美元的佣金提取比例为 4%，对第三个 300 万美元的佣金提取比例为 3%，即依次每增加 300 万美元降低 1 个百分点。

（三）累进比例佣金

累进比例佣金是指投资银行和客户首先对交易金额进行估算，除了按照估计金额提取佣金外，如果实际成交金额优于这一估计金额，则给予累进比例佣金作为奖励。例如，一个目标公司认为其公司的市场价格为 3 000 万元人民币左右，如果经过投资银行的周旋，实际出售价格为 3 200 万元，投资银行的佣金提取比例应该增加 1 个百分点，如果实际出售价格为 3 400 万元，那么佣金提取比例应该再增加 1 个百分点。这种佣金提取方式把投资银行的收费标准与其绩效挂钩，能够较好地激励投资银行。

【案例】

柯诺克公司是美国的一家大公司，1981 年销售额居美国大公司排行榜的第 14 位。它主要经营石油和煤炭开发与销售，经营绩效一般，公司股价在 1981 年 5 月首遭并购袭击前每股在 50 美元左右徘徊。这种股价水平相对于其经营绩效而言尚属合理，但与其拥有的大量石油、煤炭储量和厂房设备等资产净值和潜在收益相比，此股价明显偏低。过低的股价诱发了其他公司对它的收购袭击。率先对柯诺克公司发动收购袭击的是同行业的多姆石油公司。1981 年 5 月，多姆石油公司发出报价：以每股 65 美元收购 13% 的柯诺克公司股票。柯诺克公司董事会对此收购建议予以拒绝，并依据美国《反垄断法》对其提出指控。多姆公司因此而退却。此后不久，西雷格公司宣布以每股 73 美元报价、现金支付的方式收购 41% 的柯诺克公司股票。西雷格公司是加拿大的一家大公司，主营酿造业，它意欲成为柯诺克公司的控股性大股东，以此进军石油业。对西雷格公司的收购报价，柯诺克公司也加以拒绝。然而柯诺克公司的自身力量和经济手段显然难与西雷格相抗衡，于是，寻找"白衣骑士"成为它的第一反应。

著名的杜邦公司应允出面充当"白衣骑士"，杜邦是美国著名的化工公司，它是化工原料的使用者，主营石油开发的柯诺克公司是其上游企业。这一并购有望产生较大的协同效应。因此，杜邦宣布全面收购柯诺克，条件是：以每股 87.5 美元的价格、现金支付的方式收购 40% 的柯诺克股份，余下 60% 以换股的方式收购，以每股柯诺克股票兑换 1.6 股的杜邦公司股票。西雷格公司不甘示弱，将收购价提高到每股 89 美元。杜邦公司针对这一报价，也相应提高了它的收购条件：将收购价提高到与西雷格公司一样的水平，换股比例则提高到 1∶1.17。

正当两家公司较劲之际，另一家美国大公司莫比石油公司又半路杀出，加入了竞购者的行列。莫比公司提出：以每股 90 美元现金收购 50% 的柯诺克股份，余下的 50% 以莫比公司的优先股或债券按柯诺克股票 90 美元的价值进行兑换。莫比公司垂涎于柯诺克拥有的可观石油与煤炭储量，急于将其据为己有，因而在高开报价后的几天内又层层加码，将收购价连续升至 105 美元、115 美元，最后索性加到 120 美元，咄咄逼人，志在必得。莫比公司的做法逼使杜邦公司将其收购价提高到每股 98 美元，西雷格公司只将收购价提高至 92 美元就无力应战了。莫比公司的收购条件对小股东、机构投资者和风险套利商而言诱惑极大。形势对杜邦和柯诺克不利。

在这种情况下，杜邦和柯诺克再次使出了撒手锏——运用法律手段。它们指控莫比的收购行动可能导致违反《反托拉斯法》的后果。美国司法部对这三方争购的收购战开展了调查，认为：莫比公司的收购虽属横向收购，但有待于调查听证后才能决定是否合法。杜邦公司的收购虽属纵向收购，但柯诺克公司和蒙圣托公司合资一家石油化工厂与杜邦公司是同行竞争关系，因此，杜邦公司的收购也牵涉横向并购的内容，也须听证调查。西格雷公司的收购属混合兼并，行为合法。为了使杜邦的收购不至于涉嫌违反《反托拉斯法》，杜邦公司和柯诺克公司立即申明：柯诺克公司愿将合资石化厂中柯诺克公司的股份卖给蒙圣托公司，柯诺克公司股东和市场投机者们担心莫比公司会卷入一场旷日持久的诉讼之中而最终极有可能败诉，反而造成莫比公司股票的市场价格下降，使得换股后的柯诺克公司股票价格低于杜邦公司的出价，因而纷纷转向杜邦公司，这使得杜邦公司取得了收购战的主导权。杜邦公司得益于《反垄断法》，击败了实力雄厚的石油巨头莫比，最后以每股 98 美元的价格成功兼并柯诺克。柯诺克公司也得以在这场收购战中全身而退，实现了预期的目标。

【课堂讨论】

1. 并购中方案的选择和设计，如何选择适合的工具、方式、时机。
2. 并购中需要了解的并购对象可能影响并购进程的因素。
3. 反并购策略的选择。

【本章小结】

企业并购是企业扩张的一种方式，是指企业通过合并与收购的方式实现自身资本与结构的扩张性重组，以使企业优势得到充分发挥，企业价值得到进一步提升。

在不同时期和不同的市场条件下，企业并购的动因是不同的。理论界从不同角度解释了企业并购的动因，提出了许多理论，主要有：经营协同效应理论、财务协同效应理论、价值低估理论、市场占有理论、企业发展理论等。

全球并购浪潮开始于19世纪末的美国，至今已一百多年。在此期间，全球企业掀起过五次大规模的并购浪潮。

公司的并购类型，可依据不同的标准加以分类。主要分为：协议收购和要约收购；现金收购、换股收购和混合支付收购；善意收购和敌意收购；横向兼并、纵向兼并和混合兼并。

企业并购包括如下几个过程：签订合作协议、选择目标企业、对目标公司进行估价、选择支付工具、与目标公司接洽、签署并购协议、实施并购。

目标公司一旦遭受收购公司的敌意袭击，通常会进行反收购防御，主要包括事前反收购对策和事后反收购对策。

企业并购的风险主要有融资风险、经营风险、反收购风险、法律风险和信息风险等。

投资银行参与企业并购活动，可以为并购的双方提供服务。其费用的计算有固定比例佣金、累退比例佣金和累进比例佣金三种方法。

【主要名词】

兼并与收购 Mergers and Acquisitions，M&A

横向并购 horizontal merger   纵向并购 vertical merger

混合并购 conglomerate merger   善意并购 friendly acquisition

敌意并购 hostile takeover

董事轮换制 staggered board election

绝对多数条款 super-majority provision

双重资本重组 dual class recapitalization

"毒丸"计划 poison fill plan   "白衣骑士" white knight

"帕克门" Pac-Man

【本章自测题】

1. 企业并购有哪些常见的分类？讨论各种分类的意义。

2. 各种理论对并购重组的动因的解释有何不同？

3. 1990 年以来，国际上接连出现大银行之间的并购、商业银行与投资银行或其他金融机构合并的事件，试就其可能的并购动机作出分析。

4. 企业并购的一般程序包括哪些基本环节？投资银行能为收购方提供哪些服务？

5. 试分析企业并购中选择目标企业所应考虑的因素。

6. 试分析企业并购中各种支付工具的特点。

7. 案例分析。根据案例提供的资料，讨论以下问题：

（1）分析案例中涉及的并购形式，以及每种并购形式的特点。

（2）分析柯诺克公司所采取的反收购对策，有哪些好处？

第七章

风险投资业务

【学习目标】作为一种新兴的金融中介，风险投资的重要性日益引起世界各国的重视。通过学习，学员应明确风险投资的内涵，风险投资在增加供给中的作用，特别是对中小型企业发展的影响，以及由风险投资推动下中小型企业发展对经济发展的"增加供给"的积极影响。了解风险投资的作用和特点以及投资银行在风险投资过程中的作用及其所面临的风险，理解风险投资的运作过程、风险管理和交易构造，熟悉风险投资的退出方式。

第一节 风险投资概述

一、风险投资的概念及特征

风险投资起源于美国，经过几十年的发展和完善，美国风险投资体制已经成为保持其经济增长核心的高新技术产业发展的强劲动力，并且在世界上许多国家得到普遍的推广应用。

（一）风险投资的概念

根据全美风险投资协会的定义，风险投资是由职业金融家投入到新兴的、迅速发展的、有巨大潜力的企业中的一种权益资本。风险投资作为一种投资方式，主要是指投资者对创业期企业尤其是高科技企业或高增长型企业提供资本支付，并通过资产经营服务对所投资企业进行培育和辅导。在企业发育成长到相对成熟后即退出投资，以实现自身资本增值的一种特定形态的投资方式。

（二）风险投资的特征

风险投资事业是由资金、技术、管理、专业人才和市场机会等要素所组成的投资活动，并具有以下四个特点。

1. 风险投资是一种长期性、高风险、高回报的投资。风险投资主要用于支持刚刚起步或尚未起步的高技术企业或高技术产品，一方面，没有固定资产或资金作为贷款的抵押和担保，因此无法从传统融资渠道获取资金，只能开辟新的渠道；另一方面，技术、管理、市场、政策等风险都非常大，即使在发达国家高新技术企业的成功率也只有20%～30%。风险投资是长期投资，投资的回收期一般为4～7年，而且在此期间还要不断地对有成功希望的企业进行增资。由于其流动性较小，因此被称为"呆滞资金"。

风险投资又会获得高收益，这是因为：

（1）风险投资公司的投资项目是由非常专业化的风险投资家经过严格的程序选择而获得的。选择的投资对象是一些潜在市场规模大、高风险、高成长、高收益的新创事业或投资计划。其中，大多数的风险投资对象是处于信息技术、生物工程等高增长领域的高技术企业，这些企业一旦成功，就会为投资者带来少则几倍，多则几百倍甚至上千倍的投资收益。

（2）由于处于发展初期的小企业很难从银行等传统金融机构获得资金，风险投资家对它们投入的资金非常重要，因而，风险投资家也能获得较多的股份。

（3）风险投资家丰富的管理经验弥补了一些创业家管理经验的不足，保证了企业能够迅速地取得成功。

（4）风险投资会通过企业上市的方式，从成功的投资中退出，从而获得超额的资本利得的收益。

2. 风险投资是一种权益投资。风险投资不是一种借贷资本，而是一种权益资本。其着眼点不在于投资对象当前的盈亏，而在于它们的发展前景和资产的增值，以便通过上市或出售达到资本退出并取得高额回报的目的。所以，产权关系清晰是风险资本介入的必要前提。

3. 风险投资是一种组合投资。为了分散风险，风险投资通常投资于一个包含10个项目以上的项目群，利用成功项目所取得的高回报来弥补失败项目的损失并获得收益。

4. 风险投资是一种金融与科技、资金与管理相结合的专业性投资。风险资金与高新技术两要素构成推动风险投资事业前进的两大车轮，二者缺一不可。风险投资家（公司）在向风险企业注入资金的同时，为降低投资风险，必然介入该企业的经营管理，提供咨询，参与重大问题的决策，必要时甚至解雇公司经理，亲自接管公司，尽力帮助该企业取得成功。

二、风险投资的产生与发展

(一) 风险投资的产生

美国的风险投资活动, 最早可追溯到 18 世纪末, 当时由私人或银行家将资金投资于石油、钢铁、铁路和玻璃等行业。1924 年 IBM 公司的成立, 是风险投资促使企业发展的一个典型案例。现代意义上的风险投资则始于 1946 年世界上第一个风险投资公司——美国研究发展公司 (American Research & Development Corp., ARD) 的成立, 由此风险投资步入制度化与专业化。这家成立于波士顿的公司的宗旨是通过有组织的投资活动, 支持波士顿周边众多的科学家把他们在实验室里的科研成果尽快转化为消费者所能接受的市场产品。ARD 进行创业投资最成功的案例是数字设备公司 (Digital Equipment Company, DEC)。ARD 在 DEC 初建时投入了 300 万美元的风险资本, 如今 DEC 已发展成为一家计算机制造的巨型企业, 1997 年名列全美 500 家最大企业中的第 65 位。

20 世纪 50 年代中期, 美国政府为了加速发展先进技术, 要求美国联邦储备系统进行有关调查, 美国联邦储备系统的调查结论是发展高新技术的创新企业的最大障碍是资金短缺。为此, 美国国会于 1958 年通过了《小企业投资法案》(Small Business Investment Act), 该法案授权联邦政府设立小企业管理局 (Small Business Associate, SBA), 经小企业管理局审查和核发许可证的小企业投资公司 (Small Business Investment Company, SBIC) 可以从联邦政府获得优惠的信贷支持。从 1958 年到 1963 年, 小企业管理局核发出 692 个小企业投资公司许可证, 共募集私人权益资本 4.64 亿美元。与此同时, 未受小企业管理局惠顾也并未得到政府优惠信贷支持的风险基金也开始大量出现。以此为契机, 形成了直到 20 世纪 60 年代末为止的美国第一次风险投资浪潮, 极大地推动了美国风险投资事业的发展, 有力地推进了美国以半导体技术为代表的新型产业的发展。但是小企业投资公司在实践中也逐步暴露出了一些问题, 主要是许多小企业投资公司取得政府的低息贷款后并不是投向高科技新兴产业, 而是投向成熟的风险较低的企业, 这就违背了政府推行小企业投资公司的初衷。此外, 缺乏经验丰富而训练有素的职业金融家也是小企业投资公司运作中遇到的一个实际问题。1977 年, 小企业投资公司减少到 276 家。小企业投资公司运作中的一些问题导致了风险投资的新形式, 这就是小型的私人合伙制的创业投资公司, 这种合伙人公司虽然规模小, 但筹资对象是个人投资者, 它们全力以赴为高科技企业提供起步资金, 逐步形成了美国的风险投资产业。1973 年全美风险投资协会成立, 为美国风险投资的发展奠定了基础。但 1969 年美国资本收益税率从 29% ~ 49.5% 的剧增以及 20

世纪70年代初的经济危机，对风险投资是一次致命的打击，美国风险投资在70年代基本处于停滞状态。直到1978年最高资本收益税率降低到28%，1981年又进一步降低到20%，美国风险投资才又迎来了发展的契机。而随着计算机技术的发展，80年代围绕计算机的普及应用形成了美国第二次风险投资浪潮，对奠定美国以计算机技术为代表的新型产业在国际上的优势地位作出了重要贡献。从1991年至今方兴未艾的美国第三次风险投资浪潮，为确立美国的信息产业在国际上的主导地位作出了贡献，而且使信息网络、生物工程、金融工程、医疗保健等成为美国发展最快的产业。美国目前有600多家专业风险投资公司，管理着超过500亿美元的风险投资基金，是当今世界风险投资最为发达的国家。美国的风险投资对美国经济产生了深刻影响，尤其推动了高科技成果转化，对产业结构升级起到了不容忽视的作用。20世纪高科技领域的许多成果，从50年代的半导体硅材料、70年代的微型计算机、80年代的生物工程技术，到90年代以微软为代表的IT产业的兴起，无一不是在风险投资推动下，完成产业化并创造出巨大经济效益。正是投资银行家的风险投资活动为美国经济注入了新的活力，使美国在新一轮国际分工中牢牢掌握了主动权，取得了国际竞争的比较优势。

（二）美国小企业投资公司

小企业投资公司作为政府支持风险投资活动的产物，在美国风险投资行业中具有特殊地位。小企业投资公司指符合美国国会1958年通过的《小企业投资法案》第301条，专门为小企业服务并获联邦政府许可和资助的风险投资公司。小企业投资公司的许可证由联邦小企业管理局（SBA）核发。小企业管理局由《小企业投资法案》授权设立，受参众两院小企业委员会监督。要获得小企业管理局的许可证，投资基金或投资公司必须具备以下条件：

1. 资本在500万美元以上，如还欲加入小企业管理局的"参与证券"计划，资本须在1 000万美元以上。

2. 有出色的投资计划，包括产品、服务、市场、竞争与回报等的说明与论证。

3. 有出色的专家管理。合格的经理须有5年以上相关经验，个体投资者则须有相关学位和2年以上实践。

持有许可证的小企业投资公司，才有资格获得小企业管理局高达该公司自有资本400%但总额不超过9 000万美元的融资支持。小企业管理局的具体融资形式可为低利贷款，也可为购买或担保该公司的公司债券等。获得许可和资助的小企业投资公司，只能投资合格的小企业，即净资产不超过1 805万美元，过去两年平均税后利得不超过600万美元的企业。此外，小企业投资公司还不得直接或间接地长期控制所投资企业，也不能投资于地产、信贷、外资及其他作为同业的小企业投资公司。小企业投资公司在美国风险投资行业中占了相当比重，自1958年以来，累计向10多万个小企业投资了130多亿美元资金，并且造就出全美在线、苹果电脑、联邦快递和英特尔等一批赫赫有名的大公司。

小企业促成了美国风险投资业在20世纪60年代的较快发展。但是由于政府提供优惠贷款并不完全符合风险投资的特点和发展规律，如不少公司取得低息贷款后并不真正用于创业企业的发展，而是以高利率转贷给工商企业赚取利率差。此外，小企业投资公司因为有政府的大力支持而使得效率低下、缺乏激励机制，难以吸引高素质的投资管理者，从而导致管理不善甚至亏损。

到1967年，共有232家小企业投资公司出现问题，政府认为这是监管问题而不是体制问题，所以仍由国会通过立法加强小企业管理局的监管，但未能挽救小企业投资公司的颓势。到1977年，美国小企业投资公司的数目锐减到278家，1978年小企业投资公司的风险投资只占全美风险投资资金的21%，到1989年只占1%。可以说经过近20年的实践，小企业投资公司运作中的问题终于导致了它自身的失败，但它在初期对美国风险投资业的发展起到了历史性的促进作用。

（三）美国风险投资的特点

1. 从资金来源看，美国风险投资的来源多元化。20世纪70年代末，美国政府修改法规允许养老基金的5%进入风险投资，从而使法人机构成为风险投资的主要资金来源，其中养老基金是最主要的来源，其次是基金会和捐赠基金，最后是银行和保险基金。1995年，富有的家庭和个人的资金占美国风险投资资金总量的17%。

2. 美国风险投资基金主要采取合伙制。美国风险投资之所以主要采取合伙制，是与其法律体系和税收政策相关的：一是合伙制不具有独立法人资格，是一级税负，即个人所得纳税，而公司制是二级税负，即公司盈利要纳税，分给个人的个人所得还要纳税；二是合伙制中的有限合伙人虽然是出资者，但不参与风险投资的管理，保证了专家理财的独立性，而公司制按出资大小通过股东大会或董事会影响公司经营；三是合伙制中的作为风险投资管理者的普通合伙人要承担风险投资的债务和法律连带责任，这样合伙制就对风险投资管理者起到了自我约束作用。目前，合伙制的风险投资公司管理的风险资金额已占美国风险投资规模的80%左右，美国其他的风险投资组织是金融机构、工业企业附属的风险投资公司。

3. 美国风险投资主要投资在高科技领域。其热点基本反映了科技发展的最新趋势，在计算机硬件、生物技术、医药、通信等行业的投资占其总投资的

90%左右。

4. 从风险投资的地区分布看，美国风险投资有相当比重是投在加利福尼亚和马萨诸塞州。那里是美国重要的科研基地与高质量公司云集之地，如其中硅谷是计算机、半导体、通信业的积聚地，云集了大量高科技企业，是风险投资的乐园。

5. 从风险投资的阶段分布来看，美国风险投资主要集中在创业企业的成长阶段和扩展阶段。据美国风险投资协会（National Venture Capital Association，NVCA）的统计表明，约有80%的风险投资投在这两个阶段，仅有4%左右投在创建阶段，另有14%投资于成熟阶段。由于种子资金的金额较小且随机性较大，所以许多机构一般不将其纳入风险投资统计。另外，美国风险投资也常为处于破产边缘或资金周转暂时困难的企业提供资金，但通常以企业合并或杠杆收购方式进行。

6. NASDAQ市场对风险投资的退出提供了强大支持。NASDAQ市场设立于1971年，是伴随硅谷成长起来的新兴股票市场，其中80%～90%是高科技企业，现已成为仅次于纽约证券交易所的全球第二大股票市场。NASDAQ市场为风险投资的退出提供了有效途径，通过创业企业公开上市，使创业企业家、风险投资家和投资者都获得了丰厚利润。如1996年美国由风险投资支持的公司上市数量创历史新高，达261家，共融资118亿美元，平均每家公司融资4 500万美元；1997年美国由风险投资支持的公司上市数量为134家，筹集资金53.9亿美元。

（四）美国风险投资最新发展趋势

目前，美国风险投资出现了一些最新的动态，反映了今后发展趋势，值得我们关注：

1. 从风险投资的资金来源看，大型企业的资金逐步增多，形成了最热门的趋势。例如，著名的微软公司在1998年上半年就投资了网络风险投资基金。

2. 风险投资的资金运用则从新产品开发领域转移到企业并购领域。风险投资利用其资金协助新创立的公司进行并购活动，出现这种情况的部分原因也是对创业企业公开上市市场随时可能的清淡作出新退出机制的创新。

3. 风险投资逐渐摆脱金融市场景气状况的影响。这是由于风险投资逐步拉长了对科技发展趋势及回报时间的评估。

4. 越来越少的风险投资与其他风险投资进行联合投资，由一家风险投资单独完成的投资项目逐步增多。

5. 新的创业企业的启动与发展对风险投资的依赖越来越强。不仅表现在对风险投资的资金需求，还表现在需要利用风险投资在行业与市场方面的优势与大型科技公司达成策略联盟，避免创业企业在创业中遭遇突如其来的竞争对手。

美国风险投资的这些新动向、新趋势是美国风险投资发展到了比较高级阶段所出现的情况，值得其他国家与地区发展创业投资时做前瞻性的思考。

三、我国风险投资业发展现状

我国的风险投资业开始于 20 世纪 80 年代，被称为创业投资。1986 年，在国家科委的领导下，成立了中国第一家创业投资公司——中国新技术创业投资公司（中创）。这是一家专营风险投资的全国性金融机构，初始资金约 1 000 万美元。中创公司通过投资、贷款、租赁、财务担保、咨询等方面的业务，为风险企业提高经济效益提供了有效的资金支持。成立初期，对于中国科技成果的产业化作出了较大贡献，但因炒作房地产，炒作期货，导致公司被清算。1998 年 6 月，中国人民银行宣布终止中创的金融业务，进行债权、债务的清理。中国第一家专业从事风险投资的金融机构就这样结束了它的发展历程。

1989 年 6 月，由国家科委、国防科工委、招商局集团有限公司所属的四家公司共同出资成立了中国科招高技术有限公司。公司主要从事国内外高新技术企业的投资，以支持社会经济效益好的高新技术成果、发明、专利等尽快转化为商品，促进我国高新技术产业的发展。1994 年 3 月，财政部和国家经贸委联合组建了中国经济技术投资担保公司。公司的经营宗旨是通过运用信用担保和投资等经济手段，引导投融资流向，支持高新科技成果转化成现实生产力和企业技术进步。

此后，各地先后成立了广州技术创业公司、江苏省高新技术风险投资公司等类似的公司。这些企业名为企业，实为机构，官督官办，效果并不理想，根本无法满足中国高新技术产业发展中对资金的渴求。

20 世纪 90 年代以来，随着我国对外开放的进一步扩大和高新技术产业的迅速发展，外国风险投资公司和风险投资基金开始进入我国市场。1992 年，美国太平洋技术风险投资基金在中国成立，这是美国国际数据集团（IDC）投资成立的中国第一个风险投资基金，主要投资于计算机软硬件、网络工程、通信、电子产品、新材料、制药、生物工程等高科技企业。至 1994 年，我国 22 个省市已纷纷创建各类科技风险投资公司及科技信用社达 80 多家，具备 35 亿元人民币的投资能力。

但我国整个风险投资行业的发展却步履蹒跚，相对我国国民经济发展的需要来看，风险投资规模依然太小，远远难以满足高新技术产业化对资金的需求，很难完成促进科技成果向实际生产力转化的艰巨任务。

一是资金总量不足。据测算，1993 年，我国科技成果转化资金应为 1 960 亿元人民币，但我国实际投入仅为 334.59 亿元人民币，约为理论需求的 17%。

二是投资结构不合理，缺乏技术开发投资。如在发达国家，从基础研究到技术开发再到产业化，投资的比例是 1:10:100，而我国为 1:0.7:100。从我国投资的分配看，用于技术开发的资金明显不足，而技术开发则是提高科技成果转化率的关键。

三是缺乏专门从事风险投资的产业投资基金。根据有关资料显示，在我国已经转化的科技成果中，成功转化的资金主要靠自筹的占 56%，国家科技计划贷款占 26.8%，风险投资仅占 2.3%。国外专利成果转化率高，风险投资起了关键作用，尤其是种子型创业基金更是如此。正如美国前总统的科技顾问基沃斯博士所指出的那样："至少有 50% 从事高新技术的中小企业在其发展过程中得到风险投资的帮助。"从世界各国高科技产业发展经验看，建立风险投资机制和发展创业基金是实现科技成果转化和发展高新技术产业的必然选择。

四是缺乏有关法规。

五是缺乏健全的股票市场和产权市场。

四、风险投资和风险投资基金

风险投资，依据其组织化程度，可以划分为三种形态：一是"个人分散性的风险投资"，即天使投资（angels investor），它由个人分散地将资金投资于创业企业，或通过律师、会计师等非职业性投资中介人将资金投资于创业企业，这类风险投资在 19 世纪末即开始发展；二是"非专业管理的机构性风险投资"，一些控股公司与保险公司等并非专门从事风险投资的机构以部分自有资本直接投资于创业企业，这类风险投资起步于 20 世纪前叶；三是"专业化和机构化管理的风险投资"，即风险投资基金，它与前两大类有着本质上的区别，它通过专业化的风险投资经营机构——投资银行实现了风险投资经营主体的专业化和机构化，因而是风险投资的高级形态。

因此，风险投资基金只是风险投资的其中一种形式，即只有实现了风险投资运作的专业化和机构化管理的集合委托风险投资，才是风险投资基金。而投资银行在风险投资中的作用也主要是表现在风险投资基金中，投资银行主要以两种方式参与风险投资基金：一是作为风险投资基金的中介服务机构而存在，其主要业务有为风险投资基金融资、负责管理运作风险投资基金、安排风险投资基金的退出（无论上市还是出售）；二是投资银行自己发起组建风险投资基金，直接参与风险投资业务。

与"个人分散性的风险投资"和"非专业管理的机构性风险投资"相比，风险投资基金存在如下优势：第一，由于风险投资基金具有较大的资金规模，因而能够通过组合投资来分散和规避投资风险；第二，由于实现了专家管理，因而有利于提高运作效率；第三，由于实现了专家管理的机构化，故有利于市场对其进行及时评价和监督。因此，风险投资基金从20世纪40年代中期出现以来，已经迅速发展成为风险投资的主要形态。

第二节　风险投资的参与主体

一、主要当事人

风险投资的主要当事人由风险资金的持有人（投资者）、风险投资的管理者（风险投资机构）和创业企业构成。

（一）投资者

投资者即资金供给者。在风险投资的早期，资金来源主要是富裕的个人与家庭，他们有一定的资金实力到证券市场中投资获利，或自己直接办企业。但是这些方式的收益率较低，不能满足其中部分人追求高收益的偏好，而风险投资为他们提供了这样的机会。随着政府对风险投资的政策扶持，包括企业、保险公司、养老金、退休金等机构投资者的介入，构成了风险投资的资金供给方。个人与机构把资金交给风险投资机构运作的原因，除了社会分工、知识精力和分散风险的原因以外，还有避税和规避政策限制的需要。

（二）风险投资机构

风险投资机构即资金运作者。风险投资机构在风险投资的运作中处于中心地位，是沟通风险投资资金持有人与企业的桥梁。风险投资机构按市场规则运作，发现并培养好的企业，既推动了创业企业的发展与价值实现，又满足了想获得创业企业成长收益的投资者的需求，并为投资者创造了投资收益，自己也获得相应的管理报酬。

（三）创业企业

创业企业即资金使用者。一个好的创业企业是完成风险投资过程的关键，如果说风险投资家的职能是发现价值的话，那么创业企业的职能就是创造价值。风险投资家在选择创业企业的时候，实际上创业企业家也在选择风险投资家。创业企业家要对风险投资家进行考察，不仅看其资金情况，也看其人格情况，看彼此的知识结构、性格特点是否互补。创业企业家会通过律师、会计师、银行等了解风险投资家的情况，尤其会向该风险投资家投资过的企业了解风险投资家的情况。风险投资家和创业企业家的这种互相了解和双向选择是风险投资成功的必要条件。

二、组织形式

美国在风险投资的发展初期，基本上采取了公司这一传统的企业组织形式，其后有限合伙制兴起，并逐步成为风险投资的主流形式，同时一些投资基金也加入到风险投资活动中来。

（一）公司

采取公司（corporate）形式的风险投资，投资者身份是公司股东，而风险投资家是公司的高层管理人员，如总经理等。公司是各国风险投资业发展初期所采用的基本形式，由于公司对于风险投资有着许多不可弥补的缺点，如公司本身是所得税的纳税主体，而且公司结构形式无法有效控制日常费用，因此后来公司便越来越少。

（二）有限合伙

有限合伙（limited partnership）是英美法系国家法律所规定的一种合伙形式。有限合伙是英美风险投资的主要组织形式。虽然有限合伙在不同国家的规定有所不同，但它基本上是指，由至少一个对合伙事业享有全面管理权对合伙的债务承担无限责任的普通合伙人（general partner）与至少一个不享有管理权但对合伙的债务仅以出资为限承担有限责任的有限合伙人（limited partner）共同组成的合伙。投资者作为有限合伙人，风险投资家作为普通合伙人共同组成风险投资基金。投资者作为有限合伙人不直接参与基金的运作，并且仅以出资额为限对基金的亏损及债务负责，而作为普通合伙人的风险投资家，则直接经营管理风险投资基金，并在风险投资中占有很小的份额（一般为1%），对基金负无限责任。一般而言，普通合伙人将从有限合伙人的净收益中按10%～30%提取报酬。这种合作的期限一般为7～10年，取决于企业的生命周期及主要合伙人意愿。有限合伙的集资（pool）有两种形式：一种是基金制，即大家将资金集中到一起，形成一个有限合伙的基金。另一种是承诺制，即有限合伙人承诺将提供一定数量的资金，但起初并不注入全部资金，只提供必要的机构运营费，待有了合适的项目再按普通合伙人的要求提供必要的资金。一般是直接将资金汇到指定银行，而普通合伙人并不一定直接管理基金，这对有限合伙人来讲可以降低风险，对普通合伙人来讲，则避免了大量资金闲置引起的经营压力。

（三）投资基金

现实中有相当数量的传统投资基金主营风险投资，这种风险基金也有公司型与契约型两种形式。在公司型基金中，投资者作为股东成立基金公司，由风险投资专家负责基金营运，或者通过信托契约把基金交给基金以外的风险投资专家（一般组成基金管理公司）经营。在契约型风险基金中，投资者、基金经理人和基金托管人之间的关系以三方的信托契约为基础。其中投资者为委托人，经理人和托管人为受托人，分别向投资者收取基金经理费与基金托管费，基金盈利则归投资者所有。通过投资基金进行风险投资受到了投资者的欢迎，比如在英国，这种形式的风险投资就仅次于采用有限合伙形式的风险投资。

三、中介机构

风险投资的中介机构的作用主要是解决市场参与者之间信息沟通的问题。根据服务对象不同，可以把风险投资的中介机构分成以下三类。

（一）创业企业的代理人

创业企业的代理人就是帮助创业企业从风险投资家那里筹集股权资本的代理人，它代表创业企业与潜在的投资者谈判。从事创业企业代理人业务的主要是投资银行，早在有限合伙创业公司发展起来之前，它们就在创业投资活动中居主导地位。创业企业代理人的作用主要是，首先提供研究与评估服务——论证可能获得风险投资支持的创业企业，收集该企业的各种信息，供风险投资家选择；其次是提供谈判服务——代表客户即创业企业与风险投资家谈判，帮助创业企业获得较优条款。

（二）风险投资公司的代理人

大多数风险投资公司筹资时并不需要代理人，但对那些需要筹集大规模资金（10亿美元以上）或没有筹集资金经验的风险投资公司以及那些专营传统或对机构投资者不熟悉的风险投资公司来说，则需要代理人的帮助。风险投资公司利用代理人开展筹集资金活动，是为了把主要精力放在投资活动本身，从而避免陷入筹集资金的具体事务。但过度依靠代理人，容易引起潜在的投资者的不信任感，认为风险投资家能力不足。

（三）机构投资者的顾问

机构投资者的顾问专门为机构投资者评估和推荐可参与的风险投资，其出现比风险投资公司的代理人要早。机构投资者主要是指养老基金、捐赠基金和基金会等，这些机构之所以需要顾问公司的服务，是因为它们缺乏风险投资经验，或者缺乏足够的专业人员。由于顾问公司与大资金关系密切，能够得到需要资金的风险投资公司与创业企业的有关信息，因此其工作主要是为客户进行筛选与评估工作。

四、利润来源

与其他企业一样，风险投资也把利润作为追逐目标。一般而言，风险投资的利润来源于以下三个方面：

1. 投资的资本利得。风险投资往往在企业发展初期投入，在企业成熟期退出。风险投资者首先满足了企业发展初期的融资需要，因而风险投资具有直接投资性质，其利润的第一组成部分就是投资的资本利得。

2. 风险补偿。由于风险投资的目标企业往往是高科技创业企业，面对的是一个全新的有待开拓的市场，而且企业产品只有不断创新才能维持市场的发展，而创新的延续需要强大的资金和技术支持。由于存在种种风险，使得其他资本知难而退。由于风险投资承担了风险，因此理应得到补偿，这就形成了风险投资利润的第二组成部分。

3. 风险投资利润的第三组成部分是经营管理的投入。由于创业企业家一般只是技术人员，他们对经营管理往往缺乏深刻了解，尤其对市场把握不够，而风险投资家对经营管理、行业和市场具有丰富经验，对企业重大经营决策能够提供有价值的建议，这是风险投资专家能力的运用，因此风险投资的收入中应包含这部分价值。

第三节 风险投资的运作流程

现今，风险投资主要采取风险投资基金的形式，因此我们主要为大家介绍风险投资基金的运作流程。

一般来说，风险投资基金的运作流程包括以下几个基本阶段：创立风险投资基金、选择风险投资对象、尽职调查、交易构造、经营和监控、退出。

一、创立风险投资基金

风险投资基金运作的第一步当然是创立风险投资基金，即风险投资家凭借自己的声誉和能力从资深投资者那里融资，富有的个人、银行、保险公司、养老基金等都是风险投资家的融资对象。风险投资基金的生存期限一般是 10～12 年。

风险投资基金的设立形式有两种：合伙制和公司制。

1. 合伙制形式。合伙制风险投资基金通常有两类合伙人——有限合伙人和普通合伙人。有限合伙人是风险投资的真正投资者，他们提供了风险投资基金总额中99%的资金，但一般只分得75%～85%的资本利得，同时其所承担的责任也仅以其在基金中的出资额为限。有限合伙人主要是上面提到的富有的个人、银行、保险公司、养老基金等。

普通合伙人是风险投资家，他们既是基金的资金供给者，也是基金的管理人员。普通合伙人的出资额至少占基金总额的1%（一般也不会超过这个份额），他们投入的主要是专业知识、管理经验和风险投资专长。另外，如果风险投资基金资不抵债，他们得负无限责任。所以，他们所得的利润要远远高于其出资额比例的1%。

一般来说，风险投资基金采取合伙制形式具有如下两个优点：其一，由于管理人员和普通合伙人合一，有利于解决委托代理问题，因此增强了其他投资者的信心；其二，风险投资基金以合伙制的形式建立，还具有税收上的优惠。因此，目前美国的风险投资基金主要采取合伙制形式，大约占80%。

2. 公司制形式。风险投资基金也可以按公司制形式构造，美国的第一家现代的风险投资公司——美国研究与发展公司（American Research & Development Corp., ARD）和随后建立的小企业投资公司（Small Business Investment Company, SBIC）采取的就是这种组织形式，但目前美国采取这种组织形式的投资基金已不常见。这是因为尽管公司制形式能使合伙人免于承担基金的无限责任，从而受到保护，但是由于税收的原因，使得这种形式很少见。

在台湾，风险投资机构均以公司制形式存在，其原因在于只有这种形式才能享受当地《促进创业升级条例》所给予的税收优惠。日本的风险投资机构则主要是大银行和大证券公司的附属风险投资机构，故其多以子公司的形式存在。

二、选择风险投资对象

选择高质量的投资对象对于保证风险投资的成功非常重要。一般来说，风险投资基金收到的商业计划书（business plan）比它能够或愿意接受的多得多，因此风险投资机构要对它们先进行一次迅速而粗略的筛选（screening），以便选出值得做进一步详细考察的投资申请。虽然对风险投资对象的筛选有一定的标准，但这种选择不仅是一门科学，更是一门艺术，它在很大程度上取决于风险投资家的直觉，以及他们在风险投资方面的经验。这里我们介绍选择风险投资对象科学的一面，至于其艺术的一面则需要在实践中培养。

大多数风险投资基金都是将以下四个方面作为其进行筛选的标准：投资规

模、发展阶段、管理和市场。

（一）投资规模

考虑到管理每个风险投资对象要花费的时间和成本，风险投资基金一般不愿意把投资分配到大量的小额交易中去，但是也很少有风险投资基金敢于将所有投资孤注一掷，即使是分散在少数几个项目的情况也很少见。因此，大多数风险投资基金都规定了对风险项目的最高和最低投资额，每个风险投资基金理想的投资规模由其风险资金的规模决定。一般风险投资基金都把对单个投资对象的投资规模限制在资本总额的 10% 左右，也就是说，平均每个风险投资基金投资于 10 个创业企业。对于超出最大值而又值得投资的对象，风险投资基金将会选择与其他风险投资基金一起进行联合投资。

（二）发展阶段

风险企业的发展可以划分为种子阶段（seed stage）、初创阶段（start-up stage）、扩张阶段（development stage）和成熟阶段（maturity）。每个阶段的完成以及向后一阶段的发展都需要资本和管理的配合。相应地，风险投资也可以划分为种子期投资、初创期投资、扩张期投资、成熟期投资等阶段。需要特别强调的是，每一阶段所需风险资本的性质和规模都有所差异。

在风险企业发展的萌芽阶段，创业家为了验证其新技术、新产品或新服务模式的可行性，需要一定的启动资金将自己的发明或创意商品化。但由于对新技术、新产品和新服务模式的市场前景缺乏充分可靠的信息，处于该阶段的风险企业往往较难吸引到正式的风险投资，而更多的是由天使投资者（angel investor）投资。风险投资机构在种子期的风险投资在其全部投资中所占的比例一般不超过 10%。参与该阶段投资的风险资本主要有以下两种：一种是种子资本，主要用于产品开发和市场分析；另一种是启动资本，用于产品的试制和试销。当风险企业步入初创阶段，从产品开发成功到大规模生产，需要较多的资本用于购买生产设备和建立市场网络，以形成生产能力并开拓市场。由于在技术或创意商品化过程中仍然存在较多的不确定性，风险企业很难从其他融资途径获得资本支持。因此，该阶段是风险资本参与风险企业投资的主要时机。上述两个阶段通常称为风险投资的早期阶段。在扩张阶段，风险企业的运营已取得一定业绩，为了进一步地开发产品和拓展市场，需要更多的资金投入。风险投资机构可能会追加投资，一些新的风险资本也会进入。风险投资家在这一阶段会加强对风险企业的管理监控，更积极地参与风险企业的重大决策，以确保投资成功。当风险企业发展进入成熟期，运营管理已比较稳定，市场前景也较为明朗，已有可能从银行等其他融资渠道获得资金支持，也就是说，资金已经不是风险企业面临的主要问题。为了顺利获得资本利得，实现资本退出，风险企业主要会考虑引进一些知名的风险投资机构或风险投资家作为企业股东以提高企业的知名度，为公开上市发行股票作好形象方面的准备。上述每一阶段的投资都需要风险投资家的审慎、睿智和果断。

风险投资基金选择处于哪个阶段的企业进行投资，与其自身的经验、资金来源、行业竞争程度及所处的地区有关，并没有一个通用的原则。

（三）管理

在评估投资前景时，管理层的素质是一个主要的因素，在一定意义上它甚至超过了技术与产品。只有一家公司拥有优秀的管理团队时，风险投资家才会对这家公司感兴趣。在一支优秀的管理团队中，各成员之间的相互合作，将极大地推动公司的快速成长和发展。"一流团队"加上"二流产品"将比"二流团队"加上"一流产品"更有可能获得风险投资基金的青睐。

（四）市场

任何一项技术或产品都需要市场做基础，市场是技术和产品成长的保证，也是利润的保证。理想的市场应该是能够迅速成长并且发展潜力巨大的市场，风险投资基金认为如下行业拥有理想的市场：生物技术、通信、计算机等，它们也由此而受到风险投资基金的青睐。

三、尽职调查

通过筛选的投资项目将会进入尽职调查（due diligence）过程，即风险投资基金对该项目的所有特点和细节进行详细的考察和分析。这一阶段的主要目的是决定是否投资，如果分析结果是肯定的，在这个过程中还将考虑以何种方式投资和投资多少等问题。

尽职调查是一项复杂而又费时的工作，风险投资基金的注意力主要集中在如下几个领域：创业家和管理队伍的素质、产品的特点、使用的技术及其弱点、市场潜力。这里应当特别指出的是，尽管尽职调查与投资对象筛选标准有重复之处，但其了解的程度是完全不同的。一般情况下，风险投资基金会同会计师和律师一起组成调查小组，通过与创业企业家及其主要管理人员的多次交流来收集各种信息。有时，调查小组还将与其他雇员、相关利益者、信用机构和行业协会进行接触。调查小组通过深入取证，仔细分析企业的商业计划和实际及预测的财务报表，并实地视察企业。

表7-1对风险投资基金尽职调查的一些主要内容进行了归纳。

表7-1　　　　　　　　　风险投资基金尽职调查的主要内容

经营计划书	明显的竞争优势和投资利益 经营计划书的整体逻辑合理程度
经营机构	创业者和经营者的经历和背景 创业者的性格特点 经营团体的专长和管理能力 经营团体的经营理念 经营团体对商业计划的掌握程度
市场营销	市场规模 市场潜力 市场竞争力 有效策略规划
产品和技术	技术来源 技术人才与研发能力 专利与知识产权 产品的附加值与独特性 生产制造计划可行性与周边产业配套情况
财务计划和投资报酬	创业公司的投资状况 创业公司的股东结构 创业公司财务计划的合理性 预期投资报酬率 资金回收年限、方式与风险

四、交易构造

交易构造（deal structuring）是指创业企业与风险投资基金之间经过协商达成的一系列协议，其目的是为了协调双方在特定风险投资交易中的不同需求。

在这个阶段要解决的问题是：金融工具的选择、交易价格的确定、协议条款的签订。

（一）金融工具的选择

风险投资基金在构造交易时对金融工具的选择取决于被投资企业的类型、风险投资基金的资金来源、风险投资家的经营哲学等。其中最常用的金融工具有：优先股（preferred stock）、可转换债（convertible debt）和附认股权债（debt with warrants)。

优先股显然是权益的一种，而且只有当企业有净利润时才支付股利，但它能在企业破产时给股东以更多的保护，因为优先股的偿还次序先于普通股。可转换优先股还具有在任何时候按特定条件转换成普通股的权利。

可转换债是有权在一定时期内转换成预定股数普通股的债券。其优点是当企业经营不景气时，可转换债的价值损失要小于股票，其缺点是转换成本一般高于直接购股成本。

附加股权债是由债务和认股权组合而成的。认股权允许债权人分享企业增长带来的好处，因此在企业前景看好时，债权人有权按一个比较低的价格购买普通股。

（二）交易价格的确定

交易价格的确定是风险投资协商过程中最容易引起争议的一个方面。价格决定了风险投资基金在投资期内的期望收益水平，只有当期望收益水平能够补偿所预见的风险时，风险投资家才会接受这一价格。风险投资家对每个投资阶段所要求的最低收益率水平是不同的，如表7－2所示。

表7－2   各阶段风险投资最低收益率要求

阶段	最低收益率（%）
创建期	50～70
扩张期	35～50
成熟期	35～50

（三）协议条款的签订

当风险投资基金与创业企业就证券类型与价格达成一致意见之后，就开始讨论投资协议的全部条款。风险投资协议的条款包括以下几方面主要内容：投资额；作为融资工具使用的证券类型和构成；管理层的申明和保证，即创业企业需要为商业计划中包含的财务报告提供证据；肯定誓约，即创业企业同意在风险投资期内不从事的活动。

五、经营与监控

风险投资与传统金融投资的一个重要区别，就在于风险投资基金在进行投资的同时还要参与企业的经营管理。风险投资基金对被投资企业的监督是为了通过预测可能出现的问题和提供及时的决策信息来使自己的损失最小化和收益最大化。基本做法是追踪企业的经营管理并提供专业建议，如帮助设计企业高级管理人员的收入结构，必要时撤换管理人，安排外部融资，制定公司长期发展战略等。由于需要深入了解企业情况，因此风险投资会显出一定的专业性和地域性。

六、退出

我们前面已经提到，风险投资基金进行投资是有期限性的（一般为3～7年），因此如何获得退出的控制权对风险投资基金而言非常重要。一般来说，风险投资基金在开始投资前就已经筹划好了退出策略，并在进行投资时就要与被投资的公司及其股东签署一项协议，希望通过此项协议获得有关退出的控制权，如IPO的时机、承销商的选择权等。

风险投资基金主要有三种退出方式可供选择：首次公开发行（IPO）、出售、回购。当然，如果投资失败，破产与清算也是一种退出方式。

（一）首次公开发行

这是一种最佳的退出方式，因为它代表了资本市场对该公司业绩的一种确认，而且企业管理层的独立性也可得以保持不变。但是，企业IPO并不等于风险投资就能马上退出，按有关规定风险投资基金所持有的企业股份一般要在IPO后的若干时间后才能出售。

（二）出售

这是指风险投资基金单方面将其所持有的企业股份出售给其他投资者，这种方式能使风险投资基金迅速获得现金，完全退出，因此对风险投资基金有一定的吸引力。但是创业者一般不欢迎这种做法，因为这通常意味着企业被他人收购而失去独立性。

（三）回购

当被投资企业进入稳定发展期时，创业者希望直接由自己控制企业，会要求风险投资基金把股份卖给自己。虽然此种方式下风险投资基金的获利通常不如上市，但时间短、费用少、操作简便，所以也是一种经常被选用的退出方式。

（四）破产与清算

当公司经营状况不好且难以扭转时，破产并进行清算可能是最好的减少损失的办法。一只风险投资基金投资于糟糕的项目并不可怕，可怕的是知道糟糕后仍执迷不悟，越陷越深。

第四节　投资银行在风险投资中的作用

一般来说，投资银行的主要职能是对在证券交易所上市的证券进行包销买卖或投资。对于那些创业期的风险企业而言，它们因为具有较大的风险，不符合上市的条件。但是，它们同样需要资金来发展，把科技成果转化为生产力。于是，提供风险资本的外部投资者便应运而生了。在这样的背景下，投资银行也逐步开始涉足风险投资领域，它既可以作为风险资本投资者对风险企业进行投资，也可以通过设立单独的风险投资公司或设立管理风险投资基金参与风险企业的融资和管理。风险投资业的兴起和繁荣，为投资银行介入风险投资提供了前所未有的业务机会，使其从自营业务中逐步淡出，向风险投资领域进军，这已成为投资银行未来发展的趋势。

虽然投资银行大举开展风险投资业务不过短短 10 年，但是，开展风险资本融资业务的投资银行数量已有了很大的增长，在美国，更是形成了数个投资群体。如以摩根士丹利、高盛、美林为代表的大型美国本土投资银行。投资银行之所以能在风险投资领域取得长足发展，与其自身优势相关。现代投资银行大多资本实力雄厚，拥有全球性的庞大组织，而且一些世界级的投资银行还存在不断扩大的趋势。投资银行规模的壮大，一方面为其开展风险投资业务提供了坚固的资本支持，另一方面也增强了抵御风险的能力。最为重要的是，投资银行的人力资源是参与风险投资的重要优势。国际一流的投资银行花费巨资吸引各行业的优秀人才，并进行培养和奖励。这些人员具有不同的文化教育背景和技术专长，熟悉国际金融规则和操作方式，能够时刻跟踪各国宏观经济与商业技术领域，有效地实施数额巨大的金融交易。由于具有明显的人才优势，投资银行在风险企业的财务管理、收购兼并等方面显现出卓尔不群的实力。

在参与风险投资的运作中，虽然投资银行具备上述优势，但是出于风险性、收益性与安全性的综合考虑，投资银行的决策比起一般风险投资过程来要更为谨慎和明确。以下是投资银行进行风险投资的基本操作流程。

一、严格选择投资对象

投资银行在筹集到用于风险投资的资金后，最重要的工作就是决定选择哪一个项目进行投资。

（一）收集投资方案

投资方案的取得一般有以下五个来源：（1）风险企业毛遂自荐；（2）投资银行选择专长的产业，并组成一个团体探寻产业中有潜力的企业；（3）通过国内外风险投资者交互投资的渠道，建立长期稳定且具有潜力的投资方案来源；（4）由以往被投资的风险企业、个人或其他投资银行、金融机构、律师及会计师推荐；（5）根据专业研究机构的研究成果进行决策。

（二）评判风险投资企业的标准

从事风险投资业的投资银行一年可能会收到上千份投资方案，它们必须反复推敲，深入调查，严格筛选，获取必要的信息，对其潜在的投资价值评估。被投资银行评估合格出资支持的方案仅占全部的 0.1%。所以投资银行对投资方案的选择相当严格，因为挑选高质量的企业对于保证投资成功非常重要。投资银行评判的主要标准有以下几条：（1）对投资方案提出人（或团体）的组织机构、人员构成、技术能力、管理能力进行考察；（2）投资方案属于哪个技术领域，一般情况下，投资银行更偏向与自己熟悉的科技领域和风险企业家合作；（3）风险创业者的人格特质；（4）项目的技术可行性与市场预测；（5）企业的财务状况等。

（三）筛选项目

第一阶段是根据投资银行最基本的投资条件、投资领域作出抉择。这一阶段的选择既粗放又挑剔，粗放是因为对于不符合基本要求的申请一律放弃，连细节也不再过问；挑剔则因为对小节，如填表格式、书写顺序等一丝不苟。从事风险投资的投资银行大多实现了投资领域的专业化，如有的专长于计算机软件，有的则倾向于生物工程，等等。不在其投资范围内的申请方案一般予以驳回，这一阶段的淘汰率约 90%。

第二阶段是审查企业规划中的主要假设条件，一般又有一半被筛选掉。

第三阶段是进行一系列严格的一丝不苟的审查。这种审查认真仔细，囊括企业资金申请方案的全部细节，例如，与企业管理人员电话会谈或面谈，调查市场状况、材料来源、信誉状况、咨询律师、会计师、资产评估师和其他专职人员。这一段的时间最长，工作最细，是作出投资选择的关键阶段。这一阶段又叫"审慎调查"或"充分的审慎"（due diligence）。经过第三阶段筛选后，投资银行选定投资对象，即风险企业。

二、提供风险资本

经过方案的筛选评估，确定投资方案以后，投资银行就要组织投资。一般来说，为了规避风险，投资银行也采取了通常的投资分散化措施，把资金投入到各种类型、各种风险系数的一揽子风险企业。因此在投资前首先要确定投资结构，即确定投资的类型和数量。投资银行为风险企业投入的权益资本一般占资本总额的 1/3，即投资银行拥有投资对象全部股份的 30% 以上。在投资方案和投资结构均确定以后，投资银行就要与被选中的投资方案的代表商议并讨论投资协议的具体条款，这些条款会影响投资银行对风险企业经营的干预能力。

协议书的主要内容有：（1）被投资企业最终产品的基本指标及未来发展；（2）风险资本投入者取得投资权益的方式和保证条款；（3）风险资本投入者参与风险企业经营管理的程序和具体范围；（4）企业股权转让或出售的控制、企业股票上市、股权转移的时机和方式等；（5）双方违约的处理方式；（6）其他双方认为需要写入协议的条款。

在投资协议的商议中，财务结构和治理结构的确定是一个关键因素。首先，财务方面的核心问题是风险资本投资者所占的股权份额。股权份额的确定通常采用现金流量折现法，即计算出企业在未来某个时点的价值，并按照一定的回报率确定原先企业所有者的权益。企业价值一般是指企业的税后利润或现金流量乘以某个乘数。回报率因投资类型的不同而不同，早期风险企业的回报率为15%，而较为成熟企业的回报率为25%左右。其次，公司治理结构的问题有两个，即企业管理层的激励和投资银行对企业的控制程度，特别是在企业经营发生困难的时候。投资者和风险企业管理人员的信息不对称会产生潜在的"道德风险"，即管理层以投资者受损为代价谋求自己的利益。这就需要投资银行通过一系列机制协调管理层和投资者之间的关系。这些机制可以分为两大类：第一类是对经营业绩的激励，包括给予管理层一定的股份，确定投资者股权的性质，以及管理层的雇用合同等；第二类是对企业的直接控制，包括在董事会中的席位，表决权的分配和控制追加融资等。

三、参与企业管理

投资银行投入企业的虽然是权益资本，但是它们真正的目的并不是为了获取企业的所有权。所有的风险投资家进行风险投资的目的所在都是要企业获得增长和收益。为了在风险资本退出时获取高额回报，为了保证投入资金的安全性，投资银行并非简单地将资金投入风险企业中，它们在加强监控风险企业投资的同时，也积极地参与企业的管理。通过在董事会的席位和其他非正式的渠道，投资银行控制并扶持风险企业的发展。

参与董事会的活动是投资银行加强对风险企业控制的一个重要方面。投资银行在向风险企业投入资金的同时，也将自己的人员或代表安排到公司董事会中。它们不仅参加董事会的日常工作，而且始终尽心尽力。它们对董事会的参与一方面加强了对该公司的直接控制，另一方面也及时地掌握企业的情报、动态、趋势。

在完成投资以后，投资银行不仅要监控企业，而且还要向企业提供一系列咨询顾问服务和参加企业各级决策。通过向企业管理层提供帮助，使企业"增值"

是投资银行所派董事区别于其他外部董事的主要方面。在监控和管理企业方面，投资银行帮助风险企业设计高级管理人员的收入结构，必要时撤换管理人并安排外部融资，解决经营中出现的问题，以及制定公司的长期发展战略。这对于新兴的高新技术企业至关重要，因为这些企业虽然技术尖端，但领导班子往往不健全，这时投资银行的介入的确是它们成功与否的关键。

四、设计成功的退出机制

可行的退出机制是风险资本成功的关键。因为风险资本的根本目的和动机，就是为了获得高额投资回报。没有高回报的吸引和诱惑，风险资本市场就无从发展。无论是以何种形式成立的风险资本，只有通过合适的退出渠道，以现金或可流通的证券作为回报收回投资，才可能实现资本的增值。对于投资银行而言也不例外。

退出投资主要有三种方式，不同的退出方式对风险投资者、投资银行和企业的管理人有不同的影响。

（一）公开上市

公开上市方式通常能实现企业价值的最大化，同时企业又有了不断筹集资金的渠道，是一种优先考虑的退出方式。在美国风险投资业的发展过程中，IPO 曾经是最常采用的方式之一，不但股票公开发行是资本市场对企业以往经营业绩的一种承认，可以起到一定程度的"示范效应"，而且由于这种方式保持了企业的独立性，也受到企业管理层的欢迎。另外，在美国还有专门为高科技企业上市建立的 NASDAQ 市场。由于 NASDAQ 市场低成本的运作和良好的服务（包括独特的做市商制度），为上市公司指定擅长股市研究的专业人士为联系人，提供较多的信息服务与资料等，吸引了大量的高新技术企业在其市场上市，为风险投资的退出创造了条件。

风险企业进行上市，需要安排股票上市时机和有关准备事宜。而且还要委托投资银行为企业股票上市作系统的规划。在美国，投资银行承办股票上市的一般程序为：

1. 由投资银行审查企业有关资产负债、生产经营、财务状况的文件，与审查合格符合上市条件的企业签订委托股票上市意向书，报送联邦证券交易委员会批准；

2. 批准后，由指定的投资银行与企业议定股票发行价格、发行数量、发行费用等发行条件，并签订发行协议。风险企业股票能否公开上市，除了与企业的业绩有关外，投资银行的促销能力也至关重要。

对于投资银行来说，能够达到股票公开上市，赚取巨额资本利润是投资银行最理想的投资效果。但是，企业公开上市后，根据有关法规，投资银行参与的私募性质的有限合伙公司拥有的股份在若干年后才能出售，这就要求投资银行必须不断参与企业的经营，直到其持有的股份能出售为止。而且，通过 IPO 方式进行退出的成本也比较昂贵。

（二）股权收购

风险企业成绩平平，甚至经营失败的事例也不少。对于这些经营不好的风险性企业，投资银行一般采取促使并帮助其相互合并、股权收购等方式以改善企业财务状况，获得重新发展的机会。

随着发达国家第五次兼并浪潮的开始，股权出售的方式越来越得到风险资本家的青睐。尤其是被其他企业兼并和收购的 M&A 方式，由于费用低廉，执行过程简单，使风险资本能够在较短的时间回收，近年来在数量上逐年增多。另一种 MBO 即风险企业管理层回购风险投资者的股权，也是股权出售的一条渠道。MBO 通常事先签订强制性的回购条款和确定股权价值的计算方法。对于投资银行在风险企业的少数股权而言，事先签订回购条款是必要的。但是对大部分投资银行而言，回购通常只是一种候补性质的退出方式，并往往在投资不成功时才采用。

（三）清算退出

在经营失败和兼并收购也无法挽救的情况下，风险企业只能通过清算来撤出其剩余资本。

【相关资料】

公司制风险投资机构与有限合伙制风险投资机构的区别

一、非税收差别

（1）有限合伙制风险投资机构的一般合伙人以自有财产承担有限责任；而公司制风险投资机构的股东责任仅限于其所购买的股份。

（2）公司制风险投资机构由于采取公司组织形式，其资本应该是一步到位的；而有限合伙制风险投资机构的有限合伙人的风险投资资金一般是分期投入。

（3）公司制风险投资机构大部分为上市公司，其股票易于转让但不能撤出；而有限合伙制风险投资机构的有限合伙人在到期解散时或按合伙契约规定的条件可以撤资。

（4）有限合伙制风险投资机构的每个合伙契约都有终止日期，一般为10年；而公司制风险投资机构除了破产或被兼并外，一般可以长期存续下去。

（5）公司制风险投资机构对股东的人数没有限制；而有限合伙制风险投资机构的一般合伙人不会太多，一般为2～5人，多的为9～11人。

（6）公司制风险投资机构对资金管理者的激励不够，美国1940年的《投资公司法案》规定，公开交易的投资公司经理，不得接受股票期权或其他以业绩为基础的补偿；而1980年，美国劳工部对从事风险投资的合伙制公司，界定为商业发展公司，不受上述法案的限制。因此，有限合伙制风险投资机构的一般合伙人可以1%左右的风险资金投入获得20%左右的投资收益。

（7）有限合伙制风险投资机构所获得的投资收益一般立即分配给有限合伙人；而公司制风险投资机构所获得的投资收益既可以向股东分配，也可以留在公司中进行积累。

（8）大多数公司制风险投资机构是公开上市的，其运作要求高度透明，这与风险投资这种高风险性的投资方式相冲突；而有限合伙制风险投资机构属于私募性质的基金，美国和英国都只规定它们向证监会注册即可，无须定期公布项目业绩，因此在运作上较为自由。

二、税收差别

有限合伙制风险投资机构不用缴纳企业所得税，因而不会产生重复纳税的问题，也不会影响其所有者的税制结构；而公司制风险投资机构作为独立实体须缴纳企业所得税，然后再进行利润分配。

资料来源：俞自由.风险投资理论与实践［M］.上海：上海财经大学出版社，2001.

【课堂讨论】

1. 风险投资对经济发展的促进作用、风险投资在增加供给中的作用，特别是对中小型企业发展的影响，以及在风险投资推动下中小型企业发展对经济发展的"增加供给"的积极影响。

2. 我国如何促进风险投资的发展。

【本章小结】

1. 风险投资是由职业金融家投入到新兴的、迅速发展的、有巨大潜力的企业中的一种权益资本。

2. 风险投资不同于一般的金融投资，它的显著特点在于：（1）风险投资是一种长期性、高风险、高回报的投资；（2）风险投资是一种权益投资；（3）风险投资是一种组合投资；（4）风险投资是一种金融与科技、资金与管理相结合的专业性投资。

3. 风险投资依据其组织化程度，可以划分为三种形态：一是天使投资；二是"非专业管理的机构性风险投资"；三是"专业化和机构化管理的风险投资"，即风险投资基金，它与前两大类有着本质上的区别，它通过专业化的风险投资经营机构——投资银行实现了风险投资经营主体的专业化和机构化，因而是风险投资的高级形态。

4. 风险投资产生于美国，有其自身的发展特点和趋势。

5. 我国整个风险投资行业的发展步履蹒跚，相对我国国民经济发展的需要来看，风险投资规模依然太小，远远难以满足高新技术产业化对资金的需求，很难完成促进科技成果向实际生产力转化的艰巨任务。

6. 风险投资的主要当事人由风险资金的持有人（投资者）、风险投资的管理者（风险投资机构）和被投资企业构成。

7. 风险投资的组织形式主要有公司制、有限合伙制和基金制。

8. 一般来说，风险投资基金的运作流程包括以下几个基本阶段：创立风险投资基金、选择风险投资对象、尽职调查、交易构造、经营和监控、退出。

【主要名词】

风险投资 venture capital　　　　天使投资 angels investor
美国研究发展公司 American Research & Development Corp. , ARD
风险投资基金 venture capital fund
有限合伙 limited partnership
尽职调查 due diligence　　　　交易构造 deal structuring
优先股 preferred stock　　　　可转换债 convertible debt
附认股权债 debt with warrants

【本章自测题】

1. 为什么有限合伙制会成为风险投资机构的主要组织形式？
2. 风险投资有哪些退出途径，试分析不同退出途径对风险投资家和风险企业的影响。

    3. 试分析风险投资的运行特点。

    4. 分析投资银行在风险投资中的作用。

    5. 风险投资有哪些形态?

    6. 试述风险投资基金的一般流程。

    7. 风险投资的交易构造阶段要解决哪些主要问题?

    8. 试述风险投资基金尽职调查的主要内容。

第八章

项目融资业务

【学习目标】通过本章的学习，首先，了解项目融资的定义、项目融资的基本特点、项目融资的产生与发展过程；其次，针对参与融资结构并在其中发挥不同程度作用的利益主体较多，掌握项目融资的当事人情况及一般流程包括的步骤；再次，了解项目融资的基本类型、项目融资的资金选择构成；最后，掌握投资银行对项目融资的风险分析与评估，提出有效风险管理办法，并实施项目担保。

第一节　项目融资概述

一、项目融资的基本内涵

关于项目融资（project financing）的定义，广义地说，所有为了建设一个新项目、收购一个现有项目或者对已有项目进行债务重组所进行的融资活动都可以被称为项目融资。

按照内维特和法博齐所著的《项目融资》一书中的定义，项目融资是"为一个特定经济实体所安排的融资，其贷款人在最初考虑安排贷款时，满足于该经济实体的现金流量和收益作为偿还贷款的资金来源，并且满足于使用该经济实体的资产作为贷款的安全保障"。

传统的融资方式是指一家公司利用本身的资信能力为主体所安排的融资。项目融资不同于传统的融资方式，它主要不是以项目发起方本身的信用和资产作为担保而获得贷款，而是依靠项目的未来现金流量和项目本身的资产价值作为还款的资金来源，相比传统融资方式而言，项目主办人的财力与信誉则不是贷款的主要担保对象。项目融资是为项目公司融资，它是一种利用项目未来的现金流量作为担保条件的无追索权或有限追索权的融资方式。无追索权的项目融资也称为纯粹的项目融资，在这种融资方式下，贷款的还本付息完全依靠项目的经营效益。同时，贷款银行为保障自身的利益必须从该项目拥有的资产取得物权担保。如果该项目由于种种原因未能建成或经营失败，其资产或收益不足以清偿全部的贷款时，贷款银行无权向该项目的主办人追索。而有限追索权的项目融资则是指除了以贷款项目的经营收益作为还款来源和取得物权担保外，贷款银行还要求有项目实体以外的第三方提供担保。但担保人承担债务的责任，以他们各自提供的担保金额为限，所以称为有限追索权的项目融资。

在我国通常认为项目融资是指向某一特定的工程项目提供贷款，贷款人依赖该项目所产生的现金流量和收益作为偿还贷款的资金来源，并将该项目或经营该项目的经济单位的资产作为贷款的担保。因此，我国习惯上一般只将具有无追索权或有限追索权形式的融资活动称为项目融资。

二、项目融资的基本特点

（一）项目导向

按照项目融资的定义，项目融资依赖于项目的现金流量和资产而不是依赖于项目的投资者或发起人的资信来安排融资，用来保证贷款偿还的首要资金来源被限制在被融资项目本身的经济强度之中，即项目未来的可用于偿还贷款的净现金流量和项目本身的资产价值。因此，项目的经济强度加上项目投资者和其他与该项目有关的各个方面对项目所作出的有限承诺，就构成了项目融资的基础。由于项目导向，有些投资者很难借到的资金可以利用项目来安排，有些投资者很难得到的担保条件则可以通过组织项目融资来实现。

因此，采用项目融资与传统融资方式相比较一般可以获得较高的贷款比例，根据项目经济强度的状况通常可以为项目提供60%～75%的资本需求量，而且由于以项目为导向，项目融资的贷款期限可以根据项目的具体需要和项目的经济生命期来安排设计，因而可以做到比一般商业贷款期限长。

（二）有限追索

追索是指在借款人未按期偿还债务时贷款人要求以抵押资产以外的其他资产偿还债务的权利。贷款人对项目借款人的追索形式和程度是区分融资是属于项目融资还是属于传统形式融资的重要标志。在传统融资方式下，贷款人对借款人提供的是完全追索形式的贷款，借款人的偿债能力主要依据于其自身的资信状况，而非项目的经济强度。而作为有限追索权的项目融资，贷款人可以在贷款的某个特定阶段或规定的范围内对项目借款人实行追索。除此之外，不能对该项目除资产、现金流量以及所承担的义务之外的任何形式的财产实行追索。

还有一种就是"无追索"融资，即融资百分之百地依赖于项目的经济强度，在融资的任何阶段，贷款人均不能追索到项目借款人除项目之外的资产。然而，在实际工作中是很难获得这样的融资的。

（三）表外融资

表外融资的全称是资产负债表之外的融资，是指项目的债务不表现在项目投资者（即实际借款人）的公司资产负债表中，而只是以某种说明的形式反映在公司资产负债表的注释中的一种融资形式。这样避免在项目取得收益之前，给项目公司造成不利的资产负债结构，也不会影响该项目实体从其他方面进一步借款的能力。对项目发起人来说，如果它直接从银行贷款，其负债率会提高，从而恶化其资产负债状况；而通过项目融资，对其投资结构和融资结构进行设计，可以帮助投资者将贷款安排成为一种非公司负债型的融资，它使得项目投资者有可能以有限的财力从事更多的投资，同时将投资的风险分散和限制在更多的项目中。

（四）风险分担

项目融资的贷款一般仅有有限追索权，为了实现项目融资的有限追索，项目主办方虽然是项目的权益所有者，但仅承担项目风险的一小部分，对于与项目有关的各种风险要素，需要以某种形式在项目投资者（借款人）、与项目开发有直接或间接利益关系的其他参与者和贷款人之间进行分担；并通过要求项目所在国或所在地政府作出担保或承诺、向跨国保险公司投保以及贷款抵押等各种形式，有效地将项目风险分散。一个成功的项目融资应该是在项目中没有任何一方单独承担起全部项目债务的风险责任，这一点构成了项目融资的基本特点。

在组织项目融资的过程中，项目借款人应该学会如何去识别和分析项目的各种风险因素，确定自己、贷款人以及其他参与者所能承受风险的最大能力及可能性，充分利用与项目有关的一切可以利用的优势，最后设计出对投资者具有最低追索的融资结构。

（五）融资成本较高

与传统的融资方式相比较，项目融资相对筹资成本较高，组织融资所需要的时间较长。贷款银行因为承担了较高的风险，而将贷款利率提高到普通贷款利率之上。其利息成本一般要高出同等条件公司贷款的 0.3% ~ 1.5%。同时，项目融资要求繁琐的担保与抵押，每一次担保和抵押均要收取较高的手续费。

项目融资涉及面广，结构复杂，需要做好大量有关风险分担、税收结构、资产抵押等一系列技术性的工作，项目融资的筹资文件比一般公司融资要多出几倍，需要几十个甚至上百个法律文件才能解决问题，结果不仅导致组织项目融资的时间较长，而且包括融资顾问费、承诺费、法律费等融资的前期费用较高，通常占贷款金额的 0.5% ~2%。

三、项目融资的产生与发展

项目融资是首先在美国继而在欧洲被采用，近十几年又在发展中国家被采用的一种独特的融资方法。"项目融资"一词起源于 20 世纪 30 年代，是在西方国家遭受石油危机以后，因为担忧资源不足而大规模开发资源的热潮中产生的。

（一）项目融资产生的原因

早在 19 世纪末 20 世纪初，法国和世界其他地区就出现了"特许"投资方式，著名的苏伊士运河就是由私人投资以特许的方式修建的。但这还不是真正意义上的项目融资方式。项目融资的出现有其客观必然性，是经济发展的必然结果。

1929 年，世界范围内爆发了经济危机，整个资本主义世界陷入了动荡和混乱之中。大批企业破产、倒闭，更有相当一部分企业处于衰败状态。因此，即使有好的项目，由于自身信誉低，企业很难从银行获得贷款，便产生了通过项目本身的收益去获得贷款的设想。项目融资就是通过对因经济危机而衰败的企业开展不直接依赖本身的信用能力，而是依靠企业生产的产品乃至项目的融资活动而产生和发展起来的。在发展中国家，随着人口的增长和经济的发展，对基础设施的需求不断增加。但政府的财力有限，国际债务危机的压力加大，急需新的资金来源，项目融资方式也就适时引进。

（二）项目融资的发展

20 世纪 30 年代，在美国和其他发达国家，基础设施领域开始采用项目融资方式。随着项目规模的不断增大，单个银行有时很难满足一个项目的资金需求。一般情况下，便由多家金融机构组成银团来进行，从而达到筹资和分散风险的目的。进入 50 年代，美国一些银行为石油天然气项目所安排的融资活动可视为项目融资早期形式。60 年代中期在英国北海油田开发中使用了有限追索项目贷款方式，这一方式使项目融资开始受到广泛重视。70 年代第一次石油危机之后的能源工业繁荣时期，项目融资得到了迅速发展，成为当时大型能源项目国际性融资的一种主要手段。80 年代初开始的世界性经济危机，使得项目融资进入了一个低潮期。1985 年以来，世界经济的复苏使得项目融资又重新在国际金融界活跃起来，由于一些具有代表性的项目融资模式的完成，使得这一融资手段在融资结构、追索形式、融资期限、风险管理等方面又有了新的发展。70 年代末 80 年代初，一些发展中国家开始采用 BOT 投资方式进行基础设施建设，既解决了发展中国家国内资金不足的问题，又为其引进了先进的技术和设备。由此，项目融资逐渐成为一种跨国的金融活动。项目融资作为一种重要的国际金融工具，在80年代中期传入我国，并且在一些国内外大型投资项目中得到了成功运用，并发挥着日益重要的作用。进入90年代，项目融资越来越依靠资本市场和投资银行，项目债券融资受到广大筹资人的青睐，并成为投资银行的一项重要业务。

目前，在发达国家，项目融资的重点正由基础设施转向其他行业，如制造业。从全球范围来看，项目融资正处在一个应用范围逐渐扩大的阶段。同时，由于融资规模、地域范围的扩大，风险分析日益成为项目融资的重要方面。在不远的将来，随着更多金融工具的出现，项目融资必然不断向大型化、国际化和技术化方向发展，其应用重点也必然是在发展中国家。

第二节　项目融资的一般程序

一、项目融资的当事人

与传统的融资方式相比，项目融资的结构比较复杂，涉及的范围更广，因而参与融资结构并在其中发挥不同程度重要作用的利益主体也较多，概括起来，项目融资的当事人（参与者）主要有以下各方：项目发起人，项目公司，贷款人，项目承建商，项目设备、能源及原材料供应商，项目产品的购买者，融资顾问，保险公司，东道国政府。

（一）项目发起人

项目发起人是项目的实际投资者，是项目的真正主办人和发起人，它通过组织项目融资来获取投资利润和其他收益，实现投资项目的综合目标要求。项目的发起人既可以是政府机构、公司或者是两者的混合体，也可以是承包商、供应商、项目产品的购买方或使用方构成的多边联合体或财团，还可以包括对项目没有直接利益的实体，如交通设施项目中土地所有者和房地产商等。一般来说，发起人往往都是项目公司的母公司。

（二）项目公司

项目公司通常是项目发起人为了项目的建设而设立的经营项目的实体，项目融资中通常是由项目投资者专门为某一特定项目融资而成立一家单一目的的独立公司，而非母公司或控股公司。这是作为项目的直接主办人，直接参与项目投资和项目管理，直接承担项目债务责任和项目风险。这样做的好处主要有：可以将项目融资的债务风险和经营风险基本限制在项目公司中，由项目公司对偿还项目贷款承担直接责任；对项目投资者来说，可以实现表外融资；可以把项目资产的所有权集中在项目公司一家身上，便于进行管理；对贷款人来说，成立项目公司还便于银行在项目资产上设定抵押担保权益；从实际操作的角度来看，采用项目公司具有较强的管理灵活性。除项目发起人投入的股本金之外，项目公司主要靠借款来进行融资。项目公司可以是一个实体，也可以将实际的项目运作委托给富有生产管理经验的管理公司负责。

（三）贷款人

商业银行、非银行金融机构（如租赁公司、财务公司、投资基金等）和一些国家政府的出口信贷机构以及国际金融组织是项目融资资金来源的主要提供者。承担项目融资贷款责任的债权人可以是一两家商业银行，也可以是由十几家银行组成的国际银团，还可以是众多的项目债券持有者。贷款规模和项目风险是决定参与银团的金融机构数目的重要因素。一般来说，贷款金额越高，项目风险越大，就需要越多的金融机构组成银团以分担风险，比如，贷款金额在 3 000 万美元以上的项目就至少需要三家以上金融机构组成银团。一个项目尽量组成由许多国家银行组成的银团，可以避免所在国政府对项目的征用或干涉，选择项目贷款时要选择对本国了解和友好的银行，选择与项目规模适合的银行，选择对被融资项目及其所属工业部门比较熟悉的银行。

（四）项目承建商

项目承建商通常会与项目公司签订固定价格的总价承包合同，负责项目工程的设计和建设。对于大项目，承建商也可以另签合同，把自己的工作分包给分包商。项目承建商的资金情况、工程技术能力和以往的经营信誉，在很大程度上可以直接影响到贷款人对项目建设风险的判断。如果由信用卓著的工程承包公司承建项目，可以减少项目投资者、贷款人等参与者在项目建设期间承担的责任和风险。

（五）项目设备、能源及原材料供应商

项目设备、能源及原材料供应商与项目公司签订供应合同，向项目提供建设和生产经营所需的设备、原材料和能源。设备供应商通过延期付款或优惠出口信贷的安排，可以构成项目资金的一个重要来源。项目原材料、能源供应商在一定条件下愿意以长期的优惠价格条件为项目提供原材料和能源，这有助于减少项目初期乃至项目经营期间的许多不确定因素，从而为安排项目融资提供了有利条件。

（六）项目产品的购买者

项目产品的购买者（或项目设施的使用者）通过与项目公司签订长期购买合同，保证了项目的市场和现金流量，为项目贷款提供重要的信用支持，因而其在项目融资中发挥相当重要的作用。项目产品的购买者可以在项目融资中发挥相当重要的作用，它构成了融资信用保证的关键部分之一。作为项目融资的参与者之一，项目产品的购买者可以直接参加融资谈判，确定项目产品的最小承购数量和价格方式等。

（七）融资顾问

项目融资的组织安排工作需要由一个具有专门技能的人来完成，而绝大多数的项目投资者则都缺乏这方面的经验和资源，故需要聘请专业融资顾问。融资顾问通常由投资银行、财务公司或者商业银行中的项目融资部门来担任。融资顾问在项目融资中扮演着一个极为重要的角色，不仅要求其能够准确地了解项目投资者的目标和具体要求，熟悉项目所在国的政治经济结构、投资环境、法律和税务，掌握金融市场的变化动向和新的融资手段，而且要求其与主要银行和金融机构保持良好的关系，具备丰富的谈判经验和技巧。

（八）保险公司

在对借款人或项目发起人的追索权有限的情况下，项目融资的巨大资金数额以及未来许多难以预料的不确定因素，要求项目各方准确地认定自己面临的主要风险，一个重要的安全保证就是用保险权益来作担保。因此，适当的保险是项目融资赖以存在的基础。由于项目规模很大，存在遭受各种各样损失的可能性，这使得项目发起人建立起与保险代理人和承包商的紧密联系，以便正确地确认和抵消风险。

（九）东道国政府

东道国政府在项目融资中起着极为关键的作用。政府可以为项目建设提供一种良好的投资环境，同时政府可以为项目的开发提供土地、良好的基础设施、长期稳定的能源供应以及经营特许权，减少项目的建设风险和经营风险；此外，政府部门还可以为项目提供条件优惠的出口信贷和其他类型的贷款或贷款担保；甚至为项目批准特殊的外汇政策或税务政策等来降低项目的综合债务成本等，这些对于促成项目融资的完成都十分重要。

二、项目融资的基本流程

一般来说，项目融资的程序大致可以分为五个阶段：投资决策、融资决策、融资结构分析、融资谈判和执行。

（一）投资决策阶段

投资决策包括对宏观经济形势的判断、工业部门的发展和项目在工业部门中的竞争性的分析、项目的可行性研究等内容。一旦作出了投资决策，接下来的一个重要工作，即确定项目的投资结构，这与将要选择的融资结构和资金来源有着密切的关系。同时，在很多情况下项目投资决策也是与项目能否融资以及如何融资紧密联系在一起。投资结构的选择与项目融资结构和资金来源的选择是相互作用的。投资结构的选择会影响融资结构和资金来源的选择，而反过来，项目融资结构也会影响到投资结构的选择。

（二）融资决策阶段

这一阶段是项目投资者决定采用何种融资方式为项目筹集资金。如果项目投资者无法对融资方式作出明确判断，这时就需要聘请投资银行家来分析项目的融资能力和可能的融资方案，在取得一定参考意见后，再对项目的融资方案作出决策。一般来讲，是否采用项目融资，取决于投资者对债务责任分担、贷款资金数量与时间、融资费用以及债务会计处理等方面的要求。如果决定选择采用项目融资作为筹资手段，投资者就需要选择和任命融资顾问，开始研究和设计项目的融资结构。

（三）融资结构分析阶段

设计项目融资结构的一个重要步骤是完成对项目的风险因素进行全面的分析和评估。项目融资的信用结构的基础是由项目本身的经济强度以及与之有关的各个利益主体与项目的契约关系和信用保证所构成的。能否采用以及如何设计项目融资结构的关键之一是要求项目财务顾问和项目投资者全面分析判断与项目有关的风险因素，确定项目的债务承受能力和风险，设计出行之有效的融资方案。项目融资结构以及相应的资金结构的设计和选择须全面体现投资者的融资战略要求和考虑。

（四）融资谈判阶段

初步确定项目融资方案后，融资顾问将有选择地向商业银行或其他一些金融机构发出参加项目融资的建议书，组织贷款银团，策划债券发行，着手起草项目融资的有关文件。这一阶段，与银行的谈判将经过多次反复，不仅会对有关的法律文件作出修改，在很多情况下也会涉及融资结构或资金来源的调整问题，有时甚至会对项目的投资结构及相应的法律文件作出修改，以满足贷款银团的要求。在这一阶段，强有力的融资顾问和法律顾问可以帮助巩固项目投资者的谈判地位，保护投资者的利益，并在谈判陷入僵局时，及时地、灵活地找出适当的变通方法，打破谈判僵局，因此在谈判阶段，财务顾问、法律顾问和税务顾问的作用是非常重要的。

（五）执行阶段

在正式签署项目融资的法律文件之后，融资的组织安排工作就结束了，项目融资将进入执行阶段。在这期间，贷款银团通过项目融资顾问经常性地监督项目的进展，根据融资文件的规定，参与部分项目的决策，管理和控制项目的贷款资金投入和部分现金流量。而项目融资则强调贷款银团的监督与参与，其参与可以划分为三个阶段：项目建设期、试生产期和正常运行期。在项目建设期间，贷款银团将经常性地监督项目的建设进展，根据资金预算和建设日程表，安排贷款的提取。在项目的试生产期，银团经理人则监督项目试生产情况，并将实际的项目生产成本数据和技术指标与融资文件规定的指标加以比较，以明确项目是否达到了融资文件规定的商业完成标准。在项目正常运行期间，投资者的担保将获解除，贷款的偿还仍将依靠项目本身的现金流量。财务顾问将根据融资文件管理部分或全部项目的现金流量，以确保债务的偿还。同时，在项目正常运行阶段，融资顾问另一项重要工作是帮助项目投资者加强对项目风险的控制和管理，这是因为项目融资的债务偿还与项目的金融环境和市场环境密切相关。总之，从项目投资决算起直到完成项目融资，大体要经过上述五个步骤。

第三节　项目融资的基本类型

世界上任何一个项目融资都有自己的特点。从总体上看，可将项目融资归纳成以下几种模式。

一、投资者直接安排的项目融资

这类融资模式由项目投资者直接安排融资，并直接承担起有关责任和义务，这是最简单的一种项目融资模式。投资者直接安排的融资模式在非公司型投资结构中较为常用。具体又可以分为两种形式。第一种形式，项目投资者根据合资协议组成非公司型合资结构，并按照投资比例，合资组建一个项目的管理公司，负责项目建设、生产经营以及产品销售。第二种形式，在非公司型合资结构中由项目投资者完全独立地安排融资。

这种融资模式归纳起来有以下两个优点：第一，投资者可以根据需要较灵活地安排整个融资。第二，融资可以安排在有限追索的基础上，追索的程度和范围可以在项目不同阶段之间发生变化。

二、投资者通过项目公司安排的项目融资

投资者通过建立一个单一目的的项目公司来安排融资，有两种基本形式。

一种形式是由投资者建立一个特别目的子公司作为投资载体，以该项目子公司名义与其他投资者组成合资结构和安排融资。这种形式的特点是项目子公司将代表投资者承担项目中全部的或主要的经济责任，但是由于该公司是临时组建的，缺乏必要的信用，所以需要投资者提供一定的信用支持和保证。

另一种形式是由投资者共同组建一个项目公司，再以该公司名义拥有经营项目和安排融资。这种形式在公司型合资结构中较为常用。其具体特点是：项目投资根据股东协议组建项目公司，并注入一定股本资金，项目公司作为独立的生产经营者，与贷款人签署融资协议。

投资者通过项目公司安排融资具有以下两个主要优点：第一，项目公司可以整体地使用项目资产和现金流作为融资的抵押和信用保证，比较容易为贷款人接受。第二，由于项目投资者不直接安排融资，而是通过间接的信用保证形式融资，因此投资者的债务责任较为清楚。这种模式的主要缺点是缺乏灵活性，很难满足不同投资者对融资的各种要求。

三、以"设施使用协议"为基础的项目融资

在以"设施使用协议"为基础安排的融资模式中，先由项目投资者与项目使用者谈判达成协议，由项目使用者提供一个"无论提货与否均需付款"（在这里可以称为"无论使用与否均需付款"）性质的承诺，并且这一承诺为贷款人所接受。然后，以该承诺和承建商的完工担保作为贷款信用保证，向贷款人贷款。以"设施使用协议"为基础的融资模式，主要应用于一些带有服务性质的项目，如石油、天然气管道项目、发电设施、某种专门产品的运输系统及港口、铁路设施等。

以"设施使用协议"作为基础安排的项目融资具有以下特点：第一，以"设施使用协议"为基础安排项目融资，其关键是项目设施的使用者能否提供一个强有力的、具有"无论提货与否均需付款"（在这里可以称为"无论使用与否均需付款"）性质的承诺。第二，投资结构的选择比较灵活，既可以采用公司型合资结构，也可以采用非公司型合资结构、合伙制结构或者信托基金结构。第三，项目投资者可以利用项目设施使用者的信用来安排融资，以降低融资成本。

四、以"生产支付"为基础的项目融资

以"生产支付"为基础的融资模式是建立在由贷款人购买某一特定份额生产量的基础上的，贷款人从项目中购买到一个特定份额的生产量，这部分生产量的收益成为偿债资金的来源。因此，这种融资模式是通过直接拥有项目的产品和销售收入，而不是通过抵押或权益转让的方式来实现融资的信用保证。

这种融资模式的基本思路是：由贷款人或者项目投资者建立一个"融资中介机构"，贷款人为融资中介机构安排资金，融资中介机构再根据生产支付协议，将资金注入项目公司，作为项目的建设和资本投资资金，项目公司承诺按照生产协议安排生产支付，同时，以项目固定资产抵押和完工担保作为项目融资的信用保证。在项目进入生产期后，根据销售代理协议，项目公司作为融资中介机构的代理销售其产品，销售收入将直接进入融资中介机构用来偿还债务。

五、以"杠杆租赁"为基础的项目融资

以"杠杆租赁"为基础组织起来的融资模式，是指在项目投资者的要求和安排下，由杠杆租赁结构中的资产出租人融资购买项目的资产，然后租赁给承租人（项目投资者）的一种融资结构。

这种融资模式的一个重要特点是：在结构设计时不仅需要以项目本身经济强度特别是现金流量状况作为主要的参考依据，而且也需要将项目的税务结构作为一个重要的组成部分加以考虑。

六、BOT 项目融资

BOT 是 Build（建设）、Operate（经营）和 Transfer（转让）三个英文单词第一个字母的缩写，代表着一个完整的项目融资的概念。这种模式主要用于发展中国家的公共基础设施建设的项目融资，是国际项目融资发展趋势的一种新型结构。这种模式的基本思路是，由项目所在国政府或所属机构，为项目的建设和经营提供一种特许权协议，作为项目融资的基础，由本国公司或者外国公司作为项目的投资者和经营者安排融资，承担风险，开发建设项目，并在有限的时间内经营项目，获取商业利润，最后根据协议，将该项目转让给相应的政府机构。

第四节　项目融资的资金选择

项目融资的核心问题就是资金来源问题，资金从何而来、以何种方式进行筹

集直接影响着整个项目融资过程的成败。巨大的资金需求量和广泛的参与主体，造成了项目融资活动的特殊性和复杂性，如何安排和选择项目的资金构成和来源就成了项目融资结构整体设计工作中的另一个关键环节。

项目融资的资金由三个部分构成：股本资金、准股本资金（也称为从属性债务或初级债务资金）、债务资金（也称为高级债务资金）。项目融资的资金选择主要是决定项目中股本资金、准股本资金、债务资金的形式、相互比例以及相应的来源。项目融资重点解决的是项目的债务资金问题，但在整个结构中也需要适当数量和适当形式的股本资金和准股本资金作为信用支持。虽然项目的资金选择在很大程度上受制于项目的投资结构、融资模式和项目的信用保证结构，但也不能忽略资金结构安排和资金来源选择在项目融资中所可能起到的特殊作用。但若能灵活巧妙地安排项目的资金构成和来源，则既可以减少项目投资者自身资金的投入，又能提高项目的综合经济效益。

一、项目资金结构选择

项目中债务资金和股本资金之间的比例关系、项目资金的使用结构是确定项目的资金结构和资金形式的两个主要考虑因素。

（一）债务资金和股本资金的比例

由于税法一般都规定公司贷款的利息支出可以计入公司成本冲抵所得税，所以对于一个具体项目来说，在考虑到公司所得税的基础上，债务资金成本相对股本资金要低得多。但是，如果公司的债务比例越高意味着项目的抗风险能力极度脆弱，则公司的风险越大，从而资金成本也就相对越高。相反地，若项目的资金来源全部是权益资本，虽然是项目的抗风险能力得到保证，但却没有发挥财务杠杆的强大作用，无形之中加大了项目资金使用的机会成本。所以，如何确定权益资本和债务资金之间的恰当比例是项目资金安排的关键因素。

项目融资没有一个标准的"债务资金/股本资金比率"可供参照，确定一个项目的资金比例时应根据不同项目的具体情况来确定，主要依据是该项目的经济强度，而且这个比例也会随着工业部门、投资者情况、融资模式诸因素的不同而发生变化，同时受金融市场资金供求状况、贷款银行风险承受能力的影响。

（二）项目资金的合理使用结构

确定项目资金的合理使用结构，除了需要建立合理的债务资金和权益资本的比例关系之外，至少还需要考虑以下四个方面的内容：

1. 项目的总资金需求量。准确地制订项目的资金使用计划确保满足项目的总资金需求量是一切项目融资的工作。有许多项目失败的案例，追究其原因很大程度上就在于事先没有周密的资金使用计划。一个新建项目的资金预算主要由项目资本投资、投资费用超支准备金和项目流动资金组成，为了保证项目融资中的资金安排可以满足项目的不同阶段和不同用途的资金需求，必须做好项目的资金总量预算以及项目建设期和试生产期的项目现金流量预算。

2. 资金使用期限。投资者的股本资金是项目中使用期限最长的资金，其回收只能依靠项目的投资收益。但是，项目中的任何债务资金都是有使用期限的，一般都有固定期限。如果能够针对具体项目的现金流量特点，根据不同项目阶段的资金需求采用不同的融资手段，安排不同期限的贷款，从而优化债务结构，就能降低债务风险。

3. 资金成本和构成。权益资本的成本更多地表现为一种机会成本，在评价股本资金成本时，除了要参照投资者获取该部分资金时的实际成本，还要考虑投资者的长期发展战略以及一些潜在的项目投资利益等重要因素。而项目的债务资金成本则是一种绝对的成本，项目的贷款利息是债务资金的成本，项目融资既可以选择固定利率、浮动利率或两种利率的结合，也可以选用利率封顶、限底等手段来相对降低利率风险。利率结构的选择通常要考虑项目现金流量的性质和利率的发展变化趋势。因此，选择合理的利率也是设计债务成本中的一个重要因素。

4. 混合结构融资。混合结构融资是指不同利率结构、不同贷款形式或者不同货币种类的贷款的结合。混合结构融资如果安排得当，可以起到降低项目融资成本，减少项目风险的作用。

二、项目资金来源决策

（一）股本资金与准股本资金

虽然相对于贷款银行提供的债务资金而言，股本资金与准股本资金在项目融资中没有本质的区别（即承担的风险相同，只是在形式上有所不同）。但是对于项目投资者来说，准股本资金相对于股本资金在安排上则具有较大的灵活性，并在资金序列上享有较为优先的地位。

1. 股本资金。项目中的股本资金构成了项目融资的基础，也是贷款银行对其进行融资的安全保障。贷款银行将项目投资者的股本资金看做其融资的安全保障，因为在资金偿还序列中股本资金被排在最后一位。然而，作为项目投资者，股本资金不仅有其承担风险的一面，更重要的是由于项目具有良好的发展前景从而能够为其带来相应的投资收益。增加股本资金的投入，实际上并不能改变或提高项目的经济效益，但是可以增加项目的经济强度，提高项目的风险承受能力。在我国称其为资本金，即项目实体在工商行政管理部门登记的注册资金。项目的权益资本主要是项目投资者投资入股形成的股本金，也可以通过发行股票以及吸收少量政府资金入股的方式筹集，前一类股本资金称为投资者自有资金，后一类股本资金称为公募股权资金。权益资本体现了投资者对项目资产和收益的所有权，在项目满足所有债权后，投资者有权分享利润，同时也要承担项目亏损的风险。

除此之外，有时与某个项目开发有关的一些政府机构和公司出于其政治利益或经济利益等方面的考虑，也会为项目提供类似股本资金和准股本资金的资金，这类资金被称为"第三方资金"。这些机构包括愿意购买项目公司产品的公司、愿意为项目提供原材料的公司、工程承包公司、政府机构以及世界银行和地区性开发银行等。这些机构为了促使项目的开发，有可能提供一定的股本资金、软贷款或贷款担保。第三方资金主要包括以下三类：一是由项目产品购买者或项目设施使用者通过签订"长期购买协议"或"设施使用协议"的形式，在项目融资初期购买一定资源储量和产品；二是项目设备、能源、原材料供应商或项目工程承包公司通过延期付款或者低息优惠出口信贷的安排，为项目提供资金；三是政府部门为项目提供条件优惠的出口信贷、其他类型的贷款或贷款担保。

2. 准股本资金。准股本资金是指项目投资者或者与项目利益有关的第三方所提供的一种从属性债务。

相对股本资金而言，准股本资金应具备以下性质：

（1）债务本金的偿还需要具有灵活性，不能规定在某一特定期限内强制性要求项目公司偿还从属性债务。

（2）从属性债务在项目资金优先序列中要低于其他的债务资金，但是高于股本资金。

（3）当项目公司破产时，在偿还所有的项目融资贷款和其他的高级债务之前，从属性债务将不能被偿还。从项目融资贷款银行的角度，准股本资金将被看做股本资金的一部分。

最常见的准股本资金有无担保贷款、可转换债券和零息债券三种形式。其中可转换债券和零息债券是项目融资中常用的两种从属性债务形式。

无担保贷款顾名思义，就是没有任何项目资产作为抵押和担保，本息的支付通常也带有一定的附加限制条件。如果债券持有者不执行转换权，则公司需要在债券到期日兑现本金。

可转换债券是指在一定的时期内，债券持有者有权将债券按照一定的价格转换为一定数量的公司的普通股。

零息债券计算利息，但是不支付利息，在债券发行时，根据债券的面值、贴现率和到期日贴现计算出其发行价格，债券持有人按发行价格认购债券。

3. 其他形式的股本资金

（1）以贷款担保形式出现的股本资金。以贷款担保作为项目股本资金的投入，是项目融资中具有特色的一种资金投入方式。在项目融资结构中投资者可以不直接投入资金作为项目公司的股本资金或准股本资金，而是以贷款人可以接受的方式提供固定金额的贷款担保来作为替代。

贷款担保作为股本资金有两种主要形式：担保存款和备用信用证担保。

担保存款是项目投资者在一家由贷款银团指定的第一流银行中存入一笔固定数额的定期存款，存款账户属于项目投资者，存款的利息也属于投资者，但是存款资金的使用权却掌握在贷款银团的手中，如果项目出现资金短缺，贷款银团可以调用担保存款。

备用信用证担保是比担保存款对项目投资者更为有利的一种形式，投资者可以根本不动用公司的任何资金，而只是利用本身的资信作为担保。由于采用这种方式贷款银团要承担投资者的信用风险（如投资者出现财务危机，或投资者不履行担保协议等情况），所以一般都会坚持要求备用信用证由一家被接受的独立银行开出，以便将风险转移。

（2）其他信用担保形式作为股本资金。有时，项目担保人提供的某种形式的担保协议（如 BOT 模式中的特许权协议）在项目融资中也会被作为股本资金来处理。我们将把各种类型的项目担保提炼归纳为项目融资的信用保证结构，并在下一节项目担保的安排中集中进行讨论。

（二）债务资金

如何安排债务资金是解决项目融资的资金结构问题的核心。对于一个项目投资者来说，他所面对的债务资金市场可以分为本国资金市场和外国资金市场两大部分，其中本国资金市场又可分为国内金融市场和政府信贷，而外国资金市场则可进一步划分为某个国家的金融市场、国际金融市场以及外国政府出口信贷/世界银行/地区开发银行的政策性信贷。

下面我们将重点介绍几种在项目融资中被广泛应用的债务资金形式。

1. 商业银行贷款和国际辛迪加银团贷款。商业银行贷款是公司融资和项目融资中最基本和最简单的债务资金形式。商业银行贷款可以由一家银行提供，也可以由几家银行联合提供。贷款形式可以根据借款人的要求来设计，包括定期贷款、建设贷款、流动资金贷款等。

对在国际金融市场上以借贷方式筹集各种资金称为国际商业银行贷款，其中以银团贷款最为典型。由一家金融机构牵头、多家国外金融机构组成银团，联合向某借款人提供较大金额的长期贷款，这样的银团贷款也称为国际辛迪加银团贷款。在这种融资方式下，借款人可以根据项目的性质、现金流量的来源和货币种类，来组织最适当的资金结构。一般允许借款人在贷款期间改变货币的币种，给予借款人在不同时间提取不同币种的贷款的选择权。国际上大多数大型项目融资案例，因其资金需求规模大、机构复杂，只有大型跨国银行和金融机构联合组织起来才能承担起其融资的任务。

在项目融资中使用辛迪加银团贷款的优点主要有：有能力筹集到数额很大的资金；贷款货币的选择余地大，对贷款银行的选择范围同样也比较大，为借款人提供了很大的方便；通常是国际上具有一定声望和经验的银行参与，具有理解和参与复杂项目融资结构和承担其中信用风险的能力；提款方式灵活，还款方式也比较灵活。

2. 国际债券。国际债券是指一国政府、企事业单位、金融机构或国际金融机构，在国际市场上以外国货币为面值发行的债券。

国际债券主要有两大类：外国债券和欧洲债券。外国债券是指借款人在本国以外的某一个国家发行的、以发行地所在国的货币为面值的债券，它的发行必须经过发行地所在国政府的批准，并受该国金融法令的管辖。而欧洲债券是指借款人在债券票面货币发行国以外的国家或在该国的离岸国际金融市场上发行的债券，欧洲债券的发行人通常是政府机构、大公司及国际金融机构，其发行地范围并不仅仅限于欧洲，它除了欧洲金融中心的债券市场以外，还包括亚洲、中东等地的国际债券市场。与外国债券不同，欧洲债券发行不受其票面货币发行国金融法律的管辖和约束，只需经债券发行人所在国批准即可。常见的欧洲债券包括固定利率债券、浮动利率债券、可转换债券、附各种金融商品认购权债券、无票面利率债券、附红利债券等。总而言之，国际债券是为借款人提供从国际金融市场上为数众多的金融机构投资者和个人投资者手中获得成本相对较低的债务资金的一种有效形式。

3. 商业票据。商业票据是一种附有固定到期日的无担保的本票。其原意是指随商品劳务交易而签发的一种债权债务凭证，由买方作为出票人，承诺在一定时期内付给卖方一定金额，卖方可以据此在到期日向买方索现或在未到期时向金融机构申请贴现。现在一般意义上的商业票据则包括美国商业票据、欧洲商业票据、浮动利率票据等。美国商业票据市场为借款人提供了一种成本低、可靠性高同时可以通过不断展期来满足长期资金需求的短期债务资金形式。自20世纪70年代以来，美国商业票据开始逐渐成为非美国公司的一种重要资金来源，成为国际辛迪加银团贷款、欧洲债券市场的一种具有竞争力的替代方式。商业票据作为利率低的无担保票据，是一种公开性的短期筹资工具。票据期限短至若干天，承受承租人的各项支出。

利用美国商业票据融资的优点主要表现在：成本低，一般来说，比银团贷款的利息成本来得便宜；资金来源多元化；资金使用的灵活性，可以做到同一天发行票据并获得资金，不需要任何提前通知。

4. 租赁融资。租赁是一种使用者可以获得某一设备或某一工厂的使用权用以增加生产而不需要在使用初期支付该设备或工厂全部资本开支的一种融资手段。租赁可以分为经营租赁和金融租赁两种基本类型。经营租赁是指一般租赁期限较短并且在租赁期间承租人有权取消租约将租赁物退还给出租人的租赁协议。经营租赁在被出租资产的使用寿命中，通常只占有较小的一个部分。在经营租赁期间，出租人承担对被出租资产的保养和维修责任，承租人的责任只局限于按期缴纳租金，在租赁期结束时有权选择是将租赁资产退还给出租人还是将其购入。

与经营租赁相反，金融租赁是一种租赁期限相对较长，承租人不能随意提前终止的租赁协议。在金融租赁期内资产的使用价值在该资产的全部使用价值中占有较高的比重，有时可以高达90%。在金融租赁期间，出租人虽然拥有被出租的资产，但是实质责任只局限于提供一种融资，占有和使用被出租资产所需要的一切费用和成本，包括维修、保养以至有关税收（出租人本身的公司所得税除外）均需要由承租人负担。承租人按照租赁协议定期支付租金，并且向出租人保证在租赁期满时支付一笔资金购入所租赁的资产。

租赁融资的优点是与其他的债务资金形式比较，租赁融资能够增加项目投资者在财务安排、税务安排以及经营安排三个方面的灵活性。

5. 双货币贷款或商品关联贷款。项目投资中的汇率风险、利率风险、产品价格风险等因素成为项目投资者、经营者、贷款银行越来越关注的问题。种种以降低利率风险和价格风险为目标，以使用国际金融市场、国际商品交易市场上现代化的交易方式为手段的融资工具应运而生。双货币贷款和商品关联贷款就是其中两种较为典型的金融产品。双货币贷款也称双货币债券，是指一种带有固定利息收入的贷款或债券，其利息的计算和支付采用的是一种货币，本金的计算和支付采用的是另一种货币。一般情况下，双货币贷款使用低利率货币作为计算利息的货币，使用相对高利率货币作为计算本金的货币。商品关联贷款在机理上同双货币贷款近似，是通过贷款人参与产品的价格波动来实现降低融资成本的目的。

前者将贷款问题中的利率和汇率问题连接在一起，在一定程度上减少了借款人的利息负担，同时也减少了项目资金的汇率风险。后者则是将贷款问题中的利率问题和产品的价格结合起来，在一定的波动范围内有效地降低了贷款利率，增强了项目现金流量的可预测性和可计划性。

第五节　项目风险评估与项目担保

一、投资银行对项目融资的风险评估

对融资项目评估是投资银行从事的重要准备工作之一。西方一些擅长项目融资的投资银行，如美国的摩根士丹利公司、银行家信托公司、第一波士顿银行等都各自建有具有特色的项目风险评价模型系统，为项目现金流量模型分析的实用性、综合性和有效性提供了更为有力和简捷、快速的计算手段。总之，投资银行在对项目风险系数的确定、项目贴现率的确定、项目承受能力的分析、金融风险及通货膨胀对项目的影响等方面，都发挥着其他机构所不能代替的重要作用。

投资银行作为项目融资顾问，就是帮助项目主办人最大限度地缩小股权投资，限制对项目贷款的担保和承诺，降低承办项目的风险。虽然项目主办人不可能完全规避金融责任，但通过项目融资的精心组织，将部分风险转移到非股权所有者一方，以降低项目的全面风险还是有可能的。

由于项目融资涉及的参与者多、时间长、情况复杂，因此项目融资中各参与者面临的风险很多。按照风险的可控性划分，项目融资风险可分为系统性风险和非系统性风险。前者是指与市场客观环境有关，项目的生产经营由于受到超出企业自身可控制的社会、经济环境变化的影响而遭受到损失的风险，主要包括政治风险、法律风险、政策风险、金融风险、市场风险等，又称不可控制风险；后者是指与项目的生产建设和经营管理直接有关的风险，可由项目实体自行控制和管理，因此又称可控制风险，主要包括生产风险、完工风险、环保风险等。

（一）政治风险

投资者与所投项目不在同一个国家或贷款银行与贷款项目不在同一国家都有可能面临着由于项目所在国家的政治条件发生变化而导致项目失败、项目信用结构改变、项目债务偿还能力改变等风险，这类风险统称为项目的政治风险。它可分成两类：（1）国家风险，即项目所在国政府由于某种政治或外交政策上的原因，对项目实行征用、没收，或者对项目产品实行禁运、联合抵制、中止债务偿还的潜在可能性；（2）国家政治、经济、法律稳定性风险，即项目所在国在外汇管理、法律制度、税收、劳资制度、劳资关系、环境保护、资源主权等与项目有关的敏感性问题方面的立法是否健全，管理是否完善、是否经常变动。

（二）金融风险

金融风险主要表现为利率风险和汇率风险两个主要方面。利率风险是指项目在经营过程中，由于利率的变动而造成项目价值的降低或收益受到影响。如果投资方采用浮动利率融资，当利率上升，项目生产成本就会上升；如果采用固定利率融资，利率下降又会造成机会成本的提高。汇率风险主要是指东道国货币的自由兑换、经营收益的自由汇出和汇率波动造成的货币贬值问题。例如，境外的项目发起方希望将项目的利润以本国货币或硬通货汇回国内，避免因东道国货币贬值而遭受损失，贷款方也希望项目能以同样货币偿还，此时如果东道国货币发生贬值，则面临着较大的汇率风险。

（三）市场风险

市场风险主要是指来自项目产品的销售和能源及原材料供应两方面的风险。由于涉及项目中成本和销售两个方面的因素，因此市场风险往往是项目运行中大家关注的焦点。项目投产后的效益取决于其产品在市场上的销售情况和其他表现，产品在市场上的销路和其他情况的变化就是市场风险。另外，市场风险不仅同产品销售有关，而且同项目的原材料和燃料等的供应有关。如果项目投产后原材料及燃料的价格涨幅超过项目产品价格的涨幅，则项目的收益必将受到影响。

对于发展中国家来说，原料的供应基本上没有太大的问题，因此项目能否运营成功，关键就在于产品能否销售出去、以怎样的价格销售。在实践中，为了锁定市场风险，投资者往往要求当地政府作出优惠承诺，如按适当价格购买全部产品等，或事先取得长期的产品销售协议，作为融资的支持，而该协议的买方事实上对项目融资承担了一种间接的财务保证义务。

（四）完工风险

完工风险也称建设风险，存在于项目建设阶段和试生产阶段，是项目融资的主要核心风险之一。主要表现为：工程超期、成本超支、不能达到预计的设计标准等，在极端情况下，由于技术和其他方面的问题，项目完全停工放弃。完工风险对项目造成的综合性负面影响使项目建设成本增加，项目贷款利息负担增加，项目现金流量不能按计划获得。为了限制及转移项目的完工风险，贷款银行通常要求投资者或工程公司等其他项目参与者提供相应的"完工担保"作为保证。完工担保则构成项目融资结构中一个主要组成部分。

（五）生产风险

项目的生产风险是在项目试生产阶段和生产运行阶段存在的技术、资源储量、能源和原材料供应、生产经营、劳动力状况等风险因素的总称，是项目融资的另一个主要的核心风险。主要表现形式包括技术风险、资源风险、能源和原材料供应风险、经营管理风险和环境保护风险。

1. 技术风险。技术风险是指存在于项目生产技术及生产过程中的问题。如技术工艺是否保持先进，是否会被新技术取代等。

2. 资源风险。对于依赖某种自然资源的生产项目，一个先决条件是要求项目的可供开采的已证实资源总储量与项目融资期内所计划采取或消耗的资源量之比要保持在风险警戒线之下。

3. 能源和原材料供应风险。由于能源和原材料成本在整个生产成本中所占的比重很大，因此其价格波动和供应可靠性将影响现金流量、生产经营成本、债务偿还计划等一系列问题，进而带来生产风险。

4. 经营管理风险。管理风险主要用来评价项目投资者对于所开发项目的经营管理能力，而这种能力是决定项目的质量控制、成本控制和生产效率的一个重要因素。评价经营风险主要从三个方面来考虑：（1）项目经理（无论是否为项目投资者）在同一领域的工作经验和资信。（2）项目经理是否为项目投资者之一，如果项目经理是项目最大投资者之一，对于项目融资是很有帮助的。（3）项目经理是否具有利润分成或成本控制奖励等鼓励机制。这些措施使用恰当可以有效地降低项目风险。

5. 环境保护风险。对于项目融资的贷款银行，环境保护风险不仅表现在由于增加生产成本或资本投入而造成项目降低甚至丧失原有的经济强度，而且表现在一旦项目投资者无法偿还债务时，贷款银行取得项目的所有权和经营权之后也必须承担同样的环境保护压力和责任。进一步地，由于存在环境保护方面的问题，项目本身的价值就降低了。由于环境保护问题所造成的项目成本的增加，主要是罚款以及环保所需的资本投入以及其他的一些成本。

另外，在项目的开发和经营阶段都需要投入大量的各种要素，包括时间、技术、资金、人员等，因此也可以从这一角度对项目融资的风险进行分类，即所谓的时间风险、技术风险、资金风险、人员风险等，在此不再赘述。

二、项目融资风险的管理

由于项目融资存在以上各种风险，因此必须尽可能地采取各种措施降低风险水平，对各类风险加强管理。项目融资风险管理是指有目的地通过组织、协调和控制等管理活动来防止和减少风险的损失发生。

（一）完工风险的管理

项目按时并保质保量地完工，主要通过由项目公司与项目建设承包公司签订"项目建设承包合同"和贷款银行通过"完工担保合同"或"商业完工标准"

来保证。其中，在固定价格、固定工期的"交钥匙"合同中，项目的建设控制权和建设期风险完全由建设承包公司承担。对于贷款银行可以采用两种方法：一是通过项目的"商业完工标准"来检验项目是否达到完工的条件；二是要求项目投资者或项目建设承包公司等其他参与方提供相应的"完工担保"作为保证。

（二）生产经营风险的管理

在项目融资中，生产经营风险主要是通过项目公司对经营者的约束来完成的，主要体现在一系列融资文件与协议中，如产品购买协议、原材料供应协议等，长期的能源和原材料供应协议将是减少项目能源和原材料供应风险的一种有效办法。贷款银行为避免技术风险，应尽力选择经过市场检验的成熟技术、选择具有良好资信与管理经验的项目投资者，以上措施都有助于降低或减轻项目的生产经营风险。

（三）政治风险的管理

在通常情况下，政治风险一般都由东道国政府来承担。例如，通过东道国政府与项目公司签订"项目全面收购"协议的形式，在政治风险发生时，由政府用现金收购项目，从而保障在政治事件发生时由国家负责所有债务的偿付责任。另外，还可通过为政治风险投保或引入多边机构来减少损失，同时东道国的项目参加者也是降低政治风险的关键。

（四）法律风险的管理

由于项目的设计、融资和税务处理等都必须符合项目所在国的法律要求，因此项目融资一定要聘请法律顾问参与。项目的法律环境变化可能给项目带来不可预料的损失，在某种意义上，法律风险事件可通过政治来控制，通过项目公司与东道国政府之间可以签署一系列相互担保协议，彼此在自己的权利范围内作出某种担保或让步，以达到互惠互利的目的。协议主要包括进口限制协议、劳务协议、公平仲裁协议等。

（五）市场风险的管理

市场风险管理的关键在于预防。在项目初期，应做好充分的市场调研和市场预测，减少项目的盲目性。在项目的建设和运营过程中，签订长期原材料及能源供应协议和产品销售协议，可以减少市场价格波动等不确定因素对项目收入的影响。项目公司还可以通过获得当地政府或产业部门的某种信用支持的方式来降低风险。

（六）金融风险的管理

在项目融资中，项目公司根据项目现金流量的特点安排利息偿还，通过浮动利率与固定利率之间的掉期，不同基础的浮动利率之间的掉期，或者不同项目阶段的利率掉期，可减少因利率变化造成项目风险的增加，起到减少项目风险的作用。而货币掉期可以有助于降低项目的利率风险和汇率风险，改变那些有几种不同的货币和利率的项目资产负债结构。同时，利率期权可帮助投资者避免利率上涨的风险，在合适的价格条件下获得控制利率水平的好处；在对汇率变化趋势掌握不准的情况下，采用货币期权将会为项目公司提供较大的风险管理灵活性。

（七）环境保护风险的管理

世界上许多国家制定了严格的环境保护法律来限制工业生产对环境的破坏，因此，从长远来看，必须提高生产效益，努力开发符合环保标准的新技术和新产品，才能将可能增加的环保成本自行消化。

归纳以上各点可以看出，项目融资的风险管理主要是通过各种合同文件和信用担保协议，将项目风险在参与者之间进行合理分配。而分配原则恰恰是"将所有的风险都分配给最适合承受它的一方"。

三、项目担保

对于采用项目融资的项目来说，风险的合理分配和严格管理是项目成功的关键，也是项目各参与方谈判的核心问题。而风险分配与管理的主要手段，就是通过各种合同、协议等文件来协调各方的关系，合理分配风险，并明确项目各方的责任和权利，从而使项目按计划顺利进行。因此，风险管理、担保、项目文件的目的在于明确和量化风险，通过担保将风险分析结果落实到书面上，以项目文件作为最终具有法律效力的约束性合同、协议。作为融资顾问，投资银行的任务之一就是帮助制定项目融资的担保措施，并将与项目有关的各利益方所能提供的担保及责任组织起来，避免因各方财务负担或风险不平衡而使项目无法进行，并将各方提供的担保组成一个强大的项目信用保证结构，使其为贷款银行所接受。

（一）项目担保的构成

项目融资担保指借款方或第三方以自己的信用或资产向境内外贷款人做的还款保证，项目融资信用保证结构的核心是融资的债权担保。债权担保分为物的担保和人的担保两种基本形式，即信用担保和物权担保。物的担保在项目融资中的应用，主要表现在对项目资产的抵押和控制上。人的担保在项目融资结构中的基本表现形式就是项目担保。

1. 物的担保。物的担保指项目公司或第三方以其自身资产为履行贷款债务提供担保。主要表现为对项目资产的抵押和控制上。物的担保比较直接，法律界定相对清楚。在项目融资中，债权银行以物的担保形式，把项目资产作为一个独立整体与借款人的其他资产分割开来，在必要时可以行使对项目资产的管理权。

在借款人违约情况下，享有担保权益的债权人可取得在担保条件下对项目资产的直接占有，为债权人自身的利益经营这些项目资产，将项目资产出售以清偿债权人的债务。

项目融资中物的担保主要有抵押和担保两种方式。抵押是指为提供担保而把资产的所有权转移给债权人，而在债务人履行其义务后所有权重新转移给债权人。担保则不需要资产所有权和权益转移，是债权人和债务人之间的一项协议。据此协议，债权人有权使用该项担保条件下资产的收入来清偿债务人对其的债务。而且债权人对这项收入有优先请求权，其地位优先于无担保权益的债权人。

2. 人的担保。人的担保在项目融资结构中的表现形式是项目担保。项目担保是一种以法律协议形式作出的承诺，依据这种承诺担保人向债权人承担一定义务，是在债权银行认为项目自身物的担保不够充分而要求借款人（项目投资者）提供的一种人的担保。它为项目正常运作提供了一种附加保障，降低了债权银行在项目融资中的风险。项目担保是项目融资结构的一个重要组成部分，在一定程度上是项目融资结构的关键。项目融资的根本特征正是实现这种风险分担原则。

有许多项目风险是项目本身所无法控制的，并超出其承受能力，单靠其项目的现金流量和资产价值不足以偿还其债务。而债权银行在决定一项贷款时的基本前提是不承担任何风险，因而对于超出项目自身承受能力的风险因素要求项目投资者或与项目利益有关的第三方提供附加债权担保。项目融资的任务就是将与项目利益有关的各方所能提供的担保及责任组织起来，以使其中任何一方都不因承受过重的财务负担或过高的风险而使项目无法经营，将各方所能提供的担保组成一个强有力的项目信用保证结构，使其能为债权银行所接受。因此，采用项目担保方式可以使项目投资者避免承担全部项目债务责任，又可以使项目的许多风险转移到与项目发展有利益关系但又不愿直接参与经营的第三方。

（二）项目担保人

项目担保人主要有三个方面：项目主办方（投资者）、第三方担保人（项目利益有关的第三方）及商业担保人（金融机构）。

1. 项目主办方。在项目融资的各种交易中，一般的担保人是项目主办方，即项目发起方通过建立一个专门的项目公司来经营项目和安排融资。项目公司虽然以自身的资产作为贷款的抵押，但贷款人通常认为项目公司本身资本小、历史短，不能以自身信用举债。但在很多情况下债权银行要求借款提供来自项目公司之外的担保作为附加的债权保证，以利用与项目有利益关系的第三方作为担保人。

2. 第三方担保人。在项目融资中，第三方担保人是指在项目的直接投资者之外寻找其他与项目开发有直接或间接利益关系的机构为项目的建设或生产经营提供担保，从而在一定程度上分担一部分项目风险。能够提供第三方担保的机构大致分为以下几类：供应商；设备经营商；政府机构；产品用户；世界银行、地区开发银行等国际性金融机构。

3. 商业担保人。商业担保人与上述两种担保人在性质上是不一样的。商业担保人提供担保作为一种盈利手段，承担项目的风险并收取担保服务费用。银行、保险公司和其他的一些专营商业担保的金融机构是典型的商业担保人。而各种类型的保险公司为了防止项目意外事件的发生，为项目提供包括项目资产风险、项目政治风险在内的内容广泛的项目保险。商业担保人提供的担保服务有两种：一是担保项目投资者在项目融资或项目中所必须承担的义务；二是为防止项目意外事件发生而提供的担保。

（三）项目担保的范围

一个项目可能面对各种风险，如信用风险、完工风险、生产风险、市场风险、金融风险、政治风险和环保风险等。上述风险大致可归纳为商业风险和政治风险两类，其中商业风险据其可控制性又可分为核心风险和环境风险两部分。

在项目融资中，项目担保不可能解决全部风险问题，只能有重点地解决债权人最为关心的部分。就商业风险而言，一般是要求第三方或项目投资者提供不同程度的担保，尤其是在项目完工、生产成本控制和产品市场等三方面提供担保。就政治风险来说，一般认为项目所在国政府或者中央银行是最理想的政治风险担保人。

（四）项目担保的类型

根据项目担保在项目融资中承担的经济责任形式，项目担保可以划分为物权担保和信用担保。物权担保分为不动产物权担保、动产物权担保、固定抵押和浮动担保；信用担保分为直接担保、间接担保、或有担保、意向性担保四种基本类型。

1. 直接担保。项目融资中的直接担保是指有限责任的直接担保。担保责任根据担保金额或担保的有效时间加以限制。在时间上加以限制的直接担保是指项目在建设期和试生产期的完工担保是最为典型的在时间上加以限制的有限责任直接担保。项目投资者和工程承包公司是主要的担保人。有限金额直接担保又称为资金额担保和第一损失担保，其特点是在完成融资结构时已事先规定了最大担保金额，因而担保的最大经济责任均被限制在这个金额之内。

2. 间接担保。间接担保也称为非直接担保，在项目融资中是指担保人不以直接财务担保形式为项目提供的一种财务支持。间接担保多以政府特许权协议和商业合同形式出现。对于债权银行来说，这种担保同样构成了一种确定性的无条件的财务责任。间接担保主要包括以"无论提货与否均需付款"概念为基础的一系列合同形式。这类合同的建立保证了项目的市场和收入稳定，进而保证了债权银行的基本利益。

3. 或有担保。或有担保是针对一些由于项目投资者不可抗拒或不可预测因素所造成项目损失的风险所提供的担保。或有担保主要可划分为三种风险：第一种类型的或有担保，主要针对项目由于不可抗拒因素造成的风险，如地震、火灾等一系列问题，提供这类或有担保的项目担保人通常是商业保险公司。第二种类型的或有担保主要针对项目的政治风险。第三种类型的或有担保主要针对的是与项目融资结构特性有关的并且一旦变化将会严重改变项目的经济强度的一些项目环境风险，在项目融资中通常是要求项目投资者提供有关的担保。

4. 意向性担保。从法律意义上讲，意向性担保，不是真正的担保，因为这种担保不具有法律上的约束力，仅仅表现出担保人有可能对项目提供一定支持的意思。支持信有时也称为安慰信，是一种最经常使用的意向性担保形式。支持信通常由项目公司的控股公司（或母公司）写给贷款银团，表示该公司对项目公司以及项目融资的支持，以此作为对项目融资财务担保的替代。支持信所起到的担保作用在本质上是由提供支持信的机构向贷款银行作出的一种承诺，保证向其所属机构（项目公司）施加影响以保证后者履行其对于贷款银行的债务责任。

【案例】

广东省深圳沙角 B 电厂

项目背景：广东省深圳沙角 B 电厂 1984 年与香港一公司签署合资协议，1986 年完成融资安排并动工兴建，1988 年投入使用。总装机容量 70 万千瓦，总投资为 42 亿港元，被认为是中国最早的一个有限追索的项目融资案例，也是事实上在中国第一次使用 BOT 融资概念兴建的基础设施项目。

项目融资结构：

投资结构：采用中外合作经营方式兴建。合资中方为深圳特区电力开发公司（A 方），合资外方是一家在香港注册专门为该项目成立的公司——合和电力（中国）有限公司（B 方）。合作期 10 年。合作期间，B 方负责安排提供项目全部的外汇资金，组织项目建设，并且负责经营电厂 10 年（合作期）。作为回报，

B 方获得在扣除项目经营成本、煤炭成本和支付给 A 方的管理费后百分之百的项目收益。合作期满时，B 方将深圳沙角 B 电厂的资产所有权和控制权无偿转让给 A 方，退出该项目。

融资模式：深圳沙角 B 电厂的资金结构包括股本资金、从属性贷款和项目贷款三种形式。

股本资金：

股本资金/股东从属性贷款（3.0 亿港元）	3 850 万美元
人民币延期贷款（5 334 万元人民币）	1 670 万美元

从属性贷款：

A 方的人民币贷款（从属性贷款）	9 240 万美元（2.95 亿元人民币）
固定利率日元出口信贷（4.96 兆亿日元）	26 140 万美元

项目贷款：

欧洲日元贷款（105.61 亿日元）	5 560 万美元
欧洲贷款（5.86 亿港元）	7 500 万美元
资金总计	53 960 万美元

根据合作协议安排，在深圳沙角 B 电厂项目中，除以上人民币资金之外的全部外汇资金安排由 B 方负责，项目合资 B 方——合和电力（中国）有限公司利用项目合资 A 方提供的信用保证，为项目安排了一个有限追索的项目融资结构。

融资模式中的信用保证结构：

（1）A 方的电力购买协议。这是一个具有"提货与付款"性质的协议，规定 A 方在项目生产期间按照事先规定的价格从项目中购买一个确定的最低数量的发电量，从而排除了项目的主要市场风险。

（2）A 方的煤炭供应协议。这是一个具有"供货或付款"性质的合同，规定 A 方负责按照一个固定的价格提供项目发电所需要的全部煤炭，这个安排实际上排除了项目的能源价格及供应风险以及大部分的生产成本超支风险。

（3）广东省国际信托投资公司为 A 方的电力购买协议和煤炭供应协议所提供的担保。

（4）广东省政府为上述三项安排出具的支持信。虽然支持信并不具备法律的约束力，但可作为一种意向性担保，在项目融资安排中具有相当的分量。

（5）设备供应及工程承包财团所提供的"交钥匙"工程建设合约，以及为其提供担保的银行所安排的履约担保，构成了项目的完工担保，排除了项目融资贷款银团对项目完工风险的顾虑。

（6）中国人民保险公司安排的项目保险。项目保险是电站项目融资中不可缺少的一个组成部分，这种保险通常包括对出现资产损害、机械设备故障以及相应发生的损失的保险，在有些情况下也包括对项目不能按期投产情况的保险。

融资结构简评：

（1）作为 BOT 模式中的建设、经营一方（在我国现阶段有较大一部分为国外投资者），必须是一个有电力工业背景，具有一定资金力量，并且能够被金融界接受的公司。

（2）项目必须要有一个具有法律保障的电力购买合约作为支持，这个协议需要具有"提货与付款"或者"无论提货与否均需付款"的性质，按照事先严格规定的价格从项目购买一个最低量的发电量，以保证项目可以创造出足够的现金流量来满足项目贷款银行的需要。

（3）项目必须有一个长期的燃料供应协议，从项目贷款银行的角度，如果燃料是进口的，通常会要求有关当局对外汇支付作出相应安排，如果燃料是由项目所在地政府部门或商业机构负责供应或安排，则通常会要求政府对燃料供应作出具有"供货或付款"性质的承诺。

（4）根据提供电力购买协议和燃料供应协议的机构的财务状况和背景，有时项目贷款银行会要求更高一级机构某种形式的财务担保或者意向性担保。

（5）与项目有关的基础设施的安排，包括土地、与土地相连接的公路、燃料传输及贮存系统、水资源供应、电网系统的联结等一系列与项目开发密切相关的问题的产生及其责任，必须要在项目文件中作出明确的规定。

（6）与项目有关的政府批准，包括有关外汇资金、外汇利润汇出、汇率风险等问题，必须在动工前，得到批准和作出相应的安排，否则很难吸引银行加入项目融资的贷款银团行列。有时，在 BOT 融资期间贷款银团还可能要求对项目现金流量和外汇资金的直接控制。

【课堂讨论】

讨论项目融资的资金选择、BOT 项目融资、项目融资的主要风险、如何实施项目担保。

【本章小结】

项目融资是为某一特定项目发放的贷款。与其他融资方式相比，项目融资方式的主要特点有项目导向、有限追索、表外融资等。项目融资的当事人（参与者）众多，主要有以下各方：项目发起人、项目公司、贷款人、项目承建商、项目设备和能源及原材料供商、项目产品的购买者、融资顾问、保险公司、东道国政府。整个项目融资的完成，大致上可分为五个阶段：投资决策、融资决策、融资结构分析、融资谈判和执行。

在融资决策分析中，主要是项目融资模式的确定。项目融资的主要模式有以下几种：投资者直接安排项目融资模式；投资者通过项目公司安排项目融资模式；以"设施使用协议"为基础的项目融资模式；以"生产支付"为基础的项目融资模式；以"杠杆租赁"为基础的项目融资模式；BOT 项目融资模式。

项目融资的资金选择主要是融资资金的结构决策，包括项目资金的结构选择：债务资金和股本资金的比例；项目资金的合理使用结构；利息预提税的考虑。

资金来源的决策包括两个方面：股本资金与准股本资金和债务资金的决策。

项目融资的风险评估与项目担保。项目融资风险可分为系统性风险和非系统性风险。前者主要包括政治风险、法律风险、政策风险、金融风险、市场风险等，又称不可控制风险；后者又称可控制风险，主要包括生产风险、完工风险、环保风险等。项目融资担保指借款方或第三方以自己的信用或资产向境内外贷款人所做的还款保证，项目融资信用保证结构的核心是融资的债权担保。债权担保分为物的担保和人的担保两种基本形式，即信用担保和物权担保。

【主要名词】

项目融资 project financing　　　　无追索权 non-recourse

有限追索权 limited recourse　　　　表外融资 off-balance finance

从属性债务 subordinated debt　　　项目担保 project guarantee

直接担保 direct guarantee　　　　　资金缺额担保 deficiency guarantee

第一损失担保 first-loss guarantee　　间接担保 indirect guarantee

或有担保 contingent guarantee　　　金融租赁 financial lease

直接租赁 direct lease　　　　　　　杠杆租赁 leverage lease

BOT Build-Operate-Transfer　　　　双货币贷款 dual currency loan

商品关联贷款 commodity-linked loan

【本章自测题】

1. 什么是项目融资？其特征是什么？
2. 项目融资的当事人主要有哪些？
3. 简述项目融资的基本类型。
4. 试述 BOT 融资模式。
5. 试述项目融资的资金来源及构成。
6. 项目融资的主要风险有哪些？
7. 试述项目融资担保的类型。
8. 如何管理项目融资过程中的金融风险和市场风险？
9. 项目融资担保人主要有哪些？

第九章

资产证券化业务

【学习目标】资产证券化是近 30 年来国际金融领域发展最迅速的金融创新工具，成为全球范围内最具魅力的一种金融创新潮流和趋势。通过本章的学习，首先，应该从资产证券化的基本内涵、实质、基本特征及作用来理解资产证券化的发展动因；其次，应该掌握资产证券化的主要参与者、基本运作流程及基本类型；最后，在资产证券化中，投资银行可以担任多种不同的角色，从而起到不同的作用，对投资银行在资产证券化业务中扮演的角色及起到的作用进行分析。

第一节 资产证券化的概述

一、资产证券化的基本内涵与实质

（一）资产证券化的基本内涵

资产证券化起源于 20 世纪 80 年代，由于具有创新的融资结构和高效的载体，满足了各类发行人和投资者不断变化的需求，从而成为当今国际资本市场中发展迅速、颇具活力的金融产品之一。资产证券化是近 30 年来国际金融市场领域中最重要的金融创新之一。

1977 年，美国投资银行家瑞尼尔首次使用了"资产证券化"这个用语。然而，真正给资产证券化下定义的应该是格顿（Gardener）。他在 1991 年所下的定义为："资产证券化是储蓄者与借款者通过金融市场得以部分或全部地匹配的一个过程或工具。在这里，开放的市场信誉（通过金融市场）取代了由银行或其他金融机构提供的封闭市场信誉。"这个定义从某种程度上来说是一种广义的证券化概念。

一向有"证券化之父"之称的美国耶鲁大学法博齐教授认为："资产证券化

可以被广泛地定义为一个过程；通过这个过程将具有共同特征的贷款、消费者分期付款合同、租约、应收账款和其他不流动的资产包装成可以市场化的具有投资特征的带息证券。"这也可以说是一个广义上的资产证券化概念，即指把资产转变成采用证券这一价值形态的过程和技术。

一般来说，证券化指为了融资或增强资产流动性，而将一组金融或非金融资产组合为基础资产发行证券。这种基础资产组合可以是企业的实物资产、有形或无形资产，也可以是抵押资产、抵押票据、证券等金融资产。可见，证券化既包括普通的企业融资证券化，也包括资产证券化。融资证券化指企业直接融资发行证券，资产证券化则特指各种金融公司以房屋、汽车抵押贷款、信用卡应收款等各类未到期应收款项为基础资产发行证券的过程。

由此可以概括给出资产证券化的严格定义：资产证券化是指将资产原始权益人或发起人（卖方）缺乏流动性但可以产生稳定的可预见未来现金流的资产，构造和转变成为资本市场可销售和流通的金融产品，据以融通资金的技术和过程。

持有不流通的存量资产或可预见的未来现金流收入资产的机构称为证券化的发起人。发起人把持有的不流通的存量资产或可预见的未来现金流收入资产分类整理成一系列资产组合（即资产池），出售给特别目的机构（Special Purpose Vehicle，SPV）。SPV 将购买下的金融资产作为担保，发行资产支持证券，以收回购买金融资产的资金。这一系列过程就称为资产证券化。

（二）资产证券化的本质

资产证券化是一项以提高流动性和融资为目的的金融创新，是对一组原本流动性较差的金融资产进行组合，使其产生在长期上较为稳定的现金流收益，再配以相应的信用担保，把这种未来现金流的收益权转变为可在金融市场上流动、信用等级较高的证券。可以看出，这种资产证券化的实质就是将金融资产的未来现金流收益权进行转让的交易。

二、资产证券化的基本特征与作用

（一）证券化基础资产特征

在华尔街有一句广为流传的话："只要一种资产能产生稳定的现金流，就可以将它证券化。"资产证券化的基础资产一般是安全性高、稳定性好的金融产品。如汽车贷款、信用卡应收款、住房贷款等。这些工具的还款支付和应用广为大众熟知，还款方式简明，现金收入流稳定，流动性好，违约拖欠率低。以这类资产作为基础资产发行的证券，投资者才有较高信心。可见，并非所有资产都适于证券化。一般认为，适宜证券化的理想资产应具备以下特征：

1. 资产必须具备一定的同质性，现金收入流与支出稳定。比如，汽车贷款和信用卡资产都是有较高资金收入保障的应收资产，汽车贷款收入流来源于借款人的还贷，信用卡资产证券也有收入流稳定的特点。

2. 有良好的信用记录，违约率低，即有较为成熟的信用保障和保险措施。这些措施包括：（1）资信审查；（2）第三方担保；（3）准备金和现金担保；（4）具有一定的资产规模；（5）资产证券分级。

3. 本息的偿还完全分摊于整个资产存续期间。资产的债务人或贷款的借款人有广泛的地域和人口统计分布；资产的抵押物有较高的清算价值（变现价值）或对债务人的效用很高。

4. 资产的平均偿还期至少为一年。一方面，证券化的程序较为复杂，需耗费一定的时间；另一方面，如果资产的期限较长，以该资产担保所发行的证券的期限才能相应较长。否则，证券发行人筹资后不久便要向投资者还本付息，对发行人不利。

从国外实施资产证券化的经验来看，能够被投资者接受且得到普遍认同的资产主要有以下几类：

（1）贷款。包括居民住宅抵押贷款、私人资产抵押贷款、汽车销售贷款、其他各种个人消费贷款、助学贷款、商业房地产抵押贷款和各类工商企业贷款。

（2）应收账款。包括信用卡应收账款、交易应收账款（主要是非金融机构的应收账款，如制造商和交易商等）。

（3）租赁收入。包括办公楼租赁收入、计算机租赁收入、汽车租赁收入、办公设备租赁收入和飞机租赁收入等。

（4）收费。包括航空公司机票收入、公园门票收入、俱乐部会费收入和公用事业收入等。

（5）保险。包括人寿保险和健康保险等。

（6）自然资源。包括石油和天然气储备、矿藏储备和森林。

（7）各种有价证券组合。

（二）资产证券化的基本特征

资产证券化是金融市场上的一种新型融资方式，给资本市场带来的是融资方式的创新。它既不同于传统的以银行为主的间接融资方式，也不同于单纯地依赖发行公司股票或债券的直接融资方式。它是有效融合了间接融资方式和直接融资方式的创新金融工具，资产证券化有着区别于传统融资方式的独特之处。正是资产证券化的创新之处，使其成为资本市场上的重要结构融资方式，成为一种非负债型融资手段。资产证券化作为一种创新型的融资方式与传统的融资方式相比，具有以下基本特征：

1. 资产证券化是一种结构型的融资方式。资产证券化通常是将多个原始权益人的资产集中成一个资产池，通过结构性重组并进行证券化从而实现资产的流动性。与传统的融资方式不同，资产证券化的核心是设计一种严谨有效的交易结构。资产证券化是以传统的银行贷款等资产为基础发行资产证券，通过资产证券化降低银行等金融机构的风险，提高资产流动性。资产证券化的重要环节是按照资产的期限、利率等特点，对资产进行分解、组合和定价，并重新分配风险与收益。

2. 资产证券化是一种表外融资方式。传统的融资行为最终必然反映到融资主体的资产负债表中，而资产证券化融资一般则要求将证券化的资产从资产持有者的资产负债表中剔除，资产证券化后，被证券化的资产在资产负债表上消失。资产负债表上的资产经过重组成为市场化的投资产品，有关资产成为所发行的资产支持证券的抵押品，原始权益人的资产负债比例得到改善，经营风险得以降低。

3. 资产证券化是一种收入导向型的融资方式。传统的融资方式是凭借借款人的资信能力进行融资活动，而资产证券化的融资方式则是凭借进行证券化的基础资产的未来收益来融资。投资者在决定是否购买资产担保证券时，主要依据的是这些资产的质量、未来现金收入流的可靠性和稳定性，而原始权益人本身的资信能力则居于相对次要的地位。资产证券化出售的是资产的预期收入，并不构成原始权益人的负债，原始权益人获得了所需的融资而未增加其负债率。

4. 资产证券化是一种低风险的融资方式。资产支持证券投资者的风险取决于可预期的现金流收入，而不是原始权益人自身的资产状况和信用评价等级。由于信用增级机构的介入，投资者的预期收益得到了相应的信用保证。偿付资金来源于证券化基础资产所创造的现金流量，即资产债务人偿还的到期本金与利息。如果证券化基础资产违约拒付，资产证券的清偿也仅限于被证券化资产的数额，而金融资产的发起人或购买人无超过该资产限额的清偿义务。因此，资产证券化是一种与企业发行股票、债券等筹集资金不同的新型的低风险融资方式。

5. 资产证券化是一种低成本的融资方式。从国际实践看，资产证券化过程中虽然有很多费用支出，如支付给受托管理人的托管费用、服务人员的费用、证券承销机构的费用等，但总的融资成本低于传统的融资方式。决定资产证券化融资成本较低的原因有：资产证券化运用成熟的交易架构和信用增级手段，改善了证券发行的条件；较高信用等级的资产担保证券在发行时不必通过折价销售或者提高发行利率等增加成本的手段来吸引投资者的投资意愿。

（三）资产证券化的作用

资产证券化彻底改变了传统的金融中介服务方式，在金融信贷机构与贷款人之间构筑了一个直接交互融通的渠道，对降低金融风险、增加社会资金运转、丰富投资工具，都作出了积极贡献。开展资产证券化既能为发起人带来很多好处，又能给投资者提供一种崭新的投资选择。其中包括：通过资产证券化，地方政府有效减少了债务；降低资金成本；企业改善了资本结构；有利于资产负债管理；优化财务状况；商业银行满足了资本充足率的要求，大幅提升了营业规模；机构和个人投资者则获得了适合于不同风险和收益偏好的良好投资渠道。资产证券化的发起人之所以发起资产证券化，往往就是出于上述好处中的一个或几个原因。

资产证券化对发起人尤其具有重要的意义。具体对发起人与投资者可以产生以下几方面的积极作用：

1. 改善资本结构。多数证券化都采用了表外融资的处理方法，发起人通过真实销售而不是担保融资的形式，将证券化资产和负债转移到资产负债表外，从而达到改善资产负债表结构的目的。将缺乏流动性的或呆滞的资产证券化，这一优势对于银行等金融机构具有特殊意义，可为商业银行调整信贷资产质量，处理不良资产提供一条新思路。按《巴塞尔资本协议》，商业银行自有资本金不能低于资产总值的8%，在这种情况下，如果银行开展资产证券化交易，不但可以提前收回现金，从而可相应缩减负债，同时由于将证券化资产移到表外，银行还可以释放相应的资本——资产证券化的这种双重释放功能是其越来越受到银行青睐的主要原因。通过信贷资产证券化处理，可将其从表内转到表外，减少风险资产负债比率，改造资产结构，提高资本充足率。对于其他非银行金融机构，资产证券化可以提高其金融服务的杠杆比率。

2. 优化了企业的财务状况，降低了资金成本。由于资产在证券化后是以很高的信用级别出售的，所以成本较低。另外，发起人还可以凭借其在资产管理方面具有的优势充当中介服务商的角色来赚取服务费。总之，利用资产证券化的优势增加收益并最终优化财务状况，是实现股东价值最大化的一种战略性选择。改善了企业的财务报表，使企业的资产负债状况整体得到提升，从而更有利于获得资本市场广大投资者的青睐。资产支持证券是管理资产负债表的特殊工具。例如，应收账款支持证券可以转换企业的现金与应收账款比例，改善财务报表结构。

3. 能促进房地产市场、耐用消费品市场的有序、健康发展。从全社会资本流通角度看，由于未到期资产提前进入下一轮的投融资循环，增加了社会资金供给。特别是，资产证券化将从根本上解决住房制度改革、房地产市场发展和汽车耐用消费品市场以及信用卡市场发展的资产瓶颈，提供巨额资金。对投资者而言，提供了不同级别、期限和收益率的债券，进一步丰富了投资工具，拉动储蓄向投资的转化。商业银行可由此而间接参与投资银行业务，投资银行则可以在此获得一个更加广阔的业务操作空间。

4. 能扩大投资规模，丰富投资工具。由于组成资产池的是优质资产，且有完善的信用增级，因此所发行证券的风险通常很小，而收益却相对比较高，并且具有很高的流动性，所以资产支持证券越来越受到投资者的欢迎，尤其是受到那些在投资品种上受到诸多限制的机构投资者的欢迎，现代证券化交易中的证券一般不是单一品种，而是通过对现金流的分割和组合，可以设计出具有不同档级的证券。不同档级证券具有不同的优先偿付次序，以"熨平"现金流的波动。甚至可以将不同种类的证券组合在一起，形成合成证券，从而可以更好地满足不同投资者对期限、风险和利率的不同偏好。多样化的证券化品种吸引了越来越多投资者的参与，并推动着证券化市场不断向前发展。

三、资产证券化的产生与发展

(一) 资产证券化的产生

资产证券化源自于美国联邦政府鼓励住宅抵押证券的发行。1968 年，美国政府国民抵押协会（GNMA）首次发行抵押支持证券（MBS），标志着资产证券化的问世，发行单位是 GNMA 同意的储蓄机构、商业银行和抵押贷款银行。由 GNMA 作担保的这些证券因为是以美国联邦政府的信用担保的，金融风险几乎为零，这些证券的持有人会在每个月按时、全额地收到本金和利息；同时通过这种资产证券化，它们首先将不流动的抵押贷款包装成抵押组合，然后通过发行转嫁型证券，来代表抵押组合中个别股份的所有权，将不动产证券化。这样，抵押银行获得了更多的流动资金来进行抵押贷款，而传统的投资者也有了新的证券可以买卖。由于政府的鼓励和支持，抵押金融市场发展迅速，到现在，大约 80% 以上的单一家庭的住房抵押贷款被证券化，并在次级市场上销售。

到了 20 世纪 90 年代初，美国的房地产市场陷入萧条，这给大规模出售房地产抵押贷款，特别是非标准化的商用房地产抵押贷款带来很大困难。而与此形成鲜明对比的是，抵押支持证券市场却非常活跃，每年的新增发行额达上千亿美元。因此，金融管理当局决定启用证券化来加快其资产处理的进程。这时候，资产证券化的应用更为广泛，并为今后更大规模的发展提供了良好的市场基础。资产证券化在 90 年代开始进入亚洲市场，并得到了迅速的发展。

（二）资产证券化的发展

20 世纪 80 年代以来，资产证券化在美国迅速发展。1985 年 3 月，由 Sperry 租赁融资公司首次发行资产支持证券（ABS），该发行由 1.92 亿美元租赁担保票据提供担保。从那时起，美国便开始对住房抵押贷款以外的资产进行证券化。同年 5 月，由 Marine Midland 公司发行了第一笔以汽车贷款提供担保的资产证券，这次发行的证券被称为汽车应收账款转让书（CAR）。接着又陆续出现由信用卡应收账款、住房资产净值贷款等担保的证券。发展至今，除了住房抵押担保证券急剧增加以外，由其他资产担保的证券也迅速出现，这些资产包括：信用卡应收账款、贷款、购车船贷款、公路收费、商业不动产贷款、住房权益贷款、学生贷款、不履行合约贷款和应收租赁账款等广泛领域。资产证券化已显示出勃勃生机。

除美国之外，资产证券化在欧洲是发展最快的地区，其中英国又是欧洲资产证券化发展最快的国家。1985 年 1 月，美国银行在英国首次为一家汽车公司发行 5 000 万英镑的抵押担保证券，证券名为抵押中介票据发行人一号，标志着资产证券化在英国的正式产生。1987 年，英国开始发行住房抵押担保证券，英国国民住房抵押贷款公司仿效美国银行发行了 5 000 万英镑的浮动利息率票据。英国有发达的金融体系，并且是除美国以外的世界第二大抵押市场。撒切尔夫人执政时期以"大爆炸"为代表的金融管制放松，都为英国抵押担保证券市场的发展创造了有利条件。

法国在欧洲资产证券化市场的排位仅次于英国。早在 1988 年 12 月，资产证券化的法律框架就已建立，近年来又通过几项修正案以克服对资产证券化的阻碍。1994 年 12 月，法国发行了第一例以信用卡应收款为担保的证券，标志着法国资产证券化环境的根本性改善。

除欧洲市场以外的其他地区，如拉美、亚洲等地区，资产证券化的发展速度也很快。在亚洲，资产证券化业务开展较晚但发展甚快。1997 年亚洲金融危机后，各国或地区呆坏账占银行贷款的比例急剧上升，大大削弱了企业及政府的融资能力，降低了商业银行的资产流动性。资产证券化正是在这种背景下得到了广泛的重视。

亚洲的资产证券化最早出现在日本，住房抵押贷款是日本最早进行证券化的资产。日本银行不良债权严重，希望通过证券化途径来改善金融机构的资产质量和财务报表。1997 年 5 月，日本三和银行（SANWA）发行了 3 亿美元由呆滞房地产贷款支持的欧洲日元债券。非抵押类资产的证券化在 1997 年之前尚处于探索之中。日本最主要的消费信贷是房地产信贷和购车贷款。

中国香港是亚洲资产证券化业务开展最早的地区之一，资产证券化的潜力也相当大。中国香港在 1994 年共进行了四宗住房抵押贷款证券化交易和一宗信用卡贷款交易，从而其资产证券市场开始得到发展，1995 年又成功地进行了汽车贷款证券化和商业楼宇贷款的证券化。1997 年，香港成立了香港按揭证券融资有限公司（HKMC），发行按揭抵押债券，并对住房按揭成数超过 70% 的部分（最高达 90%）提供保险。在韩国、泰国、马来西亚等国，资产证券化业务也正有序推进。

我国内地推行资产证券化的主张自 1983 年提出，至今已有 20 多年的时间，在中国资本市场投资渠道和工具缺乏、股市风险巨大及市场利率较低的情况下，资产支持证券作为一种具有稳定较高收益的优质投资工具的推出，也开始成为资本市场投资者的新宠。发达国家资本市场的经验表明，许多客户开展资产证券化并非单以筹措资金为主要目的，尤其是大型企业和金融机构常常以优化资产负债表管理为主要目的。中国已经开始出现这类企业和金融机构，这体现了我国企业的金融运作意识和水平开始进入了新的境界。资产支持证券对中国产业市场和资本市场的发展具有难以估量的意义，同时也为投资银行大显身手创造了广阔的空间。

总之，资产证券化为发起者带来了传统筹资方法所没有的益处，并且随着资产证券化市场的不断深入发展，将愈加明显。资产证券化是投资银行家高智商的活动，自从它出现以来，变革和创新的速度称得上日新月异。目前，证券化的最新进展已远远超越了传统"资产"的范围，未来收益证券化、整体企业证券化和风险证券化等是 20 世纪 90 年代后发展起来的证券化方式，证券化的对象显然不再是传统的信用资产。未来收益证券化是发展比较迅速的融资方式，尤其在发展中国家的基础设施建设方面得到了较好的应用。

第二节　资产证券化的基本运作流程

一、资产证券化的参与者

资产证券化是一个复杂的系统工程，涉及多方参与者，主要有发起人、服务人、发行人、承销商、信用评级机构、信用增级机构、受托管理人和投资者等。虽然在其证券化过程中有不同身份的多种机构参与，但每个机构在资产证券化过程中的职能不同，都发挥其不同的作用，不同的参与者相互合作，紧密联系。然而，在一个证券化交易中，可能不一定包括所有的参与者，其中有些参与者可以合并由一方来担任。资产证券化的参与者主要包括如下几类。

（一）发起人

资产证券化的发起人是指创造用于销售与充当资产支持证券抵押物的金融机构，发起人是进行证券化的基础资产的所有者，也称原始权益人。发起人的职责是确定证券化的基础资产，将贷款出售给一个特定的交易机构（即"真实出售"给 SPV）。发起人可获得的主要利益：一是贷款出售解决了金融机构的流动性问题。二是资产"真实出售"后即可从资产负债表中剔除，但可用资金的增加会使其利润得以提高；而风险资产的减少会使其资本充足率得以提升，资产负债比率得以改善。发起人主要有金融公司、商业银行、储蓄机构、计算机公司、航空公司、制造企业、保险公司和证券公司等，这些机构和公司必须拥有良好的信用和雄厚的财力。

（二）发行人

资产证券化的发行人是指购买发起人的金融资产，以此为基础设计并发行资产支持证券的机构即特别目的机构（SPV）。SPV 只从事单一的资产证券化业务，即购买证券化的基础资产和发行证券。SPV 的职责是按真实销售标准从发起人处购买基础资产，负责资产的重新组合，委托信用增级机构或自身对基础资产进行信用增级，聘请评级机构，选择服务人、受托管理人等为交易服务的中介机构，选择承销商代为发行资产担保证券。SPV 在运作过程中，重要的是要实现资产的"真实出售"和建立风险隔离机制。为了防止发行人从事其他业务而带来破产的危险，发行人可以是专营资产证券化业务的专业机构，也可以是信托机构，因为证券化的基础资产可以设定为信托资产，由资产证券化的发起人委托信托机构持有管理。SPV 从事资产证券化的收入来源于资产支持证券的支付成本与原始信贷资产现金流收入之间的差距，这部分收支差距既来自于两者之间的利差，也来自于两者支付频率上的差异。

（三）投资银行

投资银行负责安排证券的初次发行，同时监控和支持这些证券在二级市场上的交易。在资产证券化过程中既可负责向公众公开出售其承销的资产支持证券，或者向特定投资者私募发行资产支持证券，也可与 SPV 一起策划、组织证券化的整个进程，扮演融资顾问的角色。投资银行除获取发行证券的承销费、交易证券的交易佣金及融资顾问费外，还利用其在证券化进程建立与上游客户、下游投资者之间的关系，推动证券业务的发展。

（四）信用评级机构

信用评级机构是指为资产支持证券提供信用评级服务的机构。其职责是为投资者建立一个明确的、可以被理解和接受的信用标准，同时其严格的评级程序和标准为投资者提供了最佳保护。资产证券化过程中涉及的信用评级是对资产支持证券所包含的信用风险的一种市场评估，其除需遵循普通证券信用评级的基本准则外，信用评级机构要遵循信用评级的三条准则：其一，SPV 不履行还本付息的可能性；其二，SPV 承担责任的法律条款和特征（如信用增级的类型）；其三，有关参与各方发生破产对 SPV 的影响，SPV 承担责任的程度。主要的国际评级机构有穆迪、标准普尔、达夫·菲利普斯（Duff Phelps）和惠誉（Fitch），信用评级机构提供信用评级服务，也需收取评估费用。

（五）信用增级机构

所谓信用增级是指通过附加衍生信用来提高某些资产支持证券的级别。提供衍生信用的机构就是信用增级机构，信用增级机构是减少资产担保证券整体风险的中介机构。其职责在于提高资产担保证券的资信等级，提高其定价和上市能力，降低发行成本。在资产证券化的实践中提供信用增级服务的主要是更高信用级别的商业银行及信用良好的保险公司，其通过出具信用证或保单，提供信用风险担保，但需收取一定的服务费用。

（六）服务人

服务人通常是资产证券化的发起人或其附属公司，其主要职责是受托管理证券化基础资产、监督债务人履行合同、负责收取到期本金和利息、负责追索过期的应收账款以及负责向受托人和投资者提供贷款组合的月度或年度报告等。服务人提供的上述服务同样要收取服务费用。

（七）受托人

受托人是负责管理贷款组合产生的现金流、进行证券登记、向投资者发放证券本金和利息等方面工作的证券化中介机构。其职责是负责收取和保存记录资产组合产生的现金流量立即存入受托人的指定账户，受托人还要对服务人的服务行为进行监督，确保后者真实、充分地履行信息披露的义务。在扣除一定的服务费用后，将本金和利息支付给资产担保证券的投资者。受托人可根据与 SPV 签订的委托协议，对尚未被支付的资金进行再投资，再投资收益在 SPV 与受托人之间分配。

（八）投资者

投资者是指购买资产支持证券的机构和个人，如银行、保险公司、养老基金、投资基金、其他公司以及少数的散户投资者。通过证券化使未来现金流的重新安排创造出不同的证券类别，为投资者提供了更多的投资机会；多重担保，资产债务人的广泛分散，降低了投资风险。一般这些投资者都具有丰富的市场经验，在研究了资产担保证券所具有的风险特征后，从承销商手中购买资产证券，所支付资金通过承销商、SPV 返还给基础资产出售者（原始权益人），并按约由受托管理人支付证券本金和利息。

（九）债务人

这里的债务人是指被证券化的原始贷款的借款人。由于资产证券化后增强了商业银行资产的流动性，将有助于缩小贷款利率与国库券利率（即无风险利率）之间的差距，从而降低了贷款利率水平。

除上述主要参与者之外，资产证券化的过程还涉及对发行资产支持证券提供咨询和相关服务的会计师事务所、律师事务所等机构。

二、基本运作流程

资产证券化作为一种创新型的融资方式，资产证券化的参与者要比一般证券的参与者多，程序运作也较一般证券复杂；作为一种结构化融资方式，通过严谨、有效的交易结构来保证融资的成功。资产证券化的基本交易结构由发起人、特别目的机构和投资者三类主体构成。概括地讲，一次完整的证券化融资的基本流程是：发起人将自己拥有的特定证券化资产以"真实出售"的方式出售给一家 SPV，然后 SPV 获得了该资产的所有权，将这些资产汇集成资产池，再以该资产池所产生的现金流为基础发行资产支撑证券，最后凭借对该资产的所有权用资产池产生的现金流来确保未来的现金收入流首先用于对证券投资者还本付息。

以图 9 - 1 为例，资产证券化的基本运作流程包括以下几个环节。

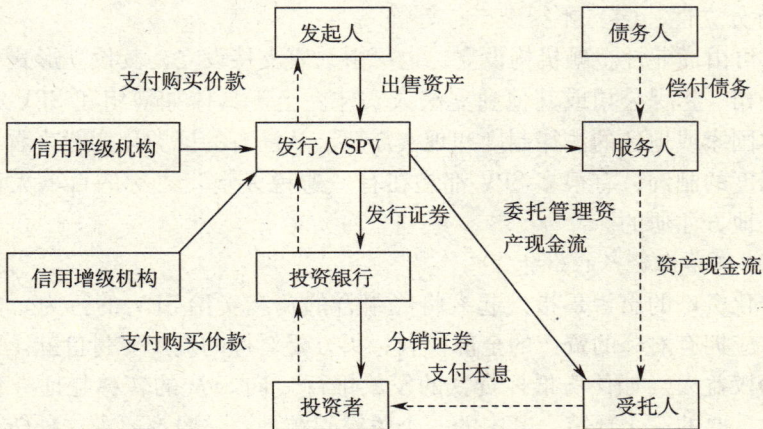

注：实线表示当事参与人行为关系；虚线表示现金流。

图 9 - 1 资产证券化的基本运作流程

（一）确定证券化资产并组建资产池

资产证券化的发起人（即资产的原始权益人）在分析自身融资需求的基础上，通过发起程序确定用来进行证券化的资产。发起人首先根据自身发展需要，特别是资产负债管理的要求，确定资产证券化的目标数量；然后对自身拥有的能够产生未来现金流收入的资产进行分类、估算与考核；最后根据证券化的具体目标选择一定数量的资产，将这些资产构成一个证券化资产组合，将具有某些共同特征的贷款重新组合，形成资产池。将同一性或同质性的资产归类汇集，以便于对资产组合进行有效成本分析并形成共同的支付模式。

尽管证券化是以资产所产生的现金流为基础，但并不是所有能产生现金流的资产都可以证券化。一般来说，那些现金流不稳定、同质性低、信用质量较差且很难获得相关统计数据的资产不宜于被直接证券化。具有下列特征的资产比较容易实现证券化：资产可以产生稳定的、可预测的现金流收入；原始权益人信用记录良好；资产具有很高的同质性；资产抵押物易于变现，且变现价值较高等。

（二）设立特别目的机构（SPV）

确立证券化资产后，需要创立一个名为特别目的机构（SPV）的证券化载体。特别目的机构（特别目的载体）是专门为资产证券化设立的一个特殊实体，它是资产证券化运作的关键性主体。组建 SPV 的目的是为了最大限度地降低发行人的破产风险对证券化的影响，即实现被证券化资产与原始权益人（发起人）其他资产之间的"风险隔离"。为了达到这一目的，在组建 SPV 时应该遵循以下要求：（1）不能发生证券化业务以外的任何资产与负债；（2）设立独立董事；（3）保持分立性；（4）不得破产；等等。

SPV 可由商业性金融机构设立，也可由政府支持设立，其设立形式可以是信托投资公司、担保公司或其他独立法人实体。至于具体如何组建 SPV 则要考虑一个具体国家或地区的法律制度和现实需要。从已有的证券化实践来看，为了逃避法律制度的制约，有很多 SPV 都是在有"避税天堂"之称的百慕大群岛、开曼群岛等地方注册的。

（三）证券化资产的出售

证券化资产的出售是指发起人将经组合的资产卖给 SPV 的行为。资产出售时，卖方应拥有对标的资产的全部权利；买方要对标的资产支付价款。证券化资产从原始权益人（如住房抵押贷款的发放银行）向 SPV 的转移是证券化运作流程中非常重要的一个环节。其中的一个关键问题是：一般都要求这种转移在性质上是"真实出售"。其目的是为了实现证券化资产与原始权益人之间的破产隔离，即原始权益人的其他债权人在其破产时对已证券化资产没有追索权。

发起人将重新组合后的资产出售给 SPV，双方签订资产买卖合同。资产的出售主要有以下三种方式：

1. 真实出售。真实出售，又称无追索权的出售。即在对出售资产的发起人无追索权的情况下，当这些出售资产违约时，购买资产的一方无权对出售资产的发起人追索损失，这些资产被原始权益人从资产负债表内删除，原始权益人不再承担这部分资产的信用风险。在这种方式中，发起人与资产负债人的债务关系解除，发起人将债权和资产同时转移给 SPV，SPV 与债务人根据原先的还款条件重新订立债务合约，从而使发起人与资产债务人之间的债权、债务关系转换成 SPV 与资产债务人的债权、债务关系。由于重新订立合约的交易成本较高，此方式只适用债务人较少的情况。

2. 转让。在这种方式下，发起人仅把资产转让给 SPV，作为转让对象的资产要由有关法律认可的具有可转让的性质。资产权利的转让要以书面形式通知资产债务人，否则，资产债务人享有终止债务支付的法定权利。

3. 未实现真正的出售。未实现真正的出售是另一种有追索权的资产出售。即出售资产的发起人对已售出资产的损失承担了追索的责任。在从属参与方式下，SPV 与资产债务人之间无合同关系，发起人与资产债务人之间的原债务合约继续保持有效。发起人不必将资产转让给 SPV，而是由 SPV 先行发行资产支持证券，取得投资者的资金，再转贷给发起人，转贷金额等同于资产组合金额。贷款附有追索权，其偿付资金源于资产组合的现金流量。

在资产出售时，最为关键的是要保证证券化资产的真实销售，只有真实销售才能保证"破产隔离"的目的。这里的破产隔离是指发起人破产时，被证券化的资产不能列入清算范围。因此，真实销售保证了破产隔离，使投资者避免了原始权益人即发起人的信用风险的影响。

（四）信用增级

为吸引投资者并降低融资成本，必须对资产证券化产品进行信用增级，以提高所发行证券的信用级别。对资产支持证券进行信用增级（或称信用强化、信用提升）是资产证券化的一个重要环节。资产支持证券的投资收益能否得到有效的保护与实现在一定程度上取决于证券化资产的信用保证。信用增级可以提高所发行证券的信用级别，使证券在信用质量、偿付的时间性与确定性等方面能更好地满足投资者的需要，同时满足发行人在会计、监管和融资目标方面的需求。通过信用提升的方式，提高资产支持证券的信用级别，是吸引更多的投资者、改善证券的发行条件、减少信用风险、为投资者提供保护、顺利实现证券化的必要环节。

信用增级可以分为内部信用增级和外部信用增级两类，具体手段有很多种，如内部信用增级的方式有：划分优先/次级结构、直接追索、开立信用证、进行超额抵押等。外部信用增级即第三方为资产支持证券提供担保，主要是通过保险公司、金融担保来实现。

1. 内部信用增级。内部信用增级主要有以下三种选择：

（1）对发行人的追索权（全部或部分追索权）。即规定如果发生损失，证券持有者可以期待证券发行人弥补全部或部分损失。SPV 保留当担保资产的债务人违约时对发起人进行直接追索的权利，通常采取偿付担保或由卖方承担回购违约资产的方式。按追索权的不同又可分为全部和部分追索权，如果原始债务人未能支付，拥有对卖者全部追索权的抵押证券的买者可预期从卖者处获得定期计划支付；如在部分追索权的情况下，买者仅能从卖者处获得预期支付的一个预定比例，通常为 20%。

（2）超额抵押。超额抵押是指建立的资产组合的本金金额超过了要发行的资产担保证券的本金金额，以确保有充足的现金流来对投资者提供保护。比如，发行的证券本金金额为 1 亿元，而资产组合的本金金额为 1.05 亿元。

（3）优先/附属（次级）结构。在这种结构的安排中，SPV 发行两种类别的资产支持证券：优先类证券和附属类证券。优先类证券在获取来自于抵押资产的现金流方面具有优先权，因此附属类证券承受更大的信用风险，即附属类证券为优先类证券提供了保护。在这种结构中，附属类证券的本金金额所占比重越大，其为优先类证券的持有者提供的保护越大。同时，从属类证券比重越大，对优先类证券提供的保护也越大。一般情况下，优先类证券供市场投资者投资；从属类证券由发起人购买。因此，在发起人购买从属类证券方式下，实际上是由卖方向买方提供了一笔保证金。

2. 外部信用增级。外部信用增级即第三方为资产支持证券提供担保，第三方担保可以由一家信用级别较高的银行开立不可撤销的信用证提供担保，或由保险公司以保单形式提供担保，担保额不能低于预计的资产损失金额，从而保证当原始借款人到期违约时，投资者仍能得到继续支付。

（五）信用评级

在信用提升后，为增强证券对投资者的吸引力，发行人要聘请信用评级机构对拟发行的证券进行评级，并将评级结果向社会公告。资产支持证券的评级与一般证券评级有相似之处，但有其自身的特征，证券评级由专门评级机构应资产支持证券发行人或承销商的要求进行。评级考虑的核心因素是证券化基础资产的信用风险，即被评级的资产必须与发起人的信用风险隔离开来，评级机构根据对证券化资产的信用风险以及对参与各方可能产生的风险进行评估的结果，给出资产支持证券的级别。由于经过了信用提升，一般资产支持证券的评级要高于发起人的信用评级。

信用评级机构通常要进行两次评级：初评与发行评级。初评的目的是确定为了达到所需要的信用级别必须进行的信用增级水平。在按评级机构的要求进行完信用增级之后，评级机构将进行正式的发行评级，并向投资者公布最终评级结果。信用等级越高，表明证券的风险越低，从而使得发行证券筹集资金的成本也就越低。

（六）发行证券

证券评级后，SPV 选定承销商，发行人与证券承销机构达成证券承销协议，即确定资产支持证券的收益率、发行价格、发行时间等。由证券承销商向投资者出售证券。SPV 将证券交给承销商承销，可以采取公开发售或私募的方式来进行。通常以公开发售方式发行，投资者多为中小投资者，对证券的流动性要求较高，能够随时变现。SPV 需与证券交易所签订上市协议，并向证券交易所缴纳一定的上市费用。而以私募方式发行的资产支持证券，投资者多为长期性的机构投资者，如养老基金、保险基金等，它们对证券的流动性要求比较低，故一般不会申请上市交易。发行结束后，承销商按照承销协议将证券发行收入支付给 SPV；SPV 按资产组合出售协议所规定的交易价格向原始权益人即发起人支付价款；同时 SPV 向聘用的各类专业机构支付专业服务费。

（七）管理资产池

为了对证券化资产进行有效管理，维护投资者等各方的利益，SPV 要聘请专门的服务人（即服务商）来对资产池进行管理。因为发起人已经比较熟悉基础资产的情况，并与每个债务人建立了联系。而且，发起人一般都有管理基础资产的专门技术和充足人力。一般地，发起人会担任服务人。当然，服务人也可以是独立于发起人的第三方。

服务人负责收取、记录由资产组合产生的现金流收入，并将款项存入受托人所设立的特定账户，对债务人履行债权、债务协议的情况进行监督。由于从贷款组合收取的现金流和对证券投资者支付的现金流在时间和数量上往往存在差异，在资产池积累的资金没有偿付给投资者之前，按与 SPV 签订协议的要求，进行资金的再投资管理，以获取收益，增加证券化资产的收入。

（八）清偿证券

受托管理人根据 SPV 的委托，将按时、足额地将资金存入付款账户，向投资者支付本金与利息。当资产支持证券全部被偿付完毕后，由资产池产生的现金流量在扣除还本付息、支付各项服务费用后若有剩余资金，那么这些剩余的现金流将被返还给交易发起人——资产证券化交易的全部过程也随之而宣告结束。

由上可见，整个资产证券化的运作流程都是围绕着 SPV 这个核心来展开的。SPV 进行证券化运作的目标是：在风险最小化、利润最大化的约束下，使基础资产所产生的现金流与投资者的需求最恰当地匹配。

需要特别说明的是，这里只是阐述了资产证券化运作的最一般或者说最规范的流程，而在实践中每次运作都会不同。尤其是在制度框架不同的国家或地区，这种不同会表现得更明显。因此，在设计和运作一个具体的证券化过程时，应以既存的制度框架为基础。

第三节 资产证券化的类型

按照不同的标准，资产证券化可被划分为不同类型。

一、广义的资产证券化分类

广义的资产证券化包括实体资产证券化、信贷资产证券化、证券资产证券化。

实体资产证券化即将不可分割和非流动性的财产转化为可以分割和易于流通转让的证券。

信贷资产证券化是近 30 年来国际金融市场上最重要的金融创新之一。简而言之，信贷资产的资产证券化，就是把缺乏流动性但具有未来现金收入的信贷资产（如银行贷款、企业应收账款）经过重组形成资产池，并以此为基础发行证券。按照被证券化资产种类的不同，信贷资产证券化可以分为住房抵押贷款支持的证券化和资产支持的证券化。

证券资产的证券化，就是将证券作为基础资产，再以该证券的现金流或与现金流相关的变量为基础发行证券。证券资产证券化最重要的形式是证券投资基金，即以现有证券资产组合的未来收益为基础来发行新的证券。

二、根据证券化资产的真实销售特征与对现金流处理方式的不同分类

根据证券化资产的真实销售特征与对现金流处理方式的不同，资产证券化主要有三种基本交易结构，即过手证券、资产支持证券和转付证券。

随着被证券化金融资产种类的增多，证券化交易的组织结构也越来越复杂。在这三种基本类型的基础上，又出现一些新的衍生形式，主要有抵押担保证券和剥离式担保证券，这些证券的一个共同点是都以具有未来现金流的资产作为担保，因此可泛称为资产担保证券。

（一）过手证券

过手证券是资产证券化最普遍的一种形式。这种交易结构是发起人把贷款集中到一起，将贷款的本金和利息出售给作为发行人的SPV。其中，组合在一个资产池中的资产都具有同质性，即资产的期限、利率有相同的特征，基础资产池中的典型资产是住房抵押贷款与消费贷款。这些资产组合出售后，由SPV或由代表SPV权益的受托机构签发证券证书即过手证券给投资银行，并由投资银行销售给投资者。发起人继续为这些资产组合服务，收取债务人支付的本金和利息，然后将这些本金和利息扣除服务费、担保费和其他费用后转递给投资者。在这个过程中，资产组合实现了真实销售。因此，它不再属于发起人的债务义务，不在其资产负债表上反映，而是进行表外处理。过手证券的另一个主要特点是：资产池中的资产组合可以被债务人不受惩罚地在到期日之前的任何时间提前偿还，从而使得过手证券的现金流具有不确定性。

（二）资产支持证券

资产支持证券又称资产抵押证券，是资产证券化最简单、最早出现的一种形式。资产支持证券的结构是首先由发起人成立一个由其控制的实体——SPV，然后由发起人向SPV转让资产组合。SPV将此资产组合作为其发行债券的担保交给抵押受托机构，担保物价值必须超过所发行债券的价值即超额抵押，担保品的抵押额一般为发行总额的1.25～1.4倍。最后由SPV签发债券证书即资产抵押证券给投资银行，并由投资银行销售给投资者。资产支持证券属于发起人的负债义务，作为抵押的资产组合一般在发起人的资产负债表上反映。

原始贷款的债务人按照借款合同的要求，到期支付本金与利息给服务机构；服务机构将收到的本利现金流转给受托机构，受托机构将此现金流存入为SPV单独设立的、以投资者为受益人的托收账户；受托机构在按债券规定的偿付日将本金与利息支付给投资者。但用于资产抵押证券本息支付的现金流并不一定就是原来的资产组合所产生的现金流，发起人的其他收入也可用于支付现金流。

（三）转付证券

转付证券是根据投资者的偏好不同对证券化资产产生的现金流进行重新安排，同时兼具部分过手证券与资产抵押证券特征的一种债权凭证。一方面，转付证券是发行机构的债务，投资者是发行机构的债权人，这与资产抵押证券相同；

另一方面，发行机构用于偿还转付证券本息的资金来源于相应资产组合所产生的现金流，这与过手证券相同。转付证券与过手证券相似，它属于发行人的债务，用于偿付证券本息的资金来源于经过重新安排的资产组合产生的现金流。与过手证券不同的是，转付证券根据投资者对风险、收益和期限等的不同偏好，对基础资产组合产生的现金流进行了重新安排和分配，使本金和利息的偿付机制发生了变化。二者的主要区别在于资产组合的所有权是否转移给投资者。转付证券与资产抵押证券的主要区别在于两者偿还本息的资金来源不同。

（四）抵押担保证券

抵押担保证券是一种多层次的转付证券，其核心技术在于利用长期的、每月支付的抵押现金流去创造短期、中期、长期不同级别的证券。转付证券出现了许多衍生的证券形式，其中创始于美国的担保抵押债券是目前最流行的转付证券。抵押担保债券是以某一特定的资产组合为基础，发行两个以上到期日的债券组合，即包含多个到期日的转付证券。

担保抵押债券的最大特点是对债券采用了分档技术。所谓分档是指根据投资者对期限、风险和收益的不同偏好，将担保抵押债券设计成不同档级的债券。每档证券的特征各不相同，从而能够满足不同投资者的偏好。

（五）剥离式担保证券

剥离式担保证券是一种衍生抵押证券，出现于20世纪80年代下半期。剥离式担保证券即用一笔抵押贷款同时发行两种利率不同的债券，抵押贷款产生的本金和利息按不同比例支付给两类债券的持有人，把基础担保品产生的现金流分割后在证券持有者之间按比例摊销。其形式是只获得利息类证券（IO）和只获得本金类证券（PO）。

三、以基础资产是否从发起人的资产负债表中剔除为标准的分类

在证券化交易中，以基础资产是否从发起人的资产负债表中剔除为标准可以划分为表外证券化与表内证券化。

表外证券化是指基础资产因真实出售给发行人而从发起人的资产负债表中剥离。从20世纪70年代的美国发展起来的现代意义上的资产证券化均是表外证券化。

表内证券化主要是指长期以来欧洲大陆的银行等金融机构以其所持有的某些资产组合为担保，通过发行抵押关联债券或资产关联债券来筹集资金的行为。在表内证券化交易中，资产并不从发起人的资产负债表中剔除。在这种情况下，投资者不是对特定的资产组合拥有追索权，而是对整个发起机构拥有追索权。因

此，决定证券信用质量的是发起机构的整体资信状况，而不是证券化资产的质量。由此可见，表内证券化与现代意义上的证券化（表外证券化）是有很大区别的。

第四节 投资银行在资产证券化业务中的作用

一、投资银行在资产证券化业务中担任的角色

在资产证券化中，投资银行可以担任多种不同的角色，从而起到不同的作用。投资银行在资产证券化业务中担任的角色以及在资产证券化过程中的作用具体有以下几方面：

（一）充当资产支持证券的承销商

在资产证券化过程中，SPV 将证券交给承销商承销，可以采取公开发售或私募的方式来进行。但无论是向社会公开发售，还是私募发行，投资银行都可参与有价证券交易结构的设计和销售，赚取证券销售的买卖差价。如果仅仅充当资产支持证券的承销商，那么它的收益就只是和传统的承销业务一样收取固定比例的承销费。

（二）充当咨询顾问

无论采用公开发售还是私募的方式发行证券，投资银行都要和发行人一起策划、组织证券化交易，对基础资产的现金流进行分析和评估，确定其收益和风险，同时还要使整个资产证券化的过程符合相关法律、法规、会计和税收等方面的要求，实现融资者希望达到的目的。

（三）担任或创设特别目的机构（SPV）

如果是作为 SPV，投资银行从发起者处购买资产，并将其证券化后出售，参与资产证券化的全过程并发挥领导作用，那么，它的收益就来自于购买资产成本与销售全部证券所得的收入的差额部分。投资银行可以成立一家子公司来从事单一的资产证券化业务，发行资产支持证券。这家子公司实际上是一个独立不破产的 SPV。

（四）充当信用担保人

投资银行在承销资产担保证券时，为了增加证券的吸引力，往往对资产支持证券提供信用担保，增加其信用级别，从而达到为证券提供信用增级的目的。

（五）担任受托管理人

当被证券化金融资产的债务人向服务人支付本金和利息时，服务人将其存入

信托账户，由投资银行（受托管理人）负责支付给投资者，如果存入资金不必立即支付给投资者，投资银行（受托管理人）要负责对其进行再投资。由于证券市场"三公"原则的存在，因而所有证券必须符合信息公开制度。这里的监督者之一就是投资银行。投资银行作为受托管理人还应判断服务人提交的各种报告是否充分地披露了相关信息，并将符合要求的报告转交给投资者。最后，当服务人因各种原因不能履行其义务时，投资银行应能够承担服务人的全部义务。从这个意义上来看，投资银行（受托管理人）是证券化交易中服务人和投资者、信用担保人和投资者之间联系的桥梁。

（六）自身作为资产支持证券的投资者

资产证券化的发行对象主要是机构投资者。基金是重要的机构投资者之一，而基金的设立、管理、投资咨询、基金份额的销售等都是投资银行业涉及的领域。也就是说，投资银行还可以将基金资产的一部分用来购买资产支持证券。此外，投资银行作为证券自营商，也可以投资资产支持证券。

二、投资银行在资产证券化中的收益与风险

在资产证券化中，投资银行既可以作为 SPV，也可以作为证券承销者。作为 SPV，投资银行从发起者处购买资产，并将其证券化后出售，那么，它的收益就来自于购买资产成本（包括发行证券所花费成本）与销售全部证券所得收益的价差。而投资银行如果仅仅作为证券承销者，那么它的收益与传统的承销业务一样，按照一定的比例抽取承销费。

作为证券承销者，投资银行的运作与风险前面章节已有详细介绍，这里不再赘述。而作为 SPV，投资银行所面临的风险主要有：

（一）资本风险

按照真实出售原则，投资银行要从发起者处购买资产，支付价款，然后将该资产证券化后出售。那么，如果发行的证券无法销售或无法全部销售，则投资银行就面临着购买价款无法收回或无法全部收回的资本风险。

（二）市场风险

市场风险主要是指投资银行在购入资产后，由于市场情况的变化，导致投资银行发行的证券无法以有利的价格出售，从而遭受损失的风险。

（三）汇率风险

假如资产证券化业务是跨国际运作的，那么，投资银行在证券化过程中，将面临汇率波动的风险，并可能遭受损失。

总的来说，投资银行在资产证券化过程中，必须清楚地了解可能的风险，以

有效把握资产支持证券的发行规模、时机、期限等，把风险控制在一定范围内。另外，投资银行还必须把握资产担保证券的发行价格、收益性、流通性和偿还性，参与者对资产证券化技术操作的熟悉程度，采取循序渐进的方式推出证券化品种，以保证证券的顺利发行和顺畅流通。

三、投资银行从事资产证券化业务的意义

1. 资产证券化将帮助发行公司提升利润。资产证券化影响公司的资本结构，而资本结构不会影响公司的价值。提供特殊的资本结构会产生利润，资产证券化改变资本结构，产生利润。资产证券化提供了一种更好、更便宜的方法获得高质量和高流动性。

2. 资产证券化减少信息成本。比如，一家股份公司准备证券化它的应收款，则它可以请求专业投资银行使公司应收款变得更易于评估，于是在投资银行的帮助下，应收款被标准化（即确定它们的期限、文件和承诺支付标准），资产证券化使股份公司的总信息成本减少。

3. 资产证券化可增加发行公司未来现金收入流。投资银行带来的专业技术和规模经济有助于提高发行公司效率，使代理成本减少，并且有助于减少公司的管制成本，如破产成本。资产证券化把一些公司资产（应收款）移出，于是减少公司破产资产的范围。

4. 资产证券化减少交易成本。每个投资者必须满足他要求的投资组合。每一种新的证券发行，可使投资者在配置他的证券组合时减少交易成本。资产支持证券所包含的收益和风险结构，投资者需组合以前的许多个证券才可获得。

5. 资产证券化大大促进了资本市场的发展，提高了资本市场的运行效率。资产证券化降低了融资成本，提高资本市场的运行效率，并且提高了直接融资方式和证券市场的地位。在资产证券化交易中，实质上的交易双方是原始权益人和投资者，投资银行作为 SPV 主要是一个市场组织者和代理人，因此，资产证券化实际上是一种直接融资方式。

6. 资产证券化有效化解金融风险。特别是对于我国的投资银行来说，它在这方面发挥的作用会越来越大。长期以来，我国对金融风险的防范和化解主要是通过商业银行来进行的。实践证明，在一国经济体制尚不完善、商业银行缺乏良好的运行环境和完善的内部经营机制的条件下，过分依赖银行来化解投资风险是不够的，它将导致金融风险的过度累积。

投资银行参与策划的资产证券化能够将已有的资产进行重新组合，特别是贷款证券化能够使贷款可以像其他有价证券一样转让，将可能累积的风险从商业银

行转移出去，将已形成的信用风险还原为市场投资风险，使原来集中的风险得以分散。其具体操作过程是，银行将部分缺乏流动性的贷款，按照一定折扣率出售给专门的投资银行，投资银行再将购得的贷款进行组合运作，以此作为发行应收款支持证券的依据。

总之，投资银行在资产证券化业务中大有可为。作为金融工程师，投资银行最擅长于金融工具的创新，这正是作为资产证券化过程中的 SPV 所必须具备的核心能力。

四、国内外投资银行在资产证券化中的实践

（一）美国投资银行在资产证券化中的实践

美国一些世界著名的投资银行，如第一波士顿和所罗门兄弟公司一直致力于资产证券化的发展，它们首先将证券化技术运用于政府担保的住房抵押贷款，然后依次转向私人机构担保的住房抵押贷款、商业抵押贷款、汽车贷款、信用卡贷款等。投资银行参与资产证券化的行动一直是能从贷款转化为证券中得到大量转换利润、发行证券的承销费和交易证券的佣金与价差收益。通过资产证券化的操作过程，投资银行将资产负债表上缺乏流动性的资产变成能够在金融市场上自由买卖的金融工具。

1. 住房抵押贷款证券化。美国的资产证券化最初开始于住房抵押贷款证券化，产生于 20 世纪 70 年代的住房抵押贷款证券化，是一种债权证券化形式，以住房抵押贷款债权为基础，由金融机构或特定证券机构对这种债权进行组合，通过信用机构担保，在资本市场上进行筹资。尽管住房抵押贷款证券化产生的时间不长，但是它扩大了美国各商业银行信贷资金的来源，增强了住房抵押贷款的安全性和流动性，同时为证券市场提供了一种具有较高信誉的中长期投资工具。美国住房抵押贷款证券化有以下特点：

（1）政府积极干预住房抵押贷款证券化，美国国会在建立住房贷款证券化以后制定了《房地产投资信托法》、《金融资产证券化投资信托法》、《金融机构改革复兴和强化法案》等一系列与住房金融证券有关的法律制度，以保障住房贷款证券化的顺利实施。"政府国民抵押协会"对房地产证券化金融产品实行100% 的保证付款的担保，使投资风险系数大大降低，使其成为美国信用等级仅次于国债的第二大债券。

（2）具有发达的住房金融一级市场，美国在开展住房抵押贷款证券化以前，住房抵押贷款一级市场已达到一定的规模。美国在 20 世纪 70 年代初期住房抵押贷款余额已接近 3 000 亿美元。一级市场的发达为建立和发展二级金融市场奠定

了坚实的基础。

（3）建立了住房贷款证券保险制度，由于住房抵押贷款债权自身存在风险，因此在一定程度上影响了住房抵押贷款证券化的实施。为了维护个人住房抵押贷款业务，美国政府设有政府性质的信用保险机构来专门为个人申请住房贷款提供经济担保或保险。住房贷款债权证券化后，美国政府及各保险机构又及时对该类证券及其发行主体进行较为全面的信用担保。同时制定各种法规来防范金融机构在开展住房抵押贷款及其证券化过程中存在的众多风险。正是有如此健全完善的住房贷款证券保险制度，使以住房贷款权为基础的证券资产风险得到最大程度的合理控制，住房贷款证券的发行和交易才得以顺利展开。

（4）商业房地产抵押贷款证券的潮起潮落，美国商业房地产抵押贷款证券化市场始于 20 世纪 90 年代早期，当时 Resolution 房地产信托公司从固定的存贷款中形成抵押贷款汇集，发行抵押贷款证券，提高了收益。1993 年，少数投资银行建立发起网络（通常与发放抵押贷款的银行合作），并将商业房地产抵押贷款变成证券。当这个市场迅速成熟以后，越来越多的房地产开发商和房地产投资者开始将目光投向抵押贷款证券发行，在商业房地产抵押贷款证券（CMBS）数量膨胀、债券投资者开始关注这个市场，以及准许 Conduits 发起人以更有竞争力的价格提供贷款的情形下，CMBS 获得的利差缩小了。

房地产证券化需有适宜的环境。具备一定的经济条件，即国民经济及房地产市场和金融市场的强劲发展。具有完善的法律制度、监管制度、信用制度及专业组织体系，这些制度直接制约着房地产证券化的进程。各国从不忽视商业金融机构的作用，参与证券化的机构都是多家，竞争促使金融产品质量提高、价格下降。即使是政府性公司，在操作上也是市场化的。各国的房地产证券化又是多样化且富有弹性的。如除房地产股票外，房地产投资基金因其结合投资、风险分散、专业经营、流动性强且成本低廉、筹资迅速等特点，深受投资者欢迎。

除了住房抵押贷款证券化之外，比较有影响的资产证券化形式还有汽车贷款的资产证券化、信用卡贷款的证券化、应收账款的证券化等。

2. 汽车贷款的资产证券化。在美国，汽车贷款是仅次于住房抵押贷款的第二大金融资产，它也很方便地按照借方、贷方和地域界线等标准进行划分与组合，汽车贷款的还本付息也具有很强的可预测性；同时，住房抵押贷款期限一般很长，往往在 15～30 年之间，而汽车贷款的期限则相对较短，一般在 20～60 个月之间，因而能吸引希望进行较短期限投资的投资者。汽车贷款证券化的操作思路与住房抵押贷款基本一致，也是贷款的金融机构（主要是商业银行）盘活自身资产、获取新资源的手段。在证券化之前，汽车贷款的资金几乎完全由商业银行提供贷款，而现在仅有 1/4 的汽车贷款仍由商业银行存贷机构提供；其余 3/4 的市场则依靠发行资产支持证券来支撑。

汽车贷款支持证券有两种基本的结构：一种是"过手证券"形式，与抵押贷款过手证券相类似。过手证券是汽车贷款证券化最常见的方式，占新发行量的 60% 左右。另一种方式是"转付债券"形式，类似于现金流量债券。转付债券因为涉及对现金流量的重新安排，在汽车贷款证券市场中变得越来越盛行。在转付证券形式下，还可以促进信用提高，提供更为确定的现金流量。

3. 信用卡贷款的证券化。信用卡已成为一种国际上主要的消费者支付机制，以及消费信贷的一种主要形式。目前，信用卡在全部零售购买方式中占到60% ~ 70% 的份额，它与其他形式的周转性债务合计，占到非抵押消费信贷的 25% 左右。尽管这类资产数量巨大，但由于信用卡应收款相对于汽车贷款一类的分期付款应收款更为复杂，而且信用卡应收款的资产组合即便已售出，仍要受到发行人和所在行业情况变化的影响，这些都阻碍了以信用卡为资产支持的证券化的发展。

在 1986 年之前，对信用卡贷款的处理方式一般是将其出售给某些金融机构，即将债权转让。从某种意义上讲，这种贷款出售也是一种简单而原始的证券化形式。真正的信用卡贷款的证券化开始于 1986 年，这一年，所罗门兄弟公司率先在承销第一银行公司发行的 5 000 万美元信用卡贷款支持债券时，所罗门兄弟公司所开创的这一业务手段带来信用卡贷款证券化的迅速发展。

（二）我国投资银行在资产证券化中的实践

在资产证券化业务方面，我国从 20 世纪 90 年代初起就已经有过初步探索。代表性项目有 1992 年海南三亚首先尝试房地产证券化运作，1996 年广深珠高速公路等基础设施进行资产证券化试验，1997 年中国远洋运输公司（COSCO）北美航运应收账款支撑票据证券化推出，2000 年中国国际海运集装箱集团 8 000 万美元应收账款证券化等。2000 年，中国银行和建设银行的住房按揭贷款资产证券化设计方案；2003 年，华融资产管理公司 132 亿元不良资产处置信托证券化项目；2004 年，中国工商银行与中信集团、瑞士信贷第一波士顿公司、中诚信托签署了工商银行宁波市分行不良资产证券化项目相关协议，该项目涉及工商银行宁波市分行约 26 亿元不良贷款，据了解，工商银行这个不良资产处置项目是国内商业银行首个资产证券化项目；2004 年，中国信达资产管理公司与中国国际金融有限公司签署了 200 亿元不良资产国内证券化合作协议；等等。这些项目标志着国内商业银行在资产证券化方面已取得实质性进展。

【案例】

工商银行宁波市分行资产证券化

2004年4月8日，中国工商银行在北京分别与瑞士信贷第一波士顿、中信证券股份有限公司、中诚信托投资有限责任公司签署工商银行宁波市分行不良资产证券化项目相关协议。此举标志着国有商业银行资产证券化取得了实质性突破。在各方面积极推动资产证券化的背景下，宁波市分行不良资产证券化项目自始至终受到监管部门和市场的高度关注。7月底，销售工作全面完成，项目取得圆满成功。

1. 宁波市分行不良资产证券化项目交易结构。

（1）交易主体。

①委托人：中国工商银行宁波市分行，即贷款资产提供人。中国工商银行宁波市分行将其从贷款资产中收取款项等权利信托转让给受托人，设立财产信托。

②受托人：中诚信托投资有限责任公司。受托人按信托合同的约定收取受托人管理费，负责管理财产信托和相关账户；选择并委托资产处置代理人代为处置信托财产中的债权资产，并对其处置行为进行监督并承担责任；与财产信托的其他参与方配合，计算并根据支付顺序在每一个受益权分配日向受益权持有人支付信托利益。

③受益人：在信托中享有信托受益权的人。在信托设立时，委托人为唯一受益人。信托设立后，受益人为委托人以及通过受让或其他合法方式取得信托受益权的其他人。受益人享有信托受益权，根据信托合同的约定，受益人可以依法转让其享有的信托受益权。

④受益人代表：中信证券股份有限公司作为受益人代表，代表受益人行使权利。受益人代表权利包括：信托合同约定的受益人的权利；监督受托人对信托事务的管理，并可根据合同约定要求委托人更换受托人，并按约定选任新的受托人；监督资产处置代理人对信托财产中的债权资产的处置，并可根据约定要求受托人更换资产处置代理人，并按合同的约定选任新的资产处置代理人。受益人代表义务包括：遵守信托合同的约定，采取有效措施维护受益人的合法权益，并于每个信托利益分配日后的15个工作日内向受益人出具书面的受益人代表事务报告；当知道任何可能会影响受益人重大利益的情形时，应及时通知受益人。

（2）交易结构。

①资产包概况。本信托的信托财产是由工商银行宁波市分行的 13 个营业部或支行直接负责管理和处置，涉及借款人总数 233 个，本金总额 26.19 亿元。

②交易描述。

第一步，设立财产信托。工商银行宁波市分行（委托人）以其合法拥有的资产（账面价值 26.19 亿元）委托给中诚信托（受托人），设立财产信托。工商银行宁波市分行作为唯一受益人，取得本信托项下全部（A 级、B 级、C 级）信托受益权，价值 8.2 亿元。

第二步，受益权转让。工商银行宁波市分行将其享有的 A 级、B 级受益权转让给投资者，中信证券作为受益权的承销商负责承销 A 级和 B 级受益权，C 级受益权仍由工商银行宁波市分行持有。

第三步，中诚信托负责信托收益和本金的分配，并以信托财产产生的现金流支付信托收益权的受益和本金。

第四步，工商银行宁波市分行受中诚信托委托作为信托财产的资产处置代理人，负责信托财产的处置和现金回收。

第五步，信托终止，中诚信托将剩余信托财产交回工商银行宁波市分行。

2. 资产证券化项目业务流程。中国工商银行宁波市分行项目是国内第一次严格按照国际规范的资产证券化业务流程进行的不良资产证券化，对规范我国资产证券化业务流程有积极的意义。

（1）项目研讨和论证。在项目开展之前，工商银行反复对不良资产证券化的实施意义、可行性等问题进行了多角度、多层次的研究和讨论。对于宁波项目，工商银行于 2003 年 9 月 4 日就在宁波召开了不良资产证券化研讨会。瑞士信贷第一波士顿、普华永道、德勤、高伟绅律师事务所、中信证券、总行有关部门和部分分行的 50 余人参加了会议。经过对国外不良资产证券化的实践、效果的研究和对我国证券化环境的反复研讨，工商银行认为资产证券化提高流动性和转移风险的作用对于解决商业银行的不良资产问题具有积极的作用，而且在现行的法律政策环境下，资产证券化是可以实施的。

（2）尽职调查。建立完备、准确、规范、科学的资产信息数据库，是不良资产证券化的前提和基础工作。信息采集是完成这项工作的第一步。瑞士信贷第一波士顿和普华永道分别担任试点项目的财务顾问和尽职调查服务商，与工商银行共同确定了信息采集的内容和格式。

（3）资产包调整。信息采集形成了基础资产包，通过分析资产的区域分布、行业结构、担保类型和预计回收金额比例等情况，对资产包进行适当的调整，使资产包的资产组成既符合证券化的要求，又能满足工商银行资产处置的利益。

（4）资产处置计划。由各处置经理逐笔对不良贷款提出初步资产管理和处置计划（AMDP）。工商银行和瑞士信贷通过对每笔贷款的借款人、保证人和抵押物等情况的分析，结合实际情况和客户经理的意见和经验，对资产管理和处置计划进行了审议，明确每笔贷款的回收金额、回收策略、回收方式和回收时间。

（5）中介机构选择。在本项目中，工商银行最后选择了瑞士信贷、君泽君律师事务所、中信证券、中诚信托等中介机构。2004年4月7日，中国工商银行与其签署协议、合同。

（6）方案设计。工商银行和中介机构确定了证券化的交易结构和相关合同。本证券化项目最终确定了借鉴国外的清算信托结构，利用我国《信托法》中规定的财产信托作为特别目的机构，以受益权作为证券化投资工具。经过结构分层，受益权产品设计了A、B、C三个不同优先级别，并采用了现金储备账户、B级受益权回购承诺等安排。

（7）信用评级。为保护投资者的利益，维护金融市场秩序，增加试点项目的规范性和透明度，工商银行同时聘请了中诚信国际信用评级有限责任公司和大公国际资信评估有限公司两家评级机构为受益权进行评级。两家评级机构通过对资产包开展尽职调查收集信息和数据，分析资产管理和处置计划，通过对信托财产现金流情况、信托交易结构、信托受益情况的综合评估，综合分析考虑投资风险、风险控制措施、信用增级措施以及处置代理人的处置能力，出具了评级报告。在评级报告中，确定资产包现金流8.2亿元，其中A级受益权4.2亿元为AAA级，B级受益权2亿元为AAA级，C级受益权2亿元不评级。

（8）市场调查和推介。产品销售是证券化项目最重要的环节，定价是销售的关键，从2003年起，工商银行就和中信证券一起对定价方法和因素进行了讨论和研究，并制订了定价方案和销售方案。2004年4月8日，证券化产品的销售正式启动，并在北京、上海、武汉、深圳、青岛等地进行了路演推介。

（9）定价与销售。经过反复研究，中信证券和工商银行判断，最终，经双方协商，评级机构确认，为达到既符合市场利率水平和投资者需求，同时又能降低发起银行的融资成本，双方决定在不影响评级结果的情况下，对发行期限进行调整，即将A级受益权调整为1年期，参照1年期储蓄和国债利率水平确定收益率为5.01%。经评级机构确认，资产池回收预期情况能支持发行期限调整。

资料来源：姜建清，李勇. 商业银行资产证券化：从货币市场走向资本市场 [M]. 北京：中国金融出版社，2004.

【课堂讨论】

资产证券化的参与者、基本运作流程及基本类型；投资银行如何在资产证券化业务中起作用。

【本章小结】

自 20 世纪 70 年代以来，以住房抵押贷款证券化为开端，美国掀起了资产证券化的狂潮，之后，这一狂潮逐渐席卷国际资本市场，成为全球范围内最具魅力的一种金融创新潮流和趋势。资产证券化现在已成为国际资本市场上发展最快、最具活力的一种金融产品，在世界许多国家得到了广泛的实施和应用。资产证券化是创立由资产支持证券的融资过程，是一种新的融资技术。它是指将一组流动性较差的（金融）资产经过一定的组合，使这组资产在可预见的未来所产生的现金流收益保持相对稳定并且预计今后仍将保持稳定，在此基础上，再配以相应的信用担保，把这组资产所产生的未来现金流的收益权转变为可在金融市场上流动、信用等级较高的债券型固定收益证券的技术和过程。资产证券化是一个复杂的系统工程。其主要的参与者有发起人、服务人、发行人。在资产证券化中，投资银行扮演着多重角色，从而起到不同的作用。它既可以作为 SPV，也可以作为资产担保证券的承销者。资产证券化是有一定的技术要求并且存在诸多风险的，体现了它发现价值、创造价值的能力。本章概述资产证券化的基本内涵及产生与发展，分析资产证券化的基本特征与作用，重点介绍资产证券化的参与者、基本运作流程及基本类型，讨论投资银行如何在资产证券化业务中起作用。

【主要名词】

资产证券化 asset securitization

特别目的机构 Special Purpose Vehicle，SPV

信用增级 credit enhancement

抵押支持证券 Mortgage-Backed Security，MBS

资产支持证券 Asset-Backed Security，ABS

过手证券 pass-through security   转付证券 fay-through security

资产池 assets pool

【本章自测题】

1. 名词解释：

资产证券化　　资产池　　过手证券　　转付证券　　SPV　　资产支持证券

2. 并非所有资产均可以证券化，一项资产要具有什么样的特征才能适于证券化？

3. 资产证券化的基本流程具体包括哪些步骤？

4. 资产证券化有哪些基本类型？它们之间有哪些区别？

5. 谈谈投资银行在资产证券化业务中起什么样的作用。

第十章

资产管理业务

【学习目标】资产管理作为一种附加值较高的新型业务，市场经济发达国家的投资银行早已对其予以高度重视。资产管理业务已成为投资银行的核心业务，来源于资产管理业务的收入已远远超过了其发行、代理和自营等传统业务，越来越多的投资银行将资产管理业务作为整合并拓展传统业务的龙头。通过对本章的学习，应掌握资产管理业务的内涵与特点，资产管理业务的种类，熟悉资产管理业务的业务流程，掌握委托资产管理与集合资产管理业务运作的有关规定。

第一节　资产管理业务概述

一、资产管理业务的内涵和特点

（一）资产管理业务的内涵

结合西方国家投资银行资产管理业务的运作经验，可以对资产管理业务作出如下界定：资产管理业务，从一般意义上讲，是指所有者将其合法拥有的资产（这里的资产既可以是货币资产，也可以是实物资产）的运作与管理权以合法的形式委托给具有专业运作管理能力的机构和个人，以期获得最大的投资回报率。而我们经常讲的投资银行的资产管理业务，则主要是指投资者（包括机构投资者和个人投资者）将其合法持有的现金或证券委托给专业的证券经营机构（主要是指投资银行），通过金融市场的运作，有效降低市场风险，获得较高投资回报的一种新兴的金融业务。

从实质上讲，投资银行的资产管理业务体现的是一种信托关系。所谓的信托关系是指委托人出于对受托人的信任，将其财产权转移给受托人，由受托人按照委托人的意愿，为受益人的利益和特定目的，进行管理和处分财产的行为关系。

作为一种金融契约的范畴，资产管理业务具有一般金融契约的共同特点，如涉及委托人与受托人的关系、财产运作与收益分配等。

2003年12月18日，中国证监会公布了第17号令《证券公司客户资产管理业务试行办法》，对现行的受托投资管理业务进行了法规上的规范。《证券公司客户资产管理业务试行办法》第十一条规定，经中国证监会批准，证券公司可以从事：（1）为单一客户办理定向资产管理业务；（2）为多个客户办理集合资产管理业务；（3）为客户办理特定目的的专项资产管理业务。《证券公司客户资产管理业务试行办法》第十四条规定，证券公司办理集合资产管理业务，可以设立限定性集合资产管理计划和非限定性集合资产管理计划。《证券公司客户资产管理业务试行办法》于2004年2月1日开始实施，这为中国投资银行资产管理业务的进一步规范发展提供了制度供给，从而有利于夯实中国投资银行的业务基础和综合实力。

（二）资产管理业务的特点

1.资产管理体现了金融契约的委托代理关系。在资产管理业务中，客户作为委托人，是资产的所有者，当其与投资银行签订资产委托管理协议书以后，委托投资银行代其管理资产，投资银行便成为资产的受托方，享有在协议规定范围内按委托人的意愿和在授权范围内对受托资产进行经营管理的权利。委托人和受托人的关系一旦确立，受托资产的财产权利就从委托人转到受托人手中，这些财产在法律上视同为受托人的财产，委托人不能任意调用、处分该信托财产和干预受托人的资产运作，除非协议到期或约定提前兑现或投资管理人违法操作、被管理当局强行清算等原因的出现。委托资产管理的信托资产的运作是具有独立性的。这种独立性除了表现在信托财产权的相对独立性，还表现在信托财产的财务账户的独立性，信托财产的财务账户应与受托人自己的账户分开，而且每一笔信托财产在财务上都要单独设立账户。

在某种特定资产管理合约中，受托人接受委托人的委托按照其意愿和授权进行资产管理，但并没有为委托人谋取财产收益的义务，所以受托人在财产运作过程中并不以财产收益最大化为目标，委托人也无权要求受托人以财产收益最大化为目标。因此，不论信托财产是否增值，受托人均按照净资产数量和约定的管理费率提取管理费。也就是说，即使信托财产发生经营性亏损，只要资产的净值为正，受托人就可按比例收取管理费。正是资产管理业务所体现的金融契约的委托代理关系，委托人和受托人之间不可避免地存在着逆向选择和道德风险。因此，合理和有效地控制资产管理的市场风险，便成为资产管理业务能否顺利开展的关键。

2. 资产管理服务采用个性化的管理。委托人委托的资产具有不同的性质，他们对投资银行管理资产的要求千差万别，因此在资产管理协议中赋予投资银行的权利也不尽相同，作为受托人的投资银行必须区别对待，对各个客户的资产分别设立账户，根据客户的不同要求，进行个性化的服务。投资银行一般根据委托资产的流动性、安全性和收益性将资产划分为不同的投资目标，通过投资目标对客户的资产进行市场细分，然后依据不同的投资目标，将所管理的资产部分投资于证券市场上已有的股票、债券，部分投资于按所管理资产的特性设计的新型投资工具（如各类基金和金融衍生工具）。因此，资产管理体现了鲜明的服务个性化特征。

3. 投资银行的受托资产具有多样性。投资银行接受客户委托管理的资产主要是金融资产，金融资产具有多样性，不仅包括现金资产，还包括股票、债券和其他有价证券。在所有的金融资产中，投资银行受托管理的资产主要是现金和国债。由于现金和国债具有较强的流动性，投资银行容易利用现金和国债进行投资。投资银行的资产管理业务一般是以证券一级市场和二级市场为依托进行操作，因此一般需要先将金融资产转化为货币后再进行投资。当投资银行接受的金融资产为现金时，可以直接进行投资；当投资银行接受的金融资产为国债时，可以先通过在国债回购市场进行回购获得货币后再进行投资。

4. 客户承担投资风险。客户承担投资风险是投资银行资产管理业务的基本特征。我国《证券公司客户资产管理业务试行办法》强调，证券公司从事客户资产管理业务，不得向客户作出保证资产本金不受损失或取得最低收益的承诺。但是，证券公司、资产托管机构在客户资产管理业务活动中违反合同规定或未切实履行职责并造成损失的，客户可依法要求证券公司、资产托管机构给予赔偿。因此，客户承担投资风险是资产管理业务的基本特征。

5. 资产管理业务和其他业务之间是紧密相连的。投资银行在从事其他业务的过程中积累了丰富的经验、信息和资源，这些都在客户来源、资金投向、运作经验、研究咨询等方面为资产管理业务的开展提供了资源和便利。投资银行的各项业务之间紧密相连使得投资银行在开展资产管理业务中同其他机构相比具有极大的规模效应和优势。比如说，投资银行的资产管理业务和经纪业务之间就存在着很强的业务互补关系，经纪业务总部及其下属的营业部掌握着大量的客户信息，为资产管理业务的开展提供了一个重要的信息来源。投资银行的资产管理部门可以同经纪业务部门建立业务协作关系；经纪业务部门可以凭借自己的客户信息优势，向资产管理部门推荐潜在的客户；而资产管理部门则可以根据所提供的客户信息对业务的贡献大小，决定是否利用经纪业务部门的交易系统进行交易，促进经纪业务部门增加交易金额和佣金收入。再比如说，投资银行的研究咨询部门可以通过为资产管理部门提供研究成果，加强对资产管理部门的服务职能。随着投资银行之间竞争的日益激烈，研究咨询服务部门的实力对资产管理部门有重要的影响作用。研究咨询服务部门为资产管理部门提供的研究成果包括宏观经济分析、政策分析和预测、行业分析报告、可行性分析报告、投资产品设计和客户需求研究等。

6. 资产管理业务体现了一对一的信息披露。在资产管理业务中由于采取了个性化的管理，信息披露的要求不高。由于受托资产具有一定的保密性，客户的谈判能力有差异，因此在契约中利益分配条款也存在着一定的差异。资产管理业务较自营业务具有保密性，只要委托方和受托方不因利益纠纷而主张权利，法律取证就相当困难。这就使得资产管理业务的信息披露是以一对一的方式进行的，而不是向社会公众进行公开信息披露。《证券公司客户资产管理业务试行办法》还规定，证券公司应当至少每3个月向客户提供一次准确、完整的资产管理报告，对报告期内的客户资产的配置状况、价值变动等情况作出详细说明。同时，应该保证客户能够按照资产管理合同约定的时间和方式查询资产配置情况等信息。

7. 资产管理业务的风险控制主要体现在资金流向的控制和价格波动预警指标的设计上。由于资产管理业务的保密性和信息披露有限，因此存在着较大的风险，规避和控制风险便成为投资银行开展资产管理业务的关键。从外部监管的角度看，法律、法规较为健全的国家都通过相关条款对从事资产管理业务实体的资金流向进行严格控制；从内控制度的设计上，投资银行主要通过风险收益比率进行方案选择和比较，建立风险评价体系和价格波动预警指标体系，从而对受托资产的运作和资产管理人的道德风险进行有效控制。

（三）资产管理业务与证券投资基金的关系

资产管理业务和证券投资基金业务在本质上都是受人之托、代人理财，特别是集合资产管理计划设为均等份额，与证券投资基金有很多的相同之处，但是两者还是存在着一些区别。

1. 两者管理主体不同。集合资产管理业务的主体是依法设立并经监管部门核准可以从事此项业务的证券公司，而证券投资基金管理主体则是基金管理公司。

2. 行为规范不同。证券公司设立集合资产管理计划、开展资产管理业务，应当基于集合资产管理合同、有关法律、行政法规和《证券公司客户资产管理业务试行办法》的规定进行；而证券投资基金的设立和运作则是按照《证券投资基金法》等有关法律、行政法规和部门规章的规定进行。

3. 市场定位和客户群体不同。集合资产管理业务面向具有一定投资经验和风险承担能力的特定投资者，而证券投资基金则主要面向广大的公众投资者。《证券公司客户资产管理业务试行办法》明确规定，限定性集合资产管理计划接受单个客户的资金数额不得低于 5 万元人民币，非限定性集合资产管理接受单个客户的资金数额不得低于 10 万元人民币。集合资产管理计划的参与客户数量没有限制，由市场决定和调节。

4. 销售或推广方式不同。与证券投资基金不同，集合资产管理计划不得公开销售或推广。根据《证券公司客户资产管理业务试行办法》的规定，证券公司及推广客户不得通过广播、电视、报刊和其他公共媒体推广集合资产管理计划。同时，参与集合资产管理计划的客户，应当是有关证券公司或推广机构的客户。

资产管理业务和证券投资基金虽然都属于资产管理业务类型，但是相互之间有明显的差异，在业务的开拓上有很强的互补性，可以满足不同投资者的投资需求，共同推动着我国金融市场资产管理业务的发展。

二、资产管理业务的基本类型

在资产管理业务的发展过程中，不同的客户具有不同的委托资产形态、委托资产规模和投资目标以及资产管理组织形态，因此就形成了不同的资产管理业务类型。

（一）按委托管理资产形态分为现金管理、国债管理、新股申购和企业年金基金管理

1. 现金管理。企业或个人在日常运作过程中常常由于各种原因而不得不持有一定的货币资金，从而丧失了这些货币资金在其他途径的获利机会，即存在一定的机会成本。投资银行通过现金管理，使客户从暂时沉淀的现金中获得收益。投资银行为客户管理现金的主要方法是：对客户有关的财务统计数据进行分析，建立最低现金需要量的数学模型，对客户的最佳现金存量进行预测；帮助客户制订现金收支计划，通过减少短期债务等手段，对客户的财务收支实行动态管理；在此基础上，从流动性、安全性和收益性匹配的角度，为客户建立一种最佳现金流动性组合。

2. 国债管理。客户将国债委托给投资银行进行管理。在委托期间，投资银行凭借专业信息优势和研究优势进行现券买卖、国债回购或者同股票在一起构成投资组合进行运作以获取最大化收益。在委托期结束时，客户除了得到投资利润

分成，还要求归还与期初面额相等的国债。

3. 新股申购。投资银行将许多散户资金集中起来进行专户管理，集体认购新股，从而大大提高客户认购新股的中签率，同时也为客户节省了认购成本，增加了投资收益，增强了投资银行对客户的吸引力。

4. 企业年金基金管理。企业年金作为由企业发起，企业和员工个人共同缴费的养老金，将积累形成数量庞大的企业年金资产。由于涉及企业和个人的权益，如此巨大的养老储蓄形成企业和职工的养老金资产，需要通过安全投资来达到保值、增值的目的。投资银行通过管理企业年金基金，将其投资于银行存款、国债和其他具有良好流动性的金融工具，包括投资性保险产品、证券投资基金、股票、信用等级在投资级以上的企业债、金融债等各类有价证券，从而实现企业年金基金的保值、增值。

（二）按监管部门管理要求分为定向资产管理、集合资产管理和专项资产管理

中国证监会《证券公司客户资产管理业务试行办法》把证券公司客户资产管理业务划分为定向资产管理、集合资产管理和专项资产管理。

1. 定向资产管理。即通过与资产净值不低于100万元人民币的单一客户签订定向资产管理合同，并通过该客户的账户为客户提供的一种资产管理服务。

2. 集合资产管理。即通过设立集合资产管理计划，与多个客户签订集合资产管理合同，将客户资产交由具有客户交易结算资金法人存管业务资格的商业银行或者中国证监会认可的其他机构进行托管，通过专门的账户为客户提供的资产管理服务。集合资产管理又可以进一步细分为限定性集合资产管理和非限定性集合资产管理。其中限定性集合资产管理计划，资产应当主要用于投资国债、国家重点建设债券、债券型证券投资基金、在证券交易所上市的企业债券、其他信用度高且流动性强的固定收益类金融产品；投资于业绩优良、成长性高、流动性强的股票等权益证券以及股票型证券投资基金的资产，不得超过该计划资产净值的20%，并应当遵循分散投资风险的原则。非限定性集合资产管理计划的投资范围由集合资产管理合同约定。

3. 专项资产管理。针对客户的特殊需要和资产的具体情况，设定特定投资目标，通过专门的账户为客户提供特定目的的专项资产管理服务。

（三）按利益分配机制的不同分为完全代理型资产管理和风险共担型资产管理

1. 完全代理型资产管理。完全代理型受托人只负责对委托资产的管理与运作，而不对委托人资产的收益作出保证，委托资产的收益与损失完全由委托人承

担；委托人承担相对较大的风险；受托人向委托人收取管理费用，再根据委托资产的经营业绩提取适当的业绩报酬；对管理人资本规模和投资技巧的要求较高；受托人行为的自由度相对较低。

2. 风险共担型资产管理。风险共担型受托人对委托人资产的年收益作出适当的许诺；超出保证收益率部分的收益由受托人单独享有或与委托人共同分享；受托人承受较大的风险；对管理人资本规模和投资技巧的要求比完全代理型低；受托人行为的自由度相对较低。

第二节　资产管理业务的运作流程

一、审查客户申请

要求客户提供相应的文件，并结合有关的法律限制决定是否接受其委托。委托人可以是自然人，也可以是机构。个人委托人应具有完全的民事行为能力，机构委托人必须合法设立并有效存续，对其所委托的资产具有合法所有权，一般还必须达到受托人要求的一定数额。

二、签订资产委托管理协议

双方协议中将对委托资金的数额、委托期限、收益分配、双方权利和义务等作出具体规定。

三、管理运作

在客户资金到位后，投资银行便可以开始运作。通常情况下，投资银行都通过建立专门的附属机构来管理投资者委托的资产。投资银行在资产管理过程中，应该做到专户管理、单独核算，不得挪用客户资金，不得骗取客户收益。同时，投资银行还应该遵守法律、法规，防范投资风险。

四、返还本金及收益

委托期满后，按照资产委托管理协议条例，在扣除受托人应得的管理费和报酬后，将本金和收益返还给委托人。

假若在委托期内由于资产管理人的身体等状况发生了重大变化，无法继续履行契约规定的应尽义务时，从保护委托人利益的角度出发，委托人有权利要求更换管理人。原则上新的资产管理人应该无条件地承担原管理人的义务，将委托理财契约执行到底。

一般来说，导致契约条款修改的主要原因是由于国家政策和市场环境发生重大变化使得部分契约条款无法执行。当出现以下情况之一时，资产委托人从保护自身利益的角度出发可以与资产管理人提前解除委托管理关系：（1）委托资产出现严重亏损（具体比例由双方协商确定）；（2）资产管理人出现解散、依法被撤销、破产等不可抗力情况；（3）管理人被证券监管部门撤销委托理财业务资格；（4）管理人严重违反资产管理契约。

第三节　委托资产的投资管理

一、投资目标

投资银行在开展资产管理业务的过程中通常选择其认为最能取得投资效益的资产组合和经营运作方式。根据对风险和收益的判别与追求，一般可将资产管理的运作目标分为四种类型。

（一）高风险—高收益型目标

高风险—高收益型目标强调为委托客户提供最大可能的资本获利机会，而一般不在乎股利的收入。因此，持这种运作目标的投资管理在运作过程中一般不注重投资的多样化和投资资产的经常收入，而往往选择有高成长潜力的股票。一旦时机成熟，其股价就会成倍地上扬，该投资管理就可以通过股票买卖的股价差额，获取丰厚的投资回报。

由于其高收益是以所承担的高风险为代价的，因此这种投资管理的收益状况波动较大。在股市行情上涨时，该种投资管理资产表现突出；而在股市行情下跌时，该种投资管理资产的状况就非常糟糕。这种高风险—高收益型目标的投资管理主要将委托资产投资于股票市场，通过股票的分散组合投资来控制波动性。总而言之，这类投资管理资产的投资风险最大，可能获得的收益也是最高的。

（二）低风险—高收益型目标

低风险—高收益型目标强调投资资产的安全性和成长潜力的平衡，在选择投资的股票时，通常是选取记录优良，尤其是股息逐年增加的股票作为投资对象。这样既可以获得股息和红利这种经常性收入，又可在股票价格变动时，采取有利于投资管理的价位买卖股票以获得资本利得。持该类运作目标的投资管理资产其平均成长率并不低，而风险相对于高风险—高收益型投资管理资产要小。

（三）低风险—低收益型目标

低风险—低收益型目标更加注重投资的安全性，以获取股息、红利和利息等经常性收入为主要目标，一般不追求股票交易的资本利得。所以在投资管理运作时通常选取固定利率债券和优先股，以及股息持续增长、红利水平较高的普通股为投资对象。这种运作目标的投资管理资产具有明显的波动性小、投资风险低、投资收益低，但收益水平稳定的特点。

（四）以流动性为目标

流动性目标注重投资资产的流动性，其成立的宗旨就是为投资者提供资本保值的机会，并为投资者获取高于银行同期定期储蓄存款的利息。以流动性为运作目标的投资管理资产主要将资产运用于货币市场上短期固定收入证券，如国库券、大额银行存款单、高等级固定收入票据、银行承兑汇票等。这类证券的利率变动相对稳定，资产流动性高，有利于避免资本的损失。与其他各类投资管理相比，这类以流动性为目标的投资管理安全度最高，但相应地，其可获得的收益也较低。

二、投资限制

投资银行资产管理业务的投资对象和投资行为要受到资产管理契约的规定以及法律、法规的限制。资产管理契约的规定，根据具体基金的投资目标和投资风格而有所不同。法律、法规对投资银行的资产管理业务作出的限制是证券监管部门对其作出的，是国家证券监管机构为保障投资者的利益针对所有证券投资基金共同制定的。

《证券公司客户资产管理业务试行办法》中第十四条、第三十六条、第三十七条、第三十八条和第四十二条等，对投资银行资产管理业务作出以下限制投资的严格规定：

1. 证券公司办理集合资产管理业务，可以设立限定性集合资产管理计划和非限定性集合资产管理计划。限定性集合资产管理计划资产应当主要用于投资国债、国家重点建设债券、债券型证券投资基金、在证券交易所上市的企业债券、其他信用度高且流动性强的固定收益类金融产品；投资于业绩优良、成长性高、流动性强的股票等权益类证券以及股票型证券投资基金的资产，不得超过该计划资产净值的20%，并应当遵循分散投资风险的原则。非限定性集合资产管理计划的投资范围由集合资产管理合同约定，不受上述规定限制。

2. 集合资产管理计划资产中的证券，不得用于回购。

3. 证券公司将其所管理的客户资产投资于一家公司发行的证券，按证券面值计算，不得超过该证券发行总量的 10%。

一个集合资产管理计划投资于一家公司发行的证券不得超过该计划资产净值的 10%。

4. 证券公司将其管理的客户资产投资于本公司、资产托管机构及与本公司、资产托管机构有关联方关系的公司发行的证券，应当事先取得客户的同意，事后告知资产托管机构和客户，同时向证券交易所报告。

证券公司办理集合资产管理业务，单个集合资产管理计划投资于前款所述证券的资金，不得超过该集合资产管理计划资产净值的 3%。

5. 证券公司办理集合资产管理业务，还应当遵守下列规定。

（1）不得将集合资产管理计划资产用于资金拆借、贷款、抵押融资或者对外担保等用途。

（2）不得将集合资产管理计划资产用于可能承担无限责任的投资。

三、投资管理策略

（一）积极的投资管理策略和被动的投资管理策略

投资银行资产管理业务的投资管理策略按其风格可分成积极的和被动的两种类型。我国的投资银行资产管理主要投资于股票和债券，在此对股票和债券的积极的和被动的投资管理策略进行分析。

1. 积极的和被动的股票投资管理策略。投资银行资产管理对股票市场的投资是通过分散投资于不同的股票构造投资组合来实现的。因此股票的投资管理策略即是股票投资组合的管理策略。

（1）被动的股票投资组合管理策略。被动的股票投资组合管理策略是构造投资组合，以复制某一具体指数的绩效，使投资组合的收益率在整个期间内跟踪某一指数的收益率，这种策略又称为指数化，相应地称为指数化投资管理。以被动管理策略构造投资组合的目的不是超过目标指数，而是降低跟踪目标指数的跟踪误差，使投资组合的绩效和目标指数相称。对投资组合管理人的要求，就是构造一个紧密跟踪某一具体股票指数（称为基准指数）的投资组合，如果试图使股票组合的绩效超越所选择的指数，就违反了该投资组合的被动前提。投资组合管理人即使获得较高的收益，也违反了委托人所要求的被动投资管理策略。

实施被动的股票投资组合管理策略的困难在于，由于不可避免地出现现金流入和流出以及公司的合并与破产，从而在构造了指数化投资组合后，就需要买卖证券，这意味着在整个期间容易出现跟踪误差。另外，即使指数基金一般试图减少周转交易和相应的交易费用，它们仍必须因上述原因进行再平衡，这意味着指数化投资管理的长期收益绩效将落后于基准指数。当然，投资组合收益率较大地或实质性地偏离于指数收益率，就应加以关注。

实施被动的股票投资组合管理策略的优点在于：其成本比积极的管理策略低，并且由于是采取紧密跟踪指数的策略，业绩较为稳定。

构造被动的指数化投资组合的基本方法有三种：完全复制法、抽样法和程序法。

①完全复制法。即按在指数中的权重购买所有构成指数的股票。这种方法有助于保证紧密地跟踪指数。但这种方法并不一定是最佳方法，而可能只是一种次优的方案。因为：首先，这种方法必须购买大量不同种类的股票，增加交易成本，从而将降低投资绩效；其次，当许多企业在一年的不同时间多次派发少量股利时，股利的再投资也将导致较高的佣金支出。

②抽样法。运用抽样法，投资组合管理者仅仅购买构成指数的股票中具有代表性的样本股票。对具有较大指数权重的股票按其权重购买，同时购买一些较小权重的股票，以使投资组合的整体特征如 β 值、行业分布和股利收益率等接近于目标指数。运用抽样法，投资组合的收益率几乎肯定比不上完全复制跟踪指数的方法。因此要选用抽样法，必须权衡它的缺点和优点。缺点是不可避免地跟踪误差；优点是管理更容易，管理费用、交易成本更低。

③程序法。采用这种方法构建被动投资组合，并不根据行业或股票特征获得样本，而是运用二次项程序，将价格变化的历史信息和股票之间的相关性输入计算机程序，以确定对指数的跟踪误差最小化的投资组合。这种方法的缺点是依赖于价格变化和相关性的历史数据，如果这些因素在跟踪期间内发生变化，那么该投资组合会呈现非常大的跟踪误差。

（2）积极的股票投资组合管理策略。积极的股票投资组合管理策略是管理者试图超过一个经风险调整后的被动基准投资组合的绩效。基准投资组合（有时又称为标准组合）是这样一种被动投资组合，其平均特征值（包括 β 系数、股利收益率、行业权数和企业规模等因素）与委托人风险—收益目标相对应。积极的投资组合管理的目标是使一个投资组合所获得的收益率超过一个被动基准投资组合的收益率，这两种收益率都经过交易成本扣除和风险因素调整。积极的资产管理者与其委托人要解决一个重要的问题，即选择一个合适的基准（有时称为"正常"投资组合）。该基准应体现委托人投资组合战略的一般特性。如果客户指定投资于低市盈率小型股票来构造积极组合，那么就不应该把该组合的业绩和整个股市指数相比，而应该和以小盘低市盈率股票为基础构建的基准组合相比来衡量其业绩。

实施积极的股票投资组合管理策略必须克服两个困难。首先，较高的交易成本，实施积极的股票投资组合管理策略的交易费用往往比被动策略要高，如果每年业务成本达到投资组合资产的 1.5%，那么仅仅为了维持住被动基准的收益率，该积极投资组合就必须获得比被动基准高出 1.5% 的收益率。其次，积极投资组合一般比被动基准具有较高的风险。如果采用大规模投资于某一板块的股票的策略，那么积极投资组合的风险将超过其被动基准。这样，积极投资组合的收益率将必须超过其基准，以作为对所冒风险的补偿。

积极的股票投资组合管理策略成功的关键是，要成为积极投资管理领域的专家。市场在变换，能带来较高收益的投资目标也经常变换，但成功的积极投资策略要求在市场出现恐慌情绪时，保持投资原则和镇静，因为频繁交易会增加交易费用，降低利润。

实施积极的股票投资组合管理策略，通常使用以下四种方法增加积极投资组合的价值，使其收益高于基准组合。

①对证券市场进行预测，对不同投资对象的风险和滥价进行估计，使投资管理在不同证券如债券、股票和短期货币工具间进行转换。

②将投资管理在股票市场中不同行业板块（如商业板块、高科技板块以及房地产板块等）、不同股本特征（如大盘股、小盘股、流通股所占总股本比例的高低）、不同企业特征（如绩优公司、高成长型公司）以及不同股权部分（如国家股、法人股、流通股、优先股以及转配股等）的股票间进行转移，在股价大幅上升前提前买入。

③选择市场定价过低的股票，低买高卖。

④如果投资管理构建全球性投资组合，可以通过经济分析，确定不同国家的股票市场价格水平是过低还是过高。如果价格水平过低，则在全球性投资组合中加大该国的投资权重，使投资权重高于全球基准投资组合中该国股票所占的权重；如果价格过高，则采取相反行动。

积极的股票投资组合管理策略也可运用二项式程序解出马柯维茨的有效边界最优解，最优化中运用了管理者对收益率、风险和相关性的预期值，以选择最优风险—收益权衡的投资组合。

2. 积极的和被动的债券投资组合管理策略。

（1）被动的债券投资组合管理策略。被动的债券投资组合管理策略有两种具体实施策略：一是买入囤积术；二是指数化策略。

①买入囤积术。管理者根据目标选择一个债券组合，应客户的要求持有这些债券至到期日。最简单的债券组合管理就是买入囤积术。显然它对债券投资者没

有什么要求，投资者只需发现所满意的债券，在选择的过程中要考虑债券的质量、息票利率水平、偿还年限和如提前兑回条款等重要的合约条款。组合管理者实行买入囤积术不需要考虑主动的交易以获得诱人的收益，而是寻找这样的债券，它们的偿还年限（持续期间）接近投资者预定的投资期间，这样就可以减少价格和再投资的损失。许多成功的债券投资者和机构的组合管理者运用的是调整的买入囤积术，即投资者投资某种债券是打算持有它直至到期日，同时也积极地寻找机会希望能得到一个更好的头寸。

投资者遵循的无论是严格的还是调整的买入囤积术，问题的关键在于找到具有吸引力的偿还年限和收益率特征的债券品种作为投资工具。

②指数化策略。与被动的股票投资组合管理策略相类似，该策略的目标是构造一个债券组合，使它的绩效等于某种债券指数。也就是说，组合投资者建立的组合与某种债券市场指数的绩效相符。组合管理者不是根据与指数相对比的风险和收益进行判断，而是看该组合是否能紧紧地跟住指数。具体地说，通过检查跟踪误差，即债券组合的收益率与债券市场指数收益率之差，来评价被动债券组合管理的绩效。使用指数化策略的关键是恰当选择要跟踪的债券指数，它直接决定债券组合的风险—收益结果。

（2）积极的债券投资组合管理策略。积极的债券投资组合管理策略应用以下五种具体策略来构造积极债券投资组合，即利率预期、估价分析、信用分析、收益率差分析和债券互换。

①利率预期。利率预期可能是最有风险的主动债券管理策略。因为它依靠对未来利率的不确定进行预测。其基本思想是预期利率上升时保护资本，预期利率下降时获得资本收益。当预期利率上升时缩短组合的持续期间；当预期收益率下降时，延长组合的持续期间。

②估价分析。通过对债券的价值进行分析，并将其应有的价值和当前市场价格作比较，以确定哪些债券是估价过低，哪些债券高估了。根据对特征成本的确定，买入估价低的债券，卖出估价高的债券。

③信用分析。信用分析是通过对债券的详细分析，预期它违约拒付风险的变化，也就是说，对债券信用等级的变化进行预期。使用信用分析作为组合管理战略，必须在评级机构公布之前对债券信用等级的变化作出预期，购买预期升级的债券，卖出或不买要降级的债券。

④收益率差分析。债券市场中不同品种债券的收益率之间存在一定的关系，例如，高等级与低等级的公司债券的收益率差应保持在合理的范围内。这种策略要求对市场上各种债券收益率之间的关系进行分析，当不正常关系发生时，进行

各种互换。

⑤债券互换。债券互换是结清当前的头寸，同时购买另一种有相似特征的可能提高收益率的债券。实施债券互换可以提高当前和到期收益率，并且能利用利率的变换或收益率差的重新排列，提高债券组合的质量或进行合理避税。债券互换的主要做法有纯收益率提高互换、替代互换和税收互换等。

对于积极的和被动的投资管理策略，应该说明的是，在投资管理的实际操作中完全实施被动策略的管理者并不多见，大部分投资管理实施的是介于积极和被动之间的或积极的管理策略。

（二）资产配置策略

资产配置策略是指将金融资产在不同资产形态、不同市场、不同投资对象之间进行优化配置的选择。

1. 应考虑的基本因素。

（1）法律、法规规定的投资限制和投资禁止行为。在制定资产配置策略时，首先应考虑法律、法规对投资银行资产管理的基本要求，严格依照法律、法规的规定进行投资。

（2）资产管理契约的规定以及资产管理的类型及其运作目标。有些资产管理契约规定了其主要投资的领域，这样资产管理人在制定资产配置策略时必须考虑契约的规定。另外，还须考虑到资产管理的类型及其既定的运作目标。

（3）证券市场的风险—收益情况。在考虑到前两项因素之后，如何分配投资则主要决定于对证券市场风险—收益的分析，确定出满足资产管理客户要求的最优投资分配方案。

2. 资产配置的基本策略。

（1）三分法策略。资产管理投资的主要领域是股票和债券，因此确定投资管理在股票、债券和现金或可随时无风险变现的资产之间的投资比例是确定资产配置策略的首要问题。一般常用的策略采用三分法策略，该方法是从个人理财方法演变而来的资产配置策略。以美国为例，人们通常将私人财产按一定比例，分别投资于银行存款、有价证券及房地产。这就是所谓个人理财的三分法。后来，一些机构投资者依据这一方法建立投资组合，把自身所管理的资金分成三个部分：第一部分资金用于投资较稳定、风险较小的有价证券，如债券、优先股等；第二部分用于投资收益较高的各种成长型股票；第三部分资金留在手中用做预备。今天，投资三分法已成为最为广泛采用的资产配置策略。这一策略既能通过股票投资获得可观的资本利得，使基金具有长期增长潜力，又能依靠投资优先股和债券获得稳定的股息和利息收入，使管理资产在扣除运行费用后具有经常性盈余。此外，还能借助于持有的现金，保持委托资产的流动性以及投资的灵活性。实践证明，不论具有何种投资目标的基金，都可以采用三分法，只要在现金、股票、债券三个部分的比例上合理地组合搭配，即可相应地实现各种投资目标。

投资三分法的难点在于如何合理地设计现金、股票、债券三种资产的比例，并根据各种情况及时作出调整。三分法策略运用得是否得当，主要取决于管理者的知识、经验和技巧。

（2）投资分散化策略。如何通过适当的投资分配以降低资产管理业务所面临的市场风险，是制定资产配置策略需要考虑的重要问题。资产配置策略的基本操作思路是将委托资产分散化地投资于不同的投资对象，有效地将个别投资对象的风险分散掉，规避非系统性风险，使投资收益不会因个别投资品种的大起大落而剧烈波动，从而获得资本市场总体成长而带来的收益。其内容包括：投资对象分散化、投资期限分散化和投资区域分散化。在证券投资中，投资分散化是指投资者根据自身的承受力，以一定的比例将资本投资于不同类别的股票、债券品种，即"不把全部鸡蛋放在一个篮子里"，同时在市场选择上根据资产管理的投资范围限定，分别投资于不同的市场。例如，目前我国投资银行资产管理的投资范围仅限于国内的证券市场。在不同的时期，不同的市场行情波动状况也不一样，因此，实行投资品种、期限和市场的分散化能够有效规避风险。

3．资产配置的具体操作策略。

（1）固定比例资产配置策略。这一操作策略旨在解决如何在股票和债券之间的资产配置。它要求在投资管理操作中努力使股票总投资额与债券总投资额保持某种适当比例，当股票价格上涨，而使投资总额中股票份额上升时，即出售部分股票，购入一定量债券，使股票与债券金额恢复到既定的比例；反之，当股票价格下跌，其所占比例下降时，应出售部分债券，追加部分股票，恢复原来的比例关系，起到调节资产持有结构的作用，从而有效防范投资风险，提高投资收益。固定比例策略同样可以应用于对股票、债券、现金三者之间的分配。首先确定配置比例，然后保持既定比例并采取相应操作。

（2）黄金分割策略。这是一种分散风险的资产配置操作策略，要求管理者将投资资金分成两部分，一部分投资于风险性证券，另一部分投资于安全性证券，两者间的比例大体为4:6。由于这一比例符合数学中的黄金分割原理，最佳点为0.618，即62%左右，故将此方法称为黄金分割法。采用黄金分割法由于一半以上的资金投向安全性较高的品种，因而保险系数较大，但它以少部分资金投于获利较高的证券故而会失去一部分获利机会，此方法适用于较为保守的投资目标。

（3）头寸保持策略。这是一种为长期稳定地获取证券收益而将管理资产投在不同期限、不同种类证券中，定期保持该证券头寸的投资方法。由于此操作策略的基本要求是合理保持证券头寸，而不在于操作方法，故适用的投资操作方法可以有多种。

（4）梯形资产配置策略。该操作策略是将资本投放于不同期限的证券上，每种证券的投资额大体相同，当期限最短的证券到期时收回资金回收利润后再投放到更长期限证券上去的资产配置策略。

（5）杠铃式资产配置策略。即将资金分别投到长期或短期证券上，很少或者放弃中期投资的方法等。

（三）投资对象选择策略

投资对象选择策略是指资产管理在确定了投资管理策略和资产配置策略后，在选择具体的投资对象时所使用的策略。对于实施被动投资管理策略的资产管理操作来说，由于其运作要求是复制并跟踪指数，所以它对投资对象的选择体现在对目标指数的选择上，一旦选定目标指数，投资对象选择的具体方法和程序就基本确定。而对于实施主动投资管理策略或介于主动和被动之间的大部分资产管理中的投资管理来说，就需要进行大量的证券分析研究，以选择符合投资需要的投资对象，给资产管理业务的客户带来较佳的收益。

一般而言，资产管理中的投资管理选择投资对象的基本方法是证券投资分析法，主要包括基本分析和技术分析。鉴于课程体系的安排，在此不再赘述。

第四节 集合资产管理业务

集合资产管理业务又称集合理财，指投资银行接受多名客户的委托，将资金集中进行投资，并将投资收益交付给委托人，投资银行应当尽职管理财产，但对投资损失不承担责任，投资银行仅收取管理费。

集合资产管理业务与基金业务非常相似但又有所不同。

一、集合资产管理业务的特点

（一）存续期较灵活

开发集合理财产品的投资银行可以自行选择存续期，投资银行在设计集合理财产品时既可以选择超短期的与现金流有关的产品，也可以选择无硬性存续期要求的长线产品，这样既使产品具备了延续性，又减少了因存续期限制而导致的销售成本增加的问题。存续期无限定实际上使投资银行的理财产品有了更多基金的特色。

（二）管理费实行差别对待

投资银行集合资产管理计划管理费的收取模式要优于基金。目前基金产品无论净值水平如何，基金管理费均处在恒定的状态。而投资银行为了增加对投资者的吸引力，推出的集合资产管理计划可以实行管理费分段收费模式。投资银行集合理财产品会限定优先受益权，只有收益达到一定比例才收取管理费或收益提成，并且设定了管理费收费上限，甚至还有投资银行会推出净值低于面值就不收取管理费的规定，这将从相当程度上保障客户的利益。

（三）信息披露较完备

投资银行集合理财产品在信息披露制度方面效仿基金，比如向投资者及时发布理财计划的季报、半年报和年报。还与合作银行配合让投资者可以通过银行网站、电话银行及时查询投资信息。

（四）认购门槛较高

投资银行集合理财产品受众面要小于基金，投资银行设立非限定性集合理财计划接受单个客户的资金数额不能低于 10 万元人民币；设立限定性集合理财计划接受单个客户的资金数额不能低于 5 万元人民币，这与大多数基金仅 1 000 元人民币的认购底线形成了差异。对高端客户的争取将是投资银行集合理财产品发行能否成功的关键。

（五）资金来源较广

投资银行集合资产管理业务相较之基金最大的卖点就在于可以以自有资金投入。这表明投资银行可以以自有资产购买一定比例的本公司开发的集合理财产品，并可在有关协议中约定当投资出现亏损时，投资银行投入的资金将优先被用来弥补该公司其他购买人的损失。业内人士指出：投资银行在集合理财产品发行中一定会强调这种"一旦亏钱先亏自己"的做法，通过保障客户投资的安全来增加产品的吸引力。

二、设立集合资产管理计划的备案或批准程序

（一）申报

投资银行申请设立集合资产管理计划，应当制作备案材料或申请材料（以下简称申报材料），并聘请律师事务所对拟设立集合资产管理计划的合规性和申报材料的真实性、准确性、完整性出具法律意见。上述申报材料一式四份（至少一份为原件），其中报送中国证监会三份，报送投资银行注册地中国证监会派出机构一份。

投资银行已依法设立集合资产管理计划，且仍存续的，在申请设立新的集合资产管理计划时，应当就拟设立集合资产管理计划与公司目前所管理的集合资产管理计划进行比较分析，并对其差异进行说明。

（二）受理

中国证监会自收到申报材料后对申报材料的齐备性进行审查，并书面通知投资银行是否受理其申请。投资银行注册地中国证监会派出机构应当按照有关规定对申报材料进行审查，并自中国证监会决定受理其申报材料后 10 个工作日内，将对申报材料的书面意见报送到中国证监会。

（三）审核

中国证监会受理申报材料后，结合有关投资银行客户资产管理业务的合规情况，对拟设立的集合资产管理计划进行审核。

中国证监会对投资银行设立集合资产管理计划的申报材料，经审核符合条件的，作出无异议或批准的决定；经审核不符合条件的，作出有异议或不予批准的决定。托管银行根据中国证监会出具的无异议或批准的决定到证券登记结算机构（上海分公司、深圳分公司）开立集合资产管理计划的证券账户。

三、集合资产管理业务操作规范

投资银行开展集合资产管理业务具有严格的业务规范：

（一）内控制度

1. 对集合资产管理业务实行集中统一管理，建立严格的业务隔离制度。公司负责客户资产管理业务和负责自营业务的高级管理人员不能由同一人兼任，严禁分支机构对外独立开展集合资产管理业务。

2. 建立集合资产管理计划投资主办人员制度，即应当指定专门人员具体负责集合资产管理计划的投资管理事宜。投资主办人员须具有 3 年以上证券自营、资产管理或证券投资基金从业经历，且应当具备良好的职业道德，无不良行为记录。集合资产管理计划存续期间，其投资主办人员不能管理其他集合资产管理计划。

3. 严格执行相关会计制度的要求，为集合资产管理计划建立独立完整的账户、核算、报告、审计和档案管理制度。要设定清晰的清算路径和资金划转渠道，保证风险控制部门、监督检查部门能够对集合资产管理业务的运作和管理进行有效的监控，切实防止账外经营、挪用集合资产管理计划资产及其他违法、违规情况的发生。

（二）推广安排

1. 投资银行可以自行推广集合资产管理计划，也可以委托其他具有证券投资基金代销业务资格的商业银行或投资银行代为推广集合资产管理计划，并签订书面代理推广协议。投资银行对代理推广机构的推广活动负有监督检查义务，发现代理推广机构违反有关规定的，应当予以制止；情节严重的，应当按约定解除代理推广协议，并报告中国证监会和注册地中国证监会派出机构。

2. 投资银行、推广机构应当严格按照经核准的集合资产管理计划说明书、集合资产管理合同推广集合资产管理计划。

3. 严禁通过广播、电视、报刊及其他公共媒体推广集合资产管理计划。

4. 投资银行、推广机构应当保证每一份集合资产管理合同的金额不能低于有关规定的最低金额，并防止客户非法汇集他人资金参与集合资产管理计划。

5. 集合资产管理计划推广期间，应当由托管银行负责托管与集合资产管理计划推广有关的全部账户和资金。投资银行和推广机构应当将推广期间客户的资金存入在托管银行开立的专门账户。在集合资产管理计划设立完成、开始投资运作之前，任何人不能动用集合资产管理计划的资金。

6. 集合资产管理计划推广活动结束后，投资银行应当聘请具有证券相关业务资格的会计师事务所对集合资产管理计划进行验资，并出具验资报告。

7. 投资银行、托管银行及推广机构应当明确对客户的后续服务分工，并建立健全档案管理制度，妥善保管集合资产管理计划的合同、协议、客户明细、交易记录等文件资料。

（三）投资风险承担

投资银行应当在集合资产管理计划说明书、集合资产管理合同等有关材料中向投资者进行明确的风险提示，说明集合资产管理计划的投资风险由投资者承担。

投资银行以自有资金参与所设立的集合资产管理计划的，应当根据公司章程的规定，获得公司董事会、股东会或其他内部授权程序的批准，并在计算公司净资本时，根据投入资金所承担的责任如实扣减公司净资本额。

（四）登记、托管与结算

投资银行应当选择有证券投资基金托管业务资格的商业银行对集合资产管理计划的资产进行托管。

投资银行应当按照证券投资基金的结算模式办理集合资产管理计划的结算业务，实现客户交易结算资金严格的独立存管，经中国证监会批准的，可以按照经纪业务的结算模式办理集合资产管理计划的结算业务。投资银行、托管银行应当按照证券登记结算机构的有关规定承担集合资产管理计划交易结算的最终交收责任。

托管银行应当按照有关的规定，为每一个集合资产管理计划代理开立专门的资金账户，账户名称为集合资产管理计划名称。同时，为每一个集合资产管理计划在证券登记结算机构（上海分公司、深圳分公司）代理开立专门的证券账户，证券账户名称为"投资银行—托管银行—集合资产管理计划"。

投资银行应当负责集合资产管理计划资产净值估值等会计核算业务，并由托管银行进行复核。

（五）交易

集合资产管理计划在证券交易所的投资交易活动，应当集中在专用的席位上进行，并向证券交易所、证券登记结算机构备案。集合资产管理计划资产中的债券，不能用于回购。

（六）投资组合

集合资产管理计划的投资范围和投资组合安排应当遵守有关的规定，并符合集合资产管理计划说明书、集合资产管理合同的约定。投资银行应当在集合资产管理计划开始投资运作之日起 6 个月内使集合资产管理计划的投资组合比例符合集合资产管理合同的约定。因证券市场波动、投资对象合并、集合资产管理计划规模变动等外部因素致使集合资产管理计划的组合投资比例不符合集合资产管理合同约定的，投资银行应当在 10 个工作日内进行调整。

集合资产管理计划申购新股，不设申购上限，但所申报的金额不能超过该计划的总资产，所申报的数量不能超过拟发行股票公司本次发行股票的总量。集合资产管理计划投资于投资银行担任保荐机构（主承销商）的股票，应当遵守有关关联交易的限制规定。

托管银行、证券交易所将对集合资产管理计划的投资范围和投资组合进行监控，发现有重大违规行为的，直接报告中国证监会。

（七）流动性要求

1. 投资银行应当根据集合资产管理计划的情况，保持必要的现金或到期日在一年以内的政府债券，以备支付客户的分红或退出款项。

2. 集合资产管理合同可以约定，当客户在单个开放日申请退出的金额超过集合资产管理计划资产一定比例时，投资银行可以按比例办理退出申请，并暂停接受超过部分退出申请或暂缓支付，但暂停或暂缓期限不能超过 20 个工作日。

3. 投资银行及其代理推广机构不能为客户办理集合资产管理合同的转让事宜，但法律、行政法规另有规定的除外。

（八）信息披露

集合资产管理计划开始投资运作后，投资银行、托管银行应当至少每3个月向客户提供一次集合资产管理计划的管理报告和托管报告，并报中国证监会及注册地中国证监会派出机构备案。

投资银行应当按照有关的规定对集合资产管理计划的运营情况单独进行年度审计，将审计意见提供给客户和托管银行，并报中国证监会及注册地中国证监会派出机构备案。

（九）费用规定

集合资产管理计划推广期间的费用，不能从集合资产管理计划资产中列支。集合资产管理计划运作期间发生的费用，可以在集合资产管理计划中列支，但应当在集合资产管理合同中作出明确的约定。投资银行、托管银行、推广机构不能采用低于成本收费等方式进行不正当竞争。

四、投资银行集合资产管理业务的后续监管

（一）集合资产管理计划推广、设立情况的报告

投资银行应当将集合资产管理合同、集合正式推广文件向注册地中国证监会派出机构报备，在合同约定的时间内完成集合资产管理计划的推广和设立工作。集合资产管理计划正式推广文件应当与中国证监会核准的文本内容一致。集合资产管理计划成立后5个工作日内，投资银行应当将集合资产管理计划的推广、设立情况和验资报告向中国证监会及注册地中国证监会派出机构报备。中国证监会及有关派出机构可对集合资产管理计划的推广设立情况、技术系统情况等进行现场核查。

（二）集合资产管理计划的投资运作和信息披露

集合资产管理计划设立后，投资银行、托管银行、推广机构应当按照法律、法规、有关的规定和集合资产管理合同、托管协议、代理推广协议的约定履行投资、托管和推广职责，办理客户参与和退出集合资产管理计划及分红等事宜。

投资银行、托管银行应当按照有关规定履行信息披露义务。集合资产管理计划运作过程中，发生变更投资主办人员、变更代理推广机构、巨额退出或出现其他可能对集合资产管理计划的持续运作产生重大影响的情形的，投资银行应当及时将有关情况向中国证监会及注册地中国证监会派出机构报告，并向客户披露。

（三）集合资产管理计划的展期、解散或终止

集合资产管理计划存续期届满拟展期的，投资银行应当至少在届满前3个月向中国证监会及投资银行注册地中国证监会派出机构提出展期申请，比照设立集

合资产管理计划的规定提交展期申请材料，并提供拟展期的集合资产管理计划设立以来运作情况的说明。集合资产管理计划运作情况良好，未发生违法、违规情况，且仍符合设立集合资产管理计划条件的，经中国证监会核准，可以展期。

拟终止或者解散集合资产管理计划的，投资银行应当至少提前 1 个月向中国证监会及注册地中国证监会派出机构报告，并在集合资产管理计划终止或解散后 5 个工作日内将有关情况向中国证监会及注册地中国证监会派出机构报告。

【案例】

案情介绍

上诉人赵一（化名，一审原告）诉称：2002 年 7 月 17 日，与被上诉人某证券公司上海营业部（以下简称营业部）签订证券交易委托协议书。次日，赵一又与营业部签订了代理国债投资协议，委托资产金额为 1 000 万元人民币，代理期限为 1 年。同日，赵一与营业部还签订了代理国债投资补充协议，约定：营业部确保赵一资金的保值、增值，确保委托资金年收益率达 10.5%。同日，赵一交付营业部 1 000 万元人民币的本票，并全部存入赵一的资金账户。协议约定期满后，营业部未按协议约定支付投资资金本息。赵一讨要未果，遂以营业部以及证券公司为共同被告诉至法院。

一审法院查明：赵一在营业部资金账户内的资金在 2002 年 9 月 3 日至 2003 年 6 月 30 日间用于股票买卖，但两被告未提交能够证明股票买卖系赵一行为的证据。被告营业部以及证券公司辩称：赵一采用了柜面委托、自助委托等方式进行了股票委托，1 000 万元人民币实际进入的是赵一的资金账户，被赵一自己用于买卖股票。

一审法院认为：营业部的确未按协议约定进行国债投资，违反了协议约定。因约定投资国债期限已至，营业部应将赵一交其投资的资金返还给赵一，但赵一与营业部约定的国债投资年收益率达到 10.5%，超出正常国债投资收益，且营业部未实际进行约定的国债投资行为，不存在国债投资盈利，故赵一要求营业部按约定支付收益 105 万元的诉讼请求，不予支持。营业部系证券公司设立的非独立法人分支机构，其虽具有一定民事责任行为能力，但是证券公司作为营业部的开办单位仍应对营业部不能还款部分承担还款义务。两被告认为赵一采用了柜台委托、自助委托等方式进行了股票交易，而根据证券交易委托协议书约定，除柜面委托外，凡是采用授权代理人委托、自助委托、可视电话委托、网上委托的需另行与营业部签订相关协议，但营业部未与赵一签订任何关于柜面委托以外其他任何交易形式的协议，也未能提交股票买卖行为系赵一的证据，故两被告辩称赵一未将国债投资资金付至营业部账户，相关资金实际用于自己买卖股票的辩称意见不能成立，依据我国《合同法》第六十条、第一百零七条的规定，判决：（1）营业部归还赵一国债投资款 1 000 万元人民币并支付相应利息；（2）证券公司对营业部不能清偿上述判决的债务承担还款责任。

一审判决后，赵一与营业部均不服并提出上诉。其中赵一对一审判决中关于利息的计算部分不服，请求改判。营业部的上诉理由是：赵一的交易后果应由其本人承担，买入的股票也归其所有，原一审法院判决营业部返还赵一投资本金 1 000 万元人民币以及利息，赵一还可取回在其名下的股票和资金账户内的资金明显对营业部不公。

二审法院认为围绕本案有两个争议焦点：其一，赵一账户内的股票交易行为是否是赵一本人的行为；其二，原审关于利息的判决是否适当。关于第一点，二审法院认为从审理查明的事实看，赵一账户内出现多个沪深两市的股票，而赵一仅有沪市股东账户；而且，虽然赵一资金账户内股票是利用密码操作的，但由于股票账户非属于赵一，赵一又从未与营业部签订自助委托协议，也未委托他人操作股票，因此没有证据证明赵一在自己的证券账户内通过自助委托购买了股票，赵一对其资金账户内股票不应承担任何责任。至于营业部将赵一交付的资金存入赵一在营业部的资金账户内，没有存入营业部银行账户，系营业部依其意志的处分行为，并不能据此证明赵一与营业部履行的是证券交易委托协议书，而非代理国债投资协议。况且双方无论履行的是哪个协议，无论营业部将资金存入赵一资金账户还是自己银行账户，均有义务保证赵一交付的资金的安全。至于第二个争议焦点，二审法院认为，双方约定的收益率超出正常国债收益，且经查实营业部未实际投资，不存在国债投资盈利，故对于赵一要求按协议约定支付收益的请求难以支持。赵一将款项交营业部后，未进行证券交易，按照有关证券法规，营业部应当支付相应的利息，故此原审法院判决按照存款利率支付利息并无不当。综上，二审法院认为两上诉人的上诉理由均不能成立，作出了维持一审的判决。

【课堂讨论】

1. 资产管理业务的特点有哪些？
2. 资产管理业务是如何分类的？

【本章小结】

资产管理业务，从一般意义上讲，是指所有者将其合法拥有资产的运作与管理权以合法的形式委托给具有专业运作管理能力的机构和个人，以期获得最大的投资回报率。投资银行的资产管理业务主要是指投资者将其合法持有的现金或证券委托给专业的证券经营机构，通过金融市场的运作，有效降低市场风险，获得较高投资回报的一种新兴的金融业务。

在资产管理业务的发展过程中，不同的客户具有不同的委托资产形态、委托资产规模和投资目标以及资产管理组织形态，因此就形成了不同的资产管理业务类型。

资产管理业务的运作流程包括审查客户申请、签订资产委托管理协议、管理运作、返还本金及收益。

委托资产的投资管理有四种投资目标：高风险—高收益型目标、低风险—高收益型目标、低风险—低收益型目标、以流动性为目标。

投资银行资产管理业务的投资管理策略按其风格可分成积极的和被动的两种类型。

资产配置策略是指将金融资产在不同资产形态、不同市场、不同投资对象之间进行优化配置的选择。

资产配置的基本策略有三分法策略和投资分散化策略。

集合资产管理业务又称集合理财，指投资银行接受多名客户的委托，将资金集中进行投资，并将投资收益交付给委托人。投资银行应当尽职管理财产，但对投资损失不承担责任，投资银行仅收取管理费。

集合资产管理业务具有存续期较灵活、管理费实行差别对待、信息披露较完备、认购门槛较高、资金来源较广的特点。

设立集合资产管理计划的备案或批准程序包括申报、受理、审核。

【主要名词】

资产管理 asset management

集合资产管理 collected asset management

指数化策略 index strategy

完全代理型资产管理 property asset management

【本章自测题】

1. 按照中国证监会的有关规定，我国投资银行资产管理业务可分成哪几类？
2. 被动的债券投资组合管理策略有哪些？
3. 积极的债券投资组合管理策略有哪些？
4. 集合资产管理业务的特点是什么？
5. 集合资产管理业务的操作规范有哪些？
6. 资产配置具体操作策略有哪些？
7. 案例分析：根据案例提供的资料，你对该案件的看法是什么？

第十一章

金融衍生工具与风险管理

【学习目标】金融创新是 20 世纪 70 年代末以来世界金融领域发生的一场深刻变革，其中金融衍生工具的迅猛发展已成为现代国际金融市场的主要特征和趋势之一，对各国经济金融活动产生了巨大影响。金融衍生产品是商业银行与投资银行竞争的领域，也为投资者提供了以小博大的理财工具。通过本章的学习，首先，应该从金融工程与金融衍生工具的基本内涵、基本特征及作用来理解其发展的动因；其次，应该重点掌握四类金融衍生工具中的金融期货、金融期权与金融互换的基本概念及其应用；最后，针对金融衍生产品具有杠杆效应，这种"收益与风险放大"的功能容易诱导投资者以小博大，参与投机，时刻防范金融风险，注意进行金融期货、金融期权与金融互换的风险管理。

第一节　金融工程与金融衍生工具

一、金融工程概述

金融工程作为一门独立学科是 20 世纪 90 年代初期的事情，1991 年"国际金融工程师协会"的成立被认为是金融工程学确立的重要标志，如今，金融工程学已成为一门热门课程。"金融工程师"的称谓起源于 20 世纪 80 年代初的伦敦金融界，当时有一些银行建立起专家小组对客户的风险进行量化评估，并应用组合金融工具进行结构化管理，由此逐渐产生了金融工程师与金融工程的概念，也就是金融工程最初所包含的组合金融工具（主要是形形色色的金融衍生工具）和风险管理技术的研究。随后，许多具有创新思想的银行家开始从新的工程化的角度认识自己的行业。一批大型金融机构如大通曼哈顿银行和美洲银行还纷纷创立了金融工程部门，并专门培训自己的"金融工程师"。与传统的金融理论研究和金融市场分析人员的明显区别是，金融工程师更加注重对金融市场交易与金融工具的可操作性作出改进，将最新的科技手段、规模化处理方式（也称工程方法）应用到金融市场上，创造出新的金融产品、交易方式和交易机会，从而为金融市场的参与者规避风险、获取利润。

金融工程的基本组件就是各种创新的金融工具和金融手段。创新金融工具的典型代表是近年来大量涌现的衍生金融工具，如远期、期货、期权、掉期（互换），等等。金融工程就是利用这些衍生金融工具和金融手段，再运用大量的数量知识和工程技术，充分结合金融市场情形，对各种现有金融工具进行进一步的组合、分解、改进、优化，开发出更多的金融工具、交易方式和更先进的金融技术。然后，将这些金融产品和交易手段迅速、规模化地应用到金融市场上，创造出巨大的金融效益。金融工程的精髓就在于创造性地进行金融产品开发、金融资产定价、交易策略设计和相关风险规避措施设计等。

金融工程的概念有狭义和广义之分。狭义上的金融工程主要指开发和运用衍生金融工具进行套利或半套利性质的活动。广义上的金融工程则包括所有金融工具和金融手段的创新活动，广泛涉及资产管理、发行承销、兼并收购、风险管理等诸多领域。例如，在兼并收购方面，近年来金融工程较为成功的创新活动就包括垃圾债券、过桥融资（bridge financing）以及融资收购等。

目前被普遍接受的金融工程学定义是由约翰·芬纳蒂（John Finnerty）提出的：金融工程是指涉及设计、开发、实施创新性的金融工具与金融手段，以创造性地解决金融问题。本章以后各节主要介绍的是狭义上的金融工程业务。

二、金融衍生工具概述

金融衍生工具的迅猛发展已成为现代国际金融市场的主要特征和趋势之一，对各国经济金融活动产生了巨大影响。金融衍生工具是指以货币、债券、股票等传统金融产品为基础，以杠杆性的信用交易为特征的新型的金融产品。它既指一类特定的交易方式，也指这种交易方式形成的一系列合约。金融工程的主体就是以"四期"即远期（forward）、期货（futures）、期权（options）和掉期（swaps，即"互换"）为主的四类金融衍生工具，而远期交易、金融期货、金融期权、金融互换是金融衍生产品的四种基本类型，此外还有以初级金融衍生产品为衍生基础的二级、三级以至更高级别的金融衍生产品。关于它们的应用在下面几节中还将具体讲述。

（一）金融衍生工具的特点及作用

1. 金融衍生工具的特点。金融衍生工具作为 20 世纪金融业发展的最重要成果之一，有着与传统金融工具完全不同的特点：

（1）财务杠杆作用显著。金融衍生产品的共同特征是保证金交易，即只要支付一定比例的保证金就可进行全额交易。因此，金融衍生产品交易具有杠杆效应。保证金比例越低，杠杆效应越大，风险也就越大。比如金融期货交易时，只要缴纳一定数量的保证金，就可以进行几十倍、上百倍金额的交易。又比如金融期权的买方只要付出很少的期权费，就可以获得买入或卖出大量金融资产的选择权。

（2）可以降低交易成本。投资者用此类工具进行风险管理时，无须动用巨额的资金，有些工具甚至不需要交易费用。例如，外汇远期合约一般不需要交易费用。为此大大降低风险管理的交易成本。

（3）衍生工具特性复杂。基础金融工具本身已经是对实物资产的一种虚拟，金融衍生工具则是对金融资产的一重或多重的虚拟，有些工具甚至是基本金融衍生工具的组合。因此，这些创新工具的特性异常复杂。

（4）风险控制或投机的效果明显。复杂的工具特性并不影响功能的发挥，相反，与金融基础工具相比，衍生工具的功能更强。很多创新金融工具可以为客户锁定价格，规避和控制风险，还可以成为金融投机的利器。美国金融投机家索罗斯就是以运用这类工具进行金融投机而闻名于世的。

（5）工具设计灵活，可以满足不同客户的需要。金融创新工具中有一部分是柜台交易（OTC）工具，这类工具完全是根据客户的需求量身定做的，开展此类业务的投资银行可以通过选择不同的时间、金额、杠杆比例、风险等级等参数，组合不同的基本金融衍生工具，向客户提供具有独特避险功能的投资组合。

2. 金融衍生工具的作用。金融衍生产品从总体上来说具有极大的积极作用。它规避了价格风险，降低了借贷成本，提高了证券市场流动性，发现了未来价格，促进了金融业的发展。这使其成为现代金融市场的重要组成部分，其作用主要包括：

（1）规避风险。通过传统金融产品与金融衍生产品的组合，或者若干金融衍生产品的组合，投资者在一个市场上的损失可以由另一个市场的收益来弥补，其实质是将汇率、利率、股价等的变化锁定在较小范围内，即使出现意外风险，其损失也将大为减少。从整个市场看，通过金融衍生产品之所以能够规避风险，一是投资者面临不同的风险，通过市场达成对各自有利的交易控制了总体风险；二是市场上存在为获利而愿意承担风险的投资者。

（2）投资获利。金融衍生产品的价格变动会产生盈利的机会，由于金融衍生产品业务存在显著的杠杆效应，投资者如果判断正确、操作得当，可以获得较高的投资收益率。金融衍生产品能够根据不同的经济状态来设计及选择，增加了投资者的盈利机会。如在股票现货市场上只有做多即先买后卖才有可能获利，股价下跌则无利可图甚至亏损；而在股票期货市场上，则股价上扬做多可以获利，股价下跌做空也可以获利。

（3）价格发现。金融衍生产品的场内交易，拥有众多的投资者，他们通过类似于竞价拍卖的方式确定价格。这种状况接近完全竞争市场，能够在相当程度上反映出金融商品价格走势的预期。金融衍生产品的价格通过行情揭示和各种传媒广泛传播，为市场各方了解汇率、利率、股价等趋势提供了重要的分析信息，有助于人们更加科学、准确地把握未来，安排好投资融资与生产经营。

（4）增强市场流动性。由于金融衍生产品市场的发展，经济生活中的各类风险被有效转移，因而提高了资本运用的速度和效率。虽然新的资本一般并不从金融衍生产品市场筹集，这是金融衍生产品市场与传统的债券、股票、货币等金融市场的本质差别，但金融衍生产品市场风险转移机制明显地增强了资本的流动性，进而提高了资金转移和运用的效率。

金融衍生产品的本身虽然是风险管理的重要工具，极大地促进了金融业的发展，但却有可能成为巨大的风险源，产生一定的负面作用。金融衍生产品交易的风险远大于一般商品与金融交易，这种风险集中性容易成为金融风暴的策源地；金融衍生产品具有杠杆效应，这种"收益与风险放大"的功能容易诱导投资者以小博大，参与投机；新的金融衍生产品刚推出时设计不完善性与复杂性，可能造成操作失误；同时，由于新的金融衍生产品刚出现，相关法规尚未出台或不完善，容易引起法律的纠纷。

（二）金融衍生工具市场及其参与者

金融衍生产品市场特指从事金融衍生产品交易的市场，按交易场所的不同，其可分为场内交易市场与场外交易市场。场内交易市场又称交易所市场，是指在交易所内按照交易所制定的规则进行交易，其交易的合约标准化。金融期货、上市金融期权都属于场内交易市场交易的金融衍生产品业务。场外交易市场又称店头交易市场或柜台交易市场，是指在交易所以外场所的交易。远期交易、互换及未上市的金融期权都属于场外交易市场交易的金融衍生产品业务。现代的场外交易市场交易大多数已通过电子通信网络进行。场外交易市场发展早于场内交易市场，但金融衍生产品业务在进入交易所市场交易后才真正得到迅速的发展。场内交易市场与场外交易市场互有优劣，两类交易市场将长期共存。

金融衍生产品市场的参与者来自各个方面，按照参与者的身份不同，可分为金融机构、企业与居民个人等；按参与者的参与目的不同，可分为保值者、投机者与套利者等。

保值者交易的目的是规避风险。投机者与保值者相反，投机者希望增加未来的不确定性，他们在基础市场上并没有净头寸或需要保值的资产，他们参与金融衍生产品市场的目的在于获取远期价格与未来实际价格之间的差额。

由于金融衍生产品具有较高的杠杆比率，同样一笔投机资本可以控制十几倍乃至几十倍的交易，给了投机者以小博大的机会，因此，金融衍生产品市场更受投机者的青睐。

如果说投机者获取利润需要承担一定的风险，那么套利者是通过同时在两个或两个以上市场进行交易而获取没有任何风险的利润。套利又可分为跨市套利和跨期套利，前者是在不同地点的市场上套利，而后者是在不同的现期、远期市场上套利。

（三）金融衍生工具的产生背景

金融衍生产品是在一定的客观背景中，在一系列因素的促进下产生的。20世纪70年代初，维系全球的以美元为中心，实现"美元、黄金双挂钩"的固定汇率制——布雷顿森林货币体系连续出现危机并于1973年正式瓦解，浮动汇率制取而代之成为世界各国新兴的汇率制度。这一世界金融史上前所未有的大动荡使得每一个经营或持有货币的金融机构、企业和个人随时随地面临因汇率变动而造成损失的风险。同时，以自由竞争和金融自由化为基调的金融创新浪潮席卷整个西方国家，各国纷纷放宽或取消对利率的管制，放松对金融机构及其业务的限制，使汇率、利率、股价等金融价格进入难以预料的波动之中。金融市场的种种变动，使金融机构、企业和个人时时刻刻生活在价格变动风险之中，迫切需要规避市场风险，而传统金融市场的风险却难以通过传统金融产品本身来规避，尤其是系统性风险。这样，整个西方国家产生了规避风险的强大需求。为迎合这一强大的市场需求，作为新兴风险管理手段，以远期、期货、期权和互换为主体的金融衍生产品应运而生。这些新兴金融产品能将传统金融市场上的风险进行有效分离，并且在特定市场上进行风险的重新分配转移，使投资者能以较小的代价将风险有效转嫁出去，也给投机者提供了以承担风险来获取高收益的机会。因此，金融衍生产品一经产生，便满足了市场的强大需求，从而获得了迅速发展。

在金融衍生工具的发展过程中，股票期货、股票指数期权、利率互换以及更新的衍生工具不断出现。英国、荷兰、加拿大、澳大利亚、法国、新加坡、中国香港、日本、印度、巴西等发展程度不同的国家和地区相继加入了发展衍生交易的行列。中国以在1992年推出国债期货交易为标志，也跻身为该行列中的一员。

世界上各类衍生工具的产生年代见表 11 - 1。金融创新工具的快速诞生，有力支持了金融工程的发展，也从一个侧面反映出金融工程产业庞大的市场需求，投资银行当然不会放弃这样一个潜力无限的市场。

表 11 - 1   主要衍生产品及其产生年代

年份	衍生产品
1848	农产品远期合约
1865	商品期货
1972	货币期货
1973	股票期权
1975	抵押债券期货、国库券期货
1977	长期政府债券期货
1979	场外货币期权
1980	货币互换
1981	股票指数期货、中期政府债券期货、银行存款单期货、欧洲美元期货、利率互换、长期政府债券期货期权
1983	中期政府债券期货期权、货币期货期权、股票指数期货期权
1985	欧洲美元期权、互换期权、美元及市政债券指数期货
1987	平均期货、商品互换、长期债券期货期权、复合期权
1989	3 月期欧洲马克期货、欧洲货币单位期货、利率互换期货
1990	股票指数互换
1991	证券组合互换
1992	特种互换

三、投资银行的金融衍生业务

（一）投资银行介入金融工程的原因

在金融工程领域里，投资银行家被称为"金融工程师"。金融活动的永恒主题是盈利、避险和流动，投资银行介入金融工程，既是为了提高自身的盈利性、安全性和流动性（简称"三性"）的需要，又是为了迎合投资者对"三性"的追求。而这三个目标往往是矛盾的，特别是盈利与避险，但它们又不是互相绝对排斥的。投资银行所提供的金融服务主要就是围绕这三个目标进行优化组合。

1. 提高盈利性。这里的盈利性需求主要体现在三个方面：

（1）成本的节约包括对代理成本的节约和对交易成本的节约。在金融市场上，普遍存在着委托代理关系。双方利益的不一致性以及信息不对称因素的存在，使得代理成本必然产生。人们可以通过金融工程设计新型金融工具和手段来降低代理成本，例如，为企业并购及杠杆收购服务而设计的垃圾债券（junk bond）、过桥贷款（bridge financing）等，为减少信息不对称、保护投资者利益而设计的可调利率优先股、可回购普通股、浮动利率债券、可转换债券等工具。交易成本的高低直接影响着资产的可销售性和流动性。为了降低交易成本，人们开发出了一些创新金融工具，如浮动利率工具、不需登记的短期商业票据、可展期票据、资产证券化等。另外，利用创新工具合法避税也成了投资银行开发这种产品的一个动机，由此产生的产品有浮动利率免税收益债券等。

（2）套利（arbitrage）是指利用一个或多个市场存在的各种价格差异，在不冒风险或冒较小风险的情况下赚取较高收益率的交易活动。也就是说，套利是利用资产定价的错误、价格联系的失常以及市场缺乏有效性等机会，通过买进价格被低估的资产，卖出价格被高估的资产来获取无风险利润的行为。套利机会的产生，往往是由于信息不对称或金融管制的存在。而对利润高度敏感的投资银行就可以创造出一些工具，供自己或投资者进行套利，获得超常收益，由此产生的工具如外汇远期、差价期权等。

（3）投机（speculation）是投机者根据对某一资产价格变动趋势的分析预测以赚取价差为目的，承担较大风险采取多头或空头操作的活动。投机者一般是高风险的偏好者。市场上总是存在这样的投机者，甚至有些投资银行也扮演着这样的角色。买空、卖空机制以及远期、期货、期权等工具给这些投机者提供了很好的投机机会。

2. 提高安全性。提高安全性就是规避风险。理性的投资者总是想在承担尽量小的风险的同时，获得最大收益。为了满足客户及自身的避险需求，投资银行开发出一些避险型的产品。例如，面临 20 世纪 70 年代爆发的两次石油危机，西方国家大都陷入经济"滞胀"。为了解决经济停滞，各国政府采取了降低利率的措施以拉动需求，但这加剧了通货膨胀，表现为利率的剧烈变动。这样，投资者及投资银行都面临着巨大的利率风险。为了改变这种局面，投资银行开发了利率期货，以进行套期保值（hedge）。

3. 提高流动性。在现有的工具和手段不能很好保证流动性要求的情况下，投资银行就会想方设法进行创新，以提高客户或自身的流动性，这从远期合约到期货合约的发展过程可以看得出来。例如，为了规避农产品未来价格变动的风险，1848 年投资银行家开发出农产品远期合约。但是在交易过程中，由于远期合约的标的物多种多样，而不同的投资者具有不同的需求和偏好，因此，这种合约只能对特殊的双方有吸引力。于是,当远期合约的投资者有了转让远期合约的要求时,为了迎合这种流动性要求,1865 年投资银行家又开发了商品期货合约,将远期合约标准化,使投资者方便地进行转让交易。其他的如资产证券化也是一个典型的提高流动性的金融工程。

投资银行灵活使用金融衍生工具进行套期保值和投机套利,是投资银行金融工程业务的主要内容。事实证明,投资银行可以通过金融工程为客户提供更加满意的服务,因为金融衍生业务可以通过金融工具的组合创新使金融活动最大程度地满足上述三个目标。因此,近 20 年来,投资银行的金融衍生业务得到了快速发展。

投资银行金融衍生工具的交易规模一直在不断上升,短短 20 多年时间内,就由刚刚诞生发展为年成交量(以未清偿名义本金额统计)20 多亿美元的庞大市场。

近些年,在衍生工具风波不断的情况下,投资银行仍在不断创造衍生工具。目前一些大型投资银行几乎能根据客户的任何特殊要求量身定做任何品种的衍生工具并为之创造市场,所以今后衍生工具的品种还将不断增加。

(二)投资银行在金融工程中的作用

在金融工程中,投资银行扮演了以下多种角色:

1. 设计开发者。相对于货币市场,由于资本市场特有的资金的长期性和风险性,它对金融工程的要求最高、需求量最大。那么,作为资本市场的最主要中介机构——投资银行,设计开发金融工程是其责无旁贷的任务。投资银行在资本市场不可取代的核心地位以及高、精、尖的人才优势,使得它成为金融工程最主要的设计开发者。在金融工程的设计开发过程中,对产品的定价是最关键的一个环节。而产品的合理定价不仅需要精深的数理技术,还需要繁荣有效的市场。而投资银行作为金融工程师和做市商,最有可能发现和确定合理价格。

2. 组织者。金融工程设计开发完毕,就进入了运营阶段。这个阶段投资银行充当了组织者。它寻找金融工程的需求者,安排一系列制度、工具,把金融工程的使用者集合起来,方便他们进行交易。例如,投资银行所组织安排的各种证券、期权、期货交易所就体现了它的这个作用。

3. 使用者。投资银行不仅为其他市场主体使用金融工程创造条件,而且,它本身作为一种特殊的市场主体,也利用金融工程实现它的一些目的。在金融市场中,投资银行不仅可以是套期保值者,也可以是套利者,还可能是投机者。因此,它大量地利用金融工程来实现它的目的。

4. 校验推进者。在金融工程开发完毕后的运营阶段里，投资银行不断通过其他市场主体以及自身的参与对该项金融工程的功能缺陷进行校验。作为某个特定时期的金融工程，它总是与该时期的宏观环境相适应的。而当宏观环境发生变化时，该项金融工程的原有运作模式就不一定是合理的。因此，投资银行在这种动态的校验过程中挖掘金融工程的功效、发现金融工程的缺陷。

第二节　金融期货

一、金融期货概述

（一）金融期货的含义

期货是指按照期货交易所交易规则、双方当事人约定，同意在未来特定时间，依特定价格与数量等交易条件买卖交收商品，或到期结算差价的契约。

期货交易就是指交易双方交付一定数量的保证金，在期货交易所内，通过公开竞价的方式，买卖期货合约的交易行为。期货交易行为严格限制在规定的场所，交易的对象是标准化的合同，交易遵从"公开、公平、公正"的原则。

期货分为商品期货和金融期货。金融期货是指在交易所通过竞价方式成交，承诺在未来的某一日或期间内，以事先约定的价格和数量买进或卖出某种金融商品（如货币、债券、股票等）的契约。投资者进行金融期货交易，或是为防范与转移因金融产品价格变动而产生的风险，或是为获取收益愿意承担风险。金融期货交易产生于20世纪70年代的美国市场，1972年，美国芝加哥商业交易所的国际货币市场开始国际货币的期货交易。1975年，芝加哥商业交易所开展房地产抵押证券的期货交易，标志着金融期货交易的开始。目前，金融期货交易在许多方面已经走在商品期货交易的前面，占整个期货市场交易量的80%以上，成为西方金融市场创新成功的例证。

（二）金融期货交易的特征及功能

1. 金融期货交易的特征。金融期货交易是在有组织的交易所以公开竞价的方式进行的某种金融商品标准化合约的交易。金融期货交易一般具有以下特征。

（1）场内交易。金融期货交易必须在交易所内进行，成交价以公开叫价或其他方式竞价达成。只有交易所会员才能亲自或委派代表进入交易所进行金融期货交易。普通投资者只有通过作为交易所会员的经纪公司或经纪人才能入市交易。

（2）标准化的金融期货合约。金融期货交易是通过金融期货合约进行的，由于金融期货交易从合约成交到实际履行要间隔较长一段时间，为防止交易双方因对合约的不同理解而产生争议，防止交割时因金融商品的质量、等级等方面原因而引起纠纷，确保金融期货合约的可靠性与可兑换性，同时也为了便于金融期货交易的开展，金融期货合约都是标准化的。

（3）清算公司清算交割。金融期货交易的履约是由清算公司保证的，即金融期货交易一经登记，清算公司便成为每笔交易的对应方，也即每个买方的卖方，每个卖方的买方。因此，交易者不需调查、掌握交易对方的资信，也没有交易对方的违约风险。

（4）保证金制度。为了降低金融期货交易的风险，保证金融期货交易的正常进行，参与金融期货交易者必须在成交后通过经纪公司向交易所交纳一定数量的保证金，以防止交易者在亏损时不能偿还现象的出现。

保证金可以是现金，也可以是有价证券。保证金比例则由交易所确定，依合约性质、对象、价格变动幅度、客户资信状况及交易目的等而有所不同，一般为合约金额的 5% ~ 10%。金融期货交易双方都必须交纳保证金，因为市场行情变动的不确定性，交易双方都有可能出现亏损。在初次交易时，交易者交纳初始保证金，以后随市场行情变动调整保证金数量。如果交易者的保证金比例不足维持最低水平时，交易所清算公司会发出追加保证金的通知；当交易者未能及时补足或无法补足时，清算公司可以强制平仓而交易客户不得有异议。

2. 金融期货交易的功能。避险是期货市场的主要功能之一。下面用一个具体的例子来加以说明其规避风险的效用：某投资者在香港股市持有总市值为 200 万港元的 10 种上市股票。该投资者预计亚洲金融危机可能会引发香港股市的整体下跌，为规避风险计划进行套期保值，在 13 000 点的价位上卖出 3 份 3 月期的恒生指数期货。随后的两个月，股市果然大幅下跌，该投资者持有股票市值由 200 万港元贬值为 155 万港元，股票现货市场损失 45 万港元，这时恒生指数期货亦下跌至 10 000 点，于是该投资者在期货市场上以平仓方式买进原有的 3 份合约，实现期货市场的平仓盈利 45 万 [（13 000 - 10 000）×50×3] 港元，期货市场的盈利恰好抵消了现货市场的亏损，实现了完全的套期保值。

期货除了作为避险工具外，还是一个十分有效的投机工具。由于保证金占合约价值的比例很小，所以杠杆作用十分显著，只要期货价格发生很小的变化，投机者的保证金就会产生很大的变动。另外，期货的交易成本与合约价值相比亦显得很小，并且不论多头部位或空头部位都很容易摊平（或抵消），因此，期货市场很受投机者的欢迎。

（三）金融期货主要参与者

金融期货市场的参与者按交易动机的不同可分为套期保值者、组合投资者和投机者等。套期保值者是金融期货市场的最主要参与者，主要目的是通过在期货市场上建立与现货市场相反的仓位，来锁定其所持有金融资产的价值或负债的成本，其本质是通过金融期货规避金融现货市场上的利率、汇率、股票价格等风险。组合投资者在进行资产组合时，往往会运用期货合约来预防股票价格、利率和汇率的不利变动。投机者主要是利用金融期货交易的高杠杆性进行"以小博大"的高风险投资，其目的不是为所持有资产负债进行保值，而是借助于较少的保证金和专门的投资知识、丰富的投资经验，通过发现期货市场与现货市场的差价，进行频繁的交易以获取利益。

二、主要金融期货类型介绍

按交易品种划分，金融期货目前已经开发出来的品种主要有三大类，包括外汇期货、利率期货与股指期货。

（一）外汇期货

外汇期货是以外汇为标的物的期货合约，在交易所内，交易双方通过公开竞价确定汇率，在未来的某一时期买入或卖出某种货币。外汇期货交易的是外汇期货标准合约即条款内容标准的协议，交易双方可在将来的既定时间内按事先确定的汇率结算所交易的数量。外汇期货是适应各国从事对外贸易和金融事务需要而产生的，用于规避汇率风险。

外汇期货合约的主要内容包括外币币种、标准化的交易单位、合约月份、交割日期、汇率波动的最小限度（简称点）以及涨跌幅限制等。目前国际上外汇期货交易的货币主要有美元、欧元、英镑、日元、瑞士法郎、港元、加元等。所有外汇期货交易均以美元标价，以便于清算交割以及市场间相通传递。

第二次世界大战后，西方主要国家建立了以美元为中心的固定汇率体系，即布雷顿森林体系。该体系于 1973 年 3 月最终崩溃。1973 年以后，浮动汇率取代固定汇率，汇率变动取决于市场供求关系，汇率风险加大。从事对外贸易及其他国际经济交往的经济主体迫切需要有一种工具来规避汇率风险。外汇期货即在此背景下产生。1972 年 5 月，芝加哥商业交易所正式成立国际货币市场分部（简称为 IMM），推出了外汇期货合约，外汇期货成为出现最早的金融期货品种。从 1976 年以来，外汇期货市场迅速发展，交易量激增了数十倍。随后，澳大利亚、加拿大、荷兰、新加坡等国家和地区也开设了外汇期货交易市场，从此，外汇期货市场便蓬勃发展起来。

（二）利率期货

利率期货是指以利率相关金融产品主要是债券类金融工具为标的物的期货合约，主要针对市场上债务资产的利率波动而设计的期货合约，交易者可以通过买卖有关利率期货合约对其所拥有的相关债权债务头寸的利率风险进行有效的控制。利率期货合约具有高度的流动性。按期限的不同可分为短期利率期货和长期利率期货。前者包括以短期信用工具（如国库券、定期存单、欧洲货币存款等）为标的物的期货，后者主要是以中长期债券为标的物的期货。

目前世界上主要的利率期货合约有短期国库券期货合约、欧洲美元期货合约、中长期国库券期货合约、商业票据期货合约、定期存单期货合约、市政公债指数期货合约等。

20 世纪 70 年代以来，美国和各主要资本主义国家的市场利率波动非常剧烈，这使得各类金融市场上的资金借贷者都面临很大的利率风险。在这种情况下，附息有价证券的持有者或机构在客观上急需一种新型的金融工具以减少或避免利率风险。从而利率期货市场应运而生并在较短时间里取得引人注目的发展。率先发展利率期货市场的是美国。世界上最先推出的利率期货是于 1975 年由美国芝加哥商业交易所推出的美国国民抵押协会的抵押证期货，美国的利率期货开办成功后，其他各国也纷纷效仿。1982 年 9 月，英国的伦敦国际金融期货交易所正式开始利率期货交易。1985 年 10 月，日本东京证券交易所也开办政府公债期货。1990 年，我国香港也推出港元利率期货。

（三）股指期货

股票价格指数简称股票指数或股指，是根据股票市场上有代表性的股票加权平均计算出来的，是一种衡量股票市场总体价格水平变动的相对指标，反映的是整个市场的价格变化。不同股票市场有不同的股票指数，同一股票市场也可以有多个股票指数。股票指数期货是以股票指数为标的物的期货合约。由于股票指数是代表市场总体价格水平的指标，因此购买股指期货可使投资者享受高度多元化的好处，又免于实际购买指数中的一篮子股票的负担。

股票指数期货交易的实质是把股票指数按点数换算成现金进行交易。股价指数期货合约的价格等于当时的指数点数乘以交易所规定的乘数。因此，它的交易并不进行股票实物的交割，只是根据交割日合约的价格与最初买进或卖出合约的价格的差额进行现金结算。

股票指数期货一方面给股票的投资者提供了转移风险的有效工具，另一方面也给期货投机者以投机的机会，使得股票指数期货迅速得到不同投资者的青睐。

股票指数期货产生于 20 世纪 80 年代的美国。随着外汇期货、利率期货等金融类期货品种的相继诞生，1982 年 2 月，美国堪萨斯期货交易所推出价值线综合指数期货交易。不久，芝加哥商业交易所的标准普尔 500（S&P500）期货合约、纽约期货交易所的纽约证交所（NYSE）股票指数期货合约也相继问世。

目前，世界上影响范围较大、具有代表性的股票指数主要有以下几种：道琼斯平均价格指数、标准普尔 500 指数、英国金融时报股票指数、日本日经股票平均指数、香港恒生指数等。

三、金融期货的应用

（一）金融期货的套期保值

1. 套期保值的概念。套期保值（hedging）又称为对冲，是一种以规避现货价格风险为目的的期货交易行为。其基本含义是指交易者通过在现货市场与期货市场同时做相反方向的交易而达到为其现货保值的目的的交易方式。具体做法是在现货市场买进或卖出某种金融资产的同时，做一笔与现货交易品种、数量、期限相同但方向相反的期货交易，以期在未来某一时间通过期货合约的对冲，以一个市场的盈利来弥补另一个市场的亏损，从而达到两者相互抵消风险、实现保值的目的。

套期保值可以分为买入套期保值（又称多头套期保值）和卖出套期保值（又称空头套期保值）。买入套期保值是指通过期货市场买入期货合约以防止因现货价格上涨而遭受损失的行为，卖出套期保值则指通过期货市场卖出期货合约以防止因现货价格下跌而造成损失的行为。套期保值是一种避险行为，其根本目的并不在于赚钱。套期保值交易与现货交易是分开进行的，一般不会以现货交割为结果。

利用金融期货交易达到套期保值功能，是因为在正常情况下，金融期货价格与金融现货价格受到相同因素的影响，从而其变动方向具有一致性，投资者只要在金融期货市场建立一种与其在现货市场的相反部位，则在市场价格发生变动时，其必然在一个市场受损，另一个市场获利，以盈补亏，即达到保值目的。如果盈亏正好平衡，那么投资者通过金融期货交易而使其面临的全部金融风险得以避免，则这种套期保值称为完全的套期保值。在现实生活中，由于存在现实因素：（1）金融期货合约的标准化使投资者难以在金融商品种类、交易量和交割日期上作出满意的选择；（2）金融期货价格与金融现货价格的变动方向一致但未必变动幅度一致。完全的套期保值往往难以实现，更多的只是不完全的套期保值。

2. 套期保值的策略。金融期货套期保值的策略大体上可分为多头套期保值和空头套期保值。

（1）多头套期保值。多头套期保值又称买期保值，是指投资者在约定将来某日买进现货金融产品之前，先在期货市场上买进与该现货金融商品数量相等、到期日相等或接近的期货合约进行保值。多头套期保值是为了防止该现货金融商品买进前的价格上升（或利率下降的风险），确保投资者的预期收益。

例1：假设一家美国制造商在加拿大设有一家分厂，拥有一定数量的加元现款盈余，6个月后才需要这笔资金，而该制造商的密尔沃基分厂则急需短期贷款。于是，该制造商在6个月间将该笔资金从加拿大分厂调往密尔沃基分厂。在此期间，它在现货市场上出售加元兑换成美元，同时在期货市场上买入加元期货。上述多头套期保值交易过程可以概括如表11-2所示。

表11-2　　　　　　　　　　外汇期货多头套期保值

时间	现货市场	基差	期货市场
3月1日	以0.84600美元的价格卖出500 000加元，换成美元为423 000美元	100	买进5份9月100 000加元存款证的期货合约美元，以0.84500美元计算，价值422 500美元
9月1日	买进500 000加元，按照0.84900美元的汇率计算，价值424 500美元	10	卖出5份100 000加元存款证的期货合约，以0.84890美元计算，价值424 450美元
盈亏状况	现货市场损失300点，相当于1 500美元	90	期货市场收益390点，相当于1 950美元
净盈亏	期货交易的盈利不仅补偿了现货市场的损失，而且有450美元的净利润		

例2：多头套期保值常为养老基金和信托基金所使用，因为它们按季度收进份额金后，常常投资于投票，为了避免或减少股票价格上涨给将来购买造成的影响，可先买入指数期货合约做套期保值。

假设1996年1月某基金准备在3月末买进4 000股某公司的股票，市场价值为72 000美元，为防止价格上涨，该基金经理在指数为141点时买入一份3月S&P期货合约，价值为500美元×141.00＝70 500美元。

到3月20日，该基金收到80 000美元份额金，届时股票指数上升到154点，该公司4 000股股票的市值已经涨到84 500美元，这时要买入4 000股股票还差4 500美元。该基金经理在期货市场上卖出期货合约对冲，净盈利为500美元×154.00－500美元×141.00＝6 500美元。

期货合约的盈利弥补4 500美元的差额之后还剩余2 000美元。这就是多头套期保值情形。

　　股票指数期货为股票投资者提供了防范风险的有效手段，也是投资者以小博大的重要金融工具之一。但其自身存在相当大的风险，必须谨慎从事以避免损失。

　　（2）空头套期保值。空头套期保值者在约定将来某日卖出现货金融商品之前，先在期货市场卖出与该现货金融商品数量相等、到期日相等或接近的期货合约进行保值。空头套期保值是为了防止该现货金融商品卖出前的价格下降（或利率上升的风险），确保投资者的预期收益。

　　例如：假设某人拥有 2 000 股分属 10 家公司的股票，市场价值 40 000 美元，为了避免或减少股票价格下跌所带来的风险，该投资者可以在指数期货市场上卖出两份某年 3 月后到期的期货合同，指数数字为 40 点，期货合约乘数为 500 美元，所以两份指数期货合约价值为 40 × 500 美元 × 2 = 40 000 美元。3 个月后，手中 2 000 股股票由于经济周期循环和波动的影响，价格明显下跌，市场价值为 34 000 美元，在期货市场上股票价格指数也相应下跌，指数数字为 34 点，这样两份期货合约价值为 34 × 500 美元 × 2 = 34 000 美元，买入对冲后，指数期货合约净盈利为 40 000 美元 – 34 000 美元 = 6 000 美元，现货市场损失为 40 000 美元 – 34 000 美元 = 6 000 美元，两者相抵，从而达到了套期保值的目的。

　　（二）金融期货的套利与投机策略

　　在金融期货市场上，如果进行多头套期保值与空头套期保值的买卖数量与结构相同，那么交易不会发生问题。但是，在现实生活中，两者买卖数量与结构是不同的，从而无法实现金融市场的套利与投机。套利与投机都是以获利为目的的交易行为，套利与投机在金融期货交易中起着各不相同的作用。

　　1. 金融期货的套利策略。传统意义上的套利一般是利用两个相关市场在某一方面（例如价格、利率、风险水平等）的暂时背离和不合理差异来获利的活动。其基本操作方法是在一个市场购进（或借入）一种资产，同时在另一个市场卖出（或贷出）这种资产的相同数量，依靠两个市场的差异来套取利润。金融期货的套利是指投资者利用暂时存在的不合理的价格关系，通过同时买进或卖出相同或相关的金融期货合约而赚取价差收益的交易行为。金融期货的套利主要包括以下策略。

　　（1）跨期套利。跨期套利又称为跨月套利，是指利用时期价差套利，投资者在同一交易所，同时买进和卖出不同交割月的同品种金融期货合约。

　　当投资者预期市场行情看涨，并且较短期合约价格的上涨幅度将大于较长期合约价格的上涨幅度，则投资者可以买进较短期合约，而同时卖出较长期合约。相反，投资者预期市场的行情看跌，并且较长期合约价格的下跌幅度小于较短期合约价格的下跌幅度，则投资者可以卖出较短期合约，而同时买进较长期合约。

如果投资者判断正确，就可在价格关系的变动中获利。

（2）跨品种套利。跨品种套利是指利用品种价差套利，投资者在同一或不同交易所，同时买进和卖出具有高度相关性的不同品种的金融期货合约。

一般来说，不同品种的金融期货合约代表不同品种的标的资产，当不同品种的标的资产间具有高度的相关性时，那么以这些标的资产为基础的金融期货合约间也具有类似的相关性。在这些标的资产以及其金融期货合约之间客观上存在着某种"正常"的价格关系。当这种价格关系被暂时扭曲时，投资者可以利用这两种金融期货合约的价差进行套利交易。如果投资者一旦发现两种金融期货合约的价差大于其正常的价差，并预期期货合约的价差将会缩小时，则可买进被低估的合约，而同时卖出被高估的合约。相反，如果投资者发现两种金融期货合约的价差小于其正常的价差，并预期期货合约的价差将会扩大时，则可买进被低估的合约，而同时卖出被高估的合约。当投资者对价差变动的预期正确，则可通过部位的对冲而获利。

（3）跨市套利。跨市套利是指利用市场价差套利，投资者在不同交易所，同时买进和卖出相同交割月的同种或类似金融期货合约。

一般来说，以同一品种金融商品为标的的金融期货合约可以同时在不同的金融期货市场上市，因为这些金融期货合约有着共同的标的物，所以各市场的价格可以有所不同，但也应保持在一个合理的价差水平上。那么，这种价差如果超过合理的、正常的幅度，必然是一个市场的合约价格被高估，另一个市场的合约价格被低估，这就产生了套利机会。

在利用市场价差套利中，投资者在不同市场买进和卖出并不一定是完全相同的金融期货合约，只要两种金融期货合约比较类似，也可以进行此类的套利交易。

（4）期现套利。在期货市场与现货市场之间的套利简称为期现套利。期货价格是金融商品未来的价格，现货价格是金融商品当前的价格，均衡状态下两者间的差距即基差应该等于该金融商品的持有成本。如果基差与持有成本发生较大偏离，就出现了期货与现货之间套利的机会，因为基差迟早要回归到持有成本附近。广义的套利应该包括无风险套利和风险套利，但我们这里讲的期现套利只是属于无风险套利的范畴。

虽然都是期货交易的应用，期现套利和套期保值却存在根本上的不同。第一，动机和目的不同。期现套利是为了盈利而在两个市场中同时进行双向操作，而套期保值首先是因为持有了现货头寸，于是才产生避险需要从而进行期货操作。套期保值是避险，不以盈利为目的，而期现套利是一种投机，只以盈利为目的。第二，操作方式不同。期现套利经常会导致实物交割（当然套利也并不必然以实物交割为结果），而套期保值则一般不会导致实物交割。第三，风险不同。期现套利在理论上是基本无风险的交易，而套期保值则肯定是有风险的。

比如伦敦金融时报指数期货合约在某交易所上市交易，有交易者认为期指比现指高得离谱了，于是他就计划进行期现套利。虽然市场上并没有指数现货，但他可以构造一个市值波动与伦敦金融时报指数呈明显正相关性的一篮子投资组合，在卖出期指的同时买进该股票投资组合，然后就可以等待基差回归带来获利的机会。显然这位关系股指波动的交易者本身从来就没有什么现货头寸需要套期保值，他进行交易的目的就是盈利，这就是一种期现套利。

2. 金融期货的投机策略。期货投机交易分为两种类型，即空头投机和多头投机。空头投机是通过"高价卖出低价买入"来获利，而多头投机则是通过"低价买入高价卖出"来获利。

金融期货的投机策略可根据投资者所建立的部位不同分为多头投机策略与空头投机策略两大类。

金融期货的多头投机策略是指投资者预期某种金融期货合约的价格上涨，从而买进该期货合约，以期通过对冲获利的交易策略。

金融期货的空头投机策略是指投资者预计某种金融期货合约的价格下跌，从而卖出该期货合约，以期通过对冲获利的交易策略。

在金融期货的投机中，投资者的盈亏关键在于对未来金融期货合约价格变动趋势的判断，如果判断正确，投资者获利；反之则相反。

第三节　金融期权

一、金融期权的基本含义及分类

（一）金融期权的基本含义

期权（option）是指在未来一定时期可以买卖的权利，是买方向卖方支付一定数量的金额（指权利金）后拥有的在未来一段时间内（指美式期权）或未来某一特定日期（指欧式期权）以事先规定好的价格（指履约价格）向卖方购买（指看涨期权）或出售（指看跌期权）一定数量的特定标的物的权利。

期权交易事实上就是这种权利的交易。通常这种合约有一定的有效期限，如果在期限内不执行权利，合约就失效作废。然而，买方为了获得权利，必须支付给卖方一定的费用，这种费用称为期权费（premium）。期权买方向卖方买入或卖出标的物资产的价格叫做协定价格（strike price）或履约价格（exercise price）。只有期权的买方才有选择执行的权利，买方有执行的权利也有不执行的权利，完全可以灵活选择，而卖方具有绝对的义务。

金融期权是指一种能在将来时间以交易双方协定价格买进或卖出一定数量的某种特定金融资产的权利。金融期权交易就是对一定期限内买卖金融资产选择权的交易。其中，金融期权的购买者在支付一定的期权费（又称保险金）后，即拥有在一定时间内以协定价格出售或购买一定数量的某种金融资产的权利，并不承担必须买进或卖出的义务，即期权的购买者可以放弃权利，但不能收回已付的期权费。期权的卖出方则收入购买者付出的期权费，在规定期限内必须无条件服从购买者的选择并履行交易的承诺。因此，期权交易是一种权利有偿转让的交易方式。

（二）期权与期货的关系

期权交易与期货交易之间既有区别又联系。首先，两者均是以买卖远期标准化合约为特征的交易。其次，在价格关系上，期货市场价格对期权交易合约的敲定价格及权利金确定均有影响。再次，期货交易是期权交易的基础，交易的内容一般均为是否买卖一定数量期货合约的权利。最后，期货交易可以做多做空，交易者不一定进行实物交收。期权交易同样可以做多做空，买方不一定要实际行使这个权利，只要有利，也可以把这个权利转让出去。卖方也不一定非履行不可，而可在期权买入者尚未行使权利前通过买入相同期权的方法以解除他所承担的责任。

（三）金融期权的分类

金融期权的类型可以从不同的角度进行划分。

1. 根据金融期权交易性质不同，金融期权可分为看涨期权与看跌期权。

看涨期权是指金融期权的购买者有权以事先约定的价格，在当投资者预期某种金融资产价格将会上涨，而且上涨幅度足以补偿购买看涨期权的期权费后还有盈余，才会购买看涨期权。

看跌期权是指金融期权的购买者有权以事先约定的价格，在约定的日期或期间，向期权卖出方出售该选择权下的金融资产。偿还购买看跌期权的期权费后还有盈余，才会购买看跌期权。

2. 根据金融期权合约的标的物不同，金融期权可分为股票期权、股价指数期权、外汇期权（货币期权）、利率期权与期货期权。

股票期权是指期权的购买者以支付一笔约定的期权费为代价，取得在约定的日期或期间按协定价格购买或出售一定数量的某种股票的权利。

股价指数期权是指以股价指数为期货合约标的物的一种选择权。

外汇期权又称货币期权，是指期权的购买者以支付一笔约定的期权费为代价，取得在约定的日期或期间按协定价格购买或出售一定数量的某种外汇资产的权利。

利率期权是指期权的购买者在期权有效期间以协定的利率购买或出售有息的金融资产的权利。

期货期权是指期权的购买者以支付一笔约定的期权费为代价，拥有在约定的日期或期间按协定价格购买或出售一定数量的某种金融期货合约的权利。

上述五种期权分别是以股票、股价指数、外汇、利率与期货为期权合约标的物的一种选择权，也是期权原理在不同金融产品交易中的运用结果。

3. 按照金融期权执行时间的不同，金融期权可以分为美式期权（American options）和欧式期权（European options）。

欧式期权是指仅能在到期日履约，而如果推迟，则期权作废。它在大部分场外交易中被采用。

美式期权是指期权购买者既可在期权到期日行使权利，也可在期权到期日之前行使其权利，可以从签约日至到期日中的任何一天行使期权。多为场内交易所采用，它的灵活性较大，因而期权费也较高。

4. 按金融期权的交易场所不同，金融期权可分为场内期权与场外期权。

场内期权是指在集中性的金融期货交易所或金融期权交易所进行的标准化的金融期权合约的交易。场外期权是指在非集中性的交易场所进行的非标准化的金融期权合约的交易，又称为店头市场（OTC）交易。在交易所内交易的期权都是标准化的期权，包括股票期权、货币期权、指数期权以及期货期权等；在场外交易的期权主要是货币期权和利率期权，可以适合个别客户的需要。

5. 按照标的物期限的不同，期权又可分为现货期权和期货期权。

期货期权是继 20 世纪 70 年代出现金融期货之后在 80 年代出现的又一次期货业革命，1984 年 10 月，美国芝加哥期货交易所首次成功地将期权交易方式应用于政府长期国库券期货合约的买卖，从此产生了期货期权。相对于期货为现货商提供了规避风险的工具而言，期权交易则为期货商提供了规避风险的工具，目前国际期货市场上的大部分期货交易品种都已经引进了期权交易。

期货期权是对期货合约买卖权的交易。期货期权合约的双方约定，在一定的期限以协议价格购买或卖出一定数量的特定期货合同。期货期权的基础是期货合同，期货期权合约实施时要求交易的不是期货合同所代表的商品，而是期货合同本身。期货期权在实施时也很少交割期货合同，大多是由期货期权交易双方收付期货合同与期权的协议价格之间的结算现金差额。

二、期权交易原理

买入一定敲定价格的看涨期权，在支付一笔很少权利金后，便可享有买入相关期货的权利。一旦价格果真上涨，便履行看涨期权，以低价获得期货多头，然后按上涨的价格水平高价卖出相关期货合约，获得差价利润，在弥补支付的权利金后还有盈余。如果价格不但没有上涨，反而下跌，则可放弃或低价转让看涨期权，其最大损失为权利金。看涨期权的买方之所以买入看涨期权，是因为通过对相关期货市场价格变动的分析，认定相关期货市场价格较大幅度上涨的可能性很大，所以，他买入看涨期权，支付一定数额的权利金。一旦市场价格果真大幅度上涨，那么，他将会因低价买进期货而获取较大的利润大于他买入期权所付的权利金数额，最终获利，他也可以在市场以更高的权利金价格卖出该期权合约，从而对冲获利。如果看涨期权买方对相关期货市场价格变动趋势判断不准确，一方面，如果市场价格只有小幅度上涨，买方可履约或对冲，获取一点利润，弥补权利金支出的损失；另一方面，如果市场价格下跌，买方则不履约，其最大的损失是支付的权利金数额。

三、金融期权的交易策略

在金融期权的交易中，无论是套期保值者，还是套利者或投机者，都有多种可供选择的交易策略，不同的交易策略有着不同的运用场合和运用时机，且产生不同的交易结果。为了更清楚地了解这两种期权对投资者的效用，我们用损益图来讨论在不同情况下期权的风险和收益。期权最基本的交易情况共有四种：（1）买入看涨期权（buy call 或 long call）；（2）卖出看涨期权（sell call 或 short call）；（3）买入看跌期权（buy put 或 long put）；（4）卖出看跌期权（sell put 或 short put）。下面我们分别来讨论这四种不同的交易状况（以欧式期权为例）。

（一）看涨期权

看涨期权是指在期权合约有效期内按执行价格买进一定数量标的物的权利；当期权买方预期标的物价格会超出执行价格时，他就会买进看涨期权。

1. 买入看涨期权。在金融期权交易中，当投资者预期某种金融资产价格上涨足以弥补为购买期权付出的期权费时，其可买入该金融资产的看涨期权，支付一定数额的权利金。这时候会发生两种结果：

（1）如果投资者判断正确，价格果真上涨，买方便会履行看涨期权，如果他手头有足够现金交割的话，则可按较低的协定价格买入该金融资产并以较高的市价卖出，赚取市价与协定价格之差扣除期权费后的部分作为盈利；如果他手头没有足够现金交割，那也完全可以在市场上以更高的权利金价格直接转手卖出该期权合约从而对冲获利。

（2）如果判断不准确，市场价格只有小幅度上涨，买方可选择履约或对冲，获取一点利润，弥补权利金支出的损失；如果市场价格下跌，买方则不履约，其最大损失仅限于期权费。

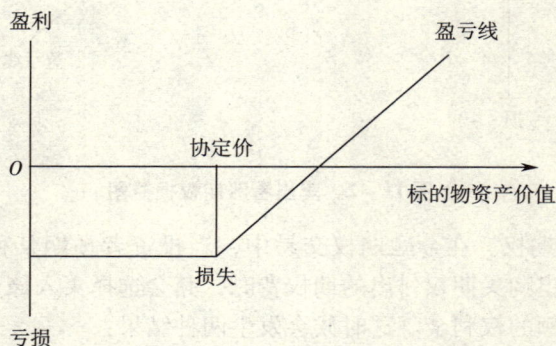

图 11 – 1　买入看涨期权损益图

从图 11 – 1 可以看出，看涨期权的买方获利可能是无限的，而损失则是有限的。其中，折线在横坐标轴上方的部分表示获利，在横坐标轴的下方部分表示损失，而折线与横坐标轴的交点，就是损益平衡点。这在以下几个损益图中也有类似结论。

2. 卖出看涨期权。就看涨期权而言，买入方之所以买入，是因为其预期某种金融资产价格将上涨，希望通过履约获利，或通过以较高期权费转让期权合约获利。而卖出方之所以卖出，是因为其预期该种金融资产价格将会下跌，希望通过买入方放弃履约，从而获取收益——权利金。

买入看涨期权的获利就是卖出看涨期权的损失。对于看涨期权的卖方来说，他的获利是有限的，但损失可能是无限的。

（二）看跌期权

看跌期权是指在期权合约有效期内按执行价格卖出标的物的权利。当期权买方预期标的物价格会超出执行价格时，他就会买入看涨期权，相反就会买入看跌期权。

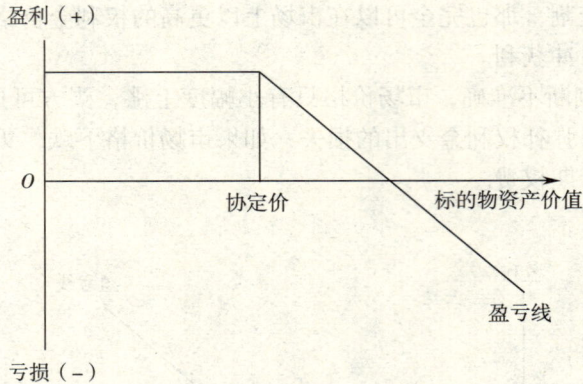

图 11－2　卖出看涨期权损益图

1. 买入看跌期权。在金融期权交易中，当投资者预期某种金融资产价格下跌且下跌幅度超出购买期权付出的期权费时，其会选择买入该金融资产的看跌期权，支付一定数额的权利金。这时候会发生两种结果：

（1）如果投资者判断正确，买方便会履行看跌期权，如果他手头有足够现金的话，则可按较低的市价买入该金融资产并以较高的协定价格卖出，赚取协定价格与市价之差扣除期权费后的部分作为盈利；如果他手头没有足够现金，那也完全可以在市场上以更高的权利金价格直接转手卖出该期权合约从而对冲获利。

（2）如果判断不准确，如果市场价格只有小幅度下跌，买方可选择履约或对冲，获取一点利润，弥补权利金支出的损失；如果市场价格上涨，买方则不履约，其最大损失也仅限于期权费。

依上例条件，只改变期权部位即投资者为看跌期权的买入方，随着该股票的市价变动，该投资者可有以下选择：

2. 卖出看跌期权。就看跌期权而言，买入方之所以买入，是因为其预期某种金融资产价格将下跌，希望通过履约获利，或通过以较高期权费转让期权合约获利。而卖出方之所以卖出，是因为其预期该种金融资产价格将上涨，当市价高于协定价格时，看跌期权购买者会自愿放弃期权，卖出方卖出期权收取的期权费即为其盈利；当市价低于协定价格，但高于协定价格与期权费之差时，看跌期权购买者会执行期权以减少亏损，这时看跌期权购买者的亏损正好是卖出方的盈利，只是其盈利少于其收取的期权费。

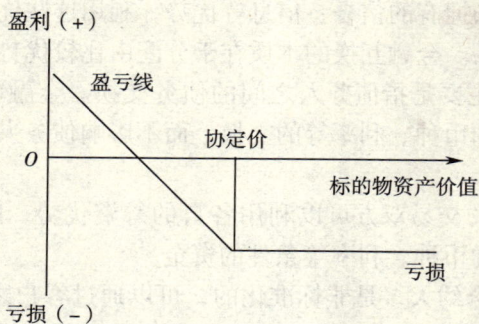

图 11 – 3　买入看跌期权的盈亏图

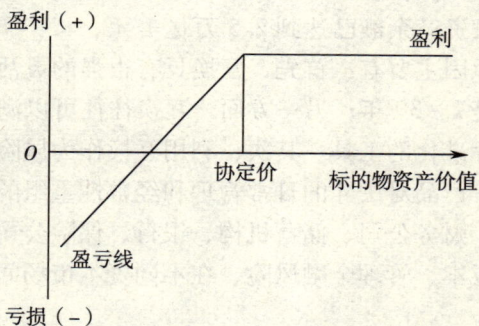

图 11 – 4　卖出看跌期权的盈亏图

第四节　金融互换

一、金融互换概述

互换（swaps）是金融工程上一个具有革新性的金融商品。金融互换是指交易双方依据预先约定的条件，在约定的时间内交换一系列支付款项的金融交易。通过金融互换，交易双方可以达到筹资、避险、套利等不同的目的。

金融互换作为金融衍生产品的一个主要组成部分，是与它的特征密切关联的。金融互换的主要特征有：

（1）金融互换产生与发展的基点在于比较优势。这里的比较优势是指交易双方在不同金融市场拥有的信誉、信息等优势，利用这些优势其能以更有利的条件获取某种金融商品。金融互换的本质在于分配由比较优势产生的经济利益。

（2）金融互换主要是指债务人之间的债务交换。金融互换作为债务交换是指其经济意义上诸如币种、利率等的交换，而不影响债务人与其债权人之间的法律关系。

（3）金融互换的交易双方可以利用各自的筹资优势，间接地进入某些优惠市场，筹措到需要的币种、利率等条件的资金。

（4）金融互换合约大多是非标准化的，可以通过客户之间的双边协商而定，也可以通过投资银行等金融机构进行，体现其灵活性与广泛性。

互换市场的发展几乎比任何其他金融市场的发展都来得快速，1981年，美国著名的投资银行所罗门兄弟公司成功地为世界银行和 IBM 公司进行美元与马克及瑞士法郎的货币互换，宣告了互换市场的正式建立。到20世纪90年代，名义的未偿清互换金融资产余额已达到2.5万亿美元。

互换受青睐的原因主要有：首先，互换具有很强的灵活性：一方面，互换的期限很灵活，可以是 2～30 年；另一方面，互换往往可以满足交易双方比较特殊的要求，是一种非标准化的工具。其次，利用互换作为风险管理的工具，可以省却使用期货、期权等产品对头寸的日常管理和经常性重组的麻烦。因此，互换操作被许多实业公司、财务公司、储蓄机构、银行、保险公司、世界组织以及各国政府用来降低资金成本、管理金融风险、在不同资本市场间套利、进入市场以及创造新的金融工具。

按照标的物不同，基本的互换有利率互换（interest rate swap）和货币互换（currency swap）。在此基础上，又衍生出远期互换、期权互换、常数期限互换等。在这一节里，我们主要探讨最常见的利率互换和货币互换。

二、利率互换

利率互换是交易双方在约定的期限内将相同外汇币种不同利率形式的资产或债务相互交换。这种互换主要是固定利率与浮动利率的互换，即一方同意以固定利率计算向另一方支付若干年的现金流，而另一方则同意以浮动利率计算在相同期限内支付现金流，如固定利率和浮动利率间的相互转换或浮动利率与浮动利率间的相互转换。许多互换协议中的浮动利率的计息基础一般选用伦敦同业银行拆借利率（London Inter Bank Offer Rate，LIBOR）。利息交换方式为差额交割。利率掉期不涉及本金的交换。

（一）利率互换的作用

（1）利率互换是一项常用的保值工具，通过利率掉期，投资者可以将一种利率形式的资产或负债转换为另一种利率形式的资产或负债；（2）投资者可根据对国际资本市场利率走势的判断，进行相应方向的利率掉期交易，从而达到规避利率风险、降低债务成本的目的；（3）利率互换除可用于固定和降低债务成本外，还可用于资产保值。

（二）利率互换的过程

利率互换的基础在于交易双方在不同借贷市场上所具有的比较优势。利率互换常常是由减少融资成本的愿望所推动的。在这种情况下，一方有以相对便宜的固定利率筹集资金的机会，但希望以浮动利率筹集资金；而另一方有以相对便宜的浮动利率筹集资金的机会，但希望以固定利率筹集资金。通过与互换交易商的交易，双方可获得它们所希望的融资形式，同时发挥它们各自相对的融资优势。

举一个利率互换的例子，假设有 A、B 两家公司。A 公司信用较高，B 公司信用较低。双方都需要 10 年期的 1 000 万美元的债务融资。在浮动利率借贷市场上，A 公司 10 年期的借款成本为 6 个月浮动利率 LIBOR +0.3% ；在固定利率借贷市场上，其贷款利率为 10% 。而 B 公司由于信用较低，它在浮动利率借贷市场以及固定利率借贷市场上的借款利率分别为 6 个月的 LIBOR +1.1% 的浮动利率以及 11.4% 的固定利率。现假设 A 公司想以浮动利率方式获得融资，而 B 公司则想以固定利率方式获得融资。那么我们分析一下双方的融资成本。

表 11 –3　　　　　　　　　　　A、B 两家公司融资的比较优势

	A 公司	B 公司	利率差（%）
信用等级	AAA	BBB	
固定利率（%）	10	11.4	1.4
浮动利率（%）	LIBOR +0.3	LIBOR +1.1	0.8
融资比较优势	固定利率	浮动利率	
差值	—	—	0.6

由于 A 公司信用等级高于 B 公司，所以无论在浮动利率上还是在固定利率上，A 公司都具有绝对的借款优势。但在浮动利率和固定利率借款方式下，B 公司与 A 公司的利率差分别为 0.8% 和 1.4% ；也就是说，B 公司的浮动利率借款与 A 公司的利率差小于 B 公司的固定利率借款与 A 公司的利率差。因此，我们可以说，B 公司具有浮动利率借款的相对优势，而相应的，A 公司具有固定利率借款的相对优势。这样，A 公司具有固定利率优势，但它需要浮动利率借款；B

公司具有浮动利率优势，但它需要的是固定利率借款。于是互换就产生了。

根据图 11－5，A 公司有三项现金流量：向固定利率贷款人支付 10% 的固定利率；从互换中介收取 9.9% 的固定利率；向互换中介支付 LIBOR 的浮动利率。这样，A 公司的净现金流出率为 LIBOR ＋0.1% ，这比它直接从浮动利率借贷市场上借款的利率 LIBOR ＋0.3% 要节省 0.2% ，但比原来所节省的要少 0.1% 。

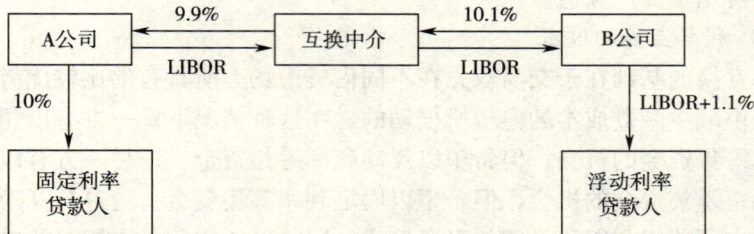

图 11－5 利率互换过程示意图

同样，B 公司也有三项现金流量：向浮动利率贷款人支付 LIBOR ＋1.1% 的浮动利率；向互换中介支付 10.1% 的固定利率；从互换中介收取 LIBOR 的浮动利率。这三项累计起来，B 公司每年净现金流出率为 11.2% ，这比 B 公司直接到固定利率借贷市场上借款的利率 11.4% 要节省 0.2% ，但比原来所节省的要少 0.1% 。再来看互换中介，它有四项现金流量：向 A 公司支付 9.9% 的固定利率；从 B 公司收取 10.1% 的固定利率；向 B 公司支付 LIBOR 的浮动利率；从 A 公司收取 LIBOR 的浮动利率。这四项累计起来，互换中介的净现金收入率为 0.2% ，这就是互换中介参与互换的收益。

这样，三方各获得了 0.2% 的收益，总和仍旧是 0.6% 。互换中介参与互换获得收益，不仅是撮合互换的报酬，而且也包括了承担信用风险的报酬。这是因为，在直接的互换中，如果有一方违约不支付协议规定的利息，那么另一方将被迫承担利率浮动的风险；但在互换中介的参与下，这种信用风险将由互换中介承担。如果出现一方违约，互换中介仍旧要履行对另一方的义务。因此，相对直接互换来说，互换交易双方的风险变小了，这也是它们为什么愿意出让一部分收益（各 0.1% ）的原因；同时，互换中介承担了相当大的风险，这也是它为什么要求 0.2% 的收益的原因。

三、货币互换

（一）货币互换的含义

货币互换是指交易双方按照事先约定的规则，相互交换不同货币、金额相当的本金及利息，到期后再换回本金的交易。它需要在货币数量上、期限上都有共同需求，但在货币品种上有相反需求的两个交易伙伴来进行交换。比较常见的货币互换是交换固定利率的不同货币。货币互换与利率互换一样，其基础在于交易双方在不同货币的借贷市场上所具有的比较优势。影响交易双方在不同货币市场上利率成本的高低除了信用等级外，还有公司的国籍、所在地的税收、外汇管制等因素。

（二）货币互换的机制

在货币互换最简单的形式里，将一种货币贷款的本金和固定利息与几乎等价的另一种货币贷款的本金和固定利息进行交换。

货币互换交易一般有三个基本步骤：

第一步，本金的初期互换。互换交易之初，双方按协定的汇率交换两种不同货币的本金，以便将来计算应支付的利息再换回本金。

第二步，利率的互换。交易双方按协定的利率，以未偿还本金为基础，进行互换交易的利率支付。

第三步，到期日本金的再次互换。在合约到期日，交易双方通过互换，换回期初交换的本金。

上述三个步骤，能够通过把一种货币的债务有效地转变为另一种货币而得到充分保值。

假设 A 为一家美国公司，B 为一家日本公司，A、B 两家公司在美元、日元市场上相同期限的贷款面临的固定利率如表 11 - 4 所示。

表 11 - 4　　　　　　　　　A、B 两家公司融资的比较优势　　　　　　单位：%

	美元市场	日元市场	差值
A 公司	8	10	—
B 公司	10	11	—
利率差	2	1	1

从表 11 - 4 可见，A 公司在美元市场具有相对比较优势，B 公司在日元市场具有相对比较优势。当 A 公司希望借入日元，而 B 公司希望借入美元时，A、B 两家公司分别在其具有比较优势的美元、日元市场贷款，然后 A、B 两家公司与中介机构之间签订货币互换协议，相互交换本金和利息的支付。

通过货币互换，A 公司获得日元贷款且利率为 9.6%，比其直接在日元市场上贷款利率 10% 节省 0.4 个百分点；B 公司获得美元贷款且利率为 9.6%，比其直接在美元市场上贷款利率 10% 节省 0.4 个百分点；中介机构美元净收取

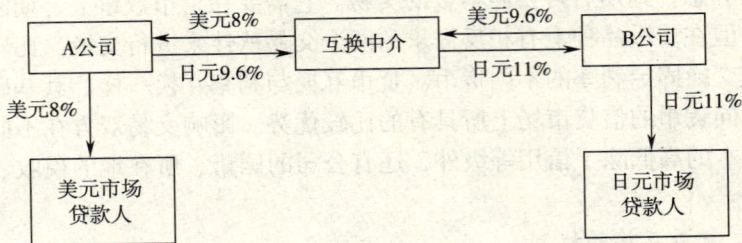

图 11 - 6　货币互换的具体过程

1.6%，日元净支出 1.4%，忽略两种货币的差别，每年可获得 0.2 个百分点的收益。三者之和为 0.4% + 0.4% + 0.2% = 1.0%，即为 A、B 两家公司在美元市场的利率差减去其在日元市场上的利率差的结果。

与利率互换的差别是，货币互换的本金在交易开始时也要进行交换，到期后再换回。在货币互换协议中，还应规定两种不同货币的本金数量及汇率。一般是以互换开始时的汇率计算。假设互换成立时，1 美元 = 120 日元，本金数量分别为 1 000 万美元和 12 亿日元，则在互换生效日，A 公司可支付 1 000 万美元，收取 12 亿日元；在互换协议有效期内，A 公司每年向中介机构收取 80 万美元（1 000 万美元×8.00%）利息，同时支付 11 520 万日元（12 亿日元×9.60%）；在互换协议到期日，甲公司支付 12 亿日元，收取 1 000 万美元。

货币互换与利率互换不同的是，货币互换要交换本金，即在期初根据当时的汇率交换价值相同的两种货币，并在期末进行与期初相反的交换。例如，如果在互换协议签订时英镑对美元的汇率为 1 英镑:1.5 美元，这样，在互换协议中，A 公司支付 1 500 万美元，收取 B 公司 1 000 万英镑。到了互换期满时，A 公司支付 1 000 万英镑，收取 B 公司 1 500 万美元。

第五节　金融衍生工具的风险管理

一、金融衍生工具的风险

（一）金融衍生工具的风险概述

金融衍生产品是一种技术性很强，同时风险也很大的现代交易方式。以期权为例，其风险和收益具有不对称性，一个卖出期权的收益是有限的，但是其损失可能因为标的资产价格的上升被成倍放大，因而风险也是无限大的。以期货为例，由于采用保证金交易，盯市操作，损失的杠杆效应也是非常巨大的。历史上多次骇人听闻的巨额亏损和金融危机事件都由此类衍生产品操作不当产生。

从设计初衷和原理上，期货、期权等衍生产品首先是一种避险工具，但在实践中却招致了更大的风险，很多人心存疑惑，衍生产品市场难道不是一个被美化的赌场吗？因此，如何认识金融衍生产品的风险，如何有效地进行监管，既利用它的规避风险和财务杠杆作用合理地配置金融资源，同时又有效控制风险，是我们关心并且需要研究的问题。

金融衍生产品并未增大金融市场的风险，相反，金融衍生产品以其更低的成本、更强的流动性和更高的可信度在交易者之间实现风险分摊和价格担保，从而备受市场参与者的青睐。但是，衍生产品本身也存在许多致命的弱点，衍生产品的价格以标的资产的价格变动为函数，高杠杆的财务运作意味着高风险的隐患潜伏。历史上由于大规模的衍生产品投机所产生的恶果至今令人记忆犹新。因此，很多人以为金融衍生产品可能导致金融体系的崩溃，并为此而担忧。但是出乎大多数人意料，科学研究至今没有为这种担忧找到证据支持。

从国际上出现重大金融风险事件时期金融衍生产品的市场表现看，在金融动荡加剧时期，全球金融衍生产品交易剧增，金融衍生产品市场较好地发挥了其规避风险的功能，极大缓冲和弱化了全球金融风险。1997年亚洲金融危机后，韩国能够成为第一个从亚洲金融危机中复苏的国家，也得益于包括大力发展金融衍生产品市场在内的金融开放政策。

（二）金融衍生工具的风险种类及特点

巴塞尔委员会与国际证券委员会于1994年7月26日发表的一份联合报告认为，金融衍生工具涉及市场风险、信用风险、流动性风险、操作风险和法律风险五类风险。其中由金融机构的人为错误、交易系统不完善、管理失误而导致金融参与者潜在损失的操作风险正在日益受到重视。分析最近的一系列金融风险事件，人为因素导致的操作风险是主要原因。金融衍生产品风险主要来自于人为因素。

一是专门人才的缺乏和专业技巧的缺失。诺贝尔经济学奖获得者、美国金融学家罗伯特·默顿曾经指出，金融衍生产品不会导致金融体系的垮塌，但是，企业将会继续因错误的决策和糟糕的衍生交易而赔钱。衍生产品交易对人员素质要求很高。比如期权结构，由于期权远远比期货复杂，尤其是复杂的期权结构，其定价与风险的计算都有很大难度，如果缺乏专门人才而轻易涉足，很容易被误导，产生不平等交易。

二是对衍生产品的滥用和监管不力。美国审计署也对金融衍生产品可能被用来作为投机目的而不是控制金融风险表示担忧，因为很多企业可能因为缺少必要的技巧和风险管理体系而使用衍生产品。历史上巴林银行覆灭，内部控制薄弱，监管机制混乱，对交易员缺乏有效的监督是一个重要的原因。在日本关西大地震之后，里森因其衍生合约保证金不足而求助于巴林总部时，总部竟然还将数亿美元调至新加坡分行，为其提供无限制的资金支持，最终将巴林银行绑定到系统性风险的旋涡之中，"蝴蝶效应"式危机大面积蔓延，最后巴林银行不得不宣布破产。

金融衍生工具的风险又表现出不同于一般金融资产风险的特殊性。首先，金融衍生工具的风险具有两重性。金融衍生工具是为了适应风险管理的需要而产生，但它本身又带来新的风险。其次，金融衍生工具的风险具有杠杆性。众所周知，金融衍生工具的交易大多是保证金交易，这种交易方式具有杠杆作用，使得成交量的名义价值被成倍放大，市场风险也相应放大。再次，金融衍生工具的风险具有一定的隐蔽性。随着金融工程技术的发展，金融衍生工具日益复杂，很大一部分是非标准化衍生证券在场外进行交易，再加上金融衍生工具业务的表外化，都使得金融衍生工具的风险在产生之初往往不易暴露，而风险一旦暴露又具有很大的"杀伤力"。最后，金融衍生工具的风险具有突发性。金融衍生工具的风险可能源于标的资产，也可能是由于本身的因素。但不管是由哪种因素引起，风险的形成往往是一个逐渐积聚而又不容易引人注意的过程，但风险积聚到一定程度后就会突然爆发。此外，随着金融电子化和金融全球化，衍生市场的国际化特征更加明显，再加上大量的国际游资在不同市场之间快速流动和投机套利，这不仅会造成风险的快速积聚和突然喷发，也会使市场风险迅速向世界各地扩散，产生多米诺骨牌似的连锁反应并迅速波及周边市场和国际市场。

二、金融衍生工具的风险管理

（一）金融衍生工具的风险管理概述

投资银行运用金融衍生工具进行风险管理，一般是采取风险对冲（也称为套期保值）的方式。正如本节开始对金融衍生工具的定义，金融衍生工具的价格与标的资产的价格之间存在着密切的联系。由此可以推论出，同一标的资产的各种衍生工具之间也必然存在着一定的联系。因此，金融衍生工具除了可以为标的资产进行套期保值外，还可以用于其他衍生工具的风险对冲。一般来讲，如果保值工具和保值对象的价格呈正相关，可以用相反的头寸进行风险对冲；反之则用相同的头寸进行风险对冲。投资银行通过对冲比率的调节，可以将风险完全对冲，也可以根据客户的风险偏好和承受能力将风险水平调整到投资者合意的程度。通过选择远期类或期权类金融衍生工具，可以选择完全消除波动性或只消除不利波动而保留有利波动的风险管理策略。例如，客户只想获得并锁定投资组合其他方面的收益，而将某一特定风险如汇率风险完全消除，投资银行可以建议客户通过外汇远期或货币期货交易来实现这一目的；如果该客户希望规避汇率下跌的风险但又希望获得汇率上升的潜在收益，投资银行可以建议该客户购买该货币的看跌期权。

需要强调的是，客户或投资银行等经济主体通过金融衍生工具的交易进行风险对冲时，都需要付出一定的代价。选用期权类金融衍生工具对冲风险时需要支付期权费，而选用远期类金融衍生工具对冲风险时则是以丧失市场有利变化时的潜在收益为代价。事实上，随着金融工程技术和衍生市场的发展，投资银行完全可以根据市场情况变化，通过金融衍生工具头寸的调整，实现风险的动态管理。

通过购买特定的金融衍生工具，投资银行可以分离某种特定的风险并将其对冲掉，仅保留所愿所承担的风险。例如，某个国际投资者购买美国国债，投资银行可以建议该投资者通过美元期货买卖将组合所承受的汇率风险分离出来并对冲掉，而只保留承担利率风险。

（二）具体金融衍生工具的风险管理

1. 金融期货的风险管理。金融期货合约在风险上最大的特点是对风险与收益的完全放开。金融期货是完全标准化的，在金融期货合约中，除了成交价格由交易各方通过竞价产生并不断波动外，其余事项如交易对象的数量、等级等都有标准化的条款，交易所拥有完善的结算制度和数量限制制度，即使部分投资者违约，对其他投资者也不会产生太大的影响，因为对场内投资者而言，交易所承担着全部的履约责任，而对于那些遭受损失而未能补足保证金的交易者，交易所将采取强制平仓措施以维持整个交易体系的安全，所以相关的损失很小。同时由于交易合约的标准化、操作过程的系列化以及市场的大规模化，使得交易者可以随时随地进行快速抛补，因而流动性风险较小。金融期货的最大风险主要来源于低比率的保证金，由于保证金的比率很低（一般在 1%～5%），使之对现货市场价格变动引起的交易双方损益程度产生了巨大的杠杆作用，以致现货市场上价格的任何波动都可能在期货市场上得到反映，导致风险与收益大幅度波动。

除以上提到的风险外，金融期货还要面临基差风险，基差风险是不可避免的，套期保值者只能尽量控制风险的大小使之对自己有利。因为，现货市场价格与期货市场价格并不总是同步变动的，有时它们甚至会做反方向运动，即基差是经常变化的和不可控的，所以套期保值的效果总是偏离理论预期，这就形成了套期保值风险。套期保值所存在的风险本质上就是与基差变化紧密相关的现货市场价格相对期货市场价格的不确定性，我们把这种不确定性称为基差风险（basis risk）。

套期保值风险来自于基差风险，而影响基差风险的关键因素是套期保值所选用的期货合约，恰当地选用期货合约才能确保套期保值的效果、降低套期保值的风险。

2. 金融期权的风险管理。合约交易双方风险与收益的非对称性是金融期权投资特有的风险特征。就期权买方而言，由于风险一次性锁定，最大损失不过是已付出的权利金，但收益却可能很大（在看跌期权中）甚至是无限量（在看涨期权中）；相反，对于期权卖方收益被一次确定了，最大收益限于收取买方的权利金，然而其承担的损失却可能很大（在看跌期权中），以至无限量（在看涨期权中）。当然买卖双方风险与收益的不对称性，一般会通过彼此发生概率的不对称性而趋于平衡。因此，总体而言，期权合约的市场风险要小于期货合约。至于在信用风险与流动性风险等方面，期权合约与期货合约大致相似，只是期权风险可能还会涉及更多的法律风险与难度更大的操作风险。

3. 金融互换的风险管理。在风险与收益关系的设计上，金融互换投资类似于金融远期投资，即对风险与收益均实行一次性双向锁定，但其灵活性要大于远期合约。因此，较之其他金融衍生工具投资，金融互换投资的市场风险通常是最小的。但由于限于场外交易，缺乏大规模的流通转让市场，故信用风险与流动性风险较大。与此同时，也正是由于场外交易，少了交易所这一中间环节，手续较为简便。所受限制较小，给投资者寻找交易伙伴带来了方便，因此，金融互换投资方式还具有其他金融衍生工具所不具备的有利于筹措低成本资金、便于选择币种融资以及规避中长期利率风险和汇率风险的功能。

经过了几十年的发展，金融衍生工具种类繁多，在国际金融市场上的规模和影响越来越大。实践已经证明，金融衍生工具的产生、发展和运用，为一些经济发达国家带来了巨大的财富，同样也有大量的事实证明，如果不能正确地驾驭金融衍生工具，控制金融衍生工具的风险，它给人们带来的教训也是十分惨痛的。如1995年英国的"巴林银行倒闭事件"，"日本大和银行与住友商社巨亏事件"，"中航油事件"，近期的"国储铜事件"等，再一次提醒人们关注衍生产品交易存在的风险。所以，把握金融衍生工具的内涵，研究金融衍生工具的风险特征，寻求规避其风险的方法，一直是各国政府和学者密切关注的课题。

【相关资料】

"327" 事件

1995 年 2 月，沪市发生了 "327" 国债逼仓事件，其影响令人瞩目。

（一）灰色利好消息

327 品种是对 1992 年发行的 3 年期国债期货合约的代称。由于其于 1995 年 6 月即将交收，现货 1992 年 3 年期国债保值贴补率明显低于银行利率，故一向是颇为活跃的炒作题材。市场在 1994 年年底就传言 327 等低于同期银行存款利率的国库券可能要加息，而另一些人则认为不可能，因为一旦加息需要国家多支出 10 多亿元人民币资金，在客观形势吃紧的情况下，显然绝非易事。于是，围绕着对这一问题的争议，期货市场形成了 327 品种的多方与空方，该品种价格行情的最大振幅曾达 4 元多。

1995 年 2 月 23 日，财政部发出公告，关于 1992 年 3 年期国库券保值贴补的消息终于得到证实。多头得理不饶人，咄咄逼人地乘胜追击，而空方却不甘束手就擒。双方展开了激烈的争夺战。

（二）多头逼仓与空头打压

空方的总指挥是万国证券公司，二号主力辽宁国发（集团）公司。在 148.50 元附近，空方集结了大量的兵力。但多方力量势不可当，一开盘，价位就跳空高开，数百万的空单被轻而易举地吃掉，价格大幅飙升，迅速推高到 151.98 元。16 时 22 分，离收盘还有 8 分钟。正当许多人都以为大局已定时，风云突变，730 万口（约合 1 460 亿元人民币）的抛单突然出现在屏幕上，多方顿时兵败如山倒。最后双方在 147.50 元的位置鸣金收兵。当日上海国债期货总成交 8 539.93 亿元，其中 80% 即 6 800 亿元左右集中在 327 品种上。若按收市价 147.50 元结算，意味着一大批多头将一贫如洗，甚至陷入无法自拔的资不抵债的泥坑。

（三）事件的处理

交易刚结束，上海证券交易所、证管办就接到了指有会员严重违规操作的控告。根据后来的处理结果，"327" 事件被定性为一起严重的违规事件。它是在国债期货市场发展过快、交易所监管不严和风险管理滞后的情况下，由上海万国证券公司、辽宁国发（集团）股份有限公司等少数大户蓄意违规、操纵市场、扭曲价格、严重扰乱市场秩序所引起的国债期货风波。在该事件中，直接责任者上海万国证券公司，违规联手操作，超限额持仓，仅327品种的持仓量就超出交易所为其核定的全部品种最高限额一倍还多。在公司的期货交易出现巨额亏损后，其主要负责人为扭转局面，孤注一掷，在明知违反交易规则的情况下仍作出大量抛空单打压价格的决策，造成市场的极大混乱。事件的另一责任者辽宁国发（集团）股份有限公司，在事件之前就联手操作，超限额持仓，还在2月23日上午把几家关系户空仓集中起来，通过无锡国泰期货经纪公司大量违规抛空，打压无效后又率先空翻多，制造市场假象。

当晚上交所宣布：23日16时22分13秒之后的交易异常，经查是某会员公司为影响当日结算价而蓄意违规。故16时22分13秒之后的所有327品种的交易无效。这部分成交不计入当日结算价、成交量和持仓量的范围。经调整，当日国债成交额为5 400亿元，当日327品种的收盘价为违规前最后签订的一笔交易价格151.30元。上交所还表示：对明日的国债期货交易将采取相应措施。对违规的会员公司将在进一步查清有关情况后会同有关部门严肃处理。

【课堂讨论】

金融衍生工具的套期保值，金融期权的主要交易策略，如何对金融衍生工具进行风险管理。

【本章小结】

本章主要讲述投资银行的金融衍生工具与风险管理，通过本章学习需要了解金融工程和金融衍生工具的基本知识，熟悉远期、期货、期权、互换的种类和基础理论，初步了解投资银行金融工程部门的基本技术。

投资银行灵活使用金融衍生工具进行套期保值和投机套利是金融衍生产品与创新业务的主要内容。

期货合约是一种标准化的合约。期货分为商品期货和金融期货，金融期货又可以分为外汇期货（货币期货）、利率期货、股票指数期货（简称股指期货）三种。期货合约的应用应关注三个非常重要的问题：一是如何利用期货进行具备避险功能的套期保值操作，二是套期保值操作中的基差风险如何控制，三是套期保值与套利究竟有什么不同。关于期货合约的定价可以作为选学内容。

期权合约根据不同标准可以分为欧式期权和美式期权、现货期权和期货期权等。在期权合约中，买卖双方的权利、义务是不平等的。根据期权交易原理，作为期权的买方（无论是看涨期权还是看跌期权）只有权利而无义务，他的风险是有限的（亏损最大值为权利金），但在理论上获利是无限的；作为期权的卖方（无论是看涨期权还是看跌期权）只有义务而无权利，在理论上他的风险是无限的，但收益是有限的（收益最大值为权利金）。

互换包括货币互换和利率互换，之所以要进行互换交易是因为不同交易者各自具有比较优势。

【主要名词】

金融工程 financial engineering	金融衍生工具 financial derivatives
金融期货 financial futures	套期保值 hedging
多头套期保值 long hedge	空头套期保值 short hedge
看涨期权 call option	看跌期权 put option
远期 forward	期货 futures
期权 options	掉期 swaps
套利 arbitrage	投机 speculation
基差风险 basis risk	

【本章自测题】

1. 名词解释：

金融工程　金融衍生工具　金融期货　套期保值　套利　基差与基差风险　看涨期权　看跌期权　互换

2. 什么情况下对看涨期权和看跌期权这两种期权合约进行买入或卖出操作？

3. "金融衍生工具都利用了杠杆作用，使投资者的收益和风险成倍放大。"你认为这句话对吗？为什么？

4. 试述金融期货的主要类型。

5. 试述金融期货套期保值的基本环节。

6. 试述金融期货套期保值的主要策略。

7. 试述金融期货套利的主要策略。

8. 试述金融期权交易的主要策略。

9. 试述金融互换的主要特征。

10. 试述金融互换的主要类型。

第十二章

投资银行的内部控制与外部监管

【学习目标】通过本章的学习，了解投资银行财务管理应遵循的原则；熟悉财务管理的主要内容；掌握投资银行业务风险的来源及其管理；了解投资银行人力资源管理的原则和方法；掌握投资银行外部监管的目的和原则。

第一节 投资银行的财务管理

一、投资银行财务管理概述

（一）财务管理的目标

投资银行财务管理的目标是使公司价值最大化，或者说是使股东收益最大化，而股东收益是由公司的普通股的市场价值来代表的。以股东收益最大化为投资银行财务管理目标具有以下优点：第一，它考虑了决策的时间和风险因素；第二，从原则上能够用来评价投资银行决策的优劣，即任何决策者若能增加股东的收益，也就是可以使股票增值，就是最好的决策；第三，任何人对投资银行的政策不满意，都可以出售其股份和投资于其他企业。

（二）财务管理的原则

第一是盈利原则。盈利是投资银行经营的中心目标，股东要求得到好的回报，因此投资银行必须保持较高的收益水平，才能维持资本的稳定增长，才能增强竞争力。第二是稳健原则。投资银行经营证券、信托、资本经营等业务，不仅要追求自身利益，而且也要顾及客户，在制定财务制度时，应采取谨慎的态度。第三是效益原则。投资银行的财务管理要讲究效率，最大限度筹集资金，提高资金周转率和降低成本。第四是协调合作原则。投资银行拥有众多独立的业务部门，每项业务的发生都要通过财务部门的核算来完成，其他部门必须与财务部门合作，实现财务管理的目标。

（三）财务管理的职能

投资银行财务管理的职能部门一般由一位公司主管财务工作的副总经理建立或者财务总监（CFO）负全责，直接向总经理报告。除了管理会计、出纳、税务及审计等业务之外，财务部门往往要负责投资银行的计划和经营方针的制订，监督和管理证券资产，管理由于价格波动引起的风险等。财务副总经理下属的财务管理职能分成两部分，即会计和出纳。会计负责会计部门，包括财务会计、成本会计、税务、内部审计和财会方面的数据。出纳主要监管资金的流动，包括资金的获取和支出。

二、投资银行的资本金管理

投资银行资本由两部分组成：主要资本是普通股股票、永久优先股股票、未分配利润、意外损失准备金和其他资本准备金等；次级资本由可偿还的优先股股票、附属债券与信用资金构成。投资银行资本结构执行三个基本职能：营业职能、保护职能、管理职能。

（一）资本充足率

资本充足率是一个相对概念，取决于资产与负债的性质。资本过高会使财务杠杆比率下降，增加筹资成本，使投资银行的每股净利润降低；资本过低会增加对资金来源的需求，增加投资银行的经营风险。影响投资银行资本量的因素有：整个国家及所处地区的经济形势，投资银行的信誉，投资银行资产的质量，投资银行负债的期限结构，一般来讲，如果一家投资银行的股票和短期债券占负债总额的比重较大，则可以持有较大数量的资本，反之，银行的长期债券占相当大的比重时，该银行的资本持有量可以相对减少。

资本充足率检验是一种用来衡量投资银行资本与资产负债风险预计程度相对而言是否充足的方法。充足标准是投资银行主管人员和金融管理当局根据一家投资银行资本与资产组合风险的相对比例来确定这家投资银行经营是否稳健的基准。资本充足率检验和充足标准都随着时间的推移而发生变化。为了更精确地反映资本与资产组合政策有关的信用风险和市场风险相互间的关系，金融管理部门以资产对资本总额的比率表示资本充足程度的检验标准。如资本至少占资产总额的 7%，则这家投资银行就被认为是资本充足的。超额资本对投资总额，资产总额和风险性资产的比率曾被认为是资本充足与否的基础。超额资本定义为资本总额减去普通股股票。使用超额资本的理由是，由于股本缺乏流动性，不能满足债权人的要求权。统计检验表明，超额资本比率是预测投资银行倒闭的较准确的指标。

（二）资本计划

投资银行的管理者必须根据监管当局的资本指导规则，考虑预计的资产增长，制订资本计划。资本计划包括两个步骤：第一，在确定投资银行预计的风险结构前提下，必须对资产增长所必需的资本数量作出估计。第二，做好资本需求预测后，必须决定如何提供这些必需的资金，即做好投资计划。

1. 估算资本需求。投资银行对资本需求量的预计取决于每年预算的利润和资本增长目标、股息政策、相对于期望的杠杆作用的目前资本结构。通常将上述因素结合起来对资本需求进行预测。

2. 筹资计划和股息政策。投资银行既然在其年度利润计划中订出合理的增长目标，任何内部资金来源少于预测资本需求的缺额都必须用外部资金来源改变股息支付率的办法补足。没有一个适当的筹资计划，在资产迅速增长而使每单位利润分摊的资本比例降低时，可能加大无力偿付风险。风险的加大可能引起金融市场对该投资银行的重新评价，这会直接影响股东的利益。

投资银行的筹资计划必须使预测资本结构和利润计划中的股息与预测资本需求量相协调。管理上的风险选择、行业标准、市场状况和金融管理当局的指导规则等因素共同决定目标资本的水平。筹资计划的目标就是用最低的筹资成本实现该投资银行的资本结构和股息政策。股息政策的变动由于导致传播投资银行未来收益预测信息，可能影响股票价格。例如，宣布降低股息会对股价有不利影响。降低股息的宣布使投资者会认为投资银行未来获利能力可能降低。在制定股息政策时，投资银行要把股息定在一个可承受的水平上。大部分投资银行都制定一个目标股息支付百分率。在制定目标支付率时需要考虑两个问题：第一，避免每股股息在将来减少；第二，过去的和预计的收益率模式。需要考虑的其他因素还有：实现股东的期望、预计资产增长、流动资产增长、流动性需要和投资银行股票市价等。

三、资产负债管理

（一）资产负债管理的特征

由于金融产品的本质特征在于其风险—收益关系，因此投资银行经营管理的基本目标是在控制风险前提下获取高收益。国际投资银行的资产负债规模与结构是上述目标的直接反映，其特点是：

第一，资产负债规模庞大并实施全球化经营。以美林集团为例，1996 年年末的资产总额达 2 130 亿美元，在全球 45 个国家设有办事处，在世界 32 个证券交易所拥有会员资格，其业务范围遍及世界各地。雷曼兄弟、高盛、第一波士顿以及日本的野村、大和等都纷纷采取各种战略措施，在世界各国设立分支机构，扩张资产负债经营规模，由此形成全球化的国际金融服务网络。投资银行的资产负债正是在综观全球资金来源与营运需求的基础上进行管理的。

第二，业务范围不断扩展并向商业银行渗透。投资银行不仅在一级市场上从事证券承销、分销业务及为企业筹措资本，在二级市场上从事自营和委托代理买卖业务，而且还在国际范围内从事兼并与收购、资产管理、理财顾问、债权清算、风险控制和资金借贷等业务。在融资负债方面，投资银行多以回购协议、商业票据、其他短期借贷、交易负债和长期借贷为主。以美林公司为例，其回购协议、商业票据、其他短期借贷和交易负债分别占总负债的 30.5%、19.1%、21.2% 和 12.7%，四项合计占总负债的 83.5%。

第三，既具备用自有资本抗风险的能力，又充分获取了杠杆收益。《巴塞尔资本协议》要求商业银行的核心资本率应该达到 4%，这一要求已成为国际性标准，对投资银行机构也适用。资本充足率是股东权益与总资产的比率，风险资本率是股东权益与风险资产的比率，这两个指标反映了投资银行的风险情况，以及用自有资本抵抗风险的能力。四家著名投资银行 1995—1996 年资本充足率和风险资本率的平均值分别是：美林为 3.44% 和 3.96%，摩根士丹利为 3.46% 和 4.34%，所罗门为 2.69% 和 4.79%，雷曼为 3.11% 和 4%。

资本充足率的倒数是总资产与股东权益的比率，称为股东权益乘数，也是一种财务杠杆比率，它表明公司的股权资本支撑的资产倍数，数值越大表明公司的杠杆性越强。四家美国投资银行的财务杠杆比率都在 20 倍以上。一般来说，风险资本率太低会加大公司经营风险，但也不是风险资本率越高越好，因为作为杠杆性很强的投资银行要充分利用杠杆收益。比较来看，美国投资银行的风险资本率相对接近，一般为 4% 多一点，符合《巴塞尔资本协议》核心风险资本率的要求，既具备了用自有资本抵抗风险的能力，又充分获取了杠杆收益。

第四，采取稳健经营的战略，资金使用集中于低风险资产。在市场经济比较完善的条件下，根据金融产品性质和发行人的情况，投资银行营运资产的风险程度可以大体上划分为：无风险资产，包括政府和政府机构债券；低风险资产，包括各种非政府类债券，抵押贷款和应收款项；高风险资产，包括股票和衍生金融产品。这三类资产和营运资产总额的比例反映了投资银行在资金使用结构上的风险情况。四家投资银行 1995—1996 年营运资产结构的平均数值（包括无风险资产、低风险资产和高风险资产）分别是：美林为 8.7%、77.8% 和 13.5%，摩根士丹利为 17.8%、67.8% 和 14.4%，所罗门为 43.5%、46.6% 和 6.9%，雷曼为

20.8%、68.4%和10.8%。各家公司低风险资产比重都非常高,最少在50%左右,最多达77.8%,高风险资产占的比重都比较低,一般在10%左右。由于金融产品的风险和收益具有对应性,资产的高风险往往伴随高收益,这一资产结构状况反映了投资银行对控制风险与提高收益的兼顾,是一种稳健经营的战略考虑。

第五,具有很强的短期支付能力,足以防御流动性风险。流动比率是流动资产与流动负债的比率,流动资产率是流动资产与总资产的比率,它们反映了投资银行的资产流动性,或者说抵抗流动性风险的能力。上述四家投资银行资产的流动性都非常强,流动对比率和流动资产率分别是:美林为1.14和0.94,摩根士丹利为1.09和0.97,所罗门为1.11和0.98,雷曼为1.15和0.93。流动对比率略大于1,表明流动资产略大流动负债;流动资产率都在90%以上,说明资金使用集中于流动性很强的金融产品,长期投资和固定资产很少。这两个指标的数值显示,上述四家公司有很强的短期支付能力,足以防御流动性风险。

第六,资金来源分散化,资金使用权相对集中。西方投资银行负债率一般在90%以上,但其资金来源分散化,这有利于防止集中兑付的风险。资金来源分散化表现在三个方面:首先,使用多种融资工具。各家公司的资金来源都以回购协议为主。

第七,创新并广泛使用金融衍生产品。投资银行资产负债管理的另一个特点是,积极开发并广泛使用金融衍生产品,包括以利率、汇率、期限、合约规格等予以各种组合、分解、复合,形成各种非常复杂的衍生产品以满足客户的各种需要;同时,投资银行应用这些衍生产品在全球范围内优化资产负债管理(自营或委托代理),此外还应用这些衍生产品套期保值和规避风险。

(二)资产负债经营的一般策略

1. 设立财政管理委员会,同意负责公司资产负债经营的全面管理。财政管理委员会由公司各要害部门的高级经理人员组成,主要成员有高级总裁、CEO以及融资部、信贷部、股票部、固定收益证券部主管和专家等。财政管理委员会负责指定资金筹集与运用方针政策,对公司资金筹措、资产负债规模及其在不同产品业务中的配置提出计划、建议,同时财政管理委员会与各地区资产负债委员会合作,对公司全球资产运作进行协调,各地区资产负债委员会与公司分布于各地区资金中心合作以配合实施财政管理委员会制定的战略规划,并对当地的资产负债流动性进行监督管理。

2. 通过扩张或收缩资本规模维持一个适当总资本结构。投资银行的股东权益报酬率和它的总资本结构密切相关。为了尽可能地提高股东权益报酬率,便需要确定一个最优的总资本结构。投资银行按业务和产品管理其总资本(长期负债＋优先股股本＋普通股股本）结构。即根据各业务或产品市场机会、资产质量、收益率、市场风险、流动性、监管规定、评级机构的标准以及整个公司的长期战略来配置和调整资本，进而确定其总资本结构。一方面，投资银行必须努力使总资本足够大以满足其预期的长期资本需要（包括现金资本、证券资本、市场和信贷风险储备）；另一方面，若股权资本已超过其业务需要，也可以普通股回购缩减总资本。

3. 实行资产负债管理的匹配原则。投资银行的营运资金一般通过以下渠道筹措：（1）资本，包括股东权益和长期借债；（2）中期票据；（3）内部筹集；（4）回购协议；（5）商业票据；（6）无担保债券借入、证券借入、买卖协议；（7）地方政府投资；（8）业主票据；（9）储蓄；（10）承诺和未承诺的信用。上述所有回购交易和证券借出以及一部分银行借贷都是通过抵押进行的。投资银行对其长短期借贷以及担保、无担保融资渠道经常加以评估，力求使其全球范围内的负债期限同其预期资产持有时间保持一致，使变现和再筹资风险最小化。一般来说，投资银行将长期借债看做核心库存及非流动资产的一种稳定的融资渠道，固定资产用固定利率的长期借债融通；库存和所有的流动资产用短期资金、浮息长期借债或掉期到浮息债券的固定利率长期债券以及股东权益的组合来融通。此外，投资银行还使用各种衍生品种（如利率、货币掉期）协助进行资产负债管理，降低借款成本。

4. 与商业银行、金融机构、同业者保持借贷关系以扩充融资实力。投资银行和许多商业银行、金融机构保持借贷关系以随时获取各种形式的贷款。投资银行的借贷规模通常随已有的证券交易、公司的证券库存水平和总体时常状况的变动加以调整，其融资实力和融资成本随市场状况、交易活动的规模、公司的信贷评级及整个证券业的融资能力变化而变化。投资银行常常和一些银行集团签有循环信贷协议。

5. 统一外汇管理。随着投资银行的资产负债业务不断趋于全球化，来自国外的货币收入不断增加，加强外汇管理便成了公司财务政策的重要组成部分。投资银行对外汇收支实施统一管理，在全球范围内调度和运用外币资产以获取更高、更稳定的盈利。因为某一特定货币趋弱可由另一走强货币加以弥补，投资银行时刻密切监视各种外币市值的波动及其风险暴露，相机采取战略措施降低这些波动对公司财务业绩的影响。战略措施包括从事各种套期保值来管理各种外币收入和现金流动，或者通过外币借贷为境外投资筹款，从而达到规避风险的目的。

6. 运用杠杆比率进行资本充足性管理。资产负债的杠杆比率法是用来评估和管理投资银行资本充足性的一个重要方法。杠杆比率表示单位股东权益所支配的总资产。除杠杆比率外。西方投资银行还通过二重杠杆率的检测来调整其资产业负债业务。二重杠杆率大于1表示母公司通过债务在子公司中进行股权投资。投资银行监督的目标是力求使二重杠杆比率不超过1，即使其股东权益总额至少等于其所有子公司权益之和。各子公司权益资本亦必须符合监管要求，并在综合考虑资产组合、杠杆因素和收益波动性后确定。

四、流动资金与短期财务管理

投资银行财务部门的日常工作大都花在流动资金及短期资金的财务管理上。流动资金管理主要包括：投资银行流动资金政策；投资银行管理现金、应收款的原则和方法；管理短期融资的方法。

（一）投资银行流动资金政策

投资银行流动资金政策主要解决两个问题：一是公司每项流动资产的水平，二是公司流动资产的融资。一般来讲，流动资产必须是容易转化为现金的资产，但随着公司的成长，有许多流动资产项目流动性减弱，造成公司负债的偿还期与资产的流动性不相配合，常常导致公司的破产。投资银行对流动资产的控制管理可以比较宽松，也可以比较紧。宽松是公司保持相对多的可买卖证券，延期付款政策也较宽松，实际是投资银行借钱给客户，让他们购买自己的产品和服务。比较紧的流动资产管理则相反，把流动资产项目控制在最低，应收款也控制较严格。选择适度的控制标准的方法之一就是用财务比率分析方法与同业平均水平比较。

流动资产管理需要与流动资产的政策紧密相关。简单的做法是把流动资产的流动性和负债的偿还期结合起来，即真正的流动资产用短期负债来支持。但这种一一对应的政策并不经常符合实际。常见的一种政策是进取型的，即用长期融资来支持其固定资产，其较长期的流动资产（如部分应付款）只是一部分用长期融资支持，另一部分则用短期融资支持；保守型政策是不仅固定资产和长期流动资产用长期融资支持，甚至真正的流动资产也依靠长期融资支持。

（二）现金和应收款管理

1. 现金管理。投资银行保有现金一是为交易需要，二是为了补偿银行存款，三是为保险原因。投资银行进行现金管理的目的是减少现金占有，加速现金周转。现金管理的新趋势是采取加速收款措施，控制现金支出措施，以及依靠电子数据交换系统开展企业的经营理财活动。采取加速收款措施的目的是加速业务款进入投资银行的速度，缩短支票兑现过程常用方法有集中法、锁箱法等。集中法指公司不只是在总部建立一个收款中心，而且还要根据公司业务的分散程度，在其他地区建立多个收款中心来集中收款。锁箱法指公司在各地租用专用的邮政信箱来收取客户支票的方法。控制现金支出的目的是在权衡成本和收益的基础上尽可能地延迟付款时间，以提供公司更多使用资金的时间。通常的做法有控制支付时间，充分利用银行的信用额度以及做好付款前的核查工作。电子数据交换系统应用到日常现金收付中便出现了金融自动清算系统、电子收账系统、电子付款系统等现金收支结算工具。

2. 应收款管理。投资银行对应收款的管理有两项内容，即信用的标准和收款政策。投资银行一定要对主要客户的信用加以调查，对于自己能够承担的风险要有清晰的认识。公司回收政策的目的是最终收回客户欠款。公司要计算平均收回期应计算坏账总额和总的应收款额的比率，要计算应收款在外的时间长度及其比例，做到心中有数，以采取适当措施。

（三）短期资金来源的管理

银行借款是投资银行短期资金的主要来源之一。从银行贷款因素（包括利率、贷款期限和贷款成本）考虑，银行对信用度好的客户的贷款采用优惠利率。随着企业信用度降低，银行贷款利率逐渐增加。另外，银行在贷款时会要求客户在该银行保持一定的存款额，叫做补偿结存。所以贷款公司能够拿到的钱少于账面上的账款总额。对于短期贷款，一个更重要的利率不是在贷款契约上载明的利率，而是计算出来的有效利率。决定有效利率的因素包括贷款总额、贷款的利息、贷款期限和偿还方法。近些年来，商业票据作为投资银行短期融资工具发展很快。商业银行票据筹集短期资金可以避免银行的补偿结存的成本，特别是一些大投资银行可以有发行自己的商业票据并使其票据在市场上流通，以获得短期资金的特权。另一种短期资金来源是抵押贷款。如果一个投资银行信用度太低，或它对资金的需求太大，贷款的一方就会要求借款方提供一定的资产作为抵押。投资银行通常用应收款作为抵押，或直接把应收款出售。

第二节　投资银行的风险管理

一、投资银行面临的风险

（一）概述

风险是指由于事物的不确定性而遭受不利结果或经济损失的可能性。纯粹的风险是指因不可抗力因素而产生的风险，这类风险与收益无关。收益风险是指在获取收益的过程中，由于人们的认识不全面而伴随着一些不确定的因素所产生的风险。在当今的经济生活中，通常所说的风险多指收益风险，我们所指的风险也是就这个意义而言的。因此，风险管理对一切金融机构的经营管理而言，都是一个非常重要的课题，对投资银行业的经营管理而言，则更是一个永恒的主题。风险管理成为投资银行业永恒的主题，是由投资银行业自身的业务特点决定的。投资银行业务，无论是传统的证券承销和证券交易业务，还是并购重组、风险投资、公司理财、信贷资产证券化等创新业务，都伴随着风险。而且一般来说，收益越高的业务所伴随的风险也越高。与商业银行不同，投资银行没有存贷款业务，没有相对稳定的收益来源，因此为了获取较高的收益。它就必须勇于开拓具有较高风险的业务。但是，高风险并不能确保高收益，这样，投资银行业务管理的核心就不是资产负债比例管理，而是风险与收益的对应管理：在收益性、安全性、流动性三者协调统一的基础上，合理开展低、中、高不同风险程度（从而不同收益程度）的业务，尽可能以最小的综合风险来获取最大的收益。

接下来，我们按照风险的起因和投资银行的业务两条线索来对投资银行的风险进行识别和分类。

（二）按照风险的起因分类

根据诱发风险的具体原因，我们可以把投资银行面临的各种风险分为政策风险、法律风险、系统性风险、市场风险、信用风险、流动性风险、操作风险七类。其中市场风险又被视为业务风险，即金融机构从盈利的目的来看必须承担的核心风险；与之相对应的是，它面临的其他风险则是由从事业务而不得不承担的间接风险，但同时也是不可避免的风险。

1. 政策风险。资本市场是市场经济发展的必然产物，而投资银行又是基于资本市场的发展而产生的，因而它与资本市场乃至整个市场经济休戚相关，从而也就使其受国家经济政策影响较大。这一点，对于处在经济体制转轨时期的发展中国家而言更是如此。所以。投资银行的从业人员，尤其是管理者，必须熟悉国家最新的政治经济形势，了解国家最新的宏微观经济动态，预测国家或其他经济管理部门有可能制定的一些影响投资银行的政策，使投资银行不至于因为运作滞后于政策而招来巨大的风险。

2. 法律风险。法律风险来自交易一方不能对另一方履行合约的可能性所引起的法律风险，可能是因为合约根本无从执行，也可能是因为合约一方超越法定极限的非法行为。所以，法律风险包括合约的非法性以及交易对手无权签订合同的可能性。而且，法律风险随着投资银行越来越多地进入新的、不熟悉的业务领域变得日益突出。针对这一风险，投资银行应该认真研究业务所在国的法律、法规及监管部门对有关业务的规定，仔细签订和实施对外合同以及与雇员的合同，建立明确的履约和管理机制。

3. 系统性风险。系统性风险是指因单个公司倒闭、单个市场或结算系统混乱而在整个金融市场产生多米诺骨牌效应，导致金融机构相继倒闭的情形以及由此引发整个市场周转困难的投资者"信心危机"。

4. 市场风险。市场风险是金融体系中最常见的风险之一，通常指市场变量（例如价格、利率、汇率、波动率、相关性或其他市场因素水平等）的变化给金融机构带来的风险。在有关市场风险的模型中，往往把它定义为金融工具及其组合的价值对市场变量变化的敏感程度。

5. 信用风险。信用风险是指交易对手不能正常履行合约所规定义务的可能性，包括贷款、掉期、期权以及在结算过程中的交易对手违约带来损失的风险，因而它又被称为违约风险。投资银行在签订贷款协议、场外交易合同和授权时，将会面临信用风险。通过风险管理以及要求交易对手保持足够的抵押品、支付保证金和在合同中规定净额结算条款，可以最大限度地降低信用风险。

值得注意的是，在金融实践活动中，随着人们对信用风险重视程度的提高和信用风险管理技术的发展，信用风险的概念得到了重大扩展。在传统的定义中，只有当违约实际发生的时候，风险才转化为损失，在此之前，投资银行资产的价值与交易对手的履约能力和可能性无关，这样做会让很多潜在的风险无法在转化为损失之前引起充分的重视和足够的准备工作。现在，很多金融机构采取盯市的方法，对手的履约能力和信用状况会随时影响金融机构下相关资产的价值，而且在纯粹信用产品交易市场上，信用产品的市场价格是随着履约能力不断变化的。这样，信用风险转化为现实的损失之前就能在市场和银行的财务报表上得到反映，从而它的定义也相应地扩展为交易对手履约能力的变化造成的资产价值损失的风险。

6. 流动性风险。流动性风险通常可以在产品、市场和机构三个层次上来进行讨论。对于金融机构而言，流动性风险往往是指其持有的资产流动性差和对外融资能力枯竭而造成的损失或破产的可能性。由于投资银行属于高负债经营的金融机构，因而要求资产结构向高流动性、易于变现的资产倾斜，而不宜过多参与长期投资，以免陷入兑付危机。

7. 操作风险。操作风险指的是金融机构由于内部控制机制或者信息系统失灵而造成意外损失的风险。这种风险主要是由人为的错误、系统的失灵、操作程序的设计或应用发生错误、控制不当等原因引起的，它主要由财务风险、决策风险、人事管理风险以及信息系统风险构成。

（三）按照投资银行的业务类型分类

投资银行业务包括证券承销、经纪和自营等基本业务，以及由此派生出来的业务，如基金管理、兼并收购、信贷资产证券化和风险投资等。根据以上业务类型，可以相应地将投资银行面临的风险分为以下几种：

1. 证券承销风险。证券承销风险是指投资银行在承销股票、债券、金融衍生工具等经营活动的过程中，由于不能在规定时间内按事先约定的条件完成承销发行任务而造成损失的可能性。承销风险包括发行方式风险、市场判断风险、违法违规操作风险等。

发行方式风险的大小是和承销方式联系在一起的，投资银行在承销方式的选择上有代销、全额包销和余额包销三种方式。其中代销业务由于承销余额可以退回发行公司，因而风险最小，余额包销的风险次之，全额包销因为承销商在发行前必须先将拟发行证券全额认购，因此风险最大。

市场判断风险是指如果投资银行在对市场未来的走向进行研究和判断的基础上确定项目后在争取项目过程中介入太深，投入过大，则一旦在竞争中败下阵来，就要承担先期投入的费用等方面的损失。如果所选择的发行企业或行业的发展并非如原来预料的那样好，得不到市场的认可，则会导致承销的证券无法按原计划出售，或者上市后业绩表现太差，从而有损投资银行的信誉和形象。

违法违规操作风险是指由于业务人员在承销业务过程中贪污受贿、违法犯罪，给公司承销业务造成损失以及由于上市公司违反有关规定，披露信息不实而带来的风险。在证券承销的过程中，作为企业和投资者之间的"桥梁"，作为信息度和来自外部的有关监管机构对投资银行的行为构成了"三重监视"，但在巨大的经济利益和激烈的市场竞争面前，还是不乏以身试法的前车之鉴。

2. 证券经纪风险。证券经纪风险是指投资银行在接受客户委托，代理交易股票、债券、金融衍生工具的时候所面临的风险。证券经纪风险主要包括：第一，规模不经济的风险，指的是当开户数量和经纪规模低于一定水平的时候，投资银行的经纪业务难以获得理想的经济利益，甚至出现亏损的风险；第二，信用风险，指的是投资银行向客户提供融资时产生诈骗、亏损以及政策限制的可能性；第三，操作风险，指的是由于人为的或者信息系统的错误，在委托、受托和交易的过程中，使得交易结果违反委托人意愿或者不能及时有效地进行正常交易而给投资银行带来经济损失的风险。

3. 证券自营风险。证券自营风险是指投资银行在进行证券投资活动中面临的风险，包括投资产品本身内含风险、证券市场价格异常波动的风险、投资决策不当风险等。由于投资银行在证券市场中相对一般投资者而言，在投资技巧、投资经验、信息渠道、研究水平和资金实力等诸多方面具有一定的优势，因此其规避和抵御风险的能力较强。但是，由于投资规模巨大，一旦风险形成，其可能遭受的损失也是非常大的。

4. 基金管理风险。投资银行在基金管理中所面临的主要风险是市场风险和公司内部的非系统性风险。虽然基金实行投资组合，投资基金比投资相应单一种类的有价证券要风险低、收益高，但是投资基金毕竟也是投资于其他有价证券，因此投资有价证券的风险同样也会体现在基金投资上。

5. 信贷资产证券化风险。信贷资产证券化的风险来源主要是证券化资产本身的质量和预期效应以及投资者和资本市场对它的认同程度。

6. 风险投资业务的风险。投资银行进行风险投资业务的高风险主要来自投资企业或项目的市场风险和企业或项目负责人的信用风险。

二、投资银行的风险管理

（一）营造浓厚的风险文化氛围

当提到风险文化的重要性时，可以看看为什么有些投资银行在风险管理方面比其他投资银行强。毫无疑问，如果在巴林银行内有一个浓厚的风险文化氛围，使得交易和监督的工作分开，而且对账上所表现出来的盈利性可疑的交易风险回报进行密切监督，则类似尼克·里森的行为就可能避免。

随着现代金融工具越来越复杂，风险文化日益重要。一个高效的风险文化的主要特征就是对风险非常敏感和了解，并将风险意识贯穿在企业所有员工的言语和行为中。高级管理层向所有的业务领域表明他们重视风险报告，并要求所有业务领域对其风险负责。部门负责人会询问交易员要求增加交易权限的原因，交易员会要求风险管理人员分析新的交易的风险，金融控制部门会要求衍生工具定价分析部门分析一个复合的衍生工具，等等。这些行为都表明了浓厚的风险意识和文化氛围。

（二）建立风险管理机构

1. 明确风险管理机构的责权。投资银行的决策层对了解公司面临的风险、保证高级管理层采取必要措施监督和控制这些风险、确保风险管理系统的有效运作负有最终的责任。相应地，高级管理层则应负责公司日常业务的监控，实施适当的风险管理政策，监控公司面临的风险。决策层和高级管理层有责任提高员工的风险管理意识。

一般来说，规模庞大、业务复杂的投资银行应该设立独立的内部风险管理机构。风险管理机构由决策层和高级管理人员牵头，并建立相关的分支部门，这是建立风险管理架构的开端。具体来说，风险管理部门负责的主要工作包括：总览整个投资银行的风险，获取全面的信息；向高级管理层报告风险，并将风险情况通知到相关的业务单位；负责监督风险额度和风险原则是否得到遵循；在风险检查期间与有关的管理者沟通；收集、分析、核对从前台和后台得到的信息；设计、开发、维持适合风险测量的系统。

2. 正确协调风险管理部门和其他部门的关系。虽然风险管理部门需要保持独立，但它也需要和企业的其他部门进行沟通和协作，这些部门主要有交易前台、财务控制部门、营运部门和技术部门等。此外，风险管理部门还经常需要与上级管理者、审计部门、评级机构和投资者等进行联系。

从风险管理部门的内部关系来看，主要有：

第一，交易前台。由于交易前台不仅是风险信息的使用者，而且其行为会极大地受到信息的影响，它们了解它们的产品和市场，所以在这方面风险管理部门应该及时地与它们进行沟通，沟通的主要目的是要知道它们对自己头寸、市场和损益的看法，以及怎样为它们交易或投资的产品设计模型以准确地把握风险。但是，不管怎么样，由于风险管理部门对风险应该有自己独立的观点，所以还应该在沟通的同时与前台保持一定的距离。这种关系其实是非常微妙、过犹不及的。

第二，财务控制部门。风险管理部门和财务控制部门必须密切联系。企业绩效的评价不再只依靠企业回报或总的收益，而且应该日益重视以风险为基础的调整，因为财务控制部门负责有关损益的会计记录，而风险管理部门负责风险数据，所以两个部门需要密切合作。风险管理部门对财务控制的贡献在于：随时汇报法定资本的变动情况，并保证财务控制部门方便地调阅在准备报告时需要的任何规范化的风险数据。

第三，营运部门。和营运部门的关系与和财务控制部门的关系不同，风险管理部门需要后台准确的数据来得到风险结果，另一方面，如果风险管理部门发现数据有误则必须立即反馈给营运部门，以便它们在下一个工作日能更正。

第四，技术部门。风险管理需要从不同的部门收集大量的数据，而且要求较高的技术能力和比较安全的运作环境，所以风险部门必须与负责前台和后台的技术部门保持密切联系。

第五，在整个公司中。在某些情况下，风险部门是整个公司中唯一能提供完整的、经整理过的数据的部门。这意味着其他部门如果想了解整个企业的情况，就须依赖风险部门的帮助。如果一个企业可能有国际固定收益和国际股票市场的外汇头寸，则只有在风险管理系统中才会将这些头寸汇总报告。所以，风险管理部门作为总览整个银行的风险的机构，有责任为各个部门提供全面而且准确的信息。

除了和内部的联系外，风险部门还要经常和外部进行联系，并且风险管理的水平、能力常常是整个企业是否重视风险和稳健经营的标志。

第一，上级管理者或上级权威部门。世界上所有国家的政府监管机构都越来越认识到风险管理在增强企业的稳定性和缓和行业风险方面的关键作用。特别是在经济全球化的今天，随着对风险管理和风险标准的日益重视，管理部门坚持监督、测量一个企业的定质定量的风险管理能力。因此，及时了解和适应相关的政策、规定并及时调整风险管理所运用的方法或指标，就成为风险管理部门的一个重要任务。

第二，审计部门。审计部门现在常常需要在年度审计中审计企业的风险管理，这部分是因为在年报中要包括有关风险管理信息的这一趋势。另外，为了配合有关监管部门向其提供监督金融机构稳健经营的强有力的工具，风险部门必须和审计部门密切配合，向它们清楚地阐明所用的风险测算方法，即相应的支持程序的完整性。在更复杂的定价模型方面，定量分析部门也需要和外部审计部门合作。

第三，评级机构。和与上级监管部门的关系一样，风险管理部门在一个企业中的地位是评级机构评价企业稳健性和长远生存发展能力的标准。

第四，投资者。投资者也开始以企业的风险管理能力作为审视企业稳健与否的标准。这在以前是不常有的，但现在却有这样的趋势。

第五，客户。现在，由于公众对风险管理了解比较透彻，特别是机构投资者，提供其证券投资的风险报告是一个主要的要求，所以向客户提供一个有效的定量风险/回报率模型将会是一种强有力的竞争手段。这部分工作是由风险部门还是一个专门的客户报告部门来承担，需视企业的结构而定，支持客户报告的有关模型由风险部门提供。

3. 制定风险管理总的原则和指导思想。有效的风险管理的另一个重要步骤是根据银行自身的特殊情况和特殊要求制定用于日常和长期业务操作的风险管理总的原则和指导思想，并在总的原则和指导思想的框架下设计具体而详细的风险管理的政策和程序。这些政策和程序应该包括：风险管理过程中的权力和遵守风险政策的责任、有效的会计控制、内部和外部审计等。在投资银行有必要建立集中、自主的风险管理部门的情况下，特别需要重视的是：给风险管理部门配备适当的专业人员，并让风险管理部门独立于产生风险的部门。

确立原则和指导思想的工作具有挑战性，并且不能被轻视，不论这方面的工作量或其决定带来的影响有多大。举一个例子，一个非常简单的决定，例如决定风险管理部门的功能是"控制"还是"监督"，在不同的企业文化中，会对是否接受风险管理以及随后的风险管理部门的责任界定和权力分配等具体问题产生截然不同的影响。有些企业在建立一个市场风险测量和监控系统的时候，并没有确立相应的原则和指导思想，其结果是这一系统的低效率甚至盲目地运行，对企业自身的运营没有什么实际的意义，或者其提供的数据不被监管机构所接受。

4. 建立和实施风险管理战略。公司的整体业务战略和风险监控政策应该由决策机构或风险管理的核心机构来审批。制定风险管理及控制战略的第一步是根据风险对资本的比例情况，对公司业务活动及其带来的风险进行分析。在上述分析的基础上，规定每一种主要业务或产品的风险数量限额，批准业务的具体范围，并应保障有充足的资本加以支持。此后，则应对业务和风险不断地进行常规监察，并根据业务和市场的变化战略进行定期的重新评估。

风险管理战略实施过程中的一个重要任务就是规定和监控风险额度。每一个金融机构的风险偏好都必须有一个最高的限额。当达到一定限度的时候，无论是风险额度、风险资产还是法定资本，都将成为重新分配的资源。当一个额度超限的要求提出来的时候，风险管理部门要收集有关信息来作出判断，如果确实是超过了限额，则需要记录下来并且在额度用完的情况下发出警告。一旦风险额度设定以后，风险管理部门还要负责监督额度的使用是否符合规定。这要求每天都有一份自动比较各种额度的使用并指出主要风险暴露部分的风险报告，以便直观地监控内部行为是否符合有关规定。

另外，建立和实施风险管理战略的一个重要方面就是及时鉴别新的风险。这些风险可能是别的公司已经发生的，或者是由监管部门提出的，或者是因损益表较大的变化被发现了而在现有的风险系统模型中没有发现的风险。一旦确认了新风险的存在，就必须立即归入风险管理部门所使用的标准程序和模型中去。

5. 综合运用定量和定性手段进行风险计量和控制。从定量角度对风险进行测量和从定性角度加强纪律的监管，是投资银行风险管理中必不可少的两个方面。定量检测是采用数学模型对风险进行科学的测量。但是，仅仅依靠数学上的风险计量模型还远远不够，因为它们或者只是对某一特定种类的风险进行量化，或者存在过分依赖历史数据的先天缺陷，或者不能精确地量化重大的金融事件等，所以当我们在运用它们进行计量和分析的时候，不仅要正确地解释模型的基本思路、有关数据的计算方法以及运用模型要达到的目的，还需要结合具体情况，对模型无法解释和计量的风险进行定性的分析，并加强风险纪律的监管，减少和杜绝重大金融事件发生的可能性。

如果没有有效的实施程序和对员工的操守教育，再好的模型或制度也只是一纸空文。很多发生巨额亏损的金融机构，最后经常会发现事故的源头是内部以文件形式存在的书面控制制度没有得到有效实施。

6. 对风险管理制度的事后评估。事后的评估和检验是风险管理系统的关键因素之一。投资银行如果不能建立一套完整的检验程序，内部失控的风险就会不断增加。投资银行需要确保决策机构和管理层制定的风险管理制度确实是按照设计的要求在有效地运作，并能够适应新产品和新技术的发展。如果出现不能适应实际工作需要的情况，应该及时地检查原因，看看是哪个环节出现了问题，并在充分论证的基础上及时进行调整。

检验程序至少应包括独立于交易柜台及业务部门内部审计和独立会计师的外部审计。外部审计至少应该包括对内部会计控制系统的检查，把它作为投资银行年度检验程序的一部分。

第三节 投资银行的人力资源管理

投资银行的人力资源管理指对人员的雇用、开发、保持和使用等方面所进行的规划、组织、指挥和控制的活动。投资银行人力资源管理的具体业务活动包括职员的选择、聘用、调配、任用、考核、晋升、奖惩、培训等。

一、职员的聘用

职员的选择、聘用是有效人事管理的前提和主要职能。投资银行职员的选择和聘用是企业采取科学方法寻找、吸引既有能力又有兴趣到本企业来任职的人员并从中选出适宜人员予以聘用的过程。

（一）投资银行对职员的要求

1. 具有较高的道德素质。投资银行的职员必须具有良好的职业道德和社会公德。要具有热爱本职业务，勤于学习、努力工作的态度，严谨的工作方法，良好的职业道德，强烈的事业心和责任感，并能自觉遵守社会道德和文明准则，人品是非常重要的。

2. 具有完善的知识结构。知识结构包括基础知识、专业知识和相关知识。投资银行由金融、财务、法律、工程等专业技术人士组成，需要有较高的知识水平和合理的知识结构。因此，投资银行职员必须具备牢固的基础知识和技能，精通本专业的知识和业务，以及较广泛的知识面，形成优势互补、结构合理的优秀团队。

3. 实际运作技能要求。虽然根据其从事具体业务的不同而对实际技能有不同的要求，但基本技能是应当具备的，如语言和文字表达能力、较高的英语水平、逻辑思维能力和计算机操作技能等。

4. 较好的身体素质。投资银行的职员应该身体健康，能够适应投资银行的工作节奏和强度。

（二）职工选择和聘用的原则

1. 双向选择的原则。即投资银行根据业务的要求自主选择所需要的职员，同时求职者也可根据自己的条件自由选择职位。双向选择原则是人力资源配置的基本原则，这一原则能使企业增强自身吸引力和改善自身形象，也有利于求职者获得理想职位，在招聘竞争中取胜。

2. 效率优先的原则。力争用尽可能少的招聘费用，录取到高素质、适应投资银行需要的职员。也就是灵活选用适当的招聘形式，在保证职员质量的情况下，尽可能降低成本。

3. 公开招收、全面考核、择优录取的原则。贯彻这一原则，体现了招聘的公正性，也保证了被聘职员的素质，在聘用中不应有民族、种族、性别、宗教信仰方面的歧视。

（三）职员选择和聘用的程序

1. 核定投资银行人员需要量。应根据岗位定员管理的要求合理确定职员的需要量，包括业务人员定额、管理和服务人员定额。业务人员应根据服务项目、对象数量和质量要求确定定额，管理人员按职责范围和工作性质不同核定。

2. 确定工作要求。需要分析各类工作的特点，职员必须具备的知识、能力和所负责任，作为任用职员的具体依据。

3. 初步接触。求职者与投资银行的招聘者通过直接接触，第一次作出双向选择，求职者可领取申请就职表。

4. 公开考试。公开考试可以大大改进任用制度。

5. 面试。在面试中可以进一步了解求职者的思维逻辑、语言表达能力如何，对投资银行业务的熟悉程度，个人仪表、风度、个性如何。

6. 审查求职者的材料。在材料审查中可以发现新的情况。

7. 进行体检。就职前的体检非常重要，职工身体健康程度对投资银行工作影响很大。

二、职员的培训

投资银行职员教育和培训是其人事管理的重要组成部分，指通过理论与实践等方法促使职员的行为方式、知识、技能、品行、道德等方面的改进和提高，保证职员能够按照预期的标准完成所承担或将要承担的业务。

（一）职员教育培训的意义和原则

企业员工的智力、技能、经验与品德是企业人力资源质量的重要组成部分。

对员工进行教育培训，提高员工的智力水平、专业技能、品行道德，已成为企业发展的关键。在投资银行中对职员进行教育和培训是适应职能化、专业化、现代化、多元化、综合化投资银行业务的客观要求；是提高劳动生产率和工作效率的重要途径；是提高职员队伍素质的主要方法；是提高投资银行盈利水平的重要手段。在教育培训中，应从长远发展和企业根本上考虑，抽调业务骨干进行培训，以求迅速地反映到工作绩效上。要理论联系实际，学以致用；要强调针对性、实践性，并讲求实效与收益；要体现因人施教的原则，由于职位众多，差别也很大，加上职员水平参差不齐，因此要针对职员的实际水平与所处职位开展培训。

（二）教育培训的实施与管理

1. 教育培训过程。由具有连续性的阶段组成，以改进职员的知识、技能、态度和行为，明显提高组织效率为目的。第一是评估阶段。对教育培训的需求进行分析与评估，以确立教育培训内容和目标。第二是培训实施阶段，在评估基础上选择适当的培训方法以及具体实施培训。第三是评价阶段。主要内容包括：确定工作指标，检查教育培训效果。

2. 培训需求分析。可以分成三个层次：一是组织分析，着重于确定教育培训在整个组织范围内的需求。从总体上看，教育培训需求不能违反组织目标和组织战略，要引导职员行为向有利于实现组织目标的方向转变。二是工作分析，试图确定教育培训的内容，即职员达到令人满意的工作绩效所必须掌握的东西。工作分析决定应该如何准确分配资源，以实现组织的各类目标。包括系统收集反映工作特性的数据；制定每个岗位的工作标准；明确每一个职员完成所承担工作的效果。

3. 培训工作的有效管理。应明确教育培训部门及人员的责任；制定有效、系统的有关教育培训管理政策；提高教育培训人员的素质与精神；通过对教育培训人员的专业培训，使之掌握教育培训工作所必须掌握的理论、方法与技巧。

三、职员的使用与人才管理

（一）投资银行职员的使用

职员使用是投资银行人事管理的核心内容，也是职员招聘的目的所在。职员使用指人事管理部门按各职位的任务要求，将其招聘的职员分配到具体职位上，给予他们具体职权，为实现组织目标发挥作用。在职员使用中，应遵循以下基本原则。第一，知事知人原则。指企业人事部门在安置职员前，必须详细了解不同职位的工作内容，在企业中的作用以及对职员素质的要求。同时还要了解职员的知识程度、教育水平，掌握职员的性格、兴趣和能力。第二，兴趣引导原则。针对职员的兴趣与需要，尽量将职员安排在他所感兴趣的工作职位上。兴趣与工作效率、事业成功有密切关系。第三，因事择人原则。就是要以投资银行职位空缺和实际工作需要为出发点，以职务对人员的要求为标准，选拔录用各类人员。以保证组织机构的效率，防止机构臃肿现象发生。第四，试用稳定原则。对职员的了解与考察是一个相当复杂的过程。在将职员安排在新的职位上后，要进行一定时间的试用，来考察职员使用是否恰当。试用证明表现出色的职员，应当保持一定的稳定性，不要轻易调整职位。第五，优化组合原则。由于目标的多样性与层次性，职员要组合成若干个分支群体，形成企业的内部亚组织。因此要考虑职员在构成群体时，彼此的性格、年龄、能力等要素是否匹配，结构是否合理，是否有利于组织目标的实现。通过优化组合使职员能力互相补充，形成合理的人才结构。

（二）投资银行的人才管理

这是指以企业的人才为对象的管理活动。内容包括：尽量准确识别、选拔人才；按客观规律的要求合理配置、使用人才；为人才充分发挥创造良好的内外部环境，支持人才创造业绩；对人才进行科学的组织，产生强大的协同力，共同完成各项任务。

1. 管理方法。主要有：观察法。可以通过观察职员在工作职位上的表现，结合与职员的谈话，判断职员是否具备某方面特长。标准参照法。按照实践的需要制定出关于人才的标准，拿标准对照职员情况，看是否与标准相合。情景模拟法。将识别对象放在一个模拟的真实环境中，利用各种评估技术，现场测试被考察对象的工作能力、组织能力和应变能力。

2. 人才开发。人才开发主要依靠教育。在企业职员中，可能蕴藏着潜在的人才，如果通过教育加以开发，使他们成为人才，将为企业增添强大的动力。人才教育的内容主要是新知识的引进，新方法、新技术的介绍。人才教育的方式包括课堂教育、专家授课和情景教育。

3. 人才考评。人才考评指对人才的品德、学识、智能、成绩以及健康状况进行考察、评价，它是人才管理的关键环节。这是一项综合性的工作，包括对被考评者的工作绩效进行评价。

四、职员的有效激励

在投资银行经营管理中，如何激励职员的工作动机，有效调动职员的积极性，是经营成功与否的关键之一。

（一）激励的作用

成功的投资银行都重视人才，为了吸引人才，投资银行往往不惜成本，采用多种激励方法。激励有助于投资银行吸引并留住大批优秀人才，创造一个保障充分、奖惩分明的工作环境。激励还有助于实现组织目标，激励能使员工自觉发挥潜能，为完成投资银行目标而努力工作。激励可以提高职员的工作效率与业绩，通过激励，可以激发职员的创造性与革新精神，提高职员素质，不仅可以通过培训的方法来实现，激励也是一种很好的途径。职员在激励措施的鼓舞下，为了能取得更好的工作绩效，必定会主动熟悉业务、钻研技术，从而提高业务能力。

（二）激励的要求

1. 激励的方向应与投资银行组织目标相一致。激励是为了鼓励职员向实现组织目标的方向作出努力，是实现组织目标的一种手段。因此，判断激励是否有效，必须分析激励所产生的积极性是否有利于完成组织的任务，实现组织目标。激励措施不当，会引起职员反方向的行为，反而会与组织目标背道而驰，危害组织利益。

2. 激励必须公正。每个职员都是把个人报酬与贡献的比率同他人的比率作比较，判断自己是否受到了公平对待，从而影响自己的情绪，控制自己的工作行为。为了做到公平激励，必须反对平均主义。差别性是激励的重要原则。实行公平激励，还必须对全体职员一视同仁。

全面调动职员积极性。激励应当针对投资银行的全体职员。企业的目标需要全体职员一致努力方能实现，因而，应当把各层次、各方面的积极性都调动起来。现代企业的分工结构决定了企业各部门的相互依赖性，一个部门运转失灵，会立即影响到全局。激励行为如果强调企业的某一部分，忽略另一部分，被忽略的部分就会有种失落感，工作积极性可能会下降，从而使企业的整体效率不能提高。

3. 激励要考虑职员的应激程度。投资银行职员的情况千差万别，每个职员对各种激励的适应程度是不一致的。所以，采取激励措施，应考虑职员各自的情况，分别对待。力争提高每位职员的应激程度。采取激励措施，还必须分析职员目前的各自状态，当职员尚有许多潜力可挖时，激励措施最为有效，职员的应激反应强烈。

（三）激励的形式

1. 激励的基本形式。

第一，物质激励与精神激励是两种不同内容的激励形式。物质激励指对职员的物质需要予以满足，如工资、奖金、分红、带薪休假、股票期权、MBO、员工持股计划、各种保险、在职消费、职务升迁，等等。精神激励指对职员的精神需要予以满足，如表扬、荣誉，等等。它们相辅相成，缺一不可。随着人们生活水平的提高，低层次的需求逐渐得到满足，高层次需求日渐强烈，因而注重精神激励将成为投资银行职员激励的一个重要特点。

第二，正激励与负激励是两种性质相反的激励手段。正激励是从鼓励的角度出发，通过奖赏的方式来支持，是对行为的肯定。负激励是从抑制的角度出发采取惩罚措施，以杜绝类似行为的发生，是对行为的否定。这两种激励手段能产生示范效应。一般来讲，正激励对实现企业的组织目标效果好于负激励。

第三，内激励与外激励是两种效果不同的激励方式。内激励是通过启发的方式，培养人的自觉意识，形成某种观念，在这种观念的支配下，人们产生动机，发生组织所期望的行为。内激励多通过思想教育，逐渐将组织所欣赏的道德意识变成职员自律的标准。外激励是采取外部措施，奖励组织所欢迎的行为，惩罚组织所反对的行为。长期的外激励可以帮助职员树立某种观念，产生内激励效应。

2. 激励的方法。

第一，薪酬激励。投资银行的人事管理部门对职员的积极行为予以表彰，用增加职员报酬的形式来满足职员的物质要求，从而刺激职员努力为实现经营目标而尽心尽力。

第二，荣誉激励。给优秀的职员以表扬、授予称号，以此满足职员心理需求，达到激励目的。

第三，成就激励。职员面对挑战，总能激发起斗志，焕发潜能，调动各种力量去争取成就。因此，任务本身就能激励职员。

第四，上进激励。组织采取措施，满足职员的上进欲望，让职员觉得自己由于付出了某种努力而一直在进步，从而激励职员的士气，引起职员对未来的憧憬，由此焕发工作热情，努力为企业工作。

第五，团体激励。通过提高团体成员的积极性，加强团体内的信息交流，增强团体凝聚力和利用非正式团体，为完成投资银行目标服务。

第四节　投资银行的外部监管

资本市场是金融体系的重要组成部分，其特有的长期资本筹集、企业价值评估、资源流动和重组以及风险提示功能对于一国经济发展所起的作用越来越重要。资本市场功能的实现程度取决于其运行环境和运行效率，而市场的运行状况和效率的高低与市场监管密切相关。针对资本市场本身的发展阶段和特点，适度加强和完善对资本市场的参与主体——投资银行的监管是提高金融市场运行效率的需要。

一、投资银行业监管的含义

监管是监督管理的简称。按照世界著名的《布莱克法律辞典》的解释，监督是指一般性照看、主管或检查。管理是指决定、确定或控制；依一定规则、方法或确立的模式进行调整；依规则或限制进行指导；受管理性原则或法律的管辖。可见，监督管理是一系列制约措施的集合。

投资银行业监管是指监管机构依法对投资银行及其金融活动进行直接限制和约束的一系列行为的总和。依法利用经济手段对投资银行业务活动进行调整的行为不属于投资银行业监管的范围，而是属于宏观调控的范畴。

二、投资银行业监管的历史

（一）金融监管的产生

早期金融活动的监管可以追溯到 18 世纪 20 年代。1720 年，英国政府为了医治"南海泡沫"的创伤，防止证券投机过度，颁布了《泡沫法》，在世界金融史上，它标志着国家对金融活动正式实施监管的开始，20 世纪初，美国中央银行联邦储备体系的建立是现代金融监管史上的里程碑，标志着现代金融监管的开始。

20 世纪 30 年代以前，金融监管有以下两个重要特征：一是监管的重点是银行业。中央银行对金融机构微观行为的干预尚不十分普遍，金融监管主要集中在监管货币发行和防止挤提方面。二是资本市场监管以自律为主。为了保证交易双方自身的利益，自律成为资本市场参与主体之间的一种内在要求，但发展不完善，此时的监管是松散的。

（二）早期的资本市场监管

最早的证券市场是以场外交易的形式开始的，证券交易所的出现是证券交易活动发展到一定阶段的产物，它的产生满足了证券交易迅猛发展的客观需要，同时有助于证券交易公平价格的形成，早期的资本市场监管就是以证券交易所为主体的、松散的、以自律为主的监管形式。

1818 年，英国政府颁布了第一部《证券交易条例》，强调证券交易的"自我管理"和"自我约束"，可以认为这是自律性管理体制的最早形式。在美国，早期的证券市场管理靠各州的立法进行，1911 年堪萨斯州通过了《蓝天法》成为美国历史上第一个对证券管理立法的州。

（三）现代资本市场监管的确立

1929 年的经济大危机彻底扭转了金融监管的方向，放任自流无法保证市场的稳定运行，国家开始干预资本市场的监管。这个时期，监管的重点是分业和立法，通过立法来实施金融业的分业经营和分业管理，并保证金融市场的有序运行；立法和监管的宗旨是保护投资者利益；投资者保护是建立在信息披露的基础上的。

美国是分业、政府集中统一监管的典型。大危机后，美国政府制定了包括《1933 年银行法》以及 Q 条例、《1933 年证券法》、《1934 年证券交易法》等在内的众多管制条例，对银行业和证券业开始实行严格的分业经营和监管。其他国家的金融监管法制化也逐渐普及。即使传统上注重自律和习惯的英国，也制定了许多与证券市场相关的法规，并逐步形成了以政府管理法规和英格兰银行与证券交易所、证券业协会、证券投资委员会等自律组织及其制度规章为中心的自律型监管框架。

（四）20 世纪 70 年代后的资本市场监管

1973 年，布雷顿森林体系崩溃之后，国际金融市场的汇率、利率和通胀率变化无常。在金融创新的推动下，金融监管理论和实践发生了重大转折。这个时期监管的重要特征是鼓励创新和放松管制。

证券市场管制的放松主要表现在对银行、证券业务分业制度的调整。1987年，美国联邦储备委员会根据《银行持股公司法》修正案，授权部分银行有限度地从事证券业务，随后又授权一些银行的子公司从事公司债券公募和私募的承销业务等。英国也在 1986 年进行了被称为"大爆炸"的证券监管体制改革，放宽了对证券交易所会员资格的审查条件，降低了对会员资本的要求，取消了最低佣金限制，实行了手续费的自由化。

尽管各国适应经济自由化的要求，对原有的证券立法作出了不同程度的调整，但另一方面却又加强了对证券市场上欺诈行为的监管，加强了对投资者利益保护的立法。更值得注意的是放松管制并不是大势所趋，而只是管制的重点内容等适应新的金融形势发生了结构性变化而已。任何时候都不存在全面的放松管制，事实上是以一套新的管制条例取代了许多过时的管制条例。

三、投资银行业监管的目标

从理论上讲，投资银行业监管是为了防止投资银行业危机和金融市场失灵。不同国家或处于不同发展阶段的资本市场，对投资银行的监管目标也存在差异，但建立一个高效率的资本市场，充分发挥市场机制资金配置作用，促进资本形成和经济增长是各国对投资银行实施监管的根本目标。现代投资银行业监管共同的具体目标包括：

（一）维护金融体系的安全与稳定

由于投资银行业是高风险行业，投资银行业危机的传播可能导致金融市场乃至整个市场崩溃。因此，监管者的任务便是通过建立官方安全网、市场准入管制、资本充足性要求、业务活动限制等各种措施，促使投资银行在法定范围内稳健经营，降低和防范风险，以提高投资银行体系乃至金融体系的安全和稳定。

（二）促进投资银行业开展公平竞争

监管并非压制，而是在保证安全与稳定的基础上促进投资银行业公平竞争。公平竞争的环境是促使投资银行不断提高服务质量和效率的前提。监管一方面要保护投资银行的机会均等和地位平等，另一方面要防止和打破垄断，维持正常的金融秩序。

（三）保护投资者的合法权益

投资者的信任和信心是金融市场与投资银行业生存和发展的前提。当监管通过种种措施维护了金融市场的安全与稳定，促进了行业内的公平竞争，并充分保护了投资者的合法权益时，投资者的信心才能维护和巩固，投资银行业才能发展。因此投资银行业监管的三个目标是相互联系的。

四、投资银行业监管的原则

为实现对资本市场及投资银行的监管，应当坚持以下几个原则："三公"原则、协调性原则、透明度原则、效率性原则等。其中"三公"原则是各国资本市场监管原则中最基本、最核心的原则。

（一）公开原则

根据公开原则，任何证券的发行和交易都必须真实、准确和完整地披露与证券发行和交易有关的各种重要信息，避免任何信息披露中的虚假陈述、重大误导和遗漏，以保证证券投资者对所投资证券有充分、全面和准确的了解。根据公开原则，证券发行人及其他中介机构必须全面履行信息披露义务，以有效防止各种证券违法行为，切实保护证券投资者的合法利益。

（二）公正原则

公正原则是对资本市场监管者的基本要求。根据公正原则，立法者应当综合考虑资本市场的实际状况，制定出兼顾各方当事人合理利益的法律规则。政府监管机构要依法实施监管，不得越权监管；要尊重市场规则，不得干预正常的市场行为；政府监管机构要公正地对待各方当事人，不得采取歧视政策，不得徇私枉法；证券监管人员不得从事证券交易，不得接受不正当的利益，以保证其站在公正立场上处理监管事务。

（三）公平原则

根据公平原则，资本市场应当为各类投资者提供进行交易的同等机会、接触信息的同等机会，保证投资者按照已公布的相同规则进行交易。交易规则的不合理必然导致交易结果的不公平。

（四）协调性原则

投资银行业监管的协调性原则强调的是同一监管主体的不同职能部门之间及上下级机构之间职责要明确合理，相互协调；不同监管主体之间的职责范围要合理划分，执法时要加强协调等；多重监管体制不应该给监管对象带来过重的负担。

（五）透明度原则

资本市场监管的核心是信息披露制度，它也是保证资本市场监管的公开、公平原则得到实施的具体体现。投资银行监管的透明度原则是指作为监管主体的政府监管部门在重大的监管政策和监管规则出台或变动前应征求投资银行和其他市场主体的意见，避免暗箱操作。在监管过程中体现透明度原则是现代市场经济的本质要求，有助于克服监管部门与被监管者之间的信息不对称，增强被监管者配合监管的主动性，提高监管效率。

（六）效率性原则

投资银行业监管的效率原则强调的是在对投资银行业监管时，要注重建立有效的监管机制，使得监管成本最小化与收益最大化。同时通过监管，规范竞争，防止垄断，提高投资银行业体系的整体效率。

【本章小结】

投资银行财务管理的目标是使公司价值最大化，通过不同量的分析加强投资银行的财务管理。

投资银行的风险划分，根据诱发风险的具体原因，可以把投资银行面临的各种风险分为政策风险、法律风险、系统性风险、市场风险、信用风险、流动性风险、操作风险七类；根据投资银行的不同业务类型，可以相应地将投资银行面临的风险分为证券承销风险、证券经纪风险、证券自营风险、基金管理风险、信贷资产证券化风险、风险投资业务的风险。根据不同风险状态采用不同的防范策略。

投资银行的人力资源管理指对人员的雇用、开发、保持和使用等方面所进行的规划、组织、指挥和控制的活动。投资银行人力资源管理的具体业务活动包括职员的选择、聘用、调配、任用、考核、晋升、奖惩、培训等。

资本市场功能的实现程度取决于其运行环境和运行效率，而市场的运行状况和效率的高低与市场监管密切相关。针对资本市场本身的发展阶段和特点，适度加强和完善对资本市场的参与主体——投资银行的监管是提高金融市场运行效率的需要。

为实现对资本市场及投资银行的监管，应当坚持以下几个原则："三公"原则、协调性原则、透明度原则、效率性原则等。

【主要名词】

财务管理 financial management   风险管理 risk management
内部控制 internal control   外部监管 external monitoring
人力资源 human resources

【本章自测题】

1. 简述投资银行财务管理的原则和内容。
2. 投资银行风险的主要表现有哪些？
3. 简述投资银行人力资源管理的主要方式。
4. 投资银行业监管的目标和原则是什么？

参考文献

［1］任淮秀．投资银行业务与经营［M］．北京：中国人民大学出版社，2003．

［2］贺显难，王国林．中外投资银行比较［M］．广州：中山大学出版社，2004．

［3］姚德年．我国上市公司监事会制度研究［M］．北京：中国法制出版社，2006．

［4］袁剑．中国证券市场批判［M］．北京：中国社会科学出版社，2004．

21 世纪高职高专金融类系列教材

一、金融专业基础课子系列

货币金融学概论	周建松	主编	25.00 元	2006.12 出版
货币金融学概论习题与案例集	周建松　郭福春等	编著	25.00 元	2008.05 出版
国际金融概论	方　洁　刘　燕	主编	21.50 元	2006.08 出版

（普通高等教育"十一五"国家级规划教材）

商业银行业务与经营	王红梅　吴军梅	主编	34.00 元	2007.05 出版
保险学基础	何惠珍	主编	23.00 元	2006.12 出版
金融市场实务				
证券投资概论	王　静	主编	22.00 元	2006.10 出版

（普通高等教育"十一五"国家级规划教材/国家精品课程教材·2007）

证券投资实训与实验

（普通高等教育"十一五"国家级规划教材辅助教材）

金融法概论	朱　明	主编	22.00 元	2006.08 出版

（普通高等教育"十一五"国家级规划教材）

金融企业会计	唐宴春	主编	25.50 元	2006.08 出版

（普通高等教育"十一五"国家级规划教材）

金融企业会计实训与实验	唐宴春	主编	24.00 元	2006.08 出版

（普通高等教育"十一五"国家级规划教材辅助教材）

合作金融概论	曾赛红　郭福春	主编	24.00 元	2007.05 出版
网络金融	杨国明　蔡　军	主编	26.00 元	2006.08 出版

（普通高等教育"十一五"国家级规划教材）

二、商业银行子系列

商业银行客户经理	刘旭东	主编	21.50 元	2006.08 出版
商业银行综合柜台业务	董瑞丽	主编	34.50 元	2008.09 出版

（国家精品课程教材·2006）

商业银行综合业务技能	董瑞丽	主编	30.50 元	2008.01 出版
商业银行中间业务	张传良　倪信琦	主编	22.00 元	2006.08 出版
银行信贷业务				
商业银行审计	刘　琳　张金城	主编	31.50 元	2007.03 出版
商业银行会计实务				

三、国际金融子系列

外汇交易实务	郭也群	主编	25.00 元	2008.07 出版
外汇交易实训与实验				
国际结算	靳 生	主编	31.00 元	2007.09 出版
国际结算实验教程	靳 生	主编	23.50 元	2007.09 出版
国际结算（第二版）	贺 瑛　漆腊应	主编	19.00 元	2006.01 出版
国际结算（第三版）	苏宗祥　徐 捷	编著	23.00 元	2010.01 出版
国际融资实务	崔 荫	主编	28.00 元	2006.08 出版
国际贸易与金融函电	张海燕	主编	20.00 元	2008.11 出版

四、保险子系列

保险经营管理				
人身保险	池小萍　郑祎华	主编	31.50 元	2006.12 出版
财产保险	曹晓兰	主编	33.50 元	2007.03 出版
（普通高等教育"十一五"国家级规划教材）				
责任保险				
海上保险				
医疗保险				
再保险				
保险法				
保险营销	章金萍	主编	25.50 元	2006.12 出版
风险管理				
保险中介				
精算基础				
社会保险				

五、投资理财子系列

投资学				
理财学	边智群　朱澍清	主编	32.00 元	2006.08 出版
（普通高等教育"十一五"国家级规划教材）				
证券投资分析				
投资银行概论	董雪梅	主编	34.00 元	2010.06 出版
投资基金管理				
期货与期权				
理财设计与规划				
项目投资与评估				
房地产金融与投资				

金融信托与租赁　　　　　　蔡鸣龙　　　　　　主编　30.50 元　　2006.08 出版

六、金融素质教育子系列

金融实用英语

金融应用文写作　　　　　李先智　贾晋文　　主编　32.00 元　　2007.02 出版

金融职业道德概论　　　　　王　琦　　　　　主编　25.00 元　　2008.09 出版

金融职业礼仪　　　　　　　王　华　　　　　主编　21.50 元　　2006.12 出版

财经职业技能

计算机文化基础

主 编 简 介

　　董雪梅，女，1967 年 2 月生人，经济学硕士，教授，黑龙江省高等学校教学名师。现任教于哈尔滨金融学院，同时受聘为黑龙江省证券业协会、黑龙江省银行业协会培训师。多次荣获优秀教学成果奖，主讲的主干课程"证券理论与实务"，2008 年被评为黑龙江省"精品课程"。近年来公开发表教改论文 3 篇、独著专业论文 18 篇；主持结项课题 4 项，参与结项课题 3 项，其中主持完成的课题"高职教育投资专业、保险专业案例库建设的应用性研究"，在黑龙江省首届教改课题成果评审会上被评为优秀教育科研成果一等奖。主编教材 2 部，副主编教材 2 部，参编教材 3 部，参编著作 1 部。